クローズアップ
刑法各論

山口 厚
[編著]

成文堂

はしがき

　本書は先年刊行した『クローズアップ刑法総論』(2003年、成文堂) に続く、いわばその各論編である。その執筆方針は、総論編と同様であり、各執筆者が選定したテーマについて論文を執筆し、それを持ち寄って全員で討議して、それに基づいて論文に修正を施して完成させるというプロセスをたどっている。したがって、各論文の後には、討議の概要を執筆者間で行った議論の記録として掲載し、読者の方々の参考に供することにしている。執筆者間でどのようなことが問題とされ、議論されたかを知っていただくことは、各論文をより深く理解していただくために有益であると思われたからである。

　本書で採り上げたテーマはいずれも重要なものであり、十分に意欲的な内容の論文を収録することができたと思われる。本書に収録された論文が契機となって、さまざまな議論が巻き起これば幸いである。

　本書の出版にあたっては、『クローズアップ刑法総論』のときと同じく、成文堂社長の阿部耕一氏と同取締役の土子三男氏にお世話になった。本書の企画当時、阿部社長はまもなく古稀をお迎えになるということであったので、出来ればそれまでに刊行し、古稀のお祝いとしたいと考えていた。作業が遅れたが、この度の刊行をもって、改めて阿部社長の古稀をお祝いするとともに、成文堂の益々のご発展を心よりお祈り申し上げたい。

　2007年11月

　　　　　　　　　　　　　　　　　　　　　　　山　口　　厚

目　次

はしがき

第1講　法益侵害と法益主体の意思────【山口　厚】……1
- Ⅰ　はじめに―問題の所在―……………………………………………2
- Ⅱ　法益侵害における法益主体の意思の意義 ……………………3
  - 1　構成要件該当性の否定か違法性阻却か　3
  - 2　同意の法的効果―絶対的効力か相対的効力か―　5
  - 3　同意の法的効果―同意傷害―　6
- Ⅲ　法益主体の瑕疵ある意思…………………………………………9
  - 1　瑕疵ある意思に基づく同意　9　　2　欺罔に基づく同意　12
  - 3　欺罔によらない錯誤　23
- Ⅳ　個別犯罪における法益主体の意思 ……………………………24
  - 1　殺人罪・自殺関与罪　25　　2　監禁罪　26　　3　住居侵入罪　28
  - 4　強姦罪・準強姦罪　29　　5　詐欺罪　30

（第1講）議論のまとめ ──────────【島田聡一郎】……32

第2講　遺棄罪における生命保護の理論的構造
────────────────【和田俊憲】……43
- Ⅰ　はじめに …………………………………………………………44
- Ⅱ　保護法益と罪質 …………………………………………………45
  - 1　保護法益　45　　2　罪質、危険の内容・程度　51
- Ⅲ　遺棄と不保護 ……………………………………………………52
  - 1　判例・伝統的学説　53　　2　批判的学説の展開　55
  - 3　新しい見解　57　　4　遺棄罪の構造　58
- Ⅳ　保護責任 …………………………………………………………66

　　　　1　保護責任の内容と発生根拠 66
　　　　2　保護責任の法的性格，作為義務との相違 69　　3　判例の検討 70
　Ⅴ　殺人罪との関係 ……………………………………………………………72
　Ⅵ　まとめ ………………………………………………………………………74
　〈第2講〉議論のまとめ ────────────【深町晋也】……75

第3講　司法に対する罪 ──────────【深町晋也】……81
　Ⅰ　はじめに ……………………………………………………………………82
　Ⅱ　犯人蔵匿等罪 ………………………………………………………………83
　　　　1　「罪を犯した者」について 83　　2　「隠避」について 89
　Ⅲ　証拠隠滅等罪 ………………………………………………………………96
　　　　1　「証拠」について 96　　2　「隠滅」について 108
　Ⅳ　補論─複数の犯罪が競合する領域について─ ………………………111
　　　　1　犯人蔵匿・隠避による証拠隠滅 111
　　　　2　証拠偽造による犯人隠避 113
　　　　3　共犯者の隠匿・隠避と自己の刑事事件に関する証拠隠滅 113
　Ⅴ　おわりに …………………………………………………………………114
　〈第3講〉議論のまとめ ───────────【髙山佳奈子】……117

第4講　盗撮画像公表行為と名誉毀損罪の保護法益
　　　　　　　────────────────【島田聡一郎】……123
　Ⅰ　はじめに …………………………………………………………………124
　Ⅱ　名誉毀損罪の保護法益 …………………………………………………126
　　　　1　小野説とその枠組の通説化 126　　2　現在の多数説の問題点 127
　　　　3　社会的評価という概念の問題点 129
　　　　4　一般通常人を基準とした名誉感情を保護法益とする見解 134
　　　　5　盗撮映像等公表事例の評価 140
　Ⅲ　侮辱罪の保護法益 ………………………………………………………142
　　　　1　判例・学説の状況 142　　2　学説の検討 144

Ⅳ　小　括……………………………………………………………155
　　Ⅴ　盗撮に対する立法的対応 ……………………………………158
　　　1　立法の必要性　158
　　　2　アメリカ合衆国におけるビデオによるのぞき見行為の処罰　159
　　　3　ドイツにおける写真撮影によって最も個人的な生活領域を
　　　　　侵害する罪　160
　　　4　わが国における立法のあり方　162
　　Ⅵ　補論―社会的評価の限定？―………………………………166
　　　1　多数説　166　　2　限定説　167　　3　評価　168
　　　4　社会的評価を害すべき他の事実と結びついていない場合　171
　　　5　抽象的危険犯における危険判断における考慮　173
　　　6　信用毀損罪との関係　174
〈第4講〉　議論のまとめ―――――――――――――【和田俊憲】……176

第5講　財物罪における所有権保護と所有権侵害
―――――――――――――――――【和田俊憲】……183

　Ⅰ　はじめに―財物罪における保護法益論― ………………184
　Ⅱ　毀棄・隠匿罪―所有権侵害の本体― ……………………186
　　　1　所有権侵害の実体　187　　2　行為態様による制限　191
　Ⅲ　占有移転罪―本質としての利得― …………………………192
　　　1　基本構造（占有移転罪の共通項）　192
　　　2　盗取罪と交付罪（占有移転罪内部での分類）　196
　　　3　所有権侵害の構造と既遂時期の画定―占有移転の意義、損害と利得―　199
　Ⅳ　横領罪―所有権侵害の軽重―………………………………206
　　　1　所有権侵害の内容　206　　2　既遂時期の画定　208
　Ⅴ　盗品等関与罪―追求権の保護― ……………………………211
　　　1　保護法益としての追求権　211
　　　2　追求権侵害の内容―被害者への返還の場合―　212
　Ⅵ　まとめ…………………………………………………………215

〈第5講〉議論のまとめ ───────────────【島田聡一郎】……217

第6講 文書の名義人 ─────────────【髙山佳奈子】……227

- Ⅰ はじめに ……………………………………………………228
- Ⅱ 問題となる事例 ……………………………………………230
  - 1 人格の同一性の齟齬 230　　2 名義人の承諾 234
- Ⅲ 「名義人」と「人格の同一性」……………………………240
  - 1 人格の同一性 240　　2 名義人の特定 242　　3 小括 246
- Ⅳ 「作成者」と「名義人の承諾」……………………………247
  - 1 作成者 247　　2 保護法益と「名義人の承諾」253
  - 3 被害者の承諾 254　　4 小括 258
- Ⅴ おわりに ……………………………………………………258

〈第6講〉議論のまとめ ───────────────【深町晋也】……261

第7講 放火罪 ─────────────────【深町晋也】……267

- Ⅰ はじめに ……………………………………………………268
- Ⅱ 公共の危険 …………………………………………………270
  - 1 公共の危険と延焼の危険 270
  - 2 非限定説の問題点(1) ─保護法益─ 273
  - 3 非限定説の問題点(2) ─「不特定」概念─ 277
  - 4 非限定説の問題点(3) ─延焼の危険との関係─ 280
- Ⅲ 放火罪を規定するその他の要素 …………………………282
  - 1 108条と109条1項との区別 282　　2 109条と110条との区別 286
- Ⅳ 放火罪の諸問題 ……………………………………………290
  - 1 現住性 290　　2 建造物の一体性 295　　3 焼損 299
  - 4 公共の危険の認識 300
- Ⅴ おわりに ……………………………………………………302

〈第7講〉議論のまとめ ───────────────【髙山佳奈子】……304

目次 vii

第8講　対向的取引行為と背任罪の共同正犯
【島田聡一郎】……311

- Ⅰ はじめに …………………………………………………………312
- Ⅱ これまでの判例・裁判例 …………………………………………313
  - 1 大審院の判例 313　2 戦後の判例・裁判例 313
  - 3 平成15年決定以前の主要な判例・裁判例 315
  - 4 近時の最高裁判例 318　5 判例理論の小括 324
- Ⅲ 学説の現状と検討の視点 …………………………………………325
- Ⅳ 自己の加功とは直接かかわらない主観的事情
  ―論点②-1について― ……………………………………………328
  - 1 財産上の損害が発生することの認識・予見 328
  - 2 図利加害目的の認識 328
- Ⅴ 相手方として必要な関与―論点①について― …………………330
  - 1 総説 330　2 否定説 331　3 限定肯定説 334
  - 4 若干の検討 340
- Ⅵ 任務違背性の認識―論点②-2について― ………………………346
- Ⅶ 共同正犯と幇助の区別―論点③について― ……………………347

（第8講）議論のまとめ――――――――――【和田俊憲】……350

第1講

法益侵害と法益主体の意思

山口　厚

I　はじめに―問題の所在―

　刑法各則に規定された犯罪の成立を肯定するためには、当該犯罪の構成要件の実現が必要であり、そのためには、構成要件的結果の発生が要求されることになる[1]。この構成要件的結果の内実をなすのは、当該罰則における保護法益の侵害（侵害犯）又は侵害の危険（危険犯）である。本稿が問題とするのは、このような構成要件的結果の内実をなす法益侵害（以下、法益侵害の危険をも含む意味で用いる）と、侵害された法益の主体の意思との関係である。すなわち、法益主体の意思のあり方が構成要件的結果・法益侵害にいかなる意味を有するかという点である。法益主体の意思が犯罪の成否に影響を有していることは、「被害者の同意」により犯罪の成立が否定されうることが一般に承認されているところにすでに現れているといえよう。後に詳論するように、法益侵害の発生が法益主体の意思に合致している場合には、物理的には法益侵害をなす事実が発生しているように見えても、その事実から法益侵害としての性質が失われることになるのである。たとえば、植木の剪定を植木職人に依頼する場合、植木の剪定は、それが所有者の意思に合致する限り、植木の「損壊」とはいえないことになる。このように、法益主体の意思に合致する限りにおいて構成要件的結果・法益侵害の発生が認められないとされることに、「被害者の同意」の場合、犯罪の成立が否定される根拠があるのである。

　こうして、法益主体の意思のあり方によっては、構成要件的結果・法益侵害が否定され、犯罪の成立が否定されることになる。ここから、犯罪の成立を否定することとなる法益主体の意思はいかなるものかが重要な解釈問題となり、判例・学説において問題とされることになるのである。そこで最も争われているのは、法益侵害に対する同意が欺罔による錯誤に基づいて与えら

---

[1]　いうまでもないが、このことは、罪刑法定主義を遵守する限り当然に要請されることであり、結果無価値論・行為無価値論の立場とは無関係である。

れた場合において、その同意に犯罪の成立を否定する効果が付与されるべきか、そして、その問いへの回答が場合によって異なるとすれば、それはいかなる要件の下において認められるのか、である。本稿においては、この問題を中心として扱うこととするが、まず一般的なレベルで問題を検討し、その後に、そこで得られた成果を個別犯罪の解釈論に適用・応用することにしたい。

　法益主体の意思のあり方が問題となりうるのは、実際には個人法益に対する罪に限られる。したがって、以下では、生命・身体・自由・財産といった個人法益を侵害する犯罪類型を念頭に置きながら問題を考えることとするが、中心的検討課題についての考察を行う前に、法益主体の意思と法益侵害との関係について若干検討を加え、さらに、同意の効果の問題についても触れておくことにしたい。

II　法益侵害における法益主体の意思の意義

1　構成要件該当性の否定か違法性阻却か

　法益主体（被害者）が、法益侵害が発生することについて同意している場合には、発生した事実について法益侵害性が否定されるというのが本稿の立場である[2]。このことは、人の毛髪を（その人の意思に反して）切断すれば暴行罪が成立するが[3]、それが（依頼により）その人の意思に合致している場合には、すでに毛髪の切断は「暴行」とはいえないことに明らかだと思われる。こうして、法益主体（被害者）の同意がある場合には、構成要件的結果・法益侵害の発生が認められず、構成要件該当性自体が否定されると解するのが妥当である[4]。

2　山口厚『刑法総論［第2版］』150頁以下（2007年）参照。
3　大判明治45・6・20刑録18輯896頁。さらに、山口厚『刑法各論［補訂版］』44頁以下（2005年）参照。
4　もっとも、厳格責任説を採らない限り、違法性が阻却されると解しても、具体的な帰結に相違はない。本稿は厳格責任説を採用しない。

このことの意義を明確にするために、いま少し他の事例を挙げれば次の通りである。①遠隔地に移動するために、航空機・列車を利用する場合、移動中には機外・車外に出ることはできないが、利用者は遠隔地への移動のために場所的移動の自由を自律的に一時処分・放棄しているのであり、利用者（法益主体）の自由意思の発露にすぎず、これを「監禁」ということはできない。②他人を自分の家に招き入れる場合、その者は、住居侵入罪の保護法益である住居に誰を入れるかという自由（住居権・許諾権）をまさに行使しているのであり、招き入れられた者について「侵入」を認めることはできない。③販売促進用の景品を客が持ち去るように店頭に置いた場合、景品（物）の占有移転は占有者の意思に基づくものであり、「窃取」ということはできない。また、そのことによって、所有・占有者は物の占有を喪失しているが、それが所有・占有者の意思に合致する限りにおいて、物の処分権を自律的に行使したにすぎず、法益侵害性を肯定することはできない。こうして、自由・財産といった法益に関する犯罪においては、被害者の同意は、単に違法性を阻却するにとどまるのではなく、構成要件該当性自体をすでに失わせると解することができるのである。

これらの法益とは異なり、後見的見地から同意の効果が制限されている法益である生命・身体については、別異に解する余地もありうるのではないかが問題となる[5]。後見的見地から保護を与えることは、法益主体の意思とは区別して法益侵害を観念することに他ならないとも思われるからである。しかし、同意殺・同意傷害については、同意なき殺人・傷害よりも違法性は軽く、その理由は法益主体の意思に基づく法益侵害性の軽さにあると解することができよう。したがって、生命・身体についても、その他の個人法益と同様に考えること（ただし、法益侵害性は完全には否定されない）ができると思われる。いずれにしても、生命については、同意殺に関し、特別の減軽規定（刑法202条）が置かれているから、殺人罪の構成要件に該当せず、同意殺の構成要件にのみ該当することは明らかであり、特段の問題は生じない。また、身体についても、同意暴行については後見的見地からそれを独立に処罰

---

[5] 井田良「被害者の同意」現代刑事法14号87頁（2000年）は、傷害罪のように身体的法益が問題となる場合には、同意があっても法益侵害・構成要件該当性を肯定する。

の対象とすることは考えられないため[6]、暴行罪の構成要件該当性を否定することで足りると思われる。

2　同意の法的効果──絶対的効力か相対的効力か──

法益主体の同意があることによって、惹起された事態について法益侵害性が否定されるのであるから、同意の存在自体によって、犯罪の成立は否定されるべきである。しかしながら、判例は、（保険金詐取目的で傷害に対する同意を得たという）同意傷害の事案において、傷害罪の構成要件該当性を肯定し、違法性阻却を問題とする見地から、「被害者が身体傷害を承諾したばあいに傷害罪が成立するか否かは、単に承諾が存在するという事実だけでなく、右承諾を得た動機、目的、身体傷害の手段、方法、損傷の部位、程度など諸般の事情を照らし合わせて決すべきものであるが、本件のように、過失による自動車衝突事故であるかのように装い保険金を騙取する目的をもって、被害者の承諾を得てその者に故意に自己の運転する自動車を衝突させて傷害を負わせたばあいは、右承諾は、保険金を騙取するという違法な目的に利用するために得られた違法なものであって、これによって当該傷害行為の違法性を阻却するものではないと解するのが相当である。」として、被害者の同意を違法性阻却判断の（そこで考慮の対象となる複数の要素の中の）一要素として扱っているにすぎないのである[7]。これには疑問があるように思われる。法益主体の意思（侵害に対する同意）の存在自体によって法益侵害性が喪失・減少すると解する見地からは、他に違法な目的をもっていた等のことは（別の犯罪を基礎づけうるとしても）法益侵害性の喪失・減少とは無関係だからである。また、具体的な事案の解決との関係でも、上記判例は、詐欺の目的から詐欺未遂の違法性を認め、それをもって、傷害に対する同意の効果を否定して、（詐欺罪で処罰するだけでなく）傷害罪の処罰を基礎づけよう

6　同意傷害を一定の限度で処罰の対象とする場合、可罰的な同意傷害未遂であって暴行罪の構成要件に該当するものの扱いが問題となりうるが、（一定の基準で限定された）「傷害」という結果が生じていない以上、暴行罪の構成要件該当性を否定することが妥当であろう。なお、裁判例においては、同意暴行から故意によらず死の結果が発生した場合において、過失致死罪が成立するか傷害致死罪が成立するかと関係して、同意暴行の法的評価が問題とされている。

7　最決昭和55・11・13刑集34巻6号396頁。

としている点に疑問があるものと思われる。

3 同意の法的効果——同意傷害——

　個人的法益のうち、同意の効果が後見的見地から制限されているのが、生命・身体である。生命については特別の処罰規定（刑法202条）があることから、同意殺が可罰的であることは明らかであるが、問題となるのは身体であり、具体的には、同意傷害の可罰性の有無・要件である。この点については、学説上争いがあるところであり、大別すると次の3説が存在しているといえよう。

　第1は、公序良俗に反する同意傷害は可罰的であるとする見解（公序良俗説）である[8]。これは社会的相当性を欠く法益侵害を違法と解する行為無価値論の立場に基礎を置くものであり、裁判例の中にも類似の立場から、やくざの同意に基づく「指つめ」について傷害罪の成立を肯定したものが存在する[9]。この見解については、公序良俗違反・社会的不相当という基準の不明確性が問題となることもさることながら、反倫理性等を理由として違法性阻却を否定することにより、それ自体としては処罰の対象とはならないはずの反倫理性等を根拠として、処罰を肯定する帰結を実質的にもたらすことになるのではないかという疑問があると思われる。

　第2は、生命に危険のある傷害又は重大な傷害については、同意傷害の可罰性を肯定する見解（生命危険傷害説、重大傷害説）である[10]。これは、生命に危険をもたらす傷害は、生命に対する後見的保護という見地から、同意があっても処罰の対象とすべきだと解するものである。同意殺人罪は未遂まで処罰の対象となることから、生命に対する危険惹起も後見的見地から処罰の対象となると解されることもその根拠として援用することができよう。これに対し、重大な傷害を基準とする見解は、何を以て「重大」とするかが問われることになる。まず、これを生命に対する危険によって判断することが考

8　たとえば、大塚仁『刑法概説（総論）[第3版増補版]』402頁（2005年）など。
9　仙台地石巻支判昭和62・2・18判タ632号254頁。
10　たとえば、平野龍一『刑法総論II』254頁（1975年）、大谷實『刑法講義総論[新版第2版]』260頁（2007年）、堀内捷三『刑法総論[第2版]』181頁（2004年）など。

えられるが[11]、それは上述した生命危険傷害説に他ならない。これに対し、生命に対する危険がなくとも[12]、「取り返しの付かない」傷害を重大な傷害と解する見解もある[13]。これは事後に後悔してもまさしく取り返しの付かないことを事前に抑制するところに同意傷害処罰の意義を見出すものであるといえよう。しかし、「取り返しが付かない」傷害というのもその程度が問題とはなるが、耳や鼻にピアス用の穴を開ける、肌に入れ墨をするといったことも「取り返しが付かない」といえばいえるから、「取り返しが付かない」傷害か否かを基準とする場合には、同意傷害は可罰的であることが原則であることになりかねないと思われる（体にメスを入れることは、疵が残る点では、「取り返しが付かない」ともいえるのである）。考えるに、「取り返しが付かない」という基準は、そうした侵害を回避するためになされる後見的介入の理由そのものであり、それ自体は、後見的介入の対象を限定する根拠にはならないのではないかと思われる（したがって、傷害の程度の問題は留保しつつも、傷跡が残る限りにおいて、同意傷害は基本的に可罰的となる）。しかし、ここで問題となっているのは、このような後見的介入の対象の限定のあり方である。したがって、無限定な介入を肯定する、又はごく軽微な傷害以外について介入を肯定するのでないかぎり、介入限定の基準がさらに求められなくてはならないであろう。そうだとすると「重大な傷害」は、それ自体として独立に判断される必要があることになるが、その判断基準・境界はかなり不明瞭であり、見た目の印象で可罰性を肯定することになりかねないという問題があるように思われる。以上のように考えると、生命に対する危険を基準として同意傷害の可罰性を限定することの方が、基準の明確性・法的安定性の見地から優れているように思われる。

　第3の見解は、同意傷害の可罰性を否定するものである（不可罰説）[14]。こ

11　平野・前出注10）254頁。
12　生命に対する危険は程度問題であり、微妙な判断を含むものではある。このことは設備の整った病院で医師により行われる「傷害」と、同様の「傷害」であっても、不衛生な場所でやみ医者によって行われるものとを比較すれば明らかである。しかし、傷害の重大性よりは、判断の手がかりが与えられるといえよう。
13　井田・前出注5）89頁。
14　前田雅英『刑法総論講義［第4版］』318頁（2006年）など。

れは、個人法益については処分の自由が肯定されるのが原則であるから、この例外を肯定するためには、その趣旨を定める特別の処罰規定が必要であるということを理由の1つとする。現に、同意殺については処罰規定が存在するが、同意傷害についてはそれを処罰する特別の規定が存在しないから、不可罰と解されるとするのである。これは、法文解釈としてはそれなりに説得力がある。しかし、これに対しては、殺人罪についてはその法定刑（とくに、その下限）が重いから、同意殺について軽い法定刑を定める必要上特別の規定を置いたのであり、傷害罪については、同一の規定でも妥当な解決を図ることができるから、特別の処罰規定が置かれていないというにすぎず、規定が置かれていないことは、同意傷害を不可罰にすることを意味しないと反論することが可能である。したがって、不可罰説を主張するためには、より実質的な理由が必要となる。そこで、そのような理由として考えられるのが、傷害惹起についての正犯性が、法益主体の同意によって失われ、したがって、同意傷害は（傷害惹起の正犯性を構成要件要素とする）傷害罪の構成要件には該当しないということである。このような考えをさらに敷衍すれば、次のようになる。すなわち、刑法202条の規定は、①自殺の教唆・幇助と②同意・嘱託殺人を処罰の対象としている。そのうち、①においては、関与者の教唆・幇助行為に生命侵害惹起についての正犯性が欠けることは明らかである。②においても、法益主体の意思に合致した生命侵害惹起については、法益主体の主観的関与と行為者の物理的関与の一種の共同正犯形態と見ることができ、したがって、生命侵害惹起についての正犯性が欠けるため、それを当然の成立要件とする殺人罪の構成要件該当性が否定されることになる。すなわち、刑法202条の規定は、同意の存在にもかかわらず生命の要保護性を肯定する特別規定であると共に、単独正犯の意味における正犯性を欠く行為をも処罰の対象とする特別規定であると解するのである。同意傷害についても、これらの点について、同意殺人と同様に解されるところ、刑法202条のような特別の処罰拡張規定がない以上、同意傷害は不可罰とされるべきだと解することになる。もっとも、このような理解に対しては、同意傷害の場合には、構成要件該当性ではなく違法性が問題となるとの見地から、あるいは同意によって法益侵害性自体がすでに減少するとの見地からも、正犯性は

（違法性評価の対象となる）物理的結果の因果的惹起態様を基準として判断されるべきであり、したがって、同意傷害を惹起した者には傷害の正犯性を肯定しうる（したがって、傷害罪の構成要件に該当しうる）との反論も十分に考えられるところである。このような理解からは、同意傷害について傷害罪の構成要件該当性を肯定することが可能となるものと思われる。

　以上のように同意傷害について、傷害惹起の正犯性を否定するという見地からは、同意傷害の可罰性を否定する見解が成立しうることになる。しかしながら、同意傷害について正犯性を肯定することも十分に可能であり、その場合には、生命に対する後見的保護・介入の意義を重視する見地からは、第2説中の生命危険傷害説が採られるべきことになるように思われる。

III　法益主体の瑕疵ある意思

1　瑕疵ある意思に基づく同意
(1) 問題の所在と見解の対立

　法益侵害に対する同意があれば[15]、ただちに行為者により惹起された物理的結果から法益侵害性が失われるわけではない。それが強制されたものである場合には、同意は自由な意思によるものではないから無効であり、同意に付与される効果を認めることはできないことは明らかである[16]。強制による同意について問題となるのは、どの程度の強制、そしてそれによる意思の抑圧がどの程度認められるときに、同意が無効となるかである。これは、法益の種類によっても異なりうるものと解されるが、「反抗を抑圧する程度」（強盗罪の基準）あるいは「反抗を著しく困難にする程度」（強姦罪・強制わいせつ罪の基準）を参考にしつつ決められるべきものと思われる。結論を述べれば、これらの基準を勘案すると、少なくとも、意思が完全に抑圧されていることまでは、必要がないように解される。

---

[15]　有効な同意を認めるためには、法益主体に同意能力が備わっていることが必要であるが、このような問題については本稿では扱わない。
[16]　このような場合には、内心では法益侵害に同意していないとすらいいうる。

問題となるのは、欺罔による錯誤に基づいて法益侵害に対して同意を行った場合である。すなわち、いかなる錯誤が認められる場合に、有効な同意の存在が否定されるべきかについては、見解の対立がある[17]。判例は、いわゆる偽装心中事件において、「本件被害者は被告人の欺罔の結果被告人の追死を予期して死を決意したものであり、その決意は真意に添わない重大な瑕疵ある意思であることが明らかである。」として、錯誤がなければ同意しなかった場合、その同意には「重大な瑕疵」があるため無効となるとしており[18]、これは学説においても有力な支持を受けている（重大な瑕疵説）[19]。これに対しては、偽装心中事件の場合、被害者は「死ぬこと」をわかっていた以上、錯誤は重要でない動機の錯誤にすぎず、有効な同意の存在を肯定することができるとの見解もかつてすでに主張されていた[20]。このような考え方の延長線上に、それをより理論化して主張されるに至ったのが、欺罔により得られた同意は、それが「法益関係的錯誤」に基づく場合にだけ（基本的に）無効となるとの見解（法益関係的錯誤説）である[21]。近時は、このような「法益関係的錯誤」説に対し一定の評価を与えつつも、それが認められる場合に限って有効な同意の存在を否定するのは狭すぎるのではないかとの指摘がなされ、単に「法益関係的錯誤」の有無が問題なのではなく、同意が自律的な意思決定、自由な意思決定によるかが基準とされなくてはならないとの主張（自由な意思決定説）がなされており[22]、学説上議論をよんでいる[23]。

17　この問題に対する近時の研究としては、上嶌一高「被害者の同意」法学教室270号50頁以下、272号76頁以下（2003年）、森永真綱「被害者の承諾における欺罔・錯誤」関西大学法学論集52巻3号199頁以下（2002年）、53巻1号204頁以下（2003年）、小林憲太郎『刑法的帰責』227頁以下（2007年）などがある。さらに、塩谷毅『被害者の承諾と自己答責性』（2004年）、須之内克彦『刑法における被害者の同意』（2004年）など参照。
18　最判昭和33・11・21刑集12巻15号3519頁。
19　大塚・前出注8）401頁、大谷・前出注10）261頁、井田・前出注5）87頁など。
20　平野・前出注10）256頁など。
21　山中敬一「被害者の同意における意思の欠缺」関西大学法学論集33巻3＝4＝5号271頁以下（1983年）、佐伯仁志「被害者の錯誤について」神戸法学年報1号51頁以下（1985年）など。筆者もこうした見解に賛同してきた。山口厚『問題探究刑法総論』75頁以下（1998年）、山口・前出注2）158頁以下、山口厚「『法益関係的錯誤』説の解釈論的意義」司法研修所論集111号97頁以下（2004年）。
22　斉藤誠二「欺罔にもとづく承諾」『吉川経夫先生古稀祝賀論文集　刑事法学の歴史と課題』159頁以下（1994年）、林美月子「錯誤に基づく同意」『刑事法学の現代的状況　内藤謙先生古稀

(2) 問題となる設例

　欺罔による錯誤に基づいた同意の問題を考えるに当っては、問題となる事例を挙げ、それに対していかなる解決が与えられるべきかを念頭に置きながら、検討を進めることが有意義であろう[24]。そこでは、以下のような5種類の錯誤が問題となる。

　①法益処分の種類・範囲に関する錯誤　これは、惹起される法益侵害の内容・程度について錯誤に陥っていた場合である。たとえば、木製の軽いボールだと思って足に落とすことに同意したところ、それは金属製の重いボールであったという場合（ボール事例）には、足に加えられる有形力の程度、それによって生じる身体への影響について錯誤に陥っているのである。

　②反対給付に関する錯誤　これは、惹起される法益侵害の内容については錯誤がないが、その見返りとして約束された反対給付について錯誤に陥っていた場合である。たとえば、初めから支払う意思がないのに、報酬を払うからと欺罔して臓器の提供をさせる場合（臓器提供事例）、代金を支払うと欺罔して商品の納入を受ける場合（商品納入事例）である。ここでは、法益主体は、臓器が摘出され、あるいは商品の占有が失われることについては錯誤がないが、目的とした反対給付の実現について錯誤に陥っているのである。

　③他人の利益のために法益を犠牲にする場合における目的に関する錯誤

　これは、②同様に、惹起される法益侵害の内容については錯誤がないが、法益侵害を甘受する利他的な目的の実現について錯誤に陥っている場合である。たとえば、熱狂的ファンに高く売るつもりで、「献血週間」だと欺罔して承諾を得てタレントから採血する場合（献血事例）や、医学の進歩に役立つ重要な実験だと欺罔して承諾を得て傷害を負わせた場合（傷害事例）、母親に子供が事故にあって眼に傷害を受け、視力維持のためには角膜移植が必要であると欺罔し、角膜提供に同意させて摘出した場合（角膜摘出事例）で

祝賀』21頁以下（1994年）、林幹人「錯誤に基づく被害者の同意」『松尾浩也先生古稀祝賀論文集　上巻』233頁以下（1998年）など。

23　このような状況は、上嶌・前出注17）、森永・前出注17）、小林・前出注17）において検討されている。

24　斉藤・前出注22）176頁以下において、問題となる事例が整理され、検討されているのが参考になる。

ある。ここでは、法益主体は、法益侵害が惹起されることについては錯誤がないが、それにより実現しようとする利他的目的の実現について錯誤に陥っているのである。

④**緊急避難（類似）状況に関する錯誤**　これは、②③同様、惹起される法益侵害の内容自体については錯誤がないが、危害を避けるつもりで法益を犠牲にしようとしたその目的について錯誤に陥っている場合である。たとえば、自分の飼っている猛獣が逃げ出して人に危害を加えていると電話で欺罔され、それを殺すことに同意を与えた場合（猛獣事例）においては、他人への危害を回避するため自分が飼っている猛獣を殺害すべき状況がないにもかかわらず、その点について錯誤に陥っているのである。

⑤**付随的事情に関する錯誤**　これは、法益侵害の内容、それにより達成しようとする目的には錯誤がなく、その他の付随的事情についてのみ錯誤に陥っている場合である。たとえば、高名な外科医が執刀するというので、主治医に説得されて手術にしぶしぶ同意したが、実際に執刀したのは、同等の技量を有する他の医師であった場合（執刀医事例）である。

2　欺罔に基づく同意

(1)　「重大な瑕疵」説

判例は、欺罔に基づいて法益侵害に同意した場合、錯誤がなければ同意しなかったであろうとき、同意を無効と解している。しかし、このような理解には、以下で指摘するような点について、疑問があるように思われる。

第1に、欺罔がなければ同意しなかったであろうというだけで、同意を無効としてはならず、錯誤の意義を検討することが不可欠である。このことは、強制により同意を得た場合、強制がなければ同意しなかったであろうというだけで同意を無効と解していないことにも明らかである。もしも、「欺罔なければ同意なし」という、欺罔における「重大な瑕疵」説の基準が強制の場合にも用いられるのであれば、強制がなければ、それがどの程度意思を抑圧したかにかかわらず、同意しなかったであろう（「強制なければ同意なし」）として、同意を無効と解することになる（強制の場合には、おそらくこのようなことが広く肯定されることになるであろう）が、このような緩やかな

基準は採られていない。ここでは、意思の抑圧という意思の瑕疵の意義が法益侵害との関係で検討され、一定の抑圧レベルに達していた場合に初めて（自由な意思決定によるものでないとして）同意の有効性は否定されることになる。欺罔についても、同様に、錯誤の意義の検討が必要であろう。欺罔の場合には、その内容を問わないというのでは、強制の場合と均衡を失することになるように思われる。

第2に、いかなる事情から同意を無効とするかによって、実質的に何が保護され、何が処罰を基礎づけることになるかが明らかになる（すなわち、処罰の実体的理由が明らかになる）が、発生する物理的な結果について認識がある場合、処分の目的についての欺罔により法益処分を無効とするときには、一定の目的で法益を処分するという法益処分の自由が保護されることになることから、次のことが問題となる。すなわち、このような視点からは、「重大な瑕疵」説は、法益処分の自由を全面的に保護の対象とするものであり、それが何らかの意味で害される場合に犯罪の成立を肯定する見解であるといいうる。したがって、同説には、そのような法益処分の自由が当該法益とともに保護されるべきものであり、その侵害が処罰を基礎づけるに足るものかという検討を行うことなく、法益処分の自由が害されただけで直ちに犯罪の成立を肯定する点に問題があるのである。具体的にいえば、生命のように処分の自由が刑法上保護されていない法益[25]についても、侵害に対する同意を無効とすることによって、法益処分の自由を保護する結果となっており、過度の法益保護となっているのではないかと思われる。

本稿は、結論からいえば、処罰を基礎づける法益侵害の内実について認識を欠いて同意する場合に、錯誤は（惹起された物理的結果について、法益侵害性を否定することができないという意味で）重要な瑕疵となり、それに基づく同意・法益処分は無効となるものと解している。問題は、後述するように、法益侵害の内実の理解にある。

(2) 「法益関係的錯誤」の意義と射程

法益関係的錯誤説は、「法益関係的錯誤」がある場合に、法益主体による

---

[25] このことは、自殺を阻止しても、強要罪が成立せず、かえって賞賛されることに明らかである。

法益処分の有効性を否定する。法益関係的錯誤とは、法益侵害の内容についての錯誤を意味するが、その場合には、惹起された法益侵害についての認識が欠如し、同意は（無効というよりは、それ以前に）不存在だというべきであろう[26]。したがって、この場合に、法益処分の有効性が否定されるのは当然のことである。それゆえ、上記①のボール事例において、有効な法益処分は肯定できないことになる。この結論についてはいかなる立場からも争いがないということができよう。問題は②から⑤までの各場合にある。

ここで、法益関係的錯誤の意義、いかなる場合にそれを肯定しうるかについて検討を加えることにしよう。法益関係的錯誤といいうる場合には、同意の存在を肯定しえないのだから、いわゆる法益関係的錯誤説を採るか否かという立場の如何にかかわらず、有効な法益処分は否定されることになる点において、重要である。

第1に、問題なく法益関係的錯誤に当たるのが、上述したように法益侵害の内容について錯誤がある場合、すなわち、侵害の対象となる法益の価値、当該法益に対する侵害の程度について錯誤がある場合である。ただし、この場合であっても、生命・身体が関係する事例においては問題が生じうる。たとえば、**a)** 余命の長さについて欺罔して、殺害の同意を得た場合又は自殺意思を生じさせた場合、**b)** 緊急性を欠く手術の必要性について欺罔して、手術に同意させた場合、殺人罪又は同意殺人罪・自殺関与罪、傷害罪が成立するかが問題となる。**a** において、生命の長短に「法益関係性」を肯定することに対して批判的な見解は、人の生命の価値に差を認めることになる点に疑問を呈するのであるが[27]、異なった人の間での余命の長短による区別・差別が問題となっているわけではなく、差別禁止という規範的要請は妥当しないため、法益関係性を肯定し、**a** の場合について法益関係的錯誤を認めることができると思われる。また、**b** の場合の処理については、人の身体は、各部分が独立して保護の対象となってはいるが、身体の各部分は全体の健康状態との関係で相対的な意味を有しているとの認識が妥当すべきである。す

---

26 斉藤・前出注22）176頁も同旨。
27 林（美）・前出注22）45頁など参照。

わち、全体的な健康に関する優越した利益との関係では、身体の部分的な利益・価値は制約されるから、この点に錯誤があれば、法益関係的錯誤ということができると思われる。したがって、aについては殺人罪が、bについては傷害罪が成立しうることになる。これらに対し、上記⑤の執刀医事例においては、法益関係的錯誤は認められない。手術に対する同意の有効性に関しては、執刀医の同一性は、それが技量に影響し、手術の危険性に関係する場合においてのみ、重要だとするのが通常の考え方ではないかと思われるからである。したがって、法益関係的錯誤説からは、当然、執刀医事例について法益処分の有効性が肯定されるが、そのような結論は、法益関係的錯誤説以外の立場からも支持されることになるのである。

第2に、法益の保護価値が、法的な評価によって変化する場合、そうした評価を基礎づける事実について欺罔され錯誤に陥っているときには、法益侵害性について錯誤があることになり、法益関係的錯誤が認められることになる。このことは、上記④の猛獣事例においてみることができる。この事例においては、欺罔された状況が実際に存在するならば、所有者の同意を得ることなく猛獣を正当防衛又は緊急避難として射殺できるから、猛獣の法的価値はその限りで否認されることになり、このような状況について錯誤に陥って同意した場合には、猛獣の法的価値について錯誤に陥っている（実際には法的価値があるのに、存在しないと思っている）のである。同様に、適法な捜索令状を装って、偽の令状を示し、他人の家に同意を得て立ち入る場合（捜索事例）においても、適法な捜索令状に対しては立入り拒絶ができないので、立入り拒絶権がないと思って同意した以上、立入りの許諾権の法的価値について（存在するのに、存在しないと）錯誤に陥っていることになるのである。

第3に、法益処分の理由・目的・動機について欺罔され、錯誤に陥っている場合が問題となる。重大な瑕疵説は、このような場合、法益処分の有効性を否定したのに対し、従来の法益関係的錯誤説は、この場合には、法益関係的錯誤は認められないと解してきたといえよう。すなわち、学説は、法益処分の有効性を肯定する立場（これが、法益関係的錯誤説と解されてきたといえよう）と、何らかの理由（重大な瑕疵説から同意を無効と解する、又は自由な意思による同意を否定するなど）から法益処分の有効性を否定する立場に分かれ

ることになる。考えるに、法益とは当該客体が変更されずに存立し続けることのみを意味するのではなく、当該客体をいかに利用・処分するかという法益処分の自由も法益の内容・構成要素をなすから、法益処分の目的について欺罔され錯誤に陥った場合、法益の内容をなす法益処分の自由が害されており、その点について認識を欠くとして、法益関係的錯誤にあたることを認めることができるように思われる（このことは、後述するように、詐欺罪において当然のこととして認められていることであり、そうであるとすると、他の法益についても否定できないことになるように思われる[28]）。このような視角からみると、重大な瑕疵説は、法益処分の自由を全面的に保護の対象とする見解であり、これに対し、従来の法益関係的錯誤説は、法益処分の自由を保護の対象とすることを（詐欺罪という例外は除き、原則として）否定する見解だとすることができよう。ここに、重大な瑕疵説と法益関係的錯誤説との真の差異があるといえる。筆者は、かつて、こうした法益関係的錯誤説の考えを支持してきたが、現在では、法益関係的錯誤説の採る、このような法益についての限定的理解には説得力があるとはいえないと考えている。法益関係的錯誤説の立場から、「ある構成要件の保護法益と無関係な利益についての欺罔行為を、被害者の承諾を無効とすることを通じて当該構成要件で処罰するならば、……、実質的には当該法益を錯誤が関係する別の法益に変換することになるか、あるいは、欺罔から自由であるという意思活動の自由一般を保護することになってしまうであろう。」とされているが[29]、そのような説明には疑問がある。なぜなら、そこで保護されるのは、当該法益を処分する自由にすぎず、それはまさに法益の構成要素に他ならないのであり、当該法益とは別のものを保護することになるわけではないからである。

　しかしながら、このように考えるに至ったからといって、直ちに重大な瑕疵説を採用すべきだとまで解しているわけではない。それは、すでに触れたように、法益処分の自由の保護適格・要保護性という観点を無視することはできないからである。すなわち、法益の構成要素として法益処分の自由を認

---

[28] 小林・前出注17）232頁の法益処分の自由の理解は狭すぎると思われる。
[29] 佐伯・前出注21）59頁。筆者もかつてこのような理由を援用したことがある。山口・前出注21）『問題探究刑法総論』80頁以下参照。

めることができるとしても、それは刑事罰によって保護されるべき自由であるかという問題に対してなお回答を与える必要がある。「法益関係的」という視点は、このような問題を取り上げることを可能とするものであり、なお重要な意義を有しているといえよう。このような法益処分の自由の要保護性という視点からみた場合、財産や自由といった、一定の目的を実現するためにそれを処分することが本来予定・想定されている法益については、法益処分の自由は（原則として[30]）保護の対象となりうると解される。したがって、②反対給付に関する錯誤の事例のうち、商品納入事例については、法益処分の自由が害されるため法益処分は無効であり、詐欺罪が成立することになる。また、ある物を破壊させてくれたら報酬を差し出すと欺罔され、破壊について承諾したが、報酬がもらえなかった場合においても、当該の物についての法益処分の自由が害され、したがって器物損壊罪が成立することになるのである。

これらに対し、法益処分の自由の要保護性に問題が生じるのが、生命・身体法益である。それ自体が（他の目的に供されてはならないという意味で）自己目的であると解される生命については、一定の目的のために生命を処分することが事実上あったとしても、そうした処分の自由は刑法上保護の対象とされるべきではない。たとえば、自殺は、それがいかなる理由から行われるにせよ、本人以外との関係では違法であり、自殺の自由は保護の対象とはならないのである。このことは、自殺を阻止しても強要罪等で処罰されることはないことに現れている。ただし、生命侵害に同意がある場合において、同意を無効として同意殺ではなく殺人罪の成立を肯定すべきだというわけではない。それは、同意の事実的存在により法益侵害性自体が軽減することは否定しがたいことだからである。すなわち、処分の自由は認められないが、処分自体には一定の効果を認めるということである。

こうして、生命処分の自由は保護の対象とならないから、生命処分の動機

---

[30] 例外として考えられるのは、違法な目的のために財産を提供するような場合である。たとえば、殺人を約束して金品を提供させたが、殺人を行わなかったような場合がそれである。殺人のための財産処分の自由は保護されないといえよう。したがって、この点について欺罔されても、法益処分は依然として有効だと解する余地があるのではないかと思われる。

において欺罔された偽装心中事件のような場合においては、法益関係的錯誤は認められないのである。

　より問題となるのが、身体である。身体については、それを処分することは想定されておらず、処分の自由は刑法上保護されないとの考え方は不可能ではない。あるいは、法益関係的錯誤説はこのような立場に立つものと解することもできよう。しかし、身体についても、処分の自由を肯定する余地はありうるように思われる。たとえば、（再度生えてくる）毛髪などについては処分の自由を肯定することができると思われ、報酬を払うからと欺罔されて、長い髪の毛をかつらに使用するために切断することに同意する場合おいては、暴行罪の成立を肯定することは不可能ではないと解されるのである。問題となるのは、重大は傷害又は生命に危険のある傷害の場合である。身体は、その侵害が生命に危険をもたらす場合には、生命保護の見地から、処分の自由は認められないとの見解が可能であり、したがって、上記②の臓器提供事例については、処分の自由は保護されず[31]、臓器の摘出について錯誤がない限り法益処分は有効であると解すべきではないかと思われる[32]。このような見解に対しては、重大な傷害の場合には欺罔により同意を得た者は不可罰となり、軽微な傷害の場合には可罰的となるという点が取扱いにおいて不均衡ではないかとの疑問が生じる余地がある[33]。こうした疑問にどれだけ説得力があるかは問題となるが、もしも、これを不均衡だとして問題とするのであれば、重大な傷害のみならず、生命侵害についてはなお一層そのことが妥当するから、法益処分の自由の内容を理由なく縮減することでもしない限り、生命についても処分の自由を保護する見地を採ることになろう（その結果、結局のところ、重大な瑕疵説が支持されることになる）。なお、生命に危険がない場合には、身体についても処分の自由があるとの見地を一貫させれば、③献血事例、傷害事例、角膜摘出事例においては、処分の目的が欺罔さ

---

[31] しかも、臓器の売買は、臓器移植法11条において禁止され、処罰の対象とされている（同法20条）ことからも、臓器売買の自由は保護されない。

[32] なお、この場合、生命に危険な同意傷害は可罰的であると解する立場からは、医師の管理下で行われる臓器摘出については生命の危険があっても低いこと、他人の生命の保全等のために使用されるものであるという見地から、違法性阻却が考慮される。

[33] 小林・前出注17）232頁など参照。

れており、法益関係的錯誤は肯定されることになって、法益処分は無効となる[34]。それゆえ、報酬を与えると欺罔して、「暴行」を受けることについて同意させた場合については、暴行罪が成立しうることになる[35]。また、生命に危険がある傷害の場合であっても、他の法的に保護されるべき目的のために傷害に同意する事例については、法益処分の有効性を肯定することも考えうるであろう。このような立場からは、他人に無償で提供すると欺罔されたために、臓器摘出に同意した事例については、正当な行為のためなす処分の自由は保護されるべきだから、欺罔によりなした法益処分の有効性は否定されることになる。こうした見解は、処分の自由の要保護性に着目するものであり、十分成り立ちうるもののように思われる（これらに対し、軽微な傷害以外の場合については、身体について処分の自由を一切否定するときには、法益関係的錯誤を肯定することはできず、特段の理由がないかぎり、法益処分の有効性を否定することはできないことになる）。

以上のように法益関係的錯誤の内容を考えれば、問題となる事例は、その有無によって適切に解決することが可能となるのである。

(3) 自由でない同意

上記の法益関係的錯誤が認められなければ、法益処分の有効性は直ちに肯定されるわけではない。脅迫により同意を得た場合には、法益関係的錯誤を認めることができなくとも、その同意は自由な意思決定に基づかず、法益処分は無効となることにもそれは現れているといえよう。近時の学説においては、法益関係的錯誤に独自・固有の意義を認めず、むしろ、法益処分が自由な意思に基づいて行われたかを問題とする見解が有力に主張されている。そこでとくに問題となるのが、③献血事例、傷害事例、角膜摘出事例、④猛獣事例の処理である。既に示した、法益処分の自由も、それが保護の対象とな

---

[34] これに対し、違法な目的のために法益を処分する自由は保護されず、その目的について欺罔されても、法益処分は無効とはならない。なお、違法な目的であっても、瑕疵なく同意した場合については、同意の有効性を否定することはできない。

[35] この場合、一種のサービス提供契約の有効性を否定しないかぎり、詐欺罪が成立するかが問題となるが、それを否定することはできないであろう。その場合には、暴行罪と詐欺罪との関係が問題となるが、両罪の成立を肯定することは、形式的にはともかく、実質的には二重評価となるため、重い詐欺罪の成立を肯定することで足りるように思われる。暴行罪の成立を否定し、詐欺罪での処理を図る法益関係的錯誤説は、この意味では、理解しうるところである。

らない場合を除き、法益の内容をなすという見地からは、処分の目的について欺罔された場合、法益関係的錯誤を原則として認めることができることになるから、③献血事例、傷害事例、角膜摘出事例、④猛獣事例のいずれについても、法益関係的錯誤を認めることができるため、有効な法益処分が否定されることになる。

　これに対し、上記の立場は、法益関係的錯誤を狭く解し、他の理由によって問題を解決しようとするものである。すなわち、これらの見解においては、同意が自由な意思決定に基づくかが問題とされ、それによって上記事例は解決されることになる[36]。以下では、これらの理解について、内在的な検討を加えることにしたい。ここで一番の問題は、同意が自由な意思決定に基づくかをいかにして判断するかである。この点については、これを客観的基準によって判断する立場（客観説）[37]と主観的基準によって判断する立場（主観説）[38]とが対立している。

　客観説の論者は、④猛獣事例等緊急避難類似状況についての欺罔・錯誤事例の解決を念頭において、その見解を主張している。この場合においては、「被害者は脅迫による強要と同様の心理的強制状態に陥っており、同意は自由な決定によるものとはいえない。」「これが現実だとしたら、行為者の行為は正当化される。したがって、被害者としても同意すべきなのであり、不本意でもそうせざるを得ないのであり、被害者もまさにそう思って同意したのである」[39]。また、「緊急避難における法益衡量は意思決定が自由になされたか否かを判断する基準を提供するように思われる。欺罔の内容が真実であり、緊急避難状態にあるならば、行為者の行為は正当化されるのであり、反対に、同意する者の法益は犠牲にせざるを得ない状況にあるといえるからである」とするのである[40]。

---

[36] 斉藤・前出注22）178頁以下は、③献血事例等、④猛獣事例等について、承諾を無効とする。これに対し、林（美）・前出注23）31頁は、③献血事例等については、承諾を無効と解することを否定する。
[37] 林（美）・前出注22）34頁以下参照。
[38] 林（幹）・前出注22）249頁以下参照。
[39] 林（美）・前出注22）32頁。
[40] 林（美）・前出注22）34頁以下。

III 法益主体の瑕疵ある意思　21

　こうした客観説について問題となるのが、a）自由な自己決定か否かは、個人の内心にかかわるものであり、主観的基準により判断されるべきではないか、b）緊急避難状況の欺罔の場合に、自由な意思決定に基づく同意を無効だとすると、現実に緊急避難状況が存在した場合において、同意が無効となり不都合となるのではないかが問題となる。前者については主観説の検討の際に扱うこととし、ここでは後者の問題について検討することにしたい。論者は、このような場合には緊急避難が成立して行為者の罪責は否定されるから不当ではないと考えているが、問題は、「現在の危難」があり、それを回避するために法益侵害を惹起することが必要な事例であっても、身体法益が関係する場合にある。なぜなら、この場合には、法益主体の同意がなければ違法性阻却は困難だと解されることがあるからである。論者も、「重傷患者の手術のために通行人から意思に反して輸血させる場合」を問題としつつ、補充性の要件の見地から、同意の必要性を導いている[41]。したがって、実際に緊急避難状況があった場合に同意が無効となるのかが問題となるが、これを治療行為においては自由な意思決定は（優越的利益の原則による違法性阻却を補完するものであり）緩やかに判断されるとして[42]、同意の有効性を導こうとしているのである。しかし、輸血は治療行為であろうが、採血は治療行為ではありえないから、このような理由によって、自由な意思決定を肯定することはできない。緊急避難状況の場合、後述するような理由から、同意する法益主体の意思決定は自由でないとはいえないのである。

　主観説の論者は、客観説における自由な意思決定の判断基準の客観性に疑問を呈することから自説を基礎づけている。考えるに、自由な意思決定は、脅迫に基づく同意の事例にも問題となり、この場合においては、その判断は個別的・主観的になされなければならないことは明らかである。この意味では、主観説の出発点は妥当なものと思われる。しかし主観説にも問題がないわけではない。それは、論者により示されている、「被害者が自由意思を喪

---

[41] 補充性の要件さえ充たせば、強制採血が緊急避難で正当化されるかには疑問があるといえよう。このことは、肝臓・腎臓等の臓器を摘出する場合に明らかであるが、ここでは深入りしない。
[42] 林（美）・前出注22）51頁以下。

失したかどうかを問題とするにあたっては、彼がその処分した法益にどれほどの価値を認めていたかを問題とし、他方、処分することによってもたらされると信じた利益にどれほどの価値を認めていたかを問題としなければならない。被害者自身の価値観にとって、もたらされると信じた利益の価値が処分される法益の価値をはるかに凌駕するために、もはや衡量の余地なく問題の法益を処分せざるをえないと考えたのであれば、彼はその法益処分の意思決定について、不自由である。」[43]との基準の理解に関わっている。これでは、あまりの好条件のため、「もはや衡量の余地なく」取引に応じた場合であっても、それは自由な意思決定とはいえず、同意は無効となり財産犯（少なくとも、器物損壊罪）が成立することになりかねないが、それは明らかに妥当とはいえないであろう。また、問題は、客観説においても問題となったように、欺罔された状況が実際に存在した場合においても、自由な意思決定を否定せざるをえないことになるのではないかということにもある。そして、法益主体の主観のみを問題とする以上、主観説においては、この難点を回避することは不可能であると思われるのである。

　こうして、仮に自由な意思決定の有無を問題とする立場に立つとしても、それを失わせる意思の抑圧状況を欺罔した場合には法益処分の有効性を否定し、そのような状況が実際に存在した場合には法益処分の有効性を肯定する余地を認める必要があると思われる。意思の抑圧状態の欺罔という観点からとくに問題となるのが、③角膜摘出事例である。このような状況については、それが存在した場合と欺罔された場合とで主観面に相違はないが、前者については自由な意思決定の存在を肯定しうると解することには疑いを入れないと思われる。このことは、緊急状態の存在により意思が抑圧されて同意した場合においても、なお意思決定の自由は残されていることを意味するのである。したがって、緊急状態が現実に存在した場合、法益処分の有効性を肯定することができることになる。では、緊急状態（意思を抑圧しうる状態）が現実に存在した場合の扱いと、単に仮装されその存在が欺罔された場合の扱いとをいかにして区別しうるのであろうか。この問題を考える出発点は、

---

[43] 林（幹）・前出注22) 250頁。

脅迫である。脅迫については、緊急状態の現実化の脅威を示して同意を得た過程について、本来制約されるべきでない（制約されていない）自由を人為的に制約しているから、同意は意思の抑圧によりまさに強制されたのであり、自由になされたのではないとの客観的評価が可能となると解される。緊急状態の欺罔の場合も、存在していない緊急状態の脅威を示すことによって意思を抑圧して同意が得られたのであり、本来制約されていない自由を制約して同意が得られたのであるから、脅迫による場合と同じ客観的評価に値するのである。これに対し、実際に緊急状態が存在した場合には、それにより制約された法益主体の自由がまさに行使されたとみることができ、同意は自由な意思決定によるものと解されることになるといえよう。こうして、意思を抑圧しうる緊急状態の存在を欺罔して身体傷害に同意を得た場合には、その同意は自由な意思決定によるものとはいえず、法益処分の有効性は否定されることになり、角膜摘出事例においても、その結論が採られることになるのである[44]。

3　欺罔によらない錯誤

法益主体に法益関係的錯誤が存在し、これが行為者の欺罔によらない場合、いかなる解決が与えられるべきであろうか。この場合、法益主体には法益侵害についての十分な認識がないのであるから、惹起された物理的結果から法益侵害性は失われず、法益主体が錯誤に陥っている点についての故意・過失により、故意犯又は過失犯が成立することになるように思われる。ただし、故意がない場合には、錯誤に陥っていることが一見明白な場合[45]でなければ過失を肯定することは実際上できないであろう。

しかし、学説においては、より限定的に行為者の可罰性を捉える見解が主張されている。それは、承諾を法益主体のための制度と捉え、そこから生じ

---

[44] 山口厚「欺罔に基づく『被害者』の同意」『田宮裕博士追悼論集　上巻』327頁以下（2001年）参照。なお、他人に提供するために角膜の摘出に同意する自由は保護されるべきものであり、こうした自由を害したものとして、角膜摘出事例について、法益処分の有効性を否定することが可能であると解されることについては、すでに述べた。
[45] この判断においては、行為者の特別の知識を考慮することは否定されない。

るリスクを法益主体も負わなければならないとし、相手方が「錯誤を利用してはならない地位」にある場合に限り、構成要件該当性を肯定しようとする。法益主体と行為者との間で答責領域の配分を考慮しようとする見解ということができよう[46]。

この見解は興味深いものであるが、「リスクの分配」は、過失を判断する際に考慮しうるにとどまるものというべきだと思われる。「この本をかたづけて下さい。」というべきところを、「この本を捨てて下さい。」と明白にいい間違えたような場合、そのことを知りつつその本を焼却処分する者の刑事責任を限定する必要はないと思われる。もっとも、明白ないい間違いのような場合を除き、真意を尋ねでもしない限り、法益処分が法益主体の意思に反したものかは明白にはわからないのであり、故意を肯定しうる場合は極めて限られると思われる。こうして、過失の有無が実際上問題となるにしても、法益主体の言明・行為が存在する場合に、それが真意に反しているかをいちいち検討・確認することを要求することはできないであろう。たとえば、ゴミ捨て場に、まだ使用可能な物が捨てられている場合、それを回収・処分する業者が、ゴミとして捨てた者に「本当に捨ててよいか。」と確認することを要求することは現実離れしていると思われるのであるが、このような考慮は、過失の判断において十分になしうるし、なすべきものであると解される。

Ⅳ 個別犯罪における法益主体の意思

1 殺人罪・自殺関与罪

偽装心中事件[47]においても争点となったように、自殺する意思に瑕疵がある場合、その瑕疵をもたらした者について、殺人罪が成立するか、それとも自殺関与罪が成立するに止まるかが問題となる。この瑕疵は、①欺罔に基づく錯誤である場合と、②暴行・脅迫等による強制された意思の場合とがあ

---

46 森永・前出注17) 53巻1号205頁以下参照。
47 前出注18) 最判昭和33・11・21。

る。以下では、それぞれの場合の解決について順次検討を加えることにする。

(1) 自殺意思が欺罔に基づく場合

　この場合において、判例は、偽装心中事件において、欺罔されなければ自殺意思を持たなかったであろうという場合、その意思は重大な瑕疵に基づくもので、法的効果は認められない（自殺関与罪ではなく、殺人罪が成立する）と解していることは既に述べたとおりである。本稿で述べた立場によれば、生命処分の自由は法的に保護されないから、その自由を侵害し、したがって生命法益を侵害したとして、殺人罪の成立を肯定することはできないことになる。それゆえ、自殺関与罪が成立するにすぎないと解される。

　なお、学説においては、自殺意思の有効性を否定しながらも、そこから直ちには殺人罪の成立を肯定することはできず、さらに殺人罪の実行行為性（構成要件該当行為の存在）を肯定しうるかを判断しなければならないとの見解も主張されている[48]。このことは、殺人罪の成立を肯定するためには、行為者の行為と死の結果との間に因果関係等が存在し、構成要件該当性が肯定されなければならないという限度においては当然のことであり、正当な指摘であるといえよう。たとえば、瑕疵ある意思に基づいて自殺行為に出た際、その自殺行為を促進して援助したにとどまる者については、その行為と死の結果との間に因果関係を肯定することはできても、死の結果惹起について正犯性を認めることはできないから、殺人罪の成立を肯定することはできないのである。しかし、欺罔により瑕疵ある意思を生じさせ、それに基づいて自殺させた場合、構成要件該当行為といいうるかが問題となる行為は欺罔行為であり、これと錯誤、錯誤に基づく自殺意思の形成、自殺行為の実行との間に法的な因果関係を認めることができ、さらにこのような形による法益侵害についても（被害者を利用した間接正犯として）正犯性を肯定することは不可能ではない以上、欺罔行為は殺人罪の構成要件該当行為ということができると解される。また、同様のことは、欺罔により畏怖を生じさせ、それに基づいて自殺意思を惹起した場合にも問題となる[49]。この場合には、意思の抑圧

---

[48] 前田雅英『刑法各論講義［第4版］』26頁（2007年）、林幹人『刑法各論』34頁（1999年）など。

の存在が、殺人罪の構成要件該当性を肯定するためには必要となろう（すなわち、欺罔されても、意思の抑圧が認められないような場合であって、自殺意思を持つに至ったときには、殺人罪の構成要件該当性を肯定することはできないと思われる）。

(2) 自殺意思が強制された場合

　自殺意思が暴行・脅迫等により強制されたものである場合には、自由な意思決定によるものとはいえず、有効とはいえない。そして、暴行・脅迫等の強制行為と自殺意思の形成・自殺行為の実行との間に法的因果関係を肯定しうる限りにおいて、殺人罪の成立を肯定することができることになる。問題は、どの程度の強制がなされた場合に、有効な自殺意思の存在を否定することになるかである。この点については、法益主体に自由意思が全くなかったことが必要だとする見解[50]もあり、そのような厳格な基準を採るのではないかと思われる裁判例もある[51]。近時の判例では、被害者の採った行為「以外の行為を選択することができない精神状態」に陥らせたことに着目する考え方が示されている[52]。この判断は、法益の種類・性質を考慮し、他の犯罪において要求されている意思抑圧の程度を勘案しながらなされるべきものと思われる。すでに述べたように、「反抗を抑圧する程度」（強盗罪の基準）あるいは「反抗を著しく困難にする程度」（強姦罪・強制わいせつ罪の基準）を参考にしつつ決せられるべきであるが、法益保護の必要性の見地からは、完全な意思の抑圧までを要求する必要はないように思われる。

2　監禁罪

　監禁罪の保護法益は、一定の場所から移動する自由である[53]。この自由を何らかの目的のために処分した（すなわち、移動できない状態に身を置いた）

49　福岡高宮崎支判平成元・3・24高刑集42巻2号103頁（殺人にあたることを肯定）参照。
50　林（幹）・前出注48）34頁など。
51　広島高判昭29・6・30高刑集7巻6号944頁など。さらに、最決昭和59・3・27刑集38巻5号2064頁（被害者を、脅迫的言動を用いて護岸際まで追いつめ、逃げ場を失った同人を川に転落するのやむなきに至らしめて溺死させた事案）参照。
52　最決平成16・1・20刑集58巻1号1頁（自殺させて保険金を取得する目的で、被害者に命じて岸壁上から自動車ごと海中に転落させた事案）。
53　山口・前出注3）81頁以下参照。

が、この目的の点において欺罔されていた場合に監禁罪が成立するかが問題となる。まず、場所的移動の可能性がなく、移動の自由がないと欺罔されてその場に留まる場合（たとえば、部屋の中にいる者に、ドアが壊れて開けることができないと欺罔し、部屋の中に留まらせる場合）には、滞留の意思は移動が不可能だとする認識によって生じており、自由に形成されたものではないから、有効な同意は存在せず、監禁罪の成立に問題はないことに留意する必要がある。

判例においては、①行き先を欺罔して、A地点でPを自動車に乗せ、B地点まで疾走したところ、騙されたことに気がついたPが停車を求めたが、そのままさらに疾走し、C地点でPは車外に逃げ出したという事案において、A地点からC地点までについて監禁罪の成立が肯定されている[54]。また、②強姦の目的を秘して女性を自動車に乗せ犯行現場まで連行したが、同女はそれまでその意図に気づかず降車を求めなかったという事案において、監禁罪の成立を肯定した裁判例もある[55]。①にせよ②にせよ、監禁罪は自動車から降車できない点について問題となるのであり、降車を求めたら降車できるのであれば、監禁罪成立の余地はなく、降車を求めても降車できないことが監禁罪成立の前提となることにまず留意しなくてはならない。①の場合には目的地について欺罔され、②の場合については乗車させる目的について欺罔されており、場所的移動の自由は処分可能な法益である（このことは、一定の時間移動の自由が失われる航空機・列車への乗機・乗車を考えれば明らかである）から、いずれについても監禁罪の成立を肯定することは不可能ではないと思われる（ただし、一定の地点から他の地点まで監禁されたというのは不正確であり、一定の地点に自動車が存在した時点から他の地点に自動車が存在した時点まで、その間自動車内に監禁されたということである）。なぜなら、移動の自由を処分する自由も法益の構成要素をなすが、このような処分の自由が欺罔により害されているからである。

---

[54] 最決昭和33・3・19刑集12巻4号636頁。
[55] 広島高判昭和51・9・21刑月8巻9＝10号380頁。

3 住居侵入罪

　住居侵入罪の保護法益については学説上争いがあるが、判例及び多数説は住居等に誰の立入りを認めるかの自由（住居権・許諾権）を保護法益と解している[56]。したがって、立入りを認める人の同一性について錯誤に陥っている場合（Ａの立入りであれば認めるつもりである者が、Ｂに「自分はＡだ」と騙されて錯誤に陥り、Ｂの立入りを認めた場合）には、実際に立ち入る者（上記事例におけるＢ）に対する立入りの許諾はないから、欺罔により錯誤を生じさせて立ち入った者について、住居侵入罪が成立する。なお、この場合、自由法益としての住居権・許諾権は、誰の立入りを認めるかについてのものであり、その自由はその点の判断自体において行使されるべきものである（この点において、財産等が処分の自由とは独立して、一応観念しうることとは異なっている）。すなわち、ある人に立ち入ることを認めた場合、何らかの目的のために、立入許諾権の侵害に同意したというのではなく、許諾権（自由）をまさに行使したにすぎないのである。したがって、試論ではあるが、立入りを肯定する動機・目的については、保護法益とは関係しないと解することが可能であるように思われる（監禁罪における処分の自由とも対比すべき、自由を処分する自由が問題となるのは、住居権・許諾権を他人に包括的に与える場合であるにすぎない）。それゆえ、立入りを認める者の同一性については錯誤がないが、立ち入った後に行う行為について錯誤に陥っているにすぎない場合については、立入り後の行為に対する期待は住居侵入罪の保護法益とはいえず[57]、また立入りの許諾も自由でないとはいえないから、住居侵入罪は成立しないと解するべきである。判例は、住居への立入り目的を秘して、同意を得て立ち入った場合において広く住居侵入罪の成立を肯定しているが[58]、疑問があるといえよう。

---

[56] 最判昭和58・4・8刑集37巻3号215頁。学説については、山口・前出注3）114頁以下参照。
[57] 斉藤・前出注22）182頁参照。
[58] 最判昭和23・5・20刑集2巻5号489頁、最大判昭和24・7・22刑集3巻8号1363頁など。さらに、違法目的での立入りについて、広く住居侵入罪の成立が肯定されている。東京地判昭和44・9・1刑月1巻9号865頁、大阪地判昭和46・1・30刑月3巻1号59頁、東京高判昭和48・3・27東高刑時報24巻3号41頁、東京高判平成5・2・1判時1476号163頁、仙台高判平成6・3・31判時1513号175頁など参照。

4 強姦罪・準強姦罪

　強姦罪・準強姦罪の保護法益は性交の自由であり、これは当然、誰と行うかをその内容に含む[59]。ただし、この法益は自由自体だから、誰と性交をするかについて錯誤がないが、それに同意する目的について欺罔された場合については、法益関係的錯誤とはいえないように思われることは住居侵入罪の場合と同様である。したがって、結婚すると欺罔されて性交に同意しても、相手方の同一性について錯誤がない限り、有効な同意の存在が否定されるものではない。

　重要なのは、これらの犯罪においては、法益侵害が何らかの意味で肯定されれば犯罪が成立するわけではなく、法益侵害惹起態様が限定されていることである。すなわち、強姦罪は暴行・脅迫により反抗を著しく困難にして姦淫することが必要であり、同罪は強制により性交に応じさせる場合を捕捉するものにすぎない。強制の場合とは異なり、欺罔・錯誤に基づいて性交の意思を生じさせる場合については、それを正面から捕捉する規定は存在しない。それは、「抗拒不能」に乗じ又はその状態にさせて姦淫することを処罰する準強姦罪の成否の問題となるにすぎないのである。したがって、同意の対象が性交であることの認識に欠ける場合[60]、あるいは相手方の同一性について錯誤に陥っている場合[61]には、法益侵害性は肯定しうるが、それが「抗拒不能」といいうる状態で惹起されたことが犯罪の成立を肯定するためには必要となる。裁判例において問題とされているのが、治療のために必要だと誤信させて姦淫を行う事例について準強姦罪が成立するかである。そこでは、姦淫の認識はあるが、それに対して抵抗することが困難な状態にあるという意味で「抗拒不能」状態下での姦淫だとして準強姦罪の成立が肯定されている[62]。単に、法益関係的錯誤が認められれば足りるわけではない。

---

[59] 山口・前出注3）102頁以下参照。
[60] 大判大正15・6・25刑集5巻285頁（陰部に薬を挿入すると偽り、目を閉じさせるなどして姦淫した事例）。
[61] 広島高判昭和33・12・24高刑集11巻10号701頁（眠気その他の事情から、犯人を自分の夫と誤信していた事例）。
[62] 名古屋地判昭和55・7・28刑月12巻7号709頁、東京高判昭和56・1・27刑月13巻1＝2号50頁など。準強姦罪の成立を否定したものとしては、東京地判昭和58・3・1刑月15巻3号255頁など。

5　詐欺罪

　詐欺罪の保護法益は財産（財物又は財産上の利益）であり、その処罰を基礎づける法益侵害は、欺罔されて交付した財物・財産上の利益の喪失自体である。詐欺罪は、欺罔により、被欺罔者が財物・財産上の利益を交付することによって成立するが、交付による財物・財産上の利益の喪失が法益侵害を構成する場合に、詐欺罪は成立するのである。財物・財産上の利益が被欺罔者の意思に基づいて交付される（移転・喪失に同意がある）にもかかわらず、法益侵害の発生を肯定しうるのは、財物・財産上の利益を移転させる意思が瑕疵あるものだからである。いい換えると、財物・財産上の利益を移転する意思があり、それに瑕疵がない場合には、財物・財産上の利益を喪失したにもかかわらず、法益侵害は発生していない（同意により、移転・喪失について法益侵害性が否定される）。では、いかなる場合に、移転意思に瑕疵があるといいうるのであろうか。それは、法益侵害の内実について正確な認識を欠く場合である。すなわち、移転する財産自体について錯誤に陥っている場合、及び（移転する財産自体については錯誤がないが）財産処分の目的について錯誤に陥っている場合である。そこでは、詐欺罪の法益侵害の特質が考慮される必要がある。

　窃盗罪においては、占有侵害が要件とされているように、財物はいわば静的な存在として保護され、占有者の意思に反する移転が行われれば同罪は成立する。それに対し、詐欺罪においては、財物・財産上の利益は、それ自体として保護されるのみならず、「一定の目的達成手段」として保護され、それが侵害されたときに同罪は成立するのである。この意味で、詐欺罪の法益侵害は、窃盗罪と対比したとき、それとは異なる一定の特性を備えたものと解されることになる。すなわち、窃盗罪においては、占有下にある財物の占有を（意思に反して）喪失したことをもって法益侵害を肯定することができるが、詐欺罪においては、財物・財産上の利益を交付することによって達成しようとした目的（通常の取引の場合における反対給付の取得、寄付の場合における寄付目的等）が達成できないこと、それが達成できないにもかかわらず財物・財産上の利益を交付することによって喪失したことによっても法益侵害を肯定することができることになるのである。ここに、財産の処分の自由

Ⅳ　個別犯罪における法益主体の意思

自体が財産法益として保護されることが顕著に現れているといえよう。

こうして、財物・財産上の利益の交付により達成しようとしていた目的が達成された場合には、移転意思に瑕疵はなく、財物・財産上の利益の移転・喪失について法益侵害性が否定されることになる。目的が達成できない場合に、移転意思には瑕疵があることになる。いい換えれば、目的不達成という法益侵害の発生に同意がない場合に、移転した財物・財産上の利益の喪失について法益侵害性が肯定されることになるのである。したがって、②商品納入事例については当然に詐欺罪が成立することになる（これは、典型的な取込詐欺である）。

なお、対価の支払いについて欺罔されて財物を交付すれば詐欺罪が成立するが、同様に、対価の支払いについて欺罔されて財物の損壊に同意した場合については、欺罔行為者に不法領得の意思がなく詐欺罪は成立しないときでも、器物損壊罪は成立しうるであろう。それは繰り返し述べているように、財産については、財産処分の目的（財産処分の自由）も財産の構成要素として保護されており、詐欺罪の構成要件に該当しない場合でも、器物損壊罪の構成要件に該当することを肯定しうる以上、その成立を否定する理由はないからである。

(第1講) 議論のまとめ

島田聡一郎

1 同意の位置づけ、同意傷害（ことに生命に危険ある場合）について

1 山口論文の内容

　山口論文は、被害者の意思にかなった事態（たとえば、被害者が同意した上で入れ墨をしてもらうこと）は、物理的には法益侵害結果（つまり、被害者がけがをしている）のように見えても、法的には、法益侵害結果ではない（つまり、「傷害」（204条）に当たらない）、という命題を出発点とする。その結果、被害者の同意があれば構成要件該当性が否定されることになる。

　もっとも、生命に危険がある同意傷害に関しては、処罰を肯定する余地もあるとする。生命が法益主体の意思にもかかわらず後見的に保護されていること（202条）との均衡がその理由である。この事案については、同意傷害には、202条のような特別規定がない以上不可罰とすべきだ、とする不可罰説も存在する。しかし、山口論文は、その主張に対しては、202条が存在するのは、殺人罪の法定刑が重いので、特別な減軽類型が設けられたためであり、法定刑の下限がきわめて軽い傷害罪については、そうした減軽類型が不要だから、同意傷害罪が設けられなかっただけのことだ、という反論が可能だとする。また、同意傷害の場合に、行為者の正犯性を疑問視する見解もあるが、その見解に対しては、正犯性について、行為者が物理的に結果惹起行為を行った場合には正犯が成立する、という伝統的な理解に従う限り、同意傷害は傷害正犯として処罰すべきだとの批判が向けられた（さらに、山口厚「被害者の行為を利用した法益侵害」法学教室290号100頁参照）。

　他方、同意傷害については、生命に危険がなくとも傷害が重大あるいは回

復不可能な場合（たとえば、視力を失わせる場合など）には、処罰すべきだとする見解も有力である。しかし、山口論文は、この見解に対し、回復不可能というだけでは、相当広い範囲で処罰が肯定されてしまうし、「重大」というのは程度問題で、基準として不明確である、むしろ、生命に危険がある場合が「重大」と考えるべきである、と指摘する。

2 議論の状況

山口論文の以上の部分について、次のような議論がなされた。まず、同意傷害については、ドイツ刑法においては明文の処罰規定があるが（ドイツ刑法228条）、重大な傷害の場合に違法性阻却を否定する学説は、ドイツのこの点についての有力説[*1]から影響を受けているのではないか、という指摘がなされた。

やはりドイツ刑法との関係で次のような指摘もあった。それは、同意傷害と自傷への関与とを区別し、前者には当然に正犯性が認められるという解釈からは、同意殺人、嘱託殺人は正犯性があり、自殺教唆・幇助は、それを欠く類型となる、しかし、ドイツ刑法のように、嘱託殺人を殺人の減軽類型とし、自殺教唆・幇助は不可罰とする法体系においては、このような解釈が自然なものだが、日本刑法のように両者を202条において同等に扱っている法体系と、このような解釈とが整合するのかは疑問がある、というものである。つまり、被害者が同意しそれに基づく関与をすることによって、被害者こそが「主役」となり、行為者はもはや「主役（＝単独正犯）」といえなくなると考えるべきではないか、ということである（なお、山口説もかつてはそのような見解であった（山口厚『刑法総論』（2001）149頁））。しかし、山口論文によれば、この学説も1つの考え方ではあるが、従来の一般的な理解を覆すことに十分に成功しているとはなお言い難い、とのことである（同『刑法総論［第2版］』（2007）164頁）。

同意傷害不可罰説の立場から、次のような指摘もなされた。生命に危険がある場合に同意傷害の可罰性を肯定する見解は、傷害罪の法定刑の上限は懲役15年であるが、同意傷害は同意殺人より軽いのだから、同意殺人の法定刑の上限（懲役7年）より重い刑を科すことはできないとする。しかし、生命

に危険がある同意傷害は、同意殺人未遂より、殺意がない分当罰性が軽いのだから、罪刑の均衡の観点からは、懲役7年でも不当であり、それより軽くされるべきである。とはいえ、具体的にどの程度軽くするかについてはどこにも基準がなく、明確性を欠き、憲法に違反する。そのことは、翻って、同意傷害の可罰性を肯定することが現行法解釈として無理があることを意味するのではないか、というのである。

しかし、この批判に対しては、明確性原則は、犯罪成立要件について妥当するとはいえても、宣告刑の範囲についての明確性まで要求するものではない、という反論があった。具体的な事件において言い渡された宣告刑が、量刑不当になるか否かを判断する際に、同意殺人罪の法定刑も考慮すべきとはいえても、それ以上の効果を持つものではない、というのである（もちろん、このように考えたとしても、同意傷害一罪について、7年あるいはそれ以上の懲役を宣告することは、類型的に量刑不当とはなろう）。また、罪刑の均衡が憲法上の問題とされた判例として、いわゆる旧尊属殺人違憲事件（最大判昭和48・4・4刑集27巻3号265頁）があるが、そこでは法定刑の下限が極めて重い（無期懲役）ということが実質的な論拠であった。しかし傷害罪の法定刑の下限は軽いから、そのような問題は生じない、という反論もあった。

② 法益主体の瑕疵ある意思

1 山口論文の内容

山口論文の中核は、被害者の意思に何らかの瑕疵がある場合、とりわけ、被害者が錯誤に陥って同意した場合に、同意がどのような要件の下で無効となるかについて検討している部分である。

この点について、判例および有力説は、欺罔されなければ同意しなかったであろう場合には、同意を無効とする。しかし、山口論文は、この見解に2つの批判を向ける。第1の批判は、強制の場合とのバランスを欠く、というものである。すなわち、強制の場合には、単に強制されなければ同意しなかったであろうというだけで同意を無効とする見解はなく、強制が被害者の意思決定へどの程度の影響を及ぼしたかが問題とされる。そうだとすれば、錯

誤の場合にも、錯誤が被害者の意思決定にどのような影響を及ぼしたかが問われるべきだ、というのである。第2の批判は、同意を無効にして処罰することは、そのような法益処分の自由を保護するということであるが、生命のような処分の自由が保護されていない法益について、そのように解するのは疑問だ、というものである。この第2の「ある法益の処分の自由が保護されるべきか」という視点は、その後の山口説の展開において、キーとなっている。

　すなわち、山口論文では、法益関係的錯誤説を出発点としながらも、その内容を、従来のわが国の同説（たとえば、佐伯仁志「被害者の錯誤について」神戸法学年報1号51頁以下）よりも拡張し、同意が無効となる範囲をより広く認めているのだが、そのような解釈を基礎づけるのが、法益には「法益の処分の自由」も含まれるのが原則だ、という解釈なのである。このような観点から、従来の法益関係的錯誤説が、同意を有効としていた、法益処分の理由、目的等について錯誤がある場合でも、その法益処分の自由が保護に値するといえる限り、法益処分の自由が害されていることを理由に、法益関係的錯誤を肯定し、同意を無効とする。しかし他方、山口論文は、この解釈に一定の制限を認めており、その限度で、従来の判例・多数説とも、結論を異にしている。

　処分の自由の要保護性が否定されるのは、具体的には、次の2つの場合である。まず第1に、生命の処分には要保護性が認められないから、生命の処分については、処分の自由を考慮することはできず、反対給付に錯誤があったとしても、法益関係的錯誤は認められない。その結果、いわゆる偽装心中は、殺人罪ではなく、自殺関与罪となる。また、傷害についても、それが生命にかかわるような重大なものの場合には、手術や生体肝移植のような特別な利益がある場合を除いて（この場合には処分の自由が肯定され、その点について欺罔があれば、法益関係的錯誤が認められる）処分の自由を否定し、傷害罪の成立を否定する。第2に、殺人の対価だと偽って、金銭を提供させるような場合には、そうした金銭の提供に要保護性がないことを理由に、詐欺罪の成立を否定する。

2 議論の内容

さて、このように理解された「法益処分の自由」について、次のような指摘がなされた。確かに、法益関係的錯誤説のドイツにおける嚆矢であるアルツトは、同説の論拠として「刑法は、すべての法益、特にいわゆる一身専属的な法益までも交換の対象とすることに寄与してはいけない」[*2]という点を指摘していた。このことは、逆に言えば、一身専属的法益以外の法益については処分の自由が保護されていると考えることもできる。そして、そこにいう一身専属性の内容を、生命と生命に対する危険に限定すれば、確かに山口説のようになる。その意味では、山口説は、ある意味、法益関係的錯誤説の本来の発想に忠実といえなくもない。しかし、山口説が、その「処分の自由」を否定する場合は、やはり狭すぎ、その結果、ことに自由に対する罪について、処罰範囲の大幅な拡大を招く、という批判がなされた。処分の自由が害されただけでは、同意を無効としないのが、法益関係的錯誤説の本来の姿ではないか、というのである。また、やはり財産のような本来的な取引の対象と、身体の安全のような、本来取引に供されるべきではない一身専属的な利益との区別は、現在でもやはり重要ではないか、という指摘もなされた。そのような観点からは、金銭を渡すとだまして、人を、モグラたたきのモグラとして殴る場合（佐伯・前掲論文51頁）には、やはり、暴行罪の成立は否定して、詐欺罪の成立可能性のみを認めるべきだ、というのである。

しかし、山口説は、この場合にも暴行罪を認めてよいし、それがむしろ現在の多くの見解の価値判断でもあるとする。そして、法益の性質が「一身専属的か」という区別は、感覚的なものにとどまる、と批判して、例外を認める根拠は、刑法自身が明文で認めている生命の特別扱い（202条）の点に求めるほかないとする。処分の自由が保護されない場面を認めるためには、積極的な理由が示される必要があり、それが示されない限りは、それも法益に含めざるを得ないのではないか、という考え方である。言い換えれば、本来狭いものを広げたのではなく、（あまり決定的な理由なく）狭めていたのをやめたにすぎないという理解である。ただ、そのように考えると、生命とその危険についてだけ特別な扱いをすることの、実質的当否が問われることにはなろう。すなわち、生命のような特に厚く保護されるべき法益についてだ

け、欺罔から保護されないというのは、アンバランスではないかというのである。

次いで、この処分の自由に対する「法的制限」の具体的内容について議論がなされた。具体的には、先に見た第1と第2の場合が異質な観点に基づくのではないか、が問題とされた[*3]。第1の場合にいわれている「要保護性」は、生命の場合のように、被害者保護の観点からの、いわば法益自体に内在的なものである。これに対し、第2の場合に要保護性が否定されるのは「殺人という目的が保護に値しない」という理由に基づくものであり、それは、他の犯罪の抑止という、いわば法益に外在的な観点ではないか、というのである。確かに、この両者は異なるものであり、後者の場合には、ある犯罪についての違法性が、当然に別の犯罪の法益の要保護性を失わせるとはいえないと考えれば、なお詐欺罪を認める余地もあるかもしれないとの回答があった[*4]。そのように考えるのであれば、法益処分の自由が否定されるのは、結局、生命あるいは生命に対して危険があるような身体の安全に限られることになろう。

③ 自由に対する罪について

1 住居侵入罪

以上のような総論的検討をふまえ、各論的検討がなされた。そこで、もっとも激しい議論があったのが、住居侵入罪についてである。同罪の保護法益は、住居に誰を立ち入らせるかについての自由であり（許諾権説）、その点に錯誤がない限り、行為者の立ち入りの目的等について被害者が錯誤に陥っていたとしても、同罪の成立は否定される、というのが、山口説の年来の主張（たとえば、山口厚『問題探究刑法各論』（1999）66頁）であるが、本論文で述べられているような処分の自由の観点を持ち込むと、この結論が否定されて、被害者が、行為者の強盗目的を知らずに立ち入らせた場合にも、住居侵入罪が肯定されてしまうのではないか、という批判がなされた。被害者の法益処分の自由という観点からは「強盗ならば法益を処分しない」という自由も保護されているということになり、その点の錯誤も、同意を無効とするの

ではないか、というのである。
　これに対しては、いわば外在的な制限があるのではないか、という反論がなされた。すなわち、そうした自由については、たとえば強盗予備罪などで保護されているから、住居侵入罪としては保護されない、というのである。また、不退去罪の存在から考えるに、被害者の意思に反した住居内への滞留という不法内容については、不退去罪で保護されており、住居侵入罪は、それを超えた要素が要求されているという解釈の可能性も示唆された。しかし、結論的には、そのような外在的制限を認める根拠も必ずしも十分なものではなく、強盗事例も住居侵入罪を認めざるを得ないかもしれない、との発言もあった。この点をどのように考えるかが、(新)山口説に残された課題であろう。

2　監禁罪

　次に、監禁罪について、山口説は、場所的移動の自由を処分する自由も保護されることを理由に、目的について錯誤があった場合にも法益関係的錯誤を肯定している（それ故、判例で問題となった強姦の意図を秘して自動車に乗せた事案では監禁罪が成立する）。この点の当否については、さほど議論がなかった。なお、山口教授が各論の体系書において、「処分の自由」を法益に含めることを明言したのは、同罪のみであるが、同罪は、そもそも法益の内容自体を可能的自由と理解する見解も有力であり、「処分の自由をも法益に含める」という解釈が、受け入れやすい犯罪ともいえよう。

3　準強姦罪、準強制わいせつ罪

　自由に対する罪の最後に、準強姦罪、準強制わいせつ罪について議論がなされた。これらの罪において、同意の対象が性行為であることについての錯誤や、人の同一性についての錯誤が法益関係的錯誤であることには争いがない。しかし、性交であることは認識していたが、それが治療のためだと偽られていた事案の扱いは議論が絶えないところである。この事案について、山口論文は、性的自由を処分する自由という観点から、同意を無効とする。このような考え方からは、他に、たとえば、部下の女性に対して、性交に応じ

たら昇進させてやると欺いて性交に応じさせた場合にも、同意は無効となる。ただし、これらの犯罪については、さらに「抗拒不能」が要求されているので、その点で限定をする可能性があるかもしれない、という指摘があった。

とはいえ、山口論文は、「抗拒不能」の要件が、判例上、被害者保護の観点から緩やかに解されている点を指摘し、しかもそれを支持して、一部の下級審判例が問題とした「意思の抑圧」を不要としている。そのように考える限り、論文中にあげられていた昇進事例も、準強姦罪が成立することになろう。

もっとも、この「抗拒不能」を緩やかに解する点についても、批判もあった。準強姦罪は、強姦罪に準ずるものであるから、後者において暴行、脅迫によって被害者の反抗が著しく困難となることが要求されている以上、それに匹敵する状況がやはり必要なのではないか、抗拒不能という文理からも、そのように解すべきではないか、というのである。しかし、そのように考えると、治療と偽って性交する場合なども不可罰となってしまうが、それはやはり不当なのではないか、という反論がなされた。もっとも、以上の議論は、総論の同意論の問題ではなく、あくまで「抗拒不能」という言葉の各論的解釈にすぎない。

4　その他の論点

以上が、議論の概要である。山口論文には、他に、2つの重要な主張が含まれているが、これらの点については、議論の場においては特に異論は出されなかった。

その主張のうち1つは、法益関係的錯誤の内容を限定的に解した上で、それ以外の点については、法益処分が自由な意思決定に基づいて行われたか否かを問題とする見解に対する評価である（たとえば、林美月子「錯誤に基づく同意」『刑事法学の現代的状況―内藤謙先生古稀祝賀』(1994) 21頁）。こうした見解について問題となるのは、客観的にそのような緊急状態が存在していた場合である。具体的には、その場合に同意の有効性を否定するのは不当であるが、それがどのような論理によって認められるか、ということが問題とな

る。山口論文は、意思の抑圧された緊急状態でも、被害者には制約された自由が残っており、その場合には自由な決断は認められるが、脅迫や欺罔のような行為によってそうした自由を制約していた場合には、同意の有効性が否定されるという解決を示す。

　もう1つは、被害者が欺罔されずに錯誤に陥っていた場合についてである。この点につき、学説の中には、行為者が被害者の錯誤についての配慮義務、それを利用してはいけない地位が認められない限り、犯罪の成立を否定する見解もある。しかし、被害者の言が明白な言い間違いであり、行為者にも故意が認められる場合に処罰を否定する根拠は必ずしも明らかではないとされている。

④　まとめ

　山口論文は、被害者の意思という、いわば各論と総論の中間に位置し、それを架橋する論点について、包括的な検討を加えたものであり、しかも、そこに、「法益処分の自由」という従来必ずしも正面から議論されてこなかった、新たな視点を盛り込んだ点に、重要な意義がある。しかし、また、その内容が、錯誤に基づく同意を無効とする範囲を、従来の法益関係的錯誤説に比し、かなり広げるものであるだけに、その点について、討論者の間でも評価が分かれ、多くの議論がなされていた。

*1　ドイツ刑法228条は、同意があっても良俗に反する傷害について、違法だとする。しかし、学説においては、単なる倫理違反を処罰すべきでないこと、処罰範囲の明確性を保つべきこと、自己決定権を尊重すべきことなどを理由として、重大な傷害の場合に限って同意傷害を違法とする見解が有力である（z.B., Jeschek/Weigend, AT, 1996, §34 II 3, III 2）。そして、近時、判例も、（治療行為などの）侵害を埋め合わせる価値がない場合については、生命に対する具体的な危険があってはじめて、228条によって処罰されるとした（BGHSt 49,166）。
*2　Gunther Arzt, Willensmängel bei der Einwilligung, 1970, S. 20.
*3　第2の場合について、詐欺罪の成立を否定するのは、少数説であり、その結論の当否も問題となるが、それはひとまずおく。

＊4 この点と関連して、こうしたある犯罪の違法性と他の犯罪の違法性の峻別という発想は、保険金詐欺目的での同意傷害についての判例を批判する際にも用いられている、また、この発想を証書の騙取の場面でも、偽造と詐欺の棲み分けという観点から活かすことが考えられるという指摘があった。後者については、山口厚「文書の不正取得と詐欺罪の成否」法学教室289号120頁以下も参照。

第2講

遺棄罪における生命保護の理論的構造

和田俊憲

I はじめに

　人の生命は、現行法上、最も高価値の法益である。その生命に対して、刑法は手厚い保護を与えている。故意侵害犯である殺人罪には、行為態様による限定がない。未遂はもちろん、予備行為まで処罰対象とされる。被害者の同意があっても、違法性は阻却されない。強盗殺人罪などの結合犯も規定され、極めて重い法定刑が用意されている。また、過失犯も広く処罰対象とされる。多くの犯罪に、被害者を死に至らしめた場合の結果的加重犯が規定されている。

　自力では生命に対する危険に対処できず、他人による扶助を必要とする者に対しては、さらに厚い保護が必要である。そこで、遺棄罪が規定され、扶助を要する老年者、幼年者、身体障害者、病者（以下、まとめて、要扶助者という）の生命を危険にさらす行為を、一定の範囲で処罰している[1]。即ち、217条が、要扶助者の「遺棄」を処罰し（単純遺棄罪）、さらに、要扶助者を「保護する責任（以下、保護責任という）のある者」（以下、保護責任者という）が、要扶助者を「遺棄」すること、および、「生存に必要な保護をしな」いこと（以下、不保護という）について、218条が217条よりも重い処罰を用意している（保護責任者遺棄罪。以下、特に前者だけを指す場合は、狭義の保護責任者遺棄罪、後者は、保護責任者不保護罪、または単に、不保護罪という）。ここでは、生命侵害の予見がないため殺人罪は成立せず、生命侵害の結果が発生していないため過失致死罪も成立しない場合について、一定の範囲で補充的な保護が図られているのである（さらに、219条が、結果的加重犯としての遺棄致死傷罪を規定する）。

　遺棄罪は、立件数もさほど多くなく[2]、刑法による生命保護においては外延に位置する補充的な犯罪類型である。しかし、それだけに却って、生命保

1　もっとも、このように理解すべきか否かが既に問題である。後述、II参照。
2　検察統計年報によると、遺棄の罪は、検察庁の新受件数で95件（平成15年）、78件（平成16年）、71件（平成17年）、起訴件数で23件（平成15年）、20件（平成16年）、16件（平成17年）である。

護の限界を画する遺棄罪の成立範囲を明確にすることは、単に１つの犯罪類型について規範を明確化することを超えた意義を有するように思われる。そうであるにもかかわらず、遺棄罪をめぐる議論は、刑法各則の解釈論の中で最も複雑で混迷を深めているものの１つである。本稿は、なるべく簡明な基本的考え方に依拠しながら遺棄罪の成立範囲の明確化を図ろうとする試みである[3]。

　刑法各則の解釈論は、次のような手順を踏むのが体系的に分かりやすい。①まず、当該犯罪類型の保護法益を明らかにする。②それとともに、侵害犯か危険犯か、後者だとすると、具体的危険犯か抽象的危険犯か、罪質を明らかにし、既遂結果を決定する。③そして、当該結果を発生させる行為のうち、いかなる行為態様のものが限定的に処罰対象とされているかを明らかにする。④さらに、身分等による制限がある場合には、その内容を明らかにする。そこで以下では、まず、遺棄罪の保護法益と罪質について、従来の議論を点検する（Ⅱ）。次いで、議論が最も複雑化している行為態様について、即ち、「遺棄」と「不保護」の意義について、考察する（Ⅲ）。さらに、保護責任者遺棄罪において要求される「保護責任」の内容に検討を加え（Ⅳ）、最後に、殺人罪との関係に触れたい（Ⅴ）。

Ⅱ　保護法益と罪質

1　保護法益

(1) 判例・多数説

　遺棄罪の保護法益は生命・身体であるというのが、判例[4]・多数説[5]である。

---

[3]　遺棄罪全体を視野に入れた最近の論攷として、松原和彦「保護責任者遺棄罪における『保護責任』に関する一考察（1）（2）（3・完）」北大法学論集57巻3号（2006）314頁、57巻5号（2007）340頁、58巻1号（2007）166頁がある。

[4]　大判大正4・5・21刑録21輯670頁、大判昭和3・4・6刑集7巻291頁など。

[5]　団藤重光『刑法綱要各論〔第3版〕』（以下、団藤・各論。以下、教科書・体系書の略記は同様）（1990）452頁、大塚仁『刑法概説各論〔第3版〕』（1996）57頁（保護責任者遺棄罪については、保護義務懈怠罪としての性格も認める）、中山研一『刑法各論』（1984）85頁、中森喜彦『刑法各論〔第2版〕』（1996）38頁、山中敬一『刑法各論Ⅰ』（2004）85頁、松宮孝明『刑法各

これに対して、身体は含めず、保護法益は生命に限定すべきであるという見解が有力に主張されている[6]。保護法益を生命・身体とする判例・多数説の積極的論拠は、次の3点である。第1に、単純遺棄罪の法定刑は1年以下の懲役、保護責任者遺棄罪でも3月以上5年以下の懲役であり、身体を保護法益とし、懲役15年を法定刑の上限とする傷害罪よりも、格段に軽い。第2に、遺棄罪は、身体を保護法益とする傷害罪、過失傷害罪の後に規定されている。第3に、傷害結果が発生したに過ぎない場合についても、遺棄罪の結果的加重犯としての遺棄致傷罪が規定されている。

(2) 判例・多数説の積極的論拠に対する批判

ⅰ 法定刑　多数説に対して有力説は、まず第1の論拠について、法定刑の上限が低いからといって保護法益の下限を軽く解すべきことにはならない、と批判する[7]。多数説によっても生命は保護法益に含まれており、それに加えてより価値の低い身体をも保護法益に含めるべきか否かは、むしろ法定刑の下限に関わる問題であるところ、傷害罪の法定刑の下限は罰金であり遺棄罪よりも著しく低いから、結局法定刑は多数説の論拠とならないというのである。そして、遺棄罪の法定刑の上限が軽いことは、現行法が、法益侵害よりも法益侵害の危険を相当低く評価しているために、それ自体としては価値の低い身体であっても、それが侵害された場合と比較すれば、生命自体は価値が高くても、その侵害の危険が惹起されたに過ぎない場合は、否定的評価の程度が軽くなる、ということの表れであるとの理解が示される。法定刑の重さが保護法益の価値の高さだけに比例したものでないことは当然で、少なくとも、要求される危険の程度と掛け合わせた違法性評価が必要である。現に、保護法益が生命であることに争いはないと思われる殺人予備罪の

論講義』(2006) 68頁、塩見淳「遺棄の概念」西田典之ほか編『刑法の争点』[第3版] (2000) 134頁、内田文昭『刑法各論 [第3版]』(1996) 84頁、曽根威彦『刑法各論 [第3版補正版]』(2003) 43頁、前田雅英『刑法各論講義 [第4版]』(2007) 74頁など。これを通説とするのが多数説であると思われるが、反対説の有力化によって、もはや通説とは言い難くなったように思われる。齊藤彰子「遺棄罪」法学教室286号 (2004年) 49頁は、これを「伝統的見解」と呼んでいる。

6　平野龍一『刑法概説』(1977) 163頁、大谷實『刑法講義各論 [新版追補版]』(2002) 71頁、小暮得雄ほか編『刑法講義各論』(1988) 65頁 [町野朔]、西田典之『刑法各論 [第3版]』(2005) 26頁、林幹人『刑法各論』(1999) 45頁、山口厚『刑法各論 [補訂版]』(2005) 31頁など。

7　山口厚『問題探究刑法各論』(以下、山口・探究各論) 18頁。

法定刑は2年以下の懲役に過ぎないが、これは、生じさせる危険の程度が低いからである。

有力説の指摘に対しては、傷害罪は身体に対する軽微な侵害で足りるのに対して、遺棄罪においては身体に対する重大な危険が常に要求されると解すれば、遺棄罪の保護法益に身体を含めたとしても、その法定刑の下限が傷害罪の下限よりも重いことを説明することは可能である、との多数説の立場からの反論がある[8]。そして、法定刑の上限については、傷害罪が重いのは生命に対する危険犯の意味をももつからであり、身体の侵害が生命の危殆化よりも一律に重く評価されているからではない、との指摘が返される[9]。

傷害罪の下限よりも遺棄罪の下限の方が重いのであるから、有力説は、いかなる場合でも身体侵害の方が生命の危殆化よりも一律に重く評価される、と主張しているのではない。いくら生命でも、それを危殆化するに過ぎないのであれば、それより重く評価される身体侵害がありうる、というだけである。ここでは、傷害罪が身体侵害に加えてさらに生命の危殆化をも評価に含めているかどうかは、問題でない。もし、傷害罪は生命に対する危険が認められる場合にしか遺棄罪の法定刑の上限を超えて処罰することはできない、などと主張するのであれば不当であるから、遺棄罪における生命のあらゆる危殆化は、一定の傷害における身体侵害自体よりも軽く評価されている、ということは認めなければならない。

これに対して、確かに、法定刑の下限に関する多数説の立場からの反論には一理あり、身体のある程度重要な機能に限定するのであれば、保護法益に身体を含めることも可能であろう。しかし、ここでは、多数説による法定刑にかかる主張は多数説の積極的論拠としては不十分であることを確認するだけで、十分である。

ⅱ　規定の位置　　規定の位置を問題にする多数説の第2の論拠についても、同様である。規定の順序は、法益の価値の高さのみに応じたものであると解する必然性はなく、生命・身体に対する侵害犯の後に、生命に対する危険犯を規定することは、後者の違法性が低く評価されることを前提とする

8　山中・各論86頁。
9　山中・各論86頁注3。

と、合理的に理解可能である[10]。

　iii　**結果的加重犯**　　遺棄致傷罪の存在を問題とする多数説の第3の論拠も、同様に反駁される[11]。傷害による結果的加重がなされていること自体から、基本犯が既に身体を保護法益としているとはいえない。例えば、監禁致死傷罪の基本犯である監禁罪の保護法益には生命・身体が含まれるなどと一般に解されてはいない。ある法益に対する危険を孕む行為が処罰対象となっているとき、保護法益に必ずその法益が含まれると理解すべきではないのである。

　従って、多数説の立場からも、遺棄致傷罪の存在自体ではなく、傷害結果が発生した場合の方が基本犯である遺棄罪よりも刑が重い点を、問題とする必要があろう。しかし、それは、上で見たように、身体傷害の方が生命の危殆化よりも重く評価されていることの表れに過ぎないと理解することができる。確かに、有力説の立場からそのように解する場合、生命の危殆化よりも一般的に重い評価に値する傷害結果が生じた場合に初めて遺棄致傷罪が成立すると解すべきことになる可能性はある。しかし、多数説の立場からも、遺棄罪において身体の重要な機能に対する危険を要求するのであれば、やはり遺棄致傷罪における傷害結果を限定的に理解すべきことになりうる。

　遺棄致傷罪と傷害罪の刑を比較するとどうであろうか。遺棄致傷罪の法定刑の上限は、傷害罪のそれと同じ懲役15年であり、下限は遺棄致傷罪の方が格段に重い。両罪は、傷害結果との関係で見ると、客観面は同じであり、主観面も下限においては違いがない。そこで遺棄致傷罪の傷害罪以上の重さを基礎づけ得るのは、基本犯の違法性（およびその反映としての責任）でしかないが、身体に対する危険は傷害罪においても認められるものであるから、それとは異質の生命に対する危険（およびその認識）が、遺棄罪においては常に要求されていると解することができる。もっとも、傷害罪において常に認められる傷害の危険よりも重大な危険を遺棄罪において要求するのであれば、多数説の立場からも一応説明は可能である。

　以上のように見てくると、結局、少なくとも判例・多数説の立場をとるべ

10　山口・探究各論18頁以下。
11　山口・探究各論19頁。

き積極的理由は示されていないように思われる。

(3) **判例・多数説の問題点**

　判例・多数説は、積極的論拠に欠けるだけでなく、処罰範囲が広きに失するおそれがある。保護法益に身体も含め、傷害の危険があるに過ぎない場合も遺棄罪が成立するとすると、風邪で寝込んでいる夫をおいて無断で友人と旅行に出かける妻に、その間に夫の病状が悪化する危険があるとして遺棄罪が成立することになりうる。また、まだ足が弱い幼年者や既に足が弱い老年者を自宅において近所に短時間買い物に出かける母親や息子も、その幼年者や老年者が転んでけがをする危険があることを理由に、遺棄罪で処罰されることになりかねない[12]。この帰結が妥当であるとは思われない。

　i　**客体の限定**　これらの場合に処罰範囲を限定する方法は、いくつか考えられる。まず、客体である要扶助者を、自力では生命に対する危険に対処できない者に限定し、身体に対する危険に対処できないに過ぎない者を排除することである。しかし、217条において規定され、218条も同趣旨と解される、「扶助を必要とする者」という文言は、遺棄罪で保護対象とされる自己の保護法益を守るためには他人による扶助が必要である者、という意味に解すべきであるから、自力では生命に対する危険に対処できない者に要扶助者を限定することは、結局、保護法益を生命に限定することを認めるに等しい[13]。

　足の弱い幼年者から目を離すこと自体は、「生存に必要な保護をしな」かったわけではないから、保護責任者不保護罪を構成しない。従って、置き去りの場合も不保護に含めれば、同様に「生存に必要な保護」の限定をかけることができる。しかし、そこまで広く「生存に必要な保護」を求めるのであれば、置き去りではない遺棄の場合も含めて、即ち、そもそも保護法益の段階で、保護対象は生命に限定されているものと考えるのが自然であろう。有力説が指摘するように、不保護罪が「生存に必要な保護」を規定しているのは、遺棄罪の保護法益が生命のみであることの表れであると見るべきである[14]。

12　山口・探究各論19頁参照。
13　山口・探究各論19頁参照。

50　第2講　遺棄罪における生命保護の理論的構造

ⅱ　**危険の限定**　通説は遺棄罪を抽象的危険犯と解しているが、これを具体的危険犯と解する見解[15]は、保護法益に身体も含めつつ、一部で処罰範囲を限定することができる。しかし、既に指摘されているように、危険の発生を明示的に要求しない規定の形式上無理がある[16]。そうすると、身体も保護法益に含めるのであれば、身体の場合は、それに対する重大な危険、重大な傷害の危険、が発生した場合に遺棄罪の成立範囲を限定する見解[17]の方が、具体的な帰結の点で妥当であるし、前述の通り、理論的にも、保護法益に身体を含めるのであれば、そのような限定が是非とも必要である。しかし、そこまでの限定を認めるのであれば、保護法益を生命に限定することとほとんど違いはないことになろう。身体にこだわる必要性は高くないように思われる。

ⅲ　**保護法益の限定**　生命を保護法益としつつ、生命に対する具体的危険を発生させない場合であっても遺棄罪の成立を認める場合、身体に対する危険があれば足りるとして保護法益を身体に拡張させるのではなく、保護法益は生命に限定し、そのことを維持しながら、要求される生命侵害の危険をより抽象的なもので足りるとすることによるべきである。多数説からは、生命に対する危険は相当低いものであっても足りるとすると、身体に対する危険というのと変わりがない、と指摘される[18]。行為者が直接傷害を負わせるのではなく、別の何らかの外的な原因あるいは内的な原因で要扶助者が傷害を負う危険を問題にしており、従って、要扶助者が傷害を負う可能性があるに留まるか、それとも死亡するおそれもあるのかは、連続的な判断であるから、その指摘はその通りである。しかし、そうであるから身体も保護法益とするのではなく、むしろ、そうであるからこそ、ことさら身体などは持ち出さず、生命のみが法益であるとし、生命に対する危険によって一元的に説明する方が、妥当な解釈であるように思われるのである[19]。

14　西田・各論26頁、山口・各論31頁。
15　団藤・各論452頁、中山・各論85頁。
16　山口・各論31頁。
17　前田・各論74頁、山中・各論86頁。
18　最近でも、例えば、塩見淳「遺棄の概念」西田典之ほか編『刑法の争点［第3版］』(2000) 134頁、齊藤・前出「遺棄罪」49頁注1。

2 罪質、危険の内容・程度

　遺棄罪が危険犯であることに争いはなく、通説はこれを抽象的危険犯とするが、具体的危険犯と解する見解も主張されている。しかし、前述の通り、規定の文言上は危険の発生が求められていないので、「遺棄」・「不保護」にはあたるが危険がないから遺棄罪不成立とするのではなく、危険がない場合はそもそも「遺棄」・「不保護」にはあたらないと解するのが妥当である。ここでは、実質的な危険判断を遺棄・不保護概念の中に読み込むことが可能であり、またそうすべきである[20]。

　もっとも、そうすると、具体的危険犯としても抽象的危険犯としても名前ほど大きな違いはないことになるから、重要なのは、遺棄罪成立のためにそもそもどのような内容と程度の危険が必要かである。遺棄罪における危険創出は、一般に、①要扶助者をより危険な場所に移動させることと、②要扶助者に対する保護を絶つこととによって認められ、危険の内容は、①要扶助者に対する直接の「物理的危険」と、②前提として存在する内的・外的危険の実現から要扶助者が保護されないという「不保護の危険」とで、二元的に理解する見解が大半であったように見受けられる。しかし、物理的危険を根拠にした規制は不保護の危険に基礎をおく規制に解消されるのではないかと思われる。要扶助者をより危険な場所に移動させる場合、引き続き十分な保護が与えられるのであれば処罰の根拠となるべき危険は認められないし、また、危険が肯定できる場合は、保護のある状態からない状態に移した（あるいは、保護の可能性を減少させた）ことこそが問題であって、いずれの場合も、危険の有無は終局的には保護の有無に依存し、その前提に過ぎない物理的危険に言及する必要はないからである[21]。そして、具体的な保護責任者や

19　もっとも、いずれの見解をとっても、実際上、遺棄罪の成立範囲はほとんど異ならない。理論的にも、いずれかの見解が決定的に支持されるべき積極的根拠はなく、もう一方の見解に積極的根拠がないことが支持の理由とされているといわざるを得ない。結局、何の理由もない場合にいずれの立論が自然に思えるかという各論者の感覚が表れているだけであるようにも思われる。

20　山口厚『危険犯の研究』（1982）251頁以下参照。

21　酒井安行「遺棄の概念について——作為・不作為概念との関係を中心として——」早稲田法研論集28号（1983）85頁以下も、遺棄罪における危殆化を、まず無力者の保護環境の悪化という手段による危殆化に限定した上で、これを「保護者との保護関係の稀薄化による人的保護環

扶助者が想定できない要扶助者の場合であっても、最終的には国がその保護の責任を負っていると解すべきであり、そうであれば、あらゆる要扶助者について、現になされている保護やなされるべき保護を絶つ（減少させる）ことによる危険を語ることはできるのである。逆に、なぜ要扶助者についてのみ物理的危険を創出してはいけないのかは説明できず、それは危険発生後に保護が必要だからであるとすれば、保護がないことこそを問題とすべきである。そうだとすると、物理的危険などは持ち出さずに、遺棄罪は不保護の危険によって一元的に理解するのが妥当であると思われる（この点は後でも触れる）。

では、どの程度の危険が創出されたときに、遺棄罪は成立すると解すべきであろうか。問題とすべき危険の内容を、要扶助者に対する保護がないことであるとするならば、危険判断の対象となるのは、要扶助者に対する保護をどの程度変化させたか、即ち、前提としてどの程度の保護が予定・期待され、その可能性をどの程度減少させたかである。この点は、遺棄罪において求められる行為態様と密接に関係するので、「遺棄」「不保護」の概念をどのように規定すべきかという問題とともに、節を改めて検討する。

III 遺棄と不保護

要扶助者の生命に対する危険を生じさせる行為の全てが遺棄罪を構成するわけではない。遺棄罪が成立するのは、生命に対する危険を生じさせる行為のうち、「遺棄」および保護責任者による「遺棄」・「不保護」という行為態様に限定されている[22]。

境の悪化」と「それ以外の物的保護環境の悪化」とに区別し、前者による一元的理解を志向する。
22 遺棄と不保護に既に危険判断が含まれているとすると、厳密に言えばこれは純粋な行為態様ではないが、便宜上そのように表現する。

1 判例・伝統的学説

(1) 判例・伝統的学説

　学説における伝統的見解は、次のように考えていたということができる。「遺棄」と「不保護」は、行為者と要扶助者との間に場所的離隔を生じさせるか否かで区別される。即ち、要扶助者との間に場所的離隔を生じさせずに、その場にいながら生存に必要な保護行為を行わないことが「不保護」であり、場所的離隔を生じさせることで要扶助者を危険にさらす行為が「遺棄」である。「遺棄」には、要扶助者を場所的に移動させることによって離隔を生じさせる「移置」と、要扶助者をおいて自分が場所的に移動することによって離隔を生じさせる「置き去り」とがある。そして、218条の保護責任者遺棄罪における「遺棄」は、移置と置き去りとを合わせた「広義の遺棄」を意味し、同条ではさらに不保護も処罰対象となっている。これに対して、217条の単純遺棄罪における「遺棄」は、移置のみを指す「狭義の遺棄」に限定される。置き去りが排除され、そのように単純遺棄の範囲が限定されるのは、「置き去りのように不作為犯的形態のものが遺棄罪を構成すると考えられるのは、つまりは、行為者に保護義務のあるばあいだからである。換言すれば、置き去りが遺棄罪になる以上は、単純遺棄罪ではなく加重遺棄罪になるのである。」[23]と説明されている。置き去りは、不真正不作為犯形態であり、それが処罰されるのは作為義務が認められる場合であり、それは即ち、保護責任が認められるということであるから、必ず218条の保護責任者遺棄罪が成立し、単純遺棄罪成立の余地はなくなる、というのである。また、不作為の単純遺棄を認めない理由として、一般的な不救助が広く処罰されることを回避する意図が指摘されている[24]。

　判例は、「刑法218条にいう遺棄には単なる置去りをも包含すると解すべ」きであるとしており[25]、他方で、置き去りについて単純遺棄を認めた例がない[26]

23　団藤・各論453頁。
24　西田・各論28頁参照。
25　最判昭和34・7・24刑集13巻8号1163頁。
26　木村光江「不作為による遺棄」現代刑事法5巻9号（2003）99頁以下参照。公刊物登載の範囲内で217条が適用された判例は、戦後は1件もなく、戦前の2件はいずれも作為によるものであり、しかも現在の判断基準からは保護責任が認められる事案であるという。判例については、

ことから、伝統的見解と同様の立場に立つものと一般に理解されている。
(2) 修正的学説による指摘
　これに対しては、2つの修正が施された。第1の修正は、移置と置き去りは、作為と不作為に対応しないという指摘に基づくものである[27]。伝統的見解が、置き去りを217条の遺棄から排除する根拠は、その場合には必ず作為義務が認められることに求められているが、例えば、吊り橋を落として要扶助者が扶助者のもとに行けなくする行為のように、作為による置き去りもあり得、その場合には、作為義務の存否は問題にならず、単純遺棄の成立を認めてよいというのである。そこで、217条の遺棄は、移置ではなく、作為によって場所的離隔を生じさせる行為がこれに該当し、218条の遺棄には、作為・不作為を問わず、場所的離隔を生じさせる行為が広く含まれる、と理解されることになる。伝統的見解を基本的に引き継ぐ見解は、この修正を受け容れている。
　修正の第2は、遺棄において場所的離隔が求められるべきは、要扶助者と行為者ではなく、要扶助者と扶助者の間においてであるという点である[28]。これは、作為による置き去りの存在を指摘する第1の修正に、すでに含まれているともいえる。行為者が自分で要扶助者を移動させる場合は、自己と要扶助者との間に離隔が生じないから移置ではない、とはいわないであろう。移動させた後、移動先に要扶助者を置いて立ち去る行為は、確かに自己と要扶助者との間に場所的離隔を生じさせるが、その点を捉えて移置というのであれば、置き去りは全て移置に該当することになってしまう。要扶助者と、行為者ではなく扶助者との間に場所的離隔を生じさせる行為が遺棄であり、作為であれ不作為であれ、そのうち、当初存在しなかった離隔を生じさせる場合が移置、存在する離隔を消滅させなかった場合が置き去り、と整理されることになる。
　第2の修正に対しては、必ずしも意識されないか、あるいは、そのように

　　松原・前出「保護責任者遺棄罪における『保護責任』に関する一考察（3・完）」132頁以下に一覧がある。
[27]　大塚・各論58頁。
[28]　大塚・各論59頁。

考えると保護責任者・扶助者のいない要扶助者に対しては遺棄罪が成立しなくなるとの批判もあり[29]、直ちに広く受け容れられはしないが[30]、いずれにせよ、伝統的学説の系に属する見解に共通するのは、不作為形態の遺棄を、作為義務＝保護責任の存在を理由に、218条で処罰対象にし、217条からは排除する点である。

2　批判的学説の展開

このような伝統的見解に対しては、2つの点に指摘・批判が加えられている。第1に、217条と218条とで同じ「遺棄」という用語が使われているのであるから、両者の概念範囲は同じものとして理解した方がよいという指摘である。第2に、作為義務は、不作為を作為と同等に評価する根拠であるに過ぎないから、その作為義務を、加重根拠となる保護責任と同視するのは妥当でない、という批判である。このいずれを重視するかで、学説の展開が2つの異なる系統に分かれることになる。

(1)　217条の遺棄と218条の遺棄

隣り合う条文における同一用語の概念内容を統一させようとする見解は、217条においても218条においても、「遺棄」は作為による遺棄を意味し、その他の不作為形態は全て「不保護」に該当して、218条でのみ処罰対象となる、と解する[31]。遺棄と不保護を、場所的離隔の有無ではなく、作為か不作為かで区別するのである[32]。この見解は、同一用語の概念を統一しているだけでなく、217条で不作為が処罰されないのは、それは不保護だからである、と条文上の根拠を与えられる点でも、伝統的見解より優れたものであるとい

---

[29]　大谷・各論64頁。
[30]　これは、前にも触れ、後述もするように、危険内容の二元的理解が根強いことの現れである。
[31]　小暮ほか・各論68頁［町野］、大谷・各論70頁、西田・29頁など。なお、必ずしも明らかではないものの、これらの見解は、遺棄をさらに作為による「移置」に限定しているようであるが、それは、危険の内容について明確に物理的危険と不保護の危険の二元的理解をとっているからであるように思われる。これに対して、そのような限定をしないのは、日高義博「遺棄罪の問題点」現代刑法講座 (4) 167頁以下、林幹人・各論46頁。より詳細で丁寧な整理・分析について、齊藤・前出「遺棄罪」50頁参照。
[32]　遺棄を作為の移置に限定する見解は、遺棄と不保護を、要保護者の移動の有無で区別しているともいえる。

うことができる。

しかし、これは、218条の内部における遺棄と不保護の概念整理の問題でしかなく、本質的には伝統的見解と違いはないとされ、次の批判が加えられている。

(2) 217条の作為義務と218条の保護責任

他の見解全てに対してなされている批判は、不作為の遺棄において求められる作為義務と、218条で要求される保護責任とを、同視すべきではないというものである[33]。作為義務は、不作為による遺棄について、作為による遺棄との同価値性を担保するためのものであるに過ぎないのに対して、保護責任に基づく遺棄は、そうでない遺棄よりも、218条で加重処罰されているから、その保護責任と作為義務とを同視すると、単なる作為義務によって刑の加重が基礎づけられることになってしまう、というのである。そこから、この見解は、保護責任を、作為義務よりも狭く、刑の加重の基礎となりうるものに限定して理解する[34]。そうすることで、他方で、保護責任が要件とされない217条の遺棄を作為に限定すべき理由はなくなることから、217条の遺棄も218条の遺棄も、作為・不作為を問わず、場所的離隔を生じさせる行為を指すものとすることで、同一用語の概念内容の統一をも実現している[35]。さらに、ここでの単純遺棄罪の拡張は、それまで不可罰だった領域を可罰的にするのでは必ずしもなく、保護責任を広く解する理解の下で保護責任者遺棄として処罰されていた領域を単純遺棄として処理する処罰限定志向の表れである点に、注意を要する[36]。

---

33 平野龍一「刑法各論の諸問題」法学セミナー199号75頁以下、同・概説163頁、同「単純遺棄と保護責任者遺棄」警察研究57巻5号3頁以下。

34 内田・各論88頁、堀内捷三『不作為犯論』(1978) 262頁以下、岡本勝「『不作為による遺棄』に関する覚書」法学(東北大学)54巻3号(1990)9頁、曽根・各論45頁、山口・各論34頁以下など。

35 但し、平野龍一「単純遺棄と保護責任者遺棄」警察研究57巻5号9頁以下は、217条による遺棄に不作為も含まれうるとしながら、これまで処罰されてこなかったことを理由に、それを処罰範囲から排除する(さらに、林幹人・各論48頁参照)。これに対しては、不真正不作為形態の単純遺棄を不可罰にすべき形式的・実質的根拠が示されていないという批判があり(山口・各論35頁)、不作為遺棄はこれまで218条で加重処罰されてきたのが実態である以上、217条による軽い処罰の対象とすることには積極的な意味があると指摘されている(山口・探究各論25頁)。

36 塩見・前出「遺棄の概念」135頁。さらに前注参照。

この見解に対しては、作為義務とは区別された保護責任の実体が不明確であり、明確にしようとしても作為義務と保護責任とを区別することは実際上できず、逆に、区別できるほどに保護責任を限定すると十分な処罰範囲が確保できない、との批判や[37]、規定の文言からは、そのような制限的解釈を導くことは困難であるとの批判がある[38]。

なお、近年、遺棄において場所的離隔が求められるべきは、要扶助者と行為者ではなく、要扶助者と扶助者の間においてであることが再び強調されており[39]、注目される。もっとも、扶助者のいない要扶助者について単純遺棄罪がおよそ成立しなくなるなど、処罰範囲を限定しすぎることになり妥当でないとの指摘が、引き続きなされている[40]。

3 新しい見解

批判的学説の展開の2つの流れを受け、最近ではそれをさらに進める見解が主張されている。

1つは、批判的学説の第1の流れに乗り、217条を作為犯に限定するとともに、保護責任と作為義務の範囲が一致することに理論的な根拠を与えようとするものである[41]。これによると、217条は作為犯としての危険創出罪であるのに対して、218条は全体が不作為犯としての危険状態不解消罪であり、両者は罪質を異にし、身分の有無による加重・減軽の関係にない。即ち、218条は、作為による遺棄がある場合でも、問われる責任は保護しない不作為のそれであって、保護責任者の不保護行為を独立に処罰するものである。これに対して、保護責任者でなくても、危険状態を積極的に創出する作為を処罰対象とするのが217条であり、既に存在する危険を解消する作為義務は保護責任者の保護義務によってのみ根拠づけられるから、217条で不真正不作為犯が処罰されることはないというのである。

この見解によってもなお、なぜ218条の方が217条よりも格段に重く処罰さ

---

37 西田・各論29頁など。
38 塩見・前出「遺棄の概念」135頁。
39 山口・探究各論27頁。
40 齊藤・前出「遺棄罪」51頁以下。
41 山中・各論92頁以下。

れるのか、その根拠が示されてはいないが、それを批判的学説の第2の流れに乗って示すものともいえるのが、次の見解である[42]。即ち、217条は「危険を創出してはならない」という「万人の義務」に違反するものであるのに対し、218条は「保護せよ」という「特別な義務」の違反である、というのである。ここではさらに、「万人の義務」と「特別な義務」とが、名宛人だけでなく義務の内容自体においても質的に異なることの説明を正面からする必要があろう[43]。

4 遺棄罪の構造
(1) 解釈の基本的枠組み

学説においては、大きく見ると、遺棄罪における危険を二元的に構成する見方と一元的に構成する見方とが、伝統的には前者が支配的であったところから次第に後者が勢力を強めつつあるという変化はあるものの、常に対抗関係にあったということができる。伝統的学説を含め、近年でも根強く残っている、217条の遺棄を移置に限定する見解は、217条（あるいは、「遺棄」）では要扶助者をより危険な場所に移動させることによる物理的危険の創出を問題にし、不保護の危険を本質とする不保護罪とは異質のものと理解しているように思われる。これに対して、遺棄における場所的離隔は要扶助者と保護責任者・扶助者との間のそれであることを明示する見解は、遺棄も不保護もともに不保護の危険が本質であるとするものであり、遺棄罪における危険を不保護の危険のみによって一元的に捉えている。二元的理解の淵源は、子に対する保護懈怠と姨捨てという歴史的に見て顕著な2つの行為類型およびそれへの対応にあるのではないかと推測されるが[44]、そのような事実レベルでの違いを乗り越えることが、遺棄罪の合理的な解釈にとっては必要であると

---

[42] 松宮・各論70頁以下。
[43] 松宮・各論71頁以下は、「『保護義務』のない者にも、警察に届けるとか要扶助者を扶助者の下に連れて行く程度の作為義務はありうる」とするが、軽犯罪法1条18号の存在と由来との逆推論から、「単に、『自己の占有する場所内に、老幼、不具若しくは傷病のため扶助を必要とする者』がいることを知りながら放置しただけでは、『不保護』にも『不作為による遺棄』にも当たらない」とする。
[44] 遺棄罪の歴史的展開については、松原・前出「保護責任者遺棄罪における『保護責任』に関する一考察(1)(2)」参照。

思われる。前にも述べたように、危険内容については一元的理解の徹底が図られるべきである。

さらに、作為義務と保護責任とを同視すべきではないという有力説による指摘も、正当である。その区別が実際上困難であったとしても、保護責任は作為犯においても加重処罰のため要求されるものであるから、不作為犯においてのみ問題となる作為義務とは、理論的には何とかして「区別せざるをえない」[45]ものである。しかし、それらを区別するとしても、保護責任は作為義務より単に認められる範囲が限定されているというだけでは、それが1年以下の懲役（217条）から3月以上5年以下の懲役（218条）へという著しい加重の根拠となることを説明できないと思われる。そこには何か、それだけの加重を説明しうる質的に決定的な違いがなければならず、「万人の義務」と「特別な義務」との義務内容における関係を明らかにしなければならない。その際には、場所的離隔は要扶助者と保護責任者・扶助者との間のそれであることを前提に、作為義務とは区別された保護責任の限定を図る見解[46]を、遺棄罪全体の成立において「保護関係の免脱・破壊」を要求するものであるとする指摘[47]が参考になる。

他方で、保護責任を作為義務と区別しようとする見解は、遺棄における保護責任による加重に焦点を合わせているため、217条が基本類型、218条が加重類型、という理解をとっている。これに対して、伝統的学説は、意識しているか否かはともかく、218条が基本類型、217条は保護責任がない場合において作為による遺棄だけを処罰する補充的な処罰拡張類型、と理解しているということができる[48]。不保護が218条においてだけ処罰されていることを考えると、伝統的学説の（推定的）理解は支持されるべきものである[49]。

危険内容の一元化という要請に鑑み、また、保護責任と作為義務の関係、および217条と218条の関係を基本的に以上の方針に従って把握するならば、遺棄罪の構造は次のように理解するのが妥当であると思われる。

---

45 山口・探究各論25頁。
46 山口・探究各論27-29頁。
47 齊藤・前出「遺棄罪」51頁。さらに、前掲注21）参照。
48 塩見・前出「遺棄の概念」135頁参照。
49 実際の適用において218条が中心となっている事実も重要である。

遺棄罪は、刑法による生命保護のいわば外延に位置し、故意がないため殺人罪が成立せず、生命侵害結果が存在しないため過失致死罪も成立しない場合について、補充的に生命保護を図るものである。補充的な保護が必要なのは、生命の中でも、弱い生命、自力では生命に対する危険に対処できず、生命保全のためには他人の扶助が必要である者の生命である。そこで刑法は、そのような要扶助者のうち一定の類型に属する者（老年者、幼者、身体障害者、病者）を限定的に保護対象とし、まず保護責任者に対して「生存に必要な保護」をするよう命令する。それが218条後段の保護責任者不保護罪であり、遺棄罪の基本類型はこれであると解される。刑法はさらに、保護責任者以外の者に対しても、要扶助者と保護責任者との間に場所的離隔を生じさせる行為を禁止する。それが217条の単純遺棄罪である。これは、保護責任者が要扶助者のもとにいて初めて行うことができる保護行為の物理的前提を害する行為の禁止であり、基本類型としての保護責任者不保護罪を補充する処罰拡張類型である。要扶助者の生命保護を図る体制の中で、保護責任者による要扶助者の保護が直接的であるのに対して、その直接的保護行為の前提の確保は間接的なものである[50]。その意味で、規範的に見ると、保護責任者による不保護は、要扶助者の生命に対する直接的な危険を生じさせるのに対して、保護責任者以外の者による遺棄行為が惹起するのは、要扶助者の生命に対する間接的な危険である。保護責任者の保護責任は第1次的責任であるのに対して、保護責任者以外が負うのは（独立した）第2次的責任であるといってもよい。保護責任者遺棄の方が単純遺棄よりも格段に重く処断される根拠は、そこに求めることができる。

　保護責任については、単に抽象的に「保護責任」や「作為義務」を論ずるのではなく、要求される保護行為・作為行為の内容をより具体的に考える必要がある。救命が求められるのだとしても、いかなる保護行為をすれば十分なのかについては、いろいろな場合が考えられる。終局的に救命することが必要なのか、取り敢えず保護・扶助を受けられるところに連れて行けば足りるのか。前者が保護責任者遺棄罪における保護責任、後者が不作為の単純遺

---

[50] 松原・前出「保護責任者遺棄罪における『保護責任』に関する一考察（3・完）」162頁以下参照。

棄罪における作為義務の内容と考えれば[51]、保護責任と作為義務とは、少なくとも概念上明確に区別することができ、しかも、前者が後者よりも重い処罰を基礎づけることに理論的根拠が与えられるのである。

(2) **各要件の解釈**

以上の枠組みを前提とすると、遺棄罪における「遺棄」と「不保護」は具体的に次のように理解される。

i **217条の遺棄**　217条の遺棄の行為態様は、伝統的見解による理解と同じく、場所的離隔を本質的要素として、保護責任者または現に扶助意思を有する（もしくは扶助行為が見込まれる）扶助者と要扶助者との間に結果的に場所的離隔を生じさせる行為であり、作為だけでなく不作為も含まれると解される。要扶助者との間の離隔が問題となるのは、まず保護責任者である。保護責任者が要扶助者の生命保護の第1次的責任を負っており、遺棄は、その保護行為を場所的離隔によって妨害する行為と解されるからである。そして、保護責任者以外の現に扶助意思をもった者等による扶助が予測される場合も、それに対する離隔による妨害は、期待される保護が妨害され要扶助者の生命が危険にさらされる点で同じであり、保護責任者の場合と区別すべき理由はない[52]。保護責任者も具体的な扶助者もいないという場合であっても、最終的な受け皿として国家による保護は常に用意されるべきであり[53]、そこからの離隔も遺棄に含まれると解すべきである[54][55]。

51　松宮・各論71頁も、「『保護義務』のない者にも、警察に届けるとか要扶助者を扶助者の下に連れて行く程度の作為義務はありうる」とする。もっとも、後掲注55）参照。

52　保護責任者は、法的に扶助行為が期待される者であるのに対して、狭義の扶助者は、事実上扶助行為が見込まれる者、広義の扶助者は両者を併せたものである。

53　松原・前出「保護責任者遺棄罪における『保護責任』に関する一考察（3・完）」153頁参照。

54　従って、自分の家の玄関先で行き倒れになっている旅人を人気のない山奥に運んで放置するような、扶助者のいない要扶助者をより危険な場所に運ぶ場合（齊藤・前出「遺棄罪」51頁）でも、場所の危険に言及することなく、国家による保護が物理的に困難になったとして、単純遺棄罪の成立を肯定することが不可能ではない。

55　自己の占有する場所に要扶助者を発見しつつ公務員に申し出ない行為はこれに該当しうる。このような行為は軽犯罪法1条18号で処罰対象とされ、それは軽くしか処罰しない趣旨であると考えられるから、単純遺棄罪は成立させるべきでないとの指摘がある（松宮・各論71頁以下）。しかし、軽犯罪法違反の客体は単なる要扶助者であり、しかも危険の有無にかかわらず申し出ないこと自体が既に処罰対象となるから（保護し続けても申し出なければ犯罪成立となりうる）、これに対して、生存のための要扶助者についての不申告を、生命に対する危険が認められる違法性の高い場合に初めて単純遺棄罪により処罰することは、不当ではないと思われる。

遺棄においては、要扶助者の移動が必要であり、移置のみがこれに当たるとする見解も有力である。しかし、遺棄に不作為も含めることを前提とすれば、要扶助者が移動するか、扶助者が移動するかは、本質的に違わず、前者に限定すべき理由は、実質的にも、「遺棄」という用語自体にも、見出せないように思われる。通常は扶助者が（場合によっては扶助すると見込まれる者も含めて）複数存在するため、現在の生活環境・保護状態から要扶助者を移動させる場合は扶助者全員と離隔するので危険が生ずるが、扶助者一人をそこから移動させても直ちに危険が生ずるわけではない、という事実上の違いがあるに過ぎないであろう。後者の場合は、要扶助者の移動の不存在ではなく、危険の不存在を理由に、遺棄に当たらないとすることができる。場所的離隔を生じさせる行為は全て遺棄に該当すると解される[56]。

遺棄にあたるとするために要求される危険の程度については、次のように考えることができる。まず、保護責任者・扶助者と要扶助者との間に場所的離隔を生じさせるだけで一律に直ちに危険ありとすべきではない。生命に対する、原因を明示できるだけのより具体的な危険を要求すべきであろう。もっとも、侵害の切迫性までは不要である。そうすると、客体が、乳児であったり定期的な医療行為を施さないと死に至る危険のある病気に罹った病者であるような場合や、屋外では凍死するおそれのある厳寒の冬山の小屋のように、保護の外側の環境が具体的に危険な場合は、容易には復帰不可能な形で

---

[56] それはより具体的には（実際にはあまりあり得ないものも含めて）次のように分類される。
  1. 当初は場所的離隔がない場合
    ⅰ）要保護者と保護責任者・扶助者との作為による引き離し
      ①要保護者に対する引き離し
      ②保護責任者・扶助者に対する引き離し
    ⅱ）要保護者と保護責任者・扶助者との離隔の不阻止
      ①離れていく要扶助者に対する不阻止
      ②離れていく保護責任者・扶助者に対する不阻止
  2. 当初から場所的離隔がある場合
    ⅰ）要保護者と保護責任者・扶助者との接近の作為による妨害
      ①接近しようとする要保護者に対する妨害
      ②接近しようとする保護責任者・扶助者に対する妨害
    ⅱ）要保護者と保護責任者・扶助者を接近させる行為の不作為
      ①要保護者を保護責任者・扶助者のもとに連れて行かない不作為
      ②保護責任者・扶助者を要扶助者のもとに連れて行かない不作為

保護環境から離隔させるだけで危険を肯定してよいであろうが、そうでない場合は、保護環境から離脱させた上、扶助者が見込まれない状況下で、凍死のおそれや転落死のおそれがあるなど具体的に危険な場所に移動させて初めて、危険が肯定されることになろう。

特殊な場合に関して、若干の補足をしておきたい。まず、保護責任者や扶助意思を有する別の扶助者への引き渡し、保護の期待される場所への置き去りは、扶助者からの要扶助者の引き離しではあっても、危険が生じなければ、遺棄ではない。自ら扶助する意思をもって要扶助者を現在の扶助者から引き離す場合も、危険がなく、遺棄ではない[57]。扶助意思を失った場合に、保護責任者や扶助意思を有する他の扶助者への引き継ぎを行わない不作為が遺棄となる。

次いで、保護責任者でない扶助者が要扶助者のもとを立ち去る行為は、扶助者に対する引き離しではあるが、その点を根拠にして遺棄に該当することはない。保護責任者以外による不保護は不可罰であり、要扶助者のもとにいることを要求しても無意味である（要扶助者にとっては、「そばにいてくれる、だけでいい」というわけではない）から、と説明されるが[58]、扶助意思を失ったことを前提にすると、立ち去る行為は、現に扶助意思を有する扶助者と要扶助者との間に場所的離隔を生じさせる行為には該当しない、と説明することもできる。それまで扶助していた者が立ち去っても、扶助意思を失って立ち去ったのであれば、赤の他人が立ち去った場合と同様、危険は増加しないのである[59][60]。もっとも、立ち去る当該行為者に作為義務がある場合には、その場にいない他の保護責任者や扶助の見込まれる扶助者、それらがいなければ国家に対して、要扶助者を連れて行くか少なくともその存在を通報しない不作為が、遺棄に該当する[61]。

57　幼年者の場合は、未成年者拐取罪が成立する。
58　山口・探究各論28頁。
59　危険の発生は扶助意思の喪失自体に認められ、それは処罰できない。
60　従って、齊藤・前出「遺棄罪」52頁が指摘するように、第三者が扶助する意思のない扶助者を要扶助者のもとから引き離す場合も遺棄罪は不成立とするのが一貫しているが、それまで扶助していただけで、その時点では既に扶助意思はなく、その後の扶助行為が見込まれない者は、そもそも扶助者と呼ぶ必要はない。もっとも、国家の保護からの引き離しが肯定できるのであれば、場所的危険を持ち出さなくても遺棄罪は成立させられる。

さらに、扶助者の殺害をもって遺棄とすることに否定的な見解もあるが、扶助者に対する引き離し、または、接近しようとする扶助者に対する妨害として、遺棄に該当すると考えることに問題はないと思われる。保護が可能な保護責任者や扶助者が存在しない場合において、要扶助者の存在を通報せず国家による保護から遠ざける行為についても、同様である。「場所的離隔」の本質は、両者間の物理的な距離を増大させること自体ではなく、要扶助者のもとに行った上で保護することを困難にすることである。

最後に、接近の妨害や離隔の作出の手段に限定を課すべき理由はないから、要扶助者のもとに行こうとする、あるいは、既に保護行為を行っている扶助者に対して、拐取・逮捕・監禁したり、睡眠薬を飲ませ眠らせたり、欺罔して立ち去らせたりする行為も、遺棄となり得る。これに対して、接近の妨害を介せず扶助行為を妨害する行為、例えば、要扶助者に必要な医薬品を廃棄するような行為は、遺棄に該当しない[62]。結果的に扶助行為を不可能にし、要扶助者の生命の危険を生じさせる点では同じであるが、遺棄罪は、主体を保護責任者に限定して、重い処罰を掲げ保護行為を命令し、それ以外の者に対しては、要扶助者の生命に危険を生じさせる行為のうち、要扶助者と扶助者の間に場所的離隔を生じさせることによって要扶助者を危険にさらすという重要な行為類型に限って、なお限定的に処罰対象にしたものと考えられるのである[63]。そのことは、218条で不保護とは別に遺棄が規定され、両者が一応区別されていることにも表れているということができる。

ⅱ　**218条の遺棄**　　同じ「遺棄」という用語が使われており、これを違

---

[61] 齊藤・前出「遺棄罪」51頁以下は、山口・探究各論28頁が、保護責任者でない作為義務者による「要扶助者の置き去り」や「立ち去る要扶助者の放置」を不可罰とするものと論難するが、この場合に扶助者の下に戻さない不作為は、「218条の保護責任者および現に扶助する意思のある扶助者から切り離されていく要扶助者を戻さない不作為」に（置き去り・放置を機に要扶助者が扶助者のもとに向かうのでない限り）あたるのであり、一律に処罰範囲から除外されるわけではない。山口・探究各論28頁が「知らない内に自分の自動車に乗り込んだ子供を親元に戻さない場合」を例に挙げているのは、「戻さない不作為」をこのような場合に限定する趣旨とは考えられない。

[62] 業務妨害罪の可能性は別論である。

[63] 主体を職務関連公務員に限定して虚偽公文書作成を重く処罰し、それ以外の者については、公正証書の原本等の重要な公文書に限って間接正犯的行為を処罰対象にしている、という刑法156条と157条との関係に類似している。

う意味に解する理由はないから、保護責任者遺棄罪においても、単純遺棄罪におけると同様、要扶助者と保護責任者との間に場所的離隔を生じさせる行為をもって「遺棄」と解すべきである。即ち、保護責任者が、要扶助者を置き去りにする行為と、立ち去る要扶助者を止めない行為である。場所的離隔が生じた後の不保護こそが本質であるが、その時点では作為可能性がないということも多いであろう。狭義の保護責任者遺棄罪は、不保護罪の処罰を前倒ししたものと位置づけることができる。

217条の遺棄と範囲が若干異なるのは、保護責任者自身の立ち去りも含まれる点である。これは、保護責任者については、法的に扶助が要請されるため、危険判断において扶助意思の喪失が前提とされないことによるものである。即ち、扶助意思がなくても保護責任者なのであれば扶助行為が法的に期待されるから、要扶助者のもとからの立ち去りには、期待された扶助行為を不可能にする点に危険創出が認められるのである。

危険の程度については、基本的に217条の遺棄と同様に考えることができよう。保護責任者が、要扶助者を山に捨てるなど、確定的・永続的に保護を抛棄するような場合は、危険を肯定するのに問題がない場合が多いであろうから、実際上問題となるのは、保護責任者が第三者に要扶助者の保護を引き継ごうとする場合である。自らの保護を止め勝手に第三者に保護を引き継ごうとする行為だけで遺棄罪の成立を認めるべきではない。単に子どもや親を捨てるべきでないとか、生命侵害に対する漠然とした不安感があるというだけではなく、生命に対するより具体的な危険を要求すべきである。その際、引き継ぎ自体の不全と引き継ぎ先における保護態勢の不全とが問題となりうる。警察署の前に乳児を遺棄するような場合は、一旦発見されれば十分な保護が与えられるであろうが、発見の可能性とそれまでに見込まれる時間等を考慮し、その間にどのような危険があり得るかを具体的に考慮する必要がある。現に警察官によって保護されるのを確認した場合には危険なしとしてよいであろうが、そうでなくても、短時間内に確実に発見が見込まれるのであれば、危険を否定し遺棄にあたらないとする余地はあると思われる。これに対して、いわゆる赤ちゃんポストに乳児を入れて立ち去る場合は、発見の可能性、引き継ぎ自体の不全に加えて、引き継ぎ先における保護態勢を考慮す

る必要がある。ポストに入れられた乳児に対する保護責任者たる地位に就くと認められる程度の引き受けが、引き継ぎ先の者にあることが必要であると解される。要扶助者に対する保護責任の傘は、引き継ぎによっても途切れないように連続させなければならないであろう[64]。

　iii　**218条の不保護**　218条の不保護は、保護責任者による保護責任の懈怠であり、これが遺棄罪の中核である。前提として保護責任が認められなければならないから、節を替えて論ずる。

Ⅳ　保護責任

1　保護責任の内容と発生根拠

　遺棄罪における保護の対象者は、幼年者、老年者、身体障害者、病者と限定列挙されている。そこでは、生命に対する危険の高さ、切迫性が問題とされているわけではなく、むしろ、生命保護のための扶助がある程度の長期間継続して必要であることが重視されていると解される[65]。それらの者に対して生存に必要な保護をする責任が保護責任であるから、保護責任者は、生命に対する危険の回避に向けられた行為を一回的に行うだけでは足りず、要扶助者が扶助を必要とする限り、継続的に扶助を施し続ける責任を原則として有するものと解すべきである。そして、遺棄罪の構造についての前節の理解によれば、218条の保護責任は、作為による間接的な危険惹起よりも格段に重い処罰の必要性が、刑事政策的にその者に限定されるような、要扶助者の生命保護に対する第1次的責任である。そうすると、そこでは、保護責任の継続性と、保護責任者の範囲の限定とが、同時に要請されていると考えられる[66]。

　64　保護態勢が不十分なままポストを設置する者には、乳児をポストに入れた保護責任者とともに、保護責任者遺棄罪の共犯が成立する余地がある。
　65　その意味で、泥酔者を「病者」に含める（後掲注76）参照）のには反対である。
　66　山口・各論36頁以下は「作為義務よりも狭い保護責任は、継続的保護関係を中心とする保護の引受けに基づいて保護すべき義務を負う場合に限定するのが妥当である」とし、松宮・各論73頁以下も「『保護責任』は親権者や介護義務者を典型とする、要扶助者に対する継続的保護の

継続的な保護責任を、まさにその者こそが負うべきであるのは、継続的保護を要求できるだけの継続的な人的関係がすでに形成されている場合であろう[67]。そのような継続的保護関係に基づく保護責任が、218条における保護責任の中核であり、保護責任の第1類型である。その典型は、親子関係を中心とする親族関係、共同居住関係である。一旦そのような関係が構築されても、その後実質的にそれが解消されたといえる場合には、単にかつて継続的保護関係があったというだけで保護責任が認められることはない。不保護が問題となるその時点での関係の存在が必要である。

次いで、保護責任は、第1類型の保護責任者から保護を引き継いだ者にも拡張させてよいであろう。継続的な保護を意識的に引き継ぎ、第1類型の保護責任者による保護を排除した者には、自由保障と法益保護の観点から、重い保護責任を認めてよく、また、認めるべきである。第1類型の保護責任者による保護が排除されるに至らず、第1類型の保護責任者の保護責任を追及できる場合は、関与者には共犯の罪責を問えば足りると思われるのに対して、第1類型の保護責任者による保護が排除され、それを排除した者に扶助の能力と意思がある場合には、保護の引き継ぎが認められ、引き継いだ者に独自の保護責任が認められる。これが、保護責任の第2類型である。但し、第2類型の保護責任者が保護関係の引き取りを求めたような場合には、第1類型の保護責任者はこれを拒否できず、再び保護を引き取る責任を負い、引き継ぎがなされれば、第2類型の者は保護責任者の地位から解放されるものと解される。第1類型の本来的な保護責任者から保護を引き継いだ第2類型の保護責任は、それを負っている間の不保護は、要扶助者に対する保護を維持するという観点から、同じく重い処罰の対象とされるべきであるが、継続的な保護を要求する前提としての人的関係には欠けるから、第1類型の保護責任者に再び引き継げば、保護責任者たる地位からは解放されると解されるのである（なお、第2類型の保護責任は、次に見る第3類型の保護責任を引き継

特別な義務を負う者に限定すべき」とする。なお、平野・前出「単純遺棄と保護責任者遺棄」10頁は、「日頃から相手方の生活について配慮すべき地位」とする。
[67] 林幹人・各論48頁は、保護責任が認められるのは、「長期の緊密な人的関係を基礎として、要扶助者を保護する動機をもつことが強く期待できる場合」とする。

ぐことによっても発生すると解される）。これに対して、第1類型の保護責任者は、他人に保護を引き継いでも、保護責任者の地位から解放されるわけではない。

　さらに、第1類型の保護責任者が先行せず、自己にも独自の継続的な保護関係といえる人的関係はないという場合であっても、対象者が扶助を必要としなくなるまで扶助を継続するという覚悟を決めて継続的な保護を引き受けたような場合は、なお、保護責任の発生を認めてよいように思われる。それが要扶助者である以上、生命保護の必要性は認められるし、それが必要でなくなるまで保護を継続すべき地位を意識的に引き受ける者に対して、それにもかかわらず保護しない行為を処罰しても、自由を不当に侵害することにはならないからである。これは、保護責任の第3類型とすることができる。要扶助者が幼年者や老年者の場合には、継続的保護関係が成立する前の段階において、そのような関係の構築に向けて継続的保護を伴う共同居住を開始したような場合には、継続的保護の引き受けを認めてよいであろう。病者の場合にも、要扶助者に傷害を負わせた行為者が、快方に向かうまでの継続的扶助を引き受けることは十分にあり得、その場合には、保護責任を認めてよいと思われる。これに対して、交通事故の被害者の保護を引き受けたが、取り敢えず病院に連れて行くという保護しか引き受けていない場合には、単純遺棄や殺人罪の作為義務は生じても、継続的な保護の引き受けはないから、その後、保護を抛棄しても、保護責任者遺棄罪は成立しないと解される。

　第1類型と第3類型の保護責任は、継続的保護関係や継続的な保護の引き受けによって保護責任が生じる場合であって、保護行為の懈怠が不保護として遺棄罪に問われるだけでなく、扶助能力と扶助意思を有する他人に引き継げば、自分ではそれ以上何もしなくても不保護ではなくなるものの、他人から返されたら、再び引き受けなければならないという責任である。これに対して、第2類型の保護責任は、先行する保護責任者による保護を維持するという観点から認められるものであるため、保護行為の懈怠が不保護として遺棄罪を構成する点では第1、第3類型と共通するものの、終局的に保護を引き受けるべき責任まではそこに含まれないから、第1、第3類型の保護責任者に保護関係を返し、あるいは、扶助意思と能力を有する第三者に引き継げ

ば、保護責任からは解放されると解される。

2　保護責任の法的性格、作為義務との相違

ⅰ　作為義務との相違　　既に述べたように、第1類型、第3類型の保護責任は、前提として継続的保護関係や継続的保護の引き受けが必要であり、また、他人に引き継ぐだけでは責任者の立場から解放されないものである。これに対して、殺人や遺棄の不真正不作為犯における作為義務は、それらの要件が満たされなくても発生しうるものであり、また、少なくとも自己よりも高い扶助能力・扶助意思を有する者に引き継げば、それ以上のことをしなくても、作為義務に反するとはされないと思われる。その意味で、保護責任の方が狭く重い責任である。もっとも、保護責任は、他人がどうであれ、最後まで扶助すべき責任であるので、第三者の作為・不作為の介在には影響を受けないと解される。その意味で、排他性に関わる要素は全く不要であり、その点で保護責任は作為義務よりも広い。そうだとすると、保護責任が認められる場合は、作為義務が認められる場合よりも、一面で広く、一面で狭い、ということができる[68]。両者は、量的に含む・含まれる関係にあるのではなく、質的に異なるものである。

　本稿のように考えると、不作為の単純遺棄が処罰されるとしても、そこでの作為義務を伝統的見解における広い保護責任の範囲を超えて認めるわけではないから、処罰範囲は広がらない。逆に、従来保護責任者遺棄罪として処罰されていた行為でも、継続的・終局的な保護責任が認められないものは単純遺棄に落ちる。これは、保護責任と作為義務とを的確に区別し、単純遺棄罪に一定の地位を与えることで、現状における保護責任者遺棄と不処罰のいびつな二元的規制から、保護責任者遺棄・単純遺棄・不処罰のバランスよい三元的規制の実現を図るものということができる[69]。作為義務を限定的に理解しようとする近年の流れを前提とすれば、不作為の単純遺棄を認めても一

---

[68]　佐伯仁志「保障人的地位の発生根拠について」『刑事法学の課題と展望――香川達夫博士古稀祝賀』（1996）118頁注41参照。

[69]　山口・探究各論28頁は、「可罰的な不真正不作為を217条において一定の範囲で肯定するほうが、218条の保護責任を拡張することにより処罰範囲を確保しようとする『圧力』を緩和することができ妥当である」とする。

般的な不救助が広く処罰されるおそれはないと思われる。作為義務が拡散するときは、それは同時に、伝統的見解においては保護責任も拡散することを意味するから、保護責任を限定するために不作為の単純遺棄を認める要請は、ますます強いものとなる。

　ⅱ　法的性格　　不保護の場合は、行為者が要扶助者を排他的支配下に置いていることが前提となることが多いので、その行為者が保護責任者であるか否かは、第三者による保護の可能性の大小と事実上連動しうるから、保護責任を違法要素とすることにも理由がある[70]。これに対して、遺棄の場合は、要扶助者が保護責任者の支配下にいなくなるので、物理的に見ると、保護責任者が離れ行く要扶助者を止めない行為やひとり要扶助者を置き去りにする行為と、保護責任者以外が要扶助者を保護責任者から引き離す行為とで、離隔が生じた時点における要扶助者の生命に対する危険の程度が異なるようには思われない。その意味では、保護責任は責任要素とするのが妥当であるようにも思われる[71]。しかし、物理的には同じ危険であっても、前述のように、両者がもつ規範的な意味は異なるのであり、そこでは、保護責任者による直接的な危険創出の方が、第三者による間接的な危険創出よりも、違法性が高いということができよう[72]。そうであれば、保護責任者は違法身分と解すべきである。そうすると、65条は1項が違法身分の連帯性を、2項が責任身分の個別性を規定していると解する立場からは、保護責任者に加功した非保護責任者には、65条1項が適用され、遺棄でも不保護でも保護責任者遺棄罪の共犯が成立すると解される。

3　判例の検討

　ⅰ　第1・3類型　　判例においては、まず、①事実上の養子縁組において養子に対して養親が[73]、②妻の連れ子に対して同棲4日の内縁の夫が[74]、③同

70　内田・92頁、西田・各論33頁、山口・探究各論31頁など。
71　平野・前出「単純遺棄と保護責任者遺棄」10頁、堀内・前出『不作為犯論』252頁、曽根・各論40頁、林・各論47頁など。
72　前掲注63）参照。
73　大判大正5・2・12刑録22輯134頁。
74　東京地判昭和48・3・9判タ298号349頁。

じ男子寮に居住する2人が連れだって飲食したのち喧嘩に巻き込まれて重傷を負った1人に対してもう1人が[75]、④泥酔状態にある者の帰宅に同行した職場の同僚が[76]、それぞれ保護責任を負うことが認められている。判例①は、民法上の扶養義務や契約に基づいてではなく、実質的にみて親子関係に対応する関係が認められることを理由とするのであれば、第1類型の保護責任が肯定されるべき場合であって、妥当である。

これに対して、判例②が、内縁の夫と連れ子の関係を親子関係と同視して直ちに保護責任を肯定するのであれば、妥当でなく、継続的保護の引き受けがあり第3類型の保護責任が認められるかを問うべきである。同様に、判例③も、同じ寮に居住していることだけで第1類型の保護責任を認めるのは妥当でなく、判例④についてはなおさらであり[77]、いずれも、継続的保護の引き受けの有無を問うべきである。その際、判例③が重傷であるのに対して、判例④は短期的に解消されると思われる泥酔であり、後者の方が継続的引き受けが肯定されやすい反面、人的関係としては判例③の方が判例④よりも保護責任を肯定しやすいものであり、第1類型の保護責任と第3類型の保護責任とは、相互に補充し合うもので、それぞれ単独では保護責任を肯定するのに不十分でも、両者を併せれば保護責任の発生が認められるということはあり得ると思われる。

判例には、⑤病気の際の保護について暗黙の約諾がある場合の雇主に雇人に対する保護責任を認めたもの[78]があるが、これは、第3類型の保護責任を認めたものということができる。これに対して、判例がひき逃げの事案で広く保護責任を肯定しているのは疑問である。傷害を負わせた後に単にその場を去った場合はもちろん、一旦自車内に引き入れた後に遺棄した場合であっても、病院に連れて行くという範囲で保護を引き受け、継続的な保護を引き受けたとはいえない場合には、第3類型の保護責任を肯定すべきではない。道交法上の救護義務違反が成立し、場合によって、単純遺棄罪が成立するの

---

75 岡山地判昭和43・10・8判時546号98頁。
76 横浜地判昭和36・11・27下刑集3巻11＝12号1111頁。
77 なお、前掲注(65)参照。
78 大判大正8・8・30刑録25輯963頁。

であれば、それで十分であると思われる。

ⅱ　**第２類型**　⑥難病の６歳男児を病気療養目的で親から引き受けたが祈祷類似行為等を行うのみで必要な医療を施さなかったため死亡させた事案で保護責任者遺棄致死罪を認めた判例[79]は、引き受けに加えて、親が行為者との関係を断ち切って男児に医学的治療を受けさせるのに心理的困難があったことを理由としており、第２類型の保護責任を正しく認めたもので、妥当である。逆に、⑦妊婦が出産して置き去った嬰児に対する医師の保護責任を否定した判例[80]は、排他的支配があっても、保護の引き受けが認められない場合であるから、妥当である。これに対して、⑧依頼を受けて堕胎手術をした医師に、母体外に排出された未熟児に対する保護責任を認めた判例[81]は、妥当ではない。もし生育可能性がある場合は保護しようという意思があったのであれば、遺棄罪の成立の余地があり、かつ、条件付きではあれ、保護責任者たる母親からの保護の引き受けがあるとみることができ、第２類型の保護責任を肯定できる可能性がある。しかし実際は、初めから終局的な胎児殺を目的としているから、保護責任を肯定すべきでないだけでなく、排出された未熟児の死亡結果まで（前段階における生命に対する危険も含めて）堕胎罪でカヴァーされ、そもそも遺棄罪は成立しないと考えるべき事案であると思われる[82]。

Ⅴ　殺人罪との関係

保護責任者遺棄致死罪の成立を認めた前述の最高裁昭和63年決定の事案で、殺人の故意が認められたとしたら、堕胎罪との関係は別論として、遺棄罪ではなく殺人罪が成立するだろうか。最後に、遺棄罪と殺人罪の関係について簡単に触れておきたい。

79　福岡高宮崎支判平成14・12・19判タ1185号338頁。
80　熊本地判昭和35・7・1下刑集２巻７＝８号1031頁。
81　最決昭和63・1・19刑集42巻１号１頁。
82　以上に含まれないものも含め、遺棄罪に関する我が国の判例・裁判例の網羅的な分析について、松原・前出「保護責任者遺棄罪における『保護責任』に関する一考察（2）」参照。

V　殺人罪との関係　73

　作為犯に限定すると、殺人罪と遺棄罪は包摂関係にあり、両罪の区別基準は殺人の故意の有無と生命侵害の具体的危険の有無となる。即ち、死亡結果が発生した場合は、殺人の故意があれば殺人が、なければ（保護責任者）遺棄致死が成立し、死亡結果がない場合は、殺人の故意と具体的危険が認められれば殺人未遂となるが、具体的危険が認められなければ殺人の故意があっても（保護責任者）遺棄（致傷）となる。

　不作為犯の場合[83]は、殺人と保護責任者遺棄致死、殺人未遂と保護責任者遺棄（致傷）は、それぞれ包摂関係にはないと解される。故意や生命侵害の危険については殺人罪の方が遺棄罪よりも要件が厳しいが[84]、本稿の立場によると、保護責任は不作為殺人における作為義務よりも（少なくとも一面では）認められる範囲が狭いため、保護責任者遺棄罪は成立しないが殺人罪は成立するという領域があるからである。従って、故意や生命侵害の具体的危険のみの欠如によって殺人の成立が否定される場合であっても、さらに別途保護責任者遺棄罪の成否を検討すべきことになる[85]。

　難しいのは、殺人の故意をもって要扶助者に生命侵害結果（ないしその具体的危険）を生じさせた保護責任者に、殺人（未遂）ではなく保護責任者遺棄致死（致傷）が成立するにとどまる余地があるかどうかである。ここでは、保護責任や作為義務の有無ではなく、保護責任や作為義務があることは前提に、それを果たしたといえるかが問われ、しかも、同一の行為が、不作為殺人における作為義務には反しないが、保護責任の履行には当たらないという場合があり得るかという問題になる。保護を完全に抛棄したのであれば、保護責任も作為義務も果たしていないことになろうが、未必的殺意を有しつつも、不十分な食事提供や第三者への引き渡しの試みなど、一応の保護行為がある場合は、判断が困難である。従来の議論は、保護責任や作為義務

83　この点について扱った最近の詳細な論攷として、十河太朗「不作為による殺人罪と保護責任者遺棄罪の限界」同志社法学57巻6号（2006）287頁がある。
84　なお、松宮・各論75頁は、要扶助者を保護しない保護責任者は、「放置すれば死亡する」という未必的認識があることが多いから、遺棄致死罪の存在意義を保つためには、不作為殺人と遺棄致死とを「殺意」の有無によって区別すべきとする判例は、殺人罪の適用を殺人の「意図」ないし「確定的認識」のある場合に限る趣旨とみるべきであるとする。
85　殺人と単純遺棄の関係は別論である。

がいかなる場合に認められるかに焦点が合わされ、いかなる行為を行えばそれを履行したことになるのか、保護責任や作為義務の具体的内容についての検討が極めて不十分である[86]。この点は、今後の検討課題とせざるを得ない。

Ⅵ　まとめ

　本稿の結論をまとめると、以下の通りである。
①遺棄罪は、要扶助者の生命に対する（準）抽象的危険犯である。
②創出されるべき危険は、要扶助者に対して期待される保護がなされないという危険（不保護の危険）によって一元的に把握されるべきである。
③保護責任者が直接的に不保護の危険を創出する行為が、保護責任者遺棄罪であり、これが遺棄罪の基本類型である。
④拡張類型である単純遺棄罪は、要扶助者のもとに保護責任者・扶助者がいるという保護の物理的前提を破壊することで行う、第三者による間接的な不保護の危険の創出行為であり、不作為によるものも含まれる。
⑤客体たる要扶助者は、ある程度の期間継続的に保護が必要な者であり、保護責任は、継続的に保護行為を行う責任であって、殺人や単純遺棄における作為義務とは区別され、作為義務は果たしたが保護責任は果たしていないという行為がありうる。
⑥継続性を要素とする保護責任は、継続的保護関係および継続的保護の引き受け、ならびにそれらの引き継ぎによって認められる。

---

[86]　「殺人罪の場合も遺棄罪の場合も、作為義務自体は同じであり、ただ、犯罪成立に必要な危険の程度が違うために、それぞれ不作為が問題となる段階で実際になしうる作為の内容が異なり、したがってまた、その不作為が要扶助者の生命に対して有する危険性（＝実行行為性）の評価も異なってくる」（齊藤・前出「遺棄罪」54頁）との指摘は、傾聴に値すると思われる。

(第2講) 議論のまとめ

深町晋也

1

　本論文の主張は、大きく3点に分けられる。第1点は、遺棄罪の保護法益についてであり、第2点は、遺棄・不保護概念についてであり、第3点は保護責任についてである。

　まず、第1点については、伝統的な見解が遺棄罪の保護法益を生命・身体に求めているところ、本論文においては、近時の有力説に従って、生命のみが保護法益であるとする。

　次に、第2点については、本論文の中核的部分の1つであるが、従来は、①要扶助者に対する直接的な「物理的危険」と、②前提として存在する内的・外的危険の実現から要扶助者が保護されないという「不保護の危険」とで二元化する理解が（明示的にしろ暗黙裡にしろ）採用されていたとする。それに対し、本論文においては、保護責任者による保護がなされないという「不保護の危険」こそが遺棄罪において中核となる危険であるとして、保護責任者不保護罪を基本類型とする。これに対して、遺棄とは「要扶助者と保護責任者・扶助者との間に場所的離隔を生じさせる」ことで、要扶助者が保護されない状態を作出することである。その中でも、単純遺棄罪は、保護責任者以外の者が、要扶助者が保護責任者・扶助者に保護されない状態（という生命に対する間接的な危険）を作出した点を処罰する拡張類型であるのに対して、（狭義の）保護責任者遺棄罪は、保護責任者不保護罪の処罰を前倒しした拡張類型であると構成する。

　最後に、第3点についても、本論文の中核的部分の1つであるが、保護責任の継続性と保護責任者の範囲の限定という見地から、①継続的保護を要求

できるだけの継続的な人的関係が既に形成されている類型（第 1 類型）、②第 1 類型（及び第 3 類型）の保護責任者から保護を引き継ぐ類型（第 2 類型）、及び③要扶助者が扶助を必要としなくなるまで扶助を継続することを意識的に引き受ける類型（第 3 類型）について、保護責任が認められるとする。そして、第 1 類型と第 3 類型については、第三者に保護を引き継がせたとしても、第三者がその保護を放棄した場合には再び保護を引き受けなければならない（いわば終局的な）責任であるのに対し、第 2 類型については、一旦第三者に保護を引き継がせれば、保護責任からは解放されるとする。また、このような保護責任の法的性質については、保護責任の存否によって危険の程度に差異が生じないので責任身分であるとする[1]。

2

　第 1 点については、和田説の基本的な立場に対して特に異論を見なかったが、多少の議論がなされた。伝統的通説は、生命に対する危険があるとは言えなくとも、身体に対する危険がある場合にはなお処罰を認めるべきであるとするが、身体傷害を経て生命侵害に至る以上、端的に身体に対する危険のみを処罰すれば足りるのであって、敢えて生命をも保護法益に含める必要はないのではないかとの疑問が論者から提起された。これに対しては、遺棄罪においては生命に対する危険も評価されているのであって、その点を示すために伝統的通説は生命についても保護法益に含めているに過ぎないのではないかとの指摘がなされた。また、遺棄致死罪がある以上は、基本犯たる遺棄罪において生命に対する危険を含めざるを得ないとの指摘もなされ、これに対しては、傷害致死罪の場合には基本犯たる傷害罪には生命に対する危険が含まれないこととの差異がどこにあるのかが問題となった。傷害罪は侵害犯であり、生命に対する危険を明示しなくとも済むのに対し、遺棄罪は危険犯であるからそうは行かないとの指摘もなされたが、遺棄罪についても、生命に対する危険を明示せずとも、身体に対する危険が生命侵害に現実化したと

---

[1] 但し、研究会の議論を受けて、違法身分とする理解に改めている。本書70頁参照。

説明すれば足りるとの指摘もなされた。しかし、これは説明の仕方の問題に過ぎず、生命に対する危険こそが遺棄罪の中核であるという点については、前述の通り、議論参加者においては一致を見た。

③

それに対して、第2点については、和田説の基本的な立場には魅力を感じる議論参加者が多かったものの、なおいくらかの議論がなされた。まず、要扶助者と保護責任者・扶助者との間に場所的離隔を生じさせる場合、保護責任者であれば保護する意思の有無を問わないとするが、こうした規範的側面を強調するのであれば、扶助者であっても、作為義務がある場合には扶助意思の有無を問わないとすることにならないのかという指摘がなされた。これに対しては、和田説においては、扶助者の場合には扶助意思を喪失すればもはや扶助者ではなくなる以上、法が期待できるのは自分で扶助しろということではなく、保護責任者あるいは別の扶助者の下に連れて行くことのみであるので、保護責任者とは構造が異なると説明することが可能であるとの指摘がなされた。

次に、保護責任者・扶助者を殺害する場合を遺棄に含めるのであれば、睡眠薬で眠らせたり頭を殴って失神させた場合にも遺棄に当たるのではないか、即ち、保護責任者・扶助者を要扶助者に到達させない一切の行為が遺棄に当たり、必ずしも場所的離隔の作出に拘泥する必要はないのではないかとの指摘がなされた。これに対して論者は、保護責任者・扶助者が、物理的・身体的な動きを要扶助者に施せるか否かで決まると回答した。とすれば、要扶助者と保護責任者・扶助者との間が1メートルしか離れていなくともその間に頑丈な鉄の壁を設置すれば遺棄に当たることになる反面、眠らせる事例ではなお遺棄に当たらないという結論は維持できるようにも思えるが、なぜそのような理解を採用すべきかが更に問題となった。これに対しては、実質的な概念の問題というよりも、遺棄という用語が持つ限界の問題であるとの指摘もなされた。なお、これとの関係で、218条においては遺棄と不保護が分けて規定されているものの、実務上は両者のいずれに当たるのかを明確に

区別することなく適用される場合が多い点が指摘された。

④

　最後に、第3点についてはかなりの議論がなされた。まず、和田説からは、217条の遺棄に不作為形態も広範に含まれることになり得るが、実際上、いかなる場合がそれに当たるのかが不明確であるとの指摘がなされた。特に、和田説においては保護責任の発生根拠が第3類型まで認められている以上、例えば、幼稚園バスの運転手が園児を乗せないでバスを発進させたような場合には217条で処罰されるのか、それとも218条で処罰されるのかが明らかではないとの指摘である。これに対しては、作為義務（保証人的地位）をどのような根拠で認めるのかによっても217条の作為義務と218条の保護責任とには差が生じるのであって、作為義務（保証人的地位）を広範に認めるのであれば、両者には差が生じることになるとの指摘がなされた。

　次に、第3類型については、「最後まで面倒を見る」という覚悟を決めて引き受けるという点が必要とされるが、なぜそのような要件が出てくるのか、即ち、なぜ「最後まで」面倒を見るという引き受けが必要なのか、一定程度継続的に保護を引き受ければ足りるのではないかという指摘がなされた。例えば、泥酔者に対して酔いが醒めるまで面倒を見るという引き受けがなされた場合と、交通事故において被害者を病院に連れて行くまでは面倒を見るという引き受けがなされた場合とで、どこに差があるのかが問題とされた（但し、論者自身は、そもそも泥酔者については「病者」に含めていない）。これに対しては、第三者が面倒を見ない（あるいは一旦は第三者に保護を引き受けさせたが再び返された）場合には自分が引き受けるということまで覚悟して引き受けることが第3類型では必要であるとの説明がなされたが、このような引き受けが実際あり得るのかは疑問であるという批判がなされた。また、和田説がこのような限定を付す背景には、そこまでの覚悟で引き受ける者に対してのみ、保護責任者としての強い自由制約を課しうるとの発想があるのかもしれないが、だとすると、一定期間継続的に保護を引き受けることを決断した者に対しては、むしろその一定期間については強い義務を課して

も良いことになるのではないかとの指摘がなされた。この点、泥酔者について一晩保護するという場合であっても保護責任を認める論者の見解からすれば、そのような理解がむしろ自然であるとの指摘もなされた。更に、迷子の子を発見したので、親が見つかるまで引き受けようと考えて引き受けたものの、全く親が見つからずに長期間が経過したような事例を考えると、引き受ける段階での意思内容にそこまでの拘束力を認めて良いのかという指摘がなされた。また、第1類型及び第2類型のみに限定すると保護責任の範囲が狭すぎるのは確かであるが、一旦第3類型を含めると、その範囲が不明確になることは避けがたいのであって、むしろ、要扶助者にとって必要な継続的関係さえあれば保護責任を認めて構わないとの指摘もなされた。但し、ホテルで被害者に覚せい剤を注射した後救急車を呼ばず放置して死亡させた事例（最決平成元・12・15刑集43巻13号879頁）のような場合には、保護責任者遺棄致死罪としなくとも、仮に不作為による傷害致死罪を正面から認めるのであれば、結論の妥当性は確保しうるとの指摘もなされた（但し、直ちにこのような帰結を認めて良いかについては、議論参加者においてもなお留保する者が多かったように思われる）。

第3に、依頼を受けて堕胎手術をした医師に、母体外に排出された未熟児に対する保護責任を認めた判例（最決昭和63・1・19刑集42巻1号1頁）に対して論者が否定的なのはなぜかという質問がなされた。これに対しては、親から保護責任を引き継いだ類型と説明できれば保護責任を認めうるとの回答がなされたが、親自身も最初から保護する意思がない事案である以上このような構成を採ることには困難があるとの指摘や、そもそも継続的な人的関係が必要とする論者の立場からすれば、（堕胎したまま放置したために）継続的な人的関係がない本件事案では、親であっても直ちに保護責任が認められるわけではないとの指摘もなされた。これに対しては、堕胎できるにも拘らず妊娠を継続した点になお人的関係を認めることができるとの指摘もなされたが（例えば、島田聡一郎「不作為犯」法学教室263号（2002）118頁参照）、妊娠中には218条の客体たる「人」が存在しない以上、そこまで継続的人的関係を希薄化させてよいのかという疑問も寄せられた。結論としては、医師は親から「保護」を引き継いだわけではない以上、第2類型の保護責任を認める

ことは困難であるとの理解が議論参加者に共有されたと思われる。また、論者からは、堕胎罪の構成要件との関係で、そもそも遺棄罪が成立しないという議論が成り立ち得るとの回答もなされた。論者のように理解する場合には、親の保護責任者遺棄致死罪自体が成立しない以上、それに対する医師の共犯として構成する余地もないことになろう。

　第4に、保護責任を責任身分と解する点[2]に対しては、保護責任の有無によって具体的当該事案における危険の程度には差が生じないかもしれないが、論者は保護責任者が保護をしないという危険を規範的に把握しており、むしろ保護責任は規範的危険を高める要素と捉えられるのではないかとの指摘がなされた（これは、有力説において、収賄罪における「公務員」が違法身分とされるのと同様である）。これに対して論者は、なお事実的観点からすると危険を高めないのではないかとの疑問を呈したが、上記の指摘に相当の説得力があることを認めざるを得なかったようである。また、責任身分と位置づけるためには、単に違法身分でないというに留まらず、非難可能性などといった責任の実質に関連していることを基礎付けるべきではないかとの指摘もなされた。これに関しては、105条などでは親族関係の存在が非難可能性を減少させる身分として働くのと逆に、218条では非難可能性を高める要素として働くのではないかとの指摘もなされたが、なぜそのように言えるのかという点こそが問題であるという反論がなされた。更に、保護責任は真正不作為犯たる（218条の）不保護を可罰的にする要件でもある以上、作為義務と重なる要素を持つべきであり、排他的支配が必要となるのではないかとの指摘もなされたが、これに対しては、不真正不作為犯において不作為を作為と同等に扱うための要件が作為義務であるから、真正不作為犯においては同様の議論は妥当しないとの指摘がなされた。

2　注1）参照

第3講 司法に対する罪

深町晋也

I はじめに

　司法に対する罪の中でも、特に犯人蔵匿等罪（103条）と証拠隠滅等罪（104条）とは、従来、ともに刑事事件の捜査・審判・刑の執行などの広義における刑事司法作用の侵害を内容とする犯罪とされ[1]、基本的には保護法益を共通にするものと解されてきた[2]。しかし、このような理解を前提とすると、犯人蔵匿等罪と証拠隠滅等罪とがオーバーラップする領域が余りにも広汎に生じ得ることになり、両者の「住み分け」をいかにして確定すべきかが大きな問題となる。

　勿論、このような「住み分け」についてはおよそ考慮せず、最終的な罪数処理に委ねるという方法もあろう。しかし、従来の判例や学説は、例えば「隠避」概念を限定したり[3]、また例えば「証拠」概念を限定したり[4]することで、両者の「住み分け」を一定程度図ろうとしてきた。しかし、そのような試みが、どの程度成功しているのかは疑問がある。まず、そもそも、103条の保護法益と104条の保護法益を共通のものと理解しつつ、両者の「住み分け」を図ることは可能なのであろうか。また、103条及び104条に関して、判例・通説が採用するような一般的・抽象的な保護法益の理解を前提としつつ、両罪の成立範囲を明確に規定することがどこまで可能なのであろうか。むしろ、両者の保護法益をより明確に規定して各々区分しつつ、両者の「住み分け」を図り、それでもなおオーバーラップが生じる場合には、罪数処理等で対応する、という方法論のほうがより優れているように思われる[5]。

1　山口厚『刑法各論［補訂版］』（2005）571頁
2　西田典之『刑法各論［第4版］』（2007）420頁
3　詳細は、Ⅱ2（2）を参照。
4　詳細は、Ⅲ1を参照。
5　井田良「司法作用の刑法的保護」山口厚＝井田良＝佐伯仁志『理論刑法学の最前線Ⅱ』（2006）187頁以下は、司法に関する罪について、「現に進行している手続を、（事後に判明する）その当否とは独立にそのまま保護すべき」とする「手続保護説」と、手続が「その内実において実体的に適正である限りにおいて保護すべき」とする「結果保護説」という2つの基本的視座を設定しつつ、前者は行為無価値論と、後者は結果無価値論と対応するとして、前者の手続保護説

そこで本稿では、103条及び104条に関して、従来の議論をその保護法益論との関係で再検討しつつ、両罪の妥当な成立範囲について検討することにしたい。

II 犯人蔵匿等罪

1 「罪を犯した者」について

(1) 判例の動向

判例は古くから、103条の保護法益を「司法に関する国権の作用」[6]と広く定義し、そのことを前提に、「罪を犯した者」の範囲を広く認めてきた。例えば、大判大正4・12・16刑録21輯2103頁では、「其犯したる罪に付言渡されたる裁判の確定することを必要とするものにあらず」としているし、大判大正8・4・22刑録25輯589頁では、刑法103条の罪は「罰金以上の刑に該る犯罪の捜査権を侵害する」ものであるとして、当該犯人が逮捕手続中もしくは逮捕のための捜査手続中にあるかどうかに関係なく成立するとし、さらに大判大正12・5・9刑集2巻5号401頁は、罰金以上の刑に当る罪を犯したものとして捜査中の犯罪人だと知って蔵匿・隠避させれば103条は成立し、「罪を犯したる者が確定的犯人たること」を不要とした。

この傾向は、戦後の最高裁にも引き継がれた。即ち、最判昭和24・8・9刑集3巻9号1440頁は、明示的に前述の大正4年判決と大正12年判決とを引用しつつ[7]、「刑法第103条は司法に関する国権の作用を妨害する者を処罰しようとするのであるから、『罪を犯したる者』は犯罪の嫌疑によって捜査中の者をも含むと解釈しなくては、立法の目的を達し得ない」とし、保護法益

を原則として採用する。しかし、同書の山口厚「コメント1」213頁以下や佐伯仁志「コメント2」221頁以下が的確に指摘するように、違法論における対立に単純に還元できるものではなく、問題となる犯罪類型ごとに個別に検討するより他ない。井田の見解においても、虚偽告訴罪については結果保護説の立場に立つのであり、このこと自体が個別的な検討の必要性を示している。

6　大判大正4・12・16刑録21輯2103頁。
7　判文では、前者は大正10年12月16日判決、大正12年5月8日判決として挙げられているが、前者は大正4年の間違いであり、後者は大正12年5月9日判決の間違いである。

の観点から、「罪を犯した者」の範囲を拡張的に解釈することを正面から肯定した。さらに、最判昭和28・10・2刑集7巻10号1879頁及び最判昭和33・2・18刑集12巻3号359頁[8]は、「真に罰金以上の刑にあたる罪を犯した者であることを知りながら」かくまった場合には、「その犯罪がすでに捜査官憲に発覚して捜査が始まっているかどうかに関係なく、犯人蔵匿罪が成立する」とし、真犯人の場合には、捜査開始前であっても103条が成立するとしたのである。

また、「罪を犯した者」の意義を巡って、新たな判断を示した下級審裁判例も存在する。札幌高判平成17・8・18判時1923号160頁は、被告人と他の4名が同乗していた自動車が起こした事故により、運転者を含む2名が死亡したところ、被告人以外の者は全て飲酒しており、被告人は運転者の酒気帯び運転が発覚すると都合が悪いとして他の者と口裏を合わせ、被告人が運転していた旨の虚偽の事実を警察官に述べたという事案において、虚偽の事実を警察官に述べた時点で犯人である運転者は既に死亡していたから、103条の「罪を犯した者」には含まれない旨の控訴趣意に対して、「無罪や免訴の確定判決があった者などは、これを隠避しても同条〔103条—引用者注〕によって処罰されないが、このような者はすでに法律上訴追又は処罰される可能性を完全に喪失し、捜査の必要性もなくなっているから、このような者を隠避しても何ら刑事司法作用を害するおそれがないのに対し、本件のような死者の場合には、（中略）なおそのおそれがあることに照らすと、同条にいう『罪を犯した者』には死者も含む」と判示したのである。

(2) 学説の検討

これに対して、学説においては見解が対立している。まず、①判例と同様に、犯罪の嫌疑によって捜査の対象となっていれば足りるとする見解がある。この見解の中でも、真犯人であれば捜査開始前でも「罪を犯した者」にあたるとする見解[9]と、その点は否定する見解[10]がある。次に、②真犯人であ

8　但し、昭和33年判決の判文には、「真に」の部分が抜け落ちている（判決要旨には入っているが）。この点の理解を巡っては、大塚仁ほか編『大コンメンタール刑法〔第2版〕第6巻』（1999）293頁（仲家暢彦）参照。ここではとりあえず、昭和28年判決と昭和33年判決とが同趣旨のものであるとする。

ることを要求する見解[11]がある。さらに、①と②の中間的見解として、③客観的合理的判断によって真犯人であると強く疑われる者であることを要求する見解がある[12]。

　これらの見解のうち、①説については、103条の保護法益を広く「司法に対する国権の作用」（特に捜査の円滑性）と捉えることと極めて整合的である。逆に言えば、103条の保護法益を判例と同様に広く捉えつつ②説に至るのは、かなり困難である。②説からは、その根拠として、無実の者の蔵匿・隠避が司法作用を侵害する程度（違法性の程度）は、真犯人の蔵匿・隠避に比して著しく低いという点が主張される[13]。しかし、無実か否かは訴訟の場で認定されるものであり、一定の嫌疑があれば刑事訴訟法上逮捕・勾留などの身柄拘束が可能とされているのであるから、（103条の保護法益を判例と同様に理解する限り、）蔵匿・隠避行為が捜査作用を妨害する程度に関しては、無実であろうが真犯人であろうがおよそ差がないと言わざるを得ないであろう[14]。それに対して、無実の者だと信じて蔵匿・隠避する[15]場合には、真犯人だと思って蔵匿・隠避する場合に比べて、人情に基づくものとして期待可能性が低いとは言い得るが、それだけで、およそ一律に103条の処罰対象から除外されるとまでは言えないように思われる。

　このような保護法益の理解は、近時の下級審裁判例を巡ってより先鋭化しているように思われる。前掲札幌高判平成17・8・18の事案では、犯人が死

9　江家義男『増補刑法各論』(1959) 39頁、青柳文雄『刑法通論II各論』(1963) 106頁、中森喜彦『刑法各論［第2版］』(1996) 314頁以下など。
10　西田・前掲注2) 421頁。
11　平野龍一『刑法概説』(1977) 285頁、団藤重光『刑法綱要各論［第3版］』(1990) 81頁、平川宗信『刑法各論』(1995) 539頁、内田文昭『刑法各論［第3版］』(1996) 647頁、林幹人『刑法各論』(1999) 457頁、福田平『全訂刑法各論［第3版増補］』(2002) 27頁、山口・前掲注1) 573頁、曽根威彦『刑法各論［第3版補正3版］』(2006) 309頁、大谷實『刑法講義各論［新版第2版］』(2007) 567頁。
12　大塚仁『刑法概説（各論）［第3版］』(1996) 593頁、佐久間修『刑法各論』(2006) 387頁、前田雅英『刑法各論講義［第4版］』(2007) 535頁。
13　例えば、団藤・前掲注11) 81頁。
14　河上和雄「犯人蔵匿罪について」捜査研究31巻10号 (1982) 6頁、前田・前掲注12) 535頁を参照。
15　正確には「蔵匿し、または隠避させる」と言うべきであろうが、便宜上本文のような言い方を用いることにする。

亡している以上、仮に訴追されたとしても公訴棄却決定がなされるほかなく（刑訴法339条1項4号参照）、従って103条は成立しない[16]とも思えるところ、「少なくとも、捜査機関に犯人が誰か明らかになっていない段階では、本件のような虚偽の事実の申告が、犯人の発見を妨げ、捜査という刑事司法作用が妨害されることは間違いない」[17]から103条の成立を認めるべきとの見解が主張されている。ここではもはや、適切な訴追・処罰の観点は放棄され、単なる捜査作用の円滑性が前面から主張されているのである。

したがって、②説の立場を採るのであれば、判例よりも限定された保護法益の理解を採用しなければならないと思われる。その観点からは、以下のように考えることができよう。即ち、捜査にしろ、訴訟にしろ、真犯人ではない者が紛れ込む可能性を前提にして制度が設計されている以上、真犯人ではない者についても、その身柄を確保する必要性はあり、かつ一定の要件下で刑事訴訟法上正当化される。しかし、そのような身柄確保は、「本来なされるべきではない」身柄確保であることもまた否定できない。したがって、103条で保護されるべき司法作用とは、真犯人を適切に訴追・処罰することに関する司法作用であって、「本来なされるべきではない」身柄確保に関する司法作用は、103条で保護する司法作用には当たらない、とするのである[18][19]。そして、無実の者に対する身柄確保は、「本来なされるべきではない」ものであると言えるので、103条においては、「罪を犯した者」という形で、真犯人のみに限定されている[20]と考えるべきことになる[21]。

16　伊藤渉ほか『アクチュアル刑法各論』（2007）482頁注1）（安田拓人）。
17　判時1923号160頁（匿名コメント）。
18　山口厚『問題探究刑法各論』（1999）279頁が「実質的にも、真犯人を匿う等により、処罰を免れさせることを禁圧することが犯人蔵匿罪規定の任務である」と述べ、同・280頁が（①説の立場からすると）「捜査活動を過度に保護することになってしまう」と述べるのが、本文に述べたような趣旨からだとすると、妥当である。なお、伊藤ほか・前掲注16）481頁（安田拓人）が「処罰妨害罪的性格」と述べるのも同旨か。
19　したがって、103条が「拘禁中に逃走した者」を客体とする趣旨は、身柄の確保が拘禁として具現化された場合のみ、真犯人以外の者であっても処罰対象を拡張するものと解すべきことになる。
20　佐伯・前掲注5）222頁は、真犯人限定説の最大の論拠を罪刑法定主義の制約に求めているが、理論的に成り立ち得る2つの見解のうちの一方について、立法者が選択したという意味では的確な指摘である。本文で論じたのはそのような選択の背景にある価値観ないし発想についてである。

以上のように理解された②説に比べると、①説は、実は理論的に不徹底な部分を抱えているように思われる。というのは、従来、①説に立つ論者においても、公訴時効の完成、刑の廃止、恩赦、親告罪における告訴権の消滅等により訴追、処罰の可能性がなくなった者については、「罪を犯した者」から除外してきたからである[22]。例えば、未だ公訴時効が完成していないと考えられていた者を蔵匿・隠避したが、実は蔵匿・隠避行為時に公訴時効が完成していたと訴訟において判明した場合には、犯人蔵匿等罪は成立しないとされている。しかし、誰もが「公訴時効が成立していない」と考えている者を蔵匿・隠避する行為は、捜査妨害という点では著しいものがあるはずである。事実、前掲札幌高判平成17・8・18では、既に死亡している者を隠避したような場合では、(前述の通り、犯人が死亡している場合には公訴棄却決定をするほかなく、訴追・処罰の可能性が消滅していると言うべきであるにもかかわらず、) 犯人が誰か明らかになっていない段階では、犯人の発見を妨げ、捜査妨害のおそれがある以上は103条が成立すると判断されており、捜査妨害罪として純化する方向性が示されていると言える。前掲札幌高判平成17・8・18では、「無罪や免訴の確定判決があった者など」は、「法律上訴追又は処罰される可能性を完全に喪失し、捜査の必要性もなくなっている」からこそ103条の「罪を犯した者」から除外されるとしており、最終的に重要なのは、捜査の必要性の有無とされているように読める。このように考えると、①説からは、訴追・処罰の可能性を完全に喪失していても、なお「捜査の必要性がある」場合には103条は成立すると解するのが一貫した理解と言える。

にもかかわらず、仮に①説において、客観的に訴追・処罰の可能性を完全に喪失していれば、直ちに捜査の必要性もなくなっていると理解するのであれば (前掲札幌高判平成17・8・18はこのようにも読める)、①説において想定されている「刑事司法作用」というのは、単なる事実的な捜査作用ではな

---

[21] 平良木登規男「『犯人』の意義」芝原邦爾・西田典之・山口厚編『刑法判例百選Ⅱ各論 [第5版]』」(2003) 239頁は、窃盗罪において本権説から占有説に移行してきたこととの類似性を指摘して、①説を支持するが、本稿では逆に、本来保護されるべきもののみが保護されることが妥当であるとする立場を採っている。
[22] 西田・前掲注2) 421頁 (但し、前掲札幌高判平成17・8・18については、特に理由を付さずに「妥当であろう」とされている)。

く、一定の規範的内容を有したものであるということになる。しかし、そのように理解すると、なぜ「責任能力がない者」[23]については「罪を犯した者」に含め、「公訴時効が完成した者」については「罪を犯した者」に含めないのか、についての説明が必要となるが、そうした説明は不可能であろう[24]。

　また、③説については、①説を限定しようとする趣旨の主張であり、その意図は理解できなくもない[25]。しかし、強い嫌疑がある場合であっても、「本来なされるべきではない」身柄確保であることは否定できない以上、真犯人以外にまで拡張すべきではないであろう。

　以上のように考えると、②説が理論的には正当ということになるが、②説に対しては、結論の不当性という観点から、いくつかの批判がなされているので、最後にその検討を行うことにする。まず、①被疑者・被告人の蔵匿・隠避に成功すれば、その真犯人性を立証することが困難であるとの批判については、立証の困難さを理由に処罰範囲を拡張することが妥当とは言えないと反論し得る[26]。次に、②真犯人ではないと確信すると、103条の故意が常に否定されるとの批判については、故意がない場合に不可罰となるのはむしろ当然であり、法益保護もあくまで責任主義の範囲内でなされるべきであると反論し得る。さらに、③真犯人以外を広く「罪を犯した者」から除外すると、103条の立法趣旨が害されるとの批判については、そもそもそのような立法趣旨の理解自体が、捜査妨害を広く処罰することに繋がり妥当ではないと反論し得る。

　したがって、103条における「罪を犯した者」を真犯人に限定する②説が

23　ここでは、「罪を犯した者」を真犯人と捉える見解に立ち、真犯人と言えるためには、構成要件に該当した違法な行為を行うのみでは十分ではなく、責任も具備している必要があるとする立場を前提としている（これに対して内田・前掲注11）648頁は、責任能力がなくとも「罪を犯した者」と言えるとするが、責任も犯罪成立要件の一つである以上、この見解には従えない）。

24　公訴時効の完成と責任能力の不存在とは、処罰可能性の否定という文脈では同様に扱われるべきである。

25　山口・前掲注1）573頁は、③説が「基準が不明確であって実際の使用には耐えない」（西田・前掲注2）421頁）との批判に対し、「犯人でないことが明白な事情が存在する場合に可罰性を否定するのであれば、不明確とはいえない」と反論する。

26　本罪の客体を真犯人としつつ、捜査機関によって合理的な嫌疑をかけられている者は、真犯人と推定されて挙証責任が転換されるとする見解（山中敬一『刑法各論Ⅱ』（2004）764頁）もあるが、挙証責任の転換を安易に認めるものであり、妥当でない。

妥当であると考える。

2 「隠避」について
(1) 判例の動向
　判例は、隠避につき、「蔵匿以外の方法に依り官憲の発見逮捕を免れしむべき一切の行為」と定義し[27]、隠避概念を極めて広く解している。そして、留守宅の状況や家族の安否、官憲の捜査態勢などについての情報を提供する行為（大判昭和5・9・18刑集9巻10号668頁）、自宅で飲食物を提供し、睡眠を取らせる行為（前掲大判大正12・5・9）、弁護士が、真犯人の自首を阻止し、被告人が公判で自己の犯罪として供述するのを黙認した行為（大判昭和5・2・7刑集9巻2号51頁）、警察官が、賭博行為を現認したにもかかわらず、特定の者以外は検挙しなかった行為（大判大正6・9・27刑録23輯1027頁）などの直接的に便宜を与える場合のみならず、身代わり犯人に代表される、捜査機関等に対して虚偽の供述を行う場合をも、広く「隠避」に含めている。そして、犯人が身柄拘束をされる前に身代わり犯人として自首する場合については比較的古くから「隠避」とされてきた[28]のである。

　これに対して、犯人が身柄拘束をされた後に身代わり犯人として自首する場合についてまで「隠避」に当たるかについては、比較的最近になるまで判例上殆ど問題とはならなかった。しかし、暴力団組長が殺人未遂事件で逮捕された後に、暴力団の幹部が組員を身代わり犯人として出頭させた事案を巡り、福岡地小倉支判昭和61・8・5刑集43巻5号410頁は、①103条の保護法益を「罰金以上の刑に当たる罪を犯した者及び拘禁中逃走した者に対する官憲による身柄の確保に向けられた刑事司法作用」に求め、②103条の規定において、蔵匿については逮捕勾留されている者を蔵匿することは考えられず、かつ「拘禁中逃走したる者」については、官憲により身柄を拘束されていない者を予定していることからして、103条は「本犯の嫌疑によりすでに逮捕勾留されている者を『隠避せしめる』ことを予定していない」とし、更

---

[27] 大判昭和5・9・18刑集9巻10号668頁
[28] 大判昭和8・10・18刑集12巻20号1820頁、最決昭和35・7・18刑集14巻9号1189頁、東京高判昭和38・1・28下刑集5巻1＝2号7頁など参照。

に括弧書きで、「本犯の嫌疑により既に逮捕勾留されている者の場合は、官憲において本犯の嫌疑によりその身柄を確保しているのであるから、その状態の続いている限り（中略）本犯を『隠避せしめた』」とは言えないとし、身柄拘束状態に変化を及ぼさなかった場合には、「隠避」に当たらないとし、犯人隠避罪の成立を否定した。

このような限定された保護法益の理解に基づく隠避概念の限定解釈に対して、真っ向から反対したのが、控訴審である福岡高判昭和63・1・28刑集43巻5号417頁である。福岡高裁は、「（103条が）広く司法に関する国権の作用を妨害する行為を処罰する趣旨、目的に出たものと解されることは異論を見ない」として福岡地裁小倉支部のような限定された保護法益の理解を否定し、「一般に身代わり自首はそれ自体犯人の発見、逮捕を困難にし捜査権の作用を妨害するおそれがある行為として犯人隠避罪を構成する」し、本件における被告人の行為により、「犯人の特定に関する捜査が少なからず混乱、妨害させられ」たとして、犯人隠避罪の成立を認めたのである。

そして、この事件の上告審である最決平成元・5・1刑集43巻5号405頁は、「刑法103条は、捜査、審判及び刑の執行等広義における刑事司法の作用を妨害する者を処罰しようとする趣旨の規定であって（中略）同条にいう『罪を犯したる者』には、犯人として逮捕勾留されている者も含まれ、かかる者をして現になされている身柄の拘束を免れさせるような性質の行為も同条にいう『隠避』に当たる」として、原審の判断を維持した。

また、近時の下級審裁判例においても、「犯人の発見」を妨げることで捜査を妨害する点を強調するものがある。前掲札幌高判平成17・8・18は、「捜査機関に誰が犯人かわかっていない段階で、捜査機関に対して自ら犯人である旨虚偽の事実を申告した場合には、それが犯人の発見を妨げる行為として捜査という刑事司法作用を妨害し、同条［103条—引用者注］にいう『隠避』に当たる」としている。

以上の流れを総括すると、かつての判例は、とりあえず保護法益には言及することなく隠避概念を極めて広く定義した上で、その定義に当てはまるか否かを判断してきたのに対して、近時の判例・裁判例は、103条の保護法益との関係で、隠避概念を広汎に理解する方向にあると言えよう[29]。

(2) 学説の検討

　103条の保護法益については、判例同様、学説も、国の刑事司法作用として広く捉え、それに対応して、「隠避」についても広範に認める見解が従来の通説であったと言える[30]。

　もちろん、隠避概念を限定しようとする試みがなかったわけではない。例えば、学説においては既に、「隠避させるとは、逃げかくれを助けることであるから、本来は、犯人の行為を必要とする」との解釈に基づき、身代わり犯人の事例については「隠避」に当たらないとする見解[31]が主張されていた。

　しかし、こうした見解は、必ずしも有力化しなかった。その理由（の一端）はおそらく、こうした見解が保護法益論によって裏打ちされていなかったことにあると思われる。即ち、判例のような広い保護法益の理解を採用しながら、文言を限定的に解釈しようとすることの困難さが、ここでも顕在化するのである。

　これに対して、近時、前掲福岡地裁小倉支部昭和61年判決と同様、103条の保護法益自体を限定することによって、隠避概念を限定する見解が有力化している[32]。すなわち、103条においては、身柄の確保のみが保護法益であり、犯人の特定作用については保護法益から除外されるとする見解である。そこで以下、この見解について検討を加えることとする。

　まず、前掲福岡地裁小倉支部昭和61年判決は、前述の通り、103条の規定

29　松宮孝明「判批」南山法学12巻2＝3号（1988）80頁が、前掲最決平成元・5・1に関して、「最高裁が『罪を犯したる者』の範囲を拡張する論理として用いた法益解釈を『隠避せしめた』に該当する行為を拡張する論理として用いた」と評するのは、適切な指摘である。

30　木村亀二『刑法各論』（1957）311頁、瀧川春雄＝竹内正『刑法各論講義』（1965）401頁、江家・前掲注9）40頁など。

31　平野龍一「刑法各論の諸問題18」法学セミナー228号（1974）40頁、菊池京子「身代り犯人と犯人隠避罪の成否」『刑法判例百選Ⅱ各論〔第5版〕』（2003）249頁。なお、裁判例においても、「（隠避は）蔵匿とともに官の発見・逮捕を妨げる行為であるから（中略）蔵匿との対比においてそれと同程度に『官憲の発見逮捕を免れしむべき行為』、つまり逃げかくれさせる行為または逃げかくれするのを直接的に容易にする行為に限定される」とするものもあった（大阪高判昭和59・7・27高刑集37巻2号277頁）。

32　十河太朗「犯人蔵匿罪と証憑隠滅罪の限界に関する一考察─『隠避』概念の検討を中心として」同志社法学46巻5号（1994）103頁以下、日高義博「判批」法学教室108号（1989）89頁、井田良「判批」『平成元年度重要判例解説』（1990）163頁（但し、井田・前掲注5）200頁以下で改説）、振津隆行「判批」判例セレクト'89（1990）39頁、山口・前掲注18）284頁以下、斎藤信治『刑法各論〔第2版〕』（2003）317頁など。

において、蔵匿については逮捕勾留されている者を蔵匿することは考えられず、かつ「拘禁中逃走したる者」については、官憲により身柄を拘束されていない者を予定していることからして、103条は「本犯の嫌疑によりすでに逮捕勾留されている者を『隠避せしめる』ことを予定していない」との論拠を示している。しかし、逮捕勾留されている者は一律に103条の隠避の客体から除外されるとすると、この見解が前提とする保護法益論から導かれる以上の限定を付していることになる。というのは、逮捕勾留された者であっても、身代わり犯人の虚偽供述の結果、身柄が解放される場合は充分想定可能であり、このような場合には、身柄の確保を保護法益とする見解からも、なお処罰対象に含め得るからである[33][34]。

とすれば、この見解における論拠となるのは、「蔵匿」及び「拘禁中に逃走した者」とのバランス論であるように思われる。すなわち、「蔵匿」も「拘禁中に逃走した者」も、いずれも身柄の確保が妨げられる点に着目して構成要件化されているのであり、同じ条文で規定される類型として、「隠避」の場合も身柄の確保が妨げられる点に限って構成要件化されたものと解するのが整合的である、とする理解である[35]。このような理解に対しては、そもそも「蔵匿」の場合であっても、いわゆる在宅事件の場合や刑事訴訟法上身柄の拘束には一定の条件が付されていることからすれば、身柄の確保という観点からのみでは説明できない、とする批判[36]がなされている。確かに、刑事訴訟法上の身柄の確保がなされない場合には、一切犯人蔵匿・隠避罪は成立しないとする解釈を採ることは困難であろう。しかし、翻って考えてみる

---

[33] 馬場義宣「判批」警察学論集41巻8号（1988）175頁。
[34] これに対して、十河太朗「身代わり犯人と犯人隠避罪」西田典之＝山口厚編『刑法の争点［第3版］』（2000）249頁は、身代わり犯人は、「間接的に犯人の身柄の確保を妨害する危険性を有しているということは否定できない」ことを認めつつ、「『隠避させた』というためには、蔵匿の場合と同じ程度に身柄の確保を妨害する危険性を生じさせる必要がある」とし、身代わり自首の事例ではこの程度の危険性は生じないから「隠避」から除外されるとする。しかし、極めて巧妙な身代わり自首がかかる危険性を有しないとは言い切れないのであって、一律に除外する事はやはり無理と言わざるを得ない（なお、十河の見解は、逮捕勾留されていない犯人の身代わり自首の場合についても「隠避」から除外するものであり、前掲福岡地裁小倉支部昭和61年判決とはそもそも前提を異にする）。
[35] 山口・前掲注18）284頁。
[36] 尾崎道明「判批」法律のひろば42巻9号（1989）56頁。

と、「蔵匿」の場合に問題となるのは、蔵匿所が提供されることにより、司法機関が犯人の訴追・処罰のためにその身柄を必要とする場合にも身柄を確保できなくなることである[37]。即ち、犯人が誰であるかは司法機関により特定されたとしても、蔵匿所の提供により犯人の身柄を確保し得ない状態になることが、犯人蔵匿においては処罰対象とされていることからすれば、蔵匿所の提供により犯人の所在が明らかではなくなることも、犯人に対する物理的アクセスができず、ひいては犯人の身柄を確保し得ない状態になるという意味で、「蔵匿」に当たるものと思われる[38]。したがって、(所在の究明も含めた)身柄の確保こそが103条の保護法益であり、「蔵匿」は蔵匿所を提供することにより犯人に対する物理的なアクセスを妨害する行為を、「隠避」はそれ以外の手段によって犯人に対する物理的アクセスを妨害する行為をそれぞれ処罰対象としていると考えれば、前述の批判はクリアし得ると思われる[39]。

次に、この見解の最大の論拠として挙げられているのは、犯人の特定作用についてまで犯人隠避罪の保護法益に含めるとすれば、(前掲福岡高裁昭和63年判決が端的に示しているように、)犯人隠避罪は単なる「捜査妨害罪」に転化することになるが、これは過度に捜査作用を保護することになる、との批判である[40]。

この批判の当否を検討するためには、なぜ判例が犯人隠避罪を「捜査妨害罪」化しているのか、についての分析が必要であると思われる。そのような

---

37 原田國男「判解」『最高裁判所判例解説刑事篇平成元年度』(1991) 139頁参照。
38 山口・前掲注18) 284頁、十河・前掲注32) 108頁。
39 このように理解すると、犯人の特定を害する行為が、同時に犯人に対する物理的アクセスを妨害する行為となる場合には、なお「隠避」に含めて考えることができる。身代わり犯人として自首する事案では、身代わり犯人として自首することで、真犯人の逃亡が容易になる場合、あるいは真犯人が釈放される具体的・現実的な危険性があるような場合には、「隠避」とすべきであろう(なお、佐伯・前掲注5) 225頁は、犯人蔵匿においては現に犯人が蔵匿されたという結果が必要なこととの均衡上、犯人隠避においても、現に隠避の結果が生じることが必要であるとし、身柄が現実に釈放されることを必要とする。しかし、東京地判昭52・7・8判時880号110頁のように、捜査機関が被蔵匿者の所在を知っていたとしても蔵匿行為があれば犯人蔵匿罪が成立するとされていることからすれば、そもそも犯人蔵匿罪においても蔵匿結果は要求されていないと考えるべきである)。
40 井田・前掲注32) 163頁。

理解にやむを得ない必然性があるのだとすれば、一概に「捜査妨害罪」化することを否定することはできないからである。

そこで、判例が犯人隠避罪を「捜査妨害罪」化する理由であるが、大きく分けて2つあるように思われる。第1に、判例は、虚偽供述につき、基本的に104条による処罰を否定している[41]。即ち、第三者が身代わり犯人として捜査機関に虚偽供述を行ったとしても、104条による処罰が否定されることになり、処罰の間隙が生じることになる。そこで、犯人隠避罪を拡張することで、処罰の間隙を埋める必要性が生じることとなる。しかし、より決定的なのは第2の理由であるように思われる。それは、判例が業務妨害罪につき、（変遷はあるものの、）捜査機関による捜査活動のような強制力を行使する権力的公務についてはおよそ「業務」から除外した[42]結果、身代わり自首のような捜査妨害行為について、正面から偽計業務妨害罪によって処罰することができなくなっている、という点である。そこで、犯人隠避罪を拡張することで、処罰の間隙を埋める必要性が生じることとなる。

しかし、いずれの理由についても、その前提がそもそも問題を含んでいるように思われる。まず、第1の理由については、（供述調書・上申書などを含んだ意味での）虚偽供述一般について、およそ104条の処罰対象から外す必然性は存在しない[43]。次に、第2の理由については、①一般的・抽象的には「強制力を行使する権力的公務」であるとしても、個別具体的に見て強制力を行使する局面にない場合には、なお業務妨害罪による保護に値すると解する[44]のであれば、捜査機関による捜査活動であっても、一律に業務妨害罪による保護から外れるとは言えない[45]。これに対して、②威力業務妨害罪とは

---

[41] この点については、Ⅲ1（1）で検討する。
[42] 最高裁は、威力業務妨害罪に関しては最決昭和62・3・12刑集41巻2号140頁において、偽計業務妨害罪に関しては最決平成12・2・17刑集54巻2号38頁において、それぞれ「強制力を行使する権力的公務」ではないという理由で犯罪成立を認めている。
[43] この点については、Ⅲ1（2）及び（3）で検討する。
[44] 大鶴基成・研修649号（2002）20頁、判タ1140号280頁（匿名コメント）。
[45] 永井敏雄「判解」『最高裁判所判例解説刑事篇昭和62年度』（1990）77頁以下では「逮捕、勾留、捜索、差押、検証、現行犯鎮圧、自由刑の執行など」が挙げられている。なお、虚偽の被害届を警察官に提出し、不必要な職務質問などを行わせた点につき偽計業務妨害罪の成立を認めたものとして、名古屋簡判平成16・4・28（公刊物未登載）を参照。

異なり、偽計業務妨害罪においては、「強制力」によっても偽計を排除することはできないと解するのであれば、捜査機関による捜査活動であってもなお偽計業務妨害罪による保護が必要になる[46]。とすれば、理論的には、犯人隠避罪を拡張することで処罰の間隙を埋めるのではなく、偽計業務妨害罪を適用することで処罰の間隙を埋めるのが正当であると思われる。

但し、偽計業務妨害罪の法定刑は3年以下の懲役又は50万円以下の罰金であり、犯人隠避罪の法定刑（2年以下の懲役又は20万円以下の罰金）よりも重いので、以上のような解釈を採用すると、より重罰化する可能性があるとの批判が予想される。しかし、偽計業務妨害罪においては、業務妨害結果の発生を要求すべきである[47]と解すれば、現実に捜査活動に支障が生じない限り偽計業務妨害罪は成立しないと解すべきこととなり、抽象的危険犯である[48]犯人隠避罪を拡張して「捜査妨害罪」化する場合よりも処罰範囲は限定できると考えられる[49]。例えば、前掲最決平成元・5・1の事案では、原審が認定するように、身代わり自首をした時点では捜査がその緒についたばかりであって、証拠も十分整っていないため、身代わり犯人の供述の裏付け捜査に従事するなど、犯人の特定に関する捜査が少なからず混乱、妨害させられたといった事情があって初めて偽計業務妨害罪の成立を認めるべきである。

以上の検討から、犯人の特定作用を103条の保護法益に含めなくとも、偽計業務妨害罪の成立を端的に肯定すれば、処罰の間隙は生じないのであるから、犯人隠避罪を「捜査妨害罪」化する必要性は存在しないと考えるべきである。とすれば、103条の保護法益はあくまでも身柄の確保として限定的に理解することが妥当である。

---

46 山口・前掲注1) 159頁、西田・前掲注2) 119頁、鎮目征樹「判批」刑事法ジャーナル6号 (2007) 74頁。
47 西田・前掲注2) 121頁、山口・前掲注1) 165頁など。
48 前掲最決平成元・5・1は、あくまでも「かかる者をして現になされている身柄の拘束を免れさせるような性質の行為」に着目しており、原審のような、危険発生を基礎付ける事実の認定をしていない。
49 なお、注39で述べたように、私見では、身代わり自首の事実に関しては、真犯人が釈放される具体的・現実的危険性があって初めて犯人隠避罪が成立すると解するので、事実上、偽計業務妨害罪が成立する場合とかなり重なることになろう。しかし、真犯人が釈放される危険性がさほど具体的ではないとしても、余計な裏付け捜査を強いられる場合は想定し得るので、この限度では、「捜査妨害」についての処罰の間隙を埋めることができよう。

Ⅲ 証拠隠滅等罪

1 「証拠」について

(1) 判例の動向

　判例は、証拠とは、刑事事件が発生した場合に捜査機関又は裁判機関において国家刑罰権の有無を判断するに当たり関係があると認められるべき一切の資料を指すとし[50]、物証の他に人証を含むとする[51]。しかし、人証は、専ら参考人や証人それ自体のみを指し、その供述内容については、基本的には「証拠」からは排除するという態度を維持してきた。例えば、大判大正3・6・23刑録20輯1324頁は、「証憑の偽造とは証拠自体の偽造を指称し、証人の偽証を包含せざること勿論なり」としているし[52]、大判昭和9・8・4刑集13巻14号1059頁は、宣誓の有無を問わず、裁判官に対して虚偽陳述を行うこと及び虚偽陳述を教唆することは104条の処罰対象からは除外される、としている。このうち、前者の大正3年判決においては、被告人が他人を教唆して偽証させた事案において、偽証教唆は証拠偽造の側面を有しており、証拠を偽造等した場合であっても自己の刑事事件の証拠である以上は処罰しない104条の趣旨からすれば、偽証教唆も同様に不可罰とすべきであるとする主張に対して示されたものであり、被告人を無罪とするための理由付けとして示されたものではないことからすれば、傍論に過ぎないとの評価が可能である[53]。それに対して、後者の昭和9年判決においては、被告人の行為が証拠偽造罪に当たらないとして無罪にするための理由付けとして示されたものであり、判例が、裁判官に対する虚偽供述や虚偽供述の教唆を104条の処罰対

---

[50] 大判昭和10・9・28刑集14巻17号997頁。
[51] 証人又は参考人が証拠になるとしたものとして、大判明治44・3・21刑録17輯445頁、最決昭和36・8・17刑集15巻7号1293頁など参照。
[52] なお、大判昭和8・2・14刑集12巻1号66頁、最決昭和28・10・19刑集7巻10号1945頁も参照。
[53] 尾崎道明「判批」研修569号（1995）18頁、只木誠「参考人の虚偽供述と証拠偽造罪」西田典之＝山口厚編『刑法の争点［第3版］』（2000）250頁。

象から外していることは明らかである。しかし、このような判断に至る根拠については、なお明確には示されていない。

　これに対して、下級審裁判例においては、虚偽供述が104条の「証拠」に当たらない根拠を詳細に展開しているものがある。例えば、大阪地判昭和43・3・18判タ223号244頁は、104条の証憑は「いわゆる『証拠方法』を意味するにとどまり、証人や参考人の供述などのいわゆる『証拠資料』までも包含するものと解すべきではない」とし、宮崎地裁日南支判昭和44・5・22刑裁月報1巻5号535頁は、①前掲大判大正9・8・4は、宣誓の有無を問わず偽証は104条の適用外であるとしているから、104条と169条とは（特別関係にあるものではなく）択一関係にあるものと解している、②偽証罪には刑の減免規定（170条）があるのに、証拠隠滅罪にはそのような規定がないから、もし「証拠」に証言・供述を含むとすると、重い偽証罪を犯した者については減免の余地があるのに、軽い証拠偽造罪を犯した者については法律上の減免の余地がなく不均衡である、③強談威迫行為については証人威迫罪（105条の2）が規定されており、強談威迫行為には虚偽供述を強制する行為を含むと解するべきであるが、証人威迫罪の法定刑は証拠偽造罪よりも軽いのであり、これは、単に虚偽の供述を求めたのみでは可罰的ではなく、それに強制の要素が加わって初めて可罰的となることを示しているとして、104条の「証拠」とは、物理的な存在であることを要するとしている。

　ところが、単に虚偽供述がなされるに留まらず、それが「書面」と化した場合については、必ずしも判例・裁判例は統一的な解釈を示していないようにも見られる。一方で、大判昭和12・4・7刑集16巻517頁では、選挙運動の報酬として被告人が金員を供与した際に、形式的にＡらに借用書を書かせたことを奇貨として、当該金員は単なる貸金であるとするために、Ａらに対する貸金請求訴訟を提起した上で、Ａらに対し、右金員は単なる借用金であった旨を口頭弁論で認めるように教唆し、情を知らない裁判所書記をしてＡらの供述を口頭弁論調書に記載させたという事案で、民事原告である被告人の虚偽の請求をＡらが認諾した旨を記載した口頭弁論調書は、被告人にかかる刑事被告事件につき同被告人の犯罪の成否態様を判定する資料たるべき物的材料であるとして、このような虚偽の調書を裁判所書記に作成させた被

告人には104条が成立する旨判示した。また、参考人が虚偽の内容の上申書等の供述書を作成して捜査機関に提出した事案については、下級審裁判例は基本的に104条の成立を認めている[54]。

　他方で、千葉地判平成7・6・2判時1535号144頁は、覚せい剤取締法違反で勾留中の被疑者Aから依頼され、被告人は、風邪薬だと偽って覚せい剤入りのカプセルをAに渡した旨の虚偽の供述を検察官に対して行い、供述調書を作成させ、それに署名指印したという事案において、「参考人が捜査官に対して虚偽の供述をすることは、それが犯人隠避罪に当たり得ることは別として、証憑偽造罪には当たらない」とし、供述調書についても、「形式的には、捜査官を利用して同人をして供述調書という証憑を作成させたものと解することができる」が、「この供述調書は、参考人の捜査官に対する供述を録取したにすぎないものである」から、「参考人が捜査官に対して虚偽の供述をすることそれ自体が、証憑偽造罪に当たらないと同様に、供述調書が作成されるに至った場合」であっても104条は成立しないとした。また、千葉地判平成8・1・29判時1583号156頁では、前掲千葉地判平成7・6・2と同じ事件で、Aが104条の教唆として起訴された事案において、大要以下のように論じて、104条の教唆の成立を否定した。即ち、(1)虚偽供述について104条が成立しない理由として、①捜査、審判にとって人の供述は重要な証拠であるが、人の供述にはもともと不誠実で移ろいやすい面があり、物的証拠のように、一見動かし難い証拠が捏造される場合に比べると、虚偽供述によって司法作用を侵害する程度は高いものではない、②虚偽供述が証拠隠滅罪に該当することになると、処罰の対象は非常に広範で不明確になる、③偽証罪に該当しない訴訟上の虚偽供述について証拠偽造罪が成立することになると、刑罰をもって真実の供述を強制することになり妥当でない、④参考人の虚偽供述について証拠偽造罪が成立することになると、参考人が捜査官等の見解と異なる供述をした場合、捜査官等の認識としては参考人は同罪を犯

54　千葉地判昭和34・9・12判時207号34頁、東京高判昭和40・3・29高刑集18巻2号126頁、福岡地判平成5・6・29（公刊物未登載）などを参照。なお、東京高判昭和40・3・29においては、更に東京高判昭和34・6・20及び東京高判昭和36・7・18が引用されているが、これらの概要については横井大三「捜査機関に内容虚偽の上申書を提出する行為と証憑湮滅罪の成否」研修208号（1965）44頁以下を参照。

すことになり、このような認識が取調べなどに反映され、記憶に反する供述を誘導する可能性がある。また、(2)虚偽供述が供述調書として書面化された場合にも104条が成立しない理由として、①単に、供述が何らかの「証拠方法」に転化したことを理由に証拠偽造罪の成立を認めるとすれば、刑法が虚偽供述の可罰性を偽証罪等に限った趣旨を大きく損う結果になる。即ち、虚偽供述の大半は何らかの証拠方法に転化するのであるから、広範に証拠偽造罪の対象となる、②供述録取書に対する署名押印は、録取内容の正確性を承認する意義を有しているにすぎず、証拠偽造罪の成否を左右する特段の意義は認められない、③前掲最決昭和28・10・19は、虚偽供述はもちろん、それに基づいて手続上当然に尋問調書が作成された場合も含めて、供述者に証拠偽造罪の成立を認めないことを前提にしたものと理解することができる、④捜査官等は、自己の見解と異なる内容の供述録取書が完成すれば、それによって参考人が証拠偽造罪を犯したと認識することになる。証拠偽造罪の成立を供述録取書が完成した場合に限るとしても、虚偽供述が導かれるおそれという問題は依然として存在する。

　以上の判例・裁判例の動向を総括すると、(1)証人や参考人の虚偽供述それ自体については一貫して104条の成立が否定されているものの、(2)それが文書化された場合については、①上申書などの作成がなされた場合には104条の成立が肯定され、②単に供述調書の作成に留まる場合には、104条の成立が否定されていると見ることができる。但し、①と②との区別が必ずしも明確になされているわけではなく、104条の成立を認めた前掲大判昭和12・4・7の事案は、むしろ②の類型に近いようにも思われる[55]。

(2) **学説の検討**

　学説においては、従来は、虚偽供述は104条の「証拠」に当たらないとする否定説が通説的であった[56]が、近時は、肯定説が有力化している[57]。しか

---

[55] 前掲大判昭和12・4・27で問題となっている口頭弁論調書については、①の上申書と同一には論じられないとする見解（横井・前掲注54）44頁、尾崎・前掲注53）24頁）を参照。

[56] 久禮田益喜「犯人蔵匿罪、証憑湮滅罪及び偽証罪」日本刑法学会編『刑事法講座第4巻刑法(Ⅳ)』(1952) 756頁、団藤・前掲注11) 87頁など。

[57] 大塚・前掲注12) 598頁、中森・前掲注9) 318頁。更に、供述が「文書化」された場合にのみ「証拠」と認める見解が、近時特に有力化している。大谷・前掲注11) 573頁、山口・前掲注

し、判例・裁判例の分析から明らかなように、問題の局面を分けつつ検討することが便宜であろう。即ち、⑴虚偽供述自体は104条の「証拠」に当たるかという問題と、⑵虚偽供述を書面化した「文書」は104条の「証拠」に当たるかという問題である。そこで、以下、この２つの問題を順次検討することにする。

　まず、⑴の問題についてであるが、従来の否定説が挙げている根拠は、概ね４つにまとめることができる。即ち、①104条にいう「証拠」とは物理的実体を有しなければならないから、物証、人証といった証拠方法は「証拠」であるが、証拠方法から感得される証言や供述、（書面の）記載内容といった証拠資料は「証拠」ではない、②宣誓した証人のみを処罰する偽証罪は、宣誓していない証人・参考人の虚偽の供述は不可罰とする趣旨である、③偽証罪には自白による刑の減免規定がある（170条）が、証拠偽造罪についてはかかる規定がない以上、宣誓した証人による虚偽の証言ですら刑が減免されるのと比べると、宣誓によらない虚偽供述について証拠偽造罪が成立し刑の減免の余地がないのは不均衡である、④強談威迫行為については証人威迫罪（105条の２）が規定されており、強談威迫行為には虚偽供述を強制する行為を含むと解するべきであるが、証人威迫罪の法定刑は証拠偽造罪よりも軽いのであり、これは、単に虚偽の供述を求めたのみでは可罰的ではなく、それに強制の要素が加わって初めて可罰的となることを示している。

　しかし、既に指摘されているように[58]、偽証罪や証人威迫罪など、他の犯罪との関係に依拠した根拠は必ずしも決定的なものではない。②については、虚偽供述は、およそ偽証罪でしか捕捉され得ず、証拠偽造罪では捕捉されない行為類型であり、したがって、宣誓した証人によらない虚偽供述は、偽証罪で処罰されない以上は不可罰である（いわゆる択一関係）とするものであるが、そもそもなぜ虚偽供述は偽証罪でしか捕捉されない類型であるとの前提を採用し得るのかが明らかではない。偽証罪の法定刑に比して、証拠

---

18) 291頁以下、西田・前掲注2) 427頁、山中・前掲注26) 773頁、井田・前掲注5) 202頁以下。更に、十河太朗「内容虚偽の供述調書と証拠偽造罪」同志社法学49巻２号（1998）47頁以下も参照。

58　山口・前掲注18) 290頁以下、只木・前掲注53) 250頁、十河・前掲注57) 34頁以下、伊東研祐「参考人の虚偽供述と証拠偽造罪」現代刑事法54号（2003）30頁以下など。

偽造罪の法定刑が著しく軽い（特に下限については、20万円以下の罰金である）ことからすれば、宣誓していない証人・参考人の虚偽供述の当罰性がさほど大きくないものだとしても、なお証拠偽造罪で捕捉されるとの理解も十分に可能であろう。③については、司法作用における証言の重要性から、偽証罪においては法定刑を重くし、かつ政策的に刑の減免規定を設けたとの説明も可能である。④については、証人威迫罪は虚偽供述が現実になされなくとも成立するために法定刑が軽いと説明すれば足りる。

　そこで、①の根拠について検討すると、このように証拠方法と証拠資料とを区別し、前者のみを104条にいう「証拠」とする実質的根拠こそが問題となる。そして、学説上挙げられている実質的根拠は大まかに言って2つに分かれる。まず、第1の見解は、証拠の隠滅・偽造・変造とは、条文の自然な解釈からすれば、証拠に物理的作用を及ぼすことを意味し、物理的作用を及ぼし得る対象とは証拠方法に限られるとするものである[59]。しかし、なぜ証拠に「物理的作用を及ぼす」ことが必要となるのかは依然として明らかではない。既に指摘されているように[60]、刑事司法作用に対する侵害の危険性という観点からして、証拠方法のみならず、証拠資料であっても、その内容が歪められることで同じように刑事司法作用に対して危険性が生じるのであれば、両者を区別する必要性は乏しいことになる。とすれば、第1の見解の当否を判断するに当たっては、より踏み込んだ104条の保護法益に関する検討が不可避となろう。次に、第2の見解は、104条の沿革を理由とするものである。即ち、現行刑法104条は、「罪証ト為ル可キ物件ヲ隠蔽シタル者」を処罰する旧刑法152条を引き継いだものであるが、104条においては、対象となる行為が「隠蔽」から「湮滅、偽造、変造」と拡大されたに過ぎず、客体は依然として有体性のある証拠に限るのが立法者意思である、とする[61]。しかし、このような立法者意思を援用することによって、「罪証ト為ル可キ物件」

---

[59] 浅田和茂「犯人蔵匿・隠避罪の保護法益と危険概念」現代刑事法54号（2003）7頁。
[60] この点は、特に検察実務家が強調してきた点である。小島吉晴「証人・参考人の虚偽供述の刑法的評価について」研修518号（1991）29頁。また、加藤康榮「参考人の虚偽供述と証憑湮滅罪の成否」研修526号（1992）97頁、尾崎・前掲注53）19頁、河村博「判批」警察学論集48巻12号（1995）176頁参照。
[61] 松宮孝明「捜査機関に対する参考人の虚偽供述と証拠隠滅罪」立命館法学246号（1996）502頁以下。

という概念と「証憑」（平成7年改正前）ないし「証拠」（平成7年改正後）という概念とを同一のものと理解することができるのかには疑問がある。というのは、前者の概念においては、罪証となるべき「物件」という形で明示的に有体性が要求されているのに対し、「証憑」ないし「証拠」という概念においては、そのような明示的な限定がなされていない以上、そこに「立法者意思」を見出すことは（直ちには）できないからである[62]。にもかかわらず、あえて有体性を要求しようとするのであれば、むしろ104条の保護法益に関する検討が不可避となるように思われる。

次に、(2)の問題の検討に移る。(1)の局面で104条の「証拠」に当たるとする肯定説については、(2)の局面でも当然に104条の「証拠」に当たるとするので、特にそれ以上検討する必要はない。それに対し、(1)の局面では104条の「証拠」に当たらないとする否定説については、なお(2)の局面でも検討が必要である。と言うのは、前述したように、否定説の論拠としてなお問題となり得るのは、証拠方法と証拠資料との区別論であり、その区別論は、(2)の局面では妥当しないことになるからである。即ち、虚偽供述が一旦「書面」となれば、それはもはや証拠資料ではなく証拠方法であり、物理的作用を及ぼし得る対象となる以上[63]、このような場合にもなお104条の成立を否定するためには、他の論拠を要することになるのである。

このような観点から主張されている見解は、大まかに言えば、①虚偽供述が一旦書面となった場合には、104条の「証拠」に当たることを認めざるを得ないとしたうえで、他の要件で処理する見解と、②虚偽供述が書面となった場合にも、なお104条の「証拠」には当たらないとする見解とに分けられる。

まず、①の見解の代表は、証拠偽造罪における「偽造」概念を、文書偽造罪における「偽造」概念と完全に一致させる見解である[64]。即ち、文書偽造罪の条文においては、「偽造」という文言はもっぱら有形偽造のみを指し、

---

[62] 井上宏「判批」研修562号（1995）35頁。

[63] 例えば、参考人の供述調書を第三者が破棄した場合に（公用文書毀棄罪の成立に加えて）証拠隠滅罪が成立することには、およそ異論はないであろう。

[64] 大山弘＝松宮孝明「判批」法学セミナー490号（1995）81頁。

無形偽造については「虚偽作成」と表現されているところ、文言解釈の統一を図るという見地から、現行法の「偽造」概念は全て有形偽造のみを指すと解し、（104条には「偽造」を処罰する旨の規定はあるが「虚偽作成」を処罰する旨の規定はないので、）虚偽の内容を含む供述書を作成しても、名義人が作成した限り、104条の「偽造」には当たらず不可罰であるとする[65]。

しかし、1）この見解からしても、文書以外の証拠を偽造する場合にまで有形偽造に限定することはできないであろう[66][67]。かと言って、文言解釈の統一を図るという論者の議論の出発点からすれば、異なる条文における文言解釈の統一を優先して、同一条文における文言解釈の統一性を犠牲にすることは不当であろう。また、2）この見解は、証拠変造罪については作成権限の有無を問わず認めるので、例えば、参考人が、日頃書いている自分の日記帳の記述の一部を後に改ざんする場合には証拠変造罪に当たるが、日記帳自体を新たに偽造する場合には証拠偽造罪に当たらないことになり、より当罰性の大きい（あるいは少なくとも同等の当罰性を有する）行為を処罰しないという不均衡が生じる。

次に、②の見解の代表は、虚偽供述が書面となったことにより、形式的には「証拠」性を獲得したように見えるとしても、実質的には虚偽供述と変わらないとして104条の「証拠」には当たらないとする見解である[68]。いくつかのヴァリエーションがあるが、A）特に参考人の捜査機関に対する虚偽供述を念頭におき、虚偽供述は通常、供述調書に転化するものであるから、供述調書が作成されれば104条が成立するのでは、虚偽供述につき不可罰とする意味が失われるという見解や、B）人の供述には、供述過程（知覚・記憶・叙述）で誤謬が入り込むおそれが類型的に高いので、信用性チェックを経ていない公判期日外の供述には原則として証拠能力が認められず、したがって、類型的にその証拠価値（ひいては証拠としての要保護性）は低いものであり、それは供述調書として書面化されても大差はないという見解[69]が挙げら

---

[65] 松宮・前掲注61）506頁以下。

[66] 十河・前掲注57）46頁、西田・前掲注2）427頁、山口・前掲注18）292頁。

[67] 例えば、被告人のアリバイを証明するような写真を第三者が偽造するような、典型的な証拠偽造罪の事例を処罰対象から外すことは明らかに不当である。

[68] 前掲千葉地判平成7・6・2、前掲千葉地判平成8・1・29を参照。

れる。

　しかし、A）の見解については、確かに虚偽供述は供述調書として書面化されるのが一般的であるが、そもそも虚偽供述それ自体について「証拠」とされない根拠に十分な説得力が存しない以上、「虚偽供述につき不可罰とする意味が失われる」という議論自体が成り立たない。それを措くとしても、虚偽供述と供述調書との間に実質的な差異が存在するのであれば、結論の差異も正当化されるのであって、「虚偽供述につき不可罰とする意味が失われる」のもやむを得ないと言うべきであろう。

　次に、B）の見解については、形式的な証拠方法―証拠資料という区分論を超え、実質的な証拠価値という観点を導入した点には傾聴すべきものがある。しかし、この見解が刑事訴訟法における証拠法に依拠して証拠価値を論じるのであれば、伝聞法則の例外として刑訴法321条1項で供述調書や供述書に証拠能力が付与される場合が規定されていることを無視することはできないであろう。この見解は、刑訴法323条所定の書面のように、原則的に証拠能力が認められる書面は104条の「証拠」に当たるのに対し、刑訴法321条1項所定の書面のように、例外的に証拠能力が認められるに過ぎない書面は104条の「証拠」に当たらないとするのであるが、刑訴法321条1項所定の書面であっても、伝聞例外の要件を具備する可能性がある限り、なお一定の証拠価値（ひいては証拠としての要保護性）を認めるべきであり、直ちに104条の「証拠」から除外することはできないものと思われる。

(3) 私見とそれに対する（ありうべき）批判

　以上の検討から明らかなように、104条の「証拠」とは何かを確定するに当たっては、104条の保護法益に関する検討が必要となる。しかし、従来、104条において問題となる保護法益との関係で「証拠」概念を決定するという方法論はさほど注目されていなかったように思われる[70]。その理由（の少なくとも一端）は、104条の保護法益は、103条の保護法益と共に、犯罪捜査、

---

[69] 安田拓人「司法に対する罪」法学教室305号（2006）75頁以下。

[70] 肯定説と否定説の議論状況に関しては、相当に議論の整理が進む一方で「膠着状態にある」との評価がなされているが（伊東・前掲注58）30頁）、それは正しく本文に述べたような一般的抽象的な保護法益を前提として議論を行っているからである。現時点で必要な作業は、かかる保護法益の再検討に他ならない。

刑事裁判、刑の執行などの国の刑事司法作用[71]という極めて一般的抽象的なものとして把握されたため、このような一般的抽象的な法益によっては「証拠」概念を明確に規定することはできないと考えられたからであろう[72]。しかし、そもそも104条の保護法益は、このように広範で抽象的なものなのであろうか。

そもそも、104条において問題とされているのは、あるべき証拠が存在しないこと（隠滅）や、不真正な証拠が存在すること（偽造・変造）である。そして、それらの証拠の存在・不存在は、確かに捜査機関の捜査にも影響を与えることは否定できない。しかし、刑事訴訟法が厳格な証拠法を規定していることからも伺えるように、証拠の存在・不存在が特に影響を与えるものとして想定されているのは、公判における裁判官の適正な判断である。即ち、あるべき証拠が存在しなかったり、不真正な証拠が存在したりすることは、公判において裁判官の心証形成を歪めるからこそ、そのような証拠の存在・不存在について、刑法で特に抑止する必要性が生じるのである。したがって、104条の保護法益は、刑事司法作用一般というよりは、もっぱら公判における裁判官の判断の適正さである。

このように考えるならば、104条で問題となる「証拠」は、あくまでも裁判官の判断に影響を与える形態、すなわち公判廷に顕出される形態でなければならない。とすれば、およそ公判廷に顕出され得ない形態の証拠は、裁判官の判断に影響を与えることもあり得ない以上、104条の「証拠」からは排除されるべきである。

以上の理解からは、以下の帰結が導かれる。まず、①捜査段階における参考人の虚偽供述それ自体は、そのままの形ではおよそ公判廷に顕出され得な

---

[71] 既に大判明治43・3・25刑録12輯470頁は、「犯罪人を庇護し以て犯罪の捜査権とその審判権とを侵害するの行為を防止」することが104条の趣旨であるとしている。また、最決昭和36・8・17刑集15巻7号1293頁も参照。

[72] 但し、104条の保護法益を国の刑事司法作用と広く解する見解からも、かかる法益に対する危険性の程度に言及することで、104条の「証拠」概念を規定することは可能である。例えば、前掲千葉地判平成8・1・29は、捜査、審判にとって人の供述は重要な証拠であるが、人の供述にはもともと不誠実で移ろいやすい面があり、物的証拠のように、一見動かし難い証拠が捏造される場合に比べると、虚偽供述によって司法作用を侵害する程度は高いものではないとの理由付けを示している。

い。と言うのは、音声によって伝達される「供述内容」そのものとしては、裁判官に認識され得ないからである。したがって、捜査段階における参考人の虚偽供述は、それ自体としては104条の「証拠」には当たらない。次に、②参考人の虚偽供述が一旦（署名押印のある）供述調書として書面化すれば、伝聞法則の制約はあるものの、321条1項などの要件を具備すれば公判廷に顕出される可能性が生じる。したがって、参考人の供述調書は、104条の「証拠」に当たる。この点は、参考人の上申書などの供述書も同様である[73]。更に、③公判における供述は、捜査段階における供述とは異なり、そのまま裁判官において認識可能であるので、104条の「証拠」に当たるが、宣誓を経た証人による虚偽の証言は、104条と特別関係に立つ169条の偽証罪が捕捉するので、宣誓を経ていない証人による虚偽の証言のみが104条で捕捉される。

　このような私見に対しては、いくつかの批判が想定される。第1に、証拠の隠滅や偽造・変造によって捜査機関の判断に影響を与える点を捨象するのは、捜査段階における事案の真相の解明の必要性を無視するものであり不当であるとの批判である[74]。確かに、証拠の隠滅や偽造・変造が捜査機関の活動に多大な影響を与えることは否定できず、当罰性も大きいといえる。しかし、①参考人の虚偽供述により、不必要な捜査活動が行われて本来の業務の遂行が困難となるといった当罰性の顕著な事案は、犯人隠避罪において検討したのと同様、むしろ偽計業務妨害罪で捕捉すべきであると思われる[75]。捜査妨害の危険性を理由として、捜査機関に虚偽供述がなされた時点で104条の成立を認めるとすれば、逆に捜査妨害の危険性を余りに早期の段階で捕捉することになり不当である。また、②私見によれば、104条の保護法益から

---

[73] 前田雅英「参考人の虚偽供述と証拠偽造罪」研修574号（1996）15頁は、刑事訴訟法上の証拠の価値の視点と104条の構成要件解釈の視点とは微妙に異なり得るとして、上申書の場合には自ら積極的に作成しているので、「証拠を偽造した」と言いやすいのに対し、供述調書の場合には受身的要素が強いのでそう言いにくい、とする（斎藤・前掲注32）320頁も参照）。しかし、刑法独自の証拠価値の判断を行うとしても、本文のように考えれば、結局は上申書であっても供述調書であっても、同一の判断に帰することになる。

[74] 特に、検察実務家からこのような批判を受けることが想定される。小島・前掲注60）27頁、加藤・前掲注60）89頁、河村・前掲注60）176頁、井上・前掲注62）36頁などを参照。

[75] Ⅱ2（2）を参照。

捜査機関の活動の円滑性を除外するとは言え、虚偽供述が書面化した段階で、公判廷に顕出されて裁判官の判断に影響を与える危険性が生じたと考える以上、実際の処罰範囲が不当に限定されるわけではない。

　第2に、公判廷に顕出される可能性があれば足りるとするのでは、署名押印のない供述調書であっても、刑訴法326条の規定により、104条の「証拠」に含まれてしまい、結局はいかなる供述であっても一旦書面となれば104条で捕捉されてしまうとの批判である[76]。しかし、同じ伝聞法則の例外とは言っても、刑訴法321条1項の署名押印のある供述調書は、いわば類型的な例外であり、署名押印のある調書が作成された段階で、公判廷に顕出されて裁判官の判断に影響を与える類型的な危険性が肯定されるのに対し、刑訴法326条の同意書面は、検察官及び被告人の同意が必要であって、書面が作成された段階では、未だ公判廷に顕出されて裁判官の判断に影響を与える類型的な危険性があるとまでは言いにくい[77]。

　第3に、公判廷に顕出される可能性があれば足りるとするのでは、例えば被告人以外の者Xが第三者Aに対して虚偽供述を行うような場合でも、Aが証人として公判廷でXの供述内容について証言すれば刑訴法324条2項の規定により（刑訴法321条1項3号が準用されて）証拠能力が認められるところ、XはAという「人証」を作出したとして104条により処罰されることになりかねず、結局は単なる虚偽供述をも処罰することになる、との批判が考えられる。しかし、Xが自ら上申書を作成する、あるいは供述調書を作成させる場合と異なり、XがAに虚偽供述を行ったからといって、Aが「虚偽供述についての記憶を留めている」人証となる可能性は相当程度に小さいものと考えられる。したがって、Xが殊更にAに対して虚偽供述を行い、いわば「虚偽供述についての記憶を留めている」人証を作出した[78]と評価できる場合に限って、104条で捕捉すれば足りる。

　第4に、参考人の虚偽供述については104条の「証拠」に含まれないとし

---

[76] 前掲千葉地判平成8・1・29を参照。
[77] 勿論、実際の証拠調べにおいては、被告人側が書面を証拠とすることに同意するのがむしろ通常であり、本文で論じたことは現実とは遊離した認識であるとの批判もあり得る。しかし、刑訴法326条の趣旨としては、本文で論じたように考えるべきであろう。
[78] もちろん、その点についての故意も必要である。

ても、証人の虚偽の証言については104条の「証拠」に含まれるとするのは、偽証罪の規定の趣旨に反するとの批判が考えられる。しかし、前述のように、虚偽供述についてはもっぱら偽証罪のみが捕捉するとの前提自体に誤りがある。また、現行刑訴法では、旧刑訴法とは異なり、宣誓によらない証人の証言は極めて限定的にしか認められていない（刑訴法155条）以上、104条で捕捉される事例は極めて例外的に過ぎない。

以上の検討により、私見に対する批判は決定的なものとは言えないと思われる。

2 「隠滅」について

(1) 判例の動向

判例は、「隠滅」につき、証拠そのものを滅失させる行為のみならず、証拠の顕出を妨げ、若しくはその効力を滅失減少させる全ての行為としている[79]。そして、証人や参考人を隠匿する場合も「隠滅」であるとしている。例えば、大判明治44・3・21刑録17輯445頁は、証人となるべき者を地方に逃走させた被告人に対して、「証人又は参考人として刑事被告事件の証憑となるべき者を隠匿する場合をも包含する」として104条の成立を認めている。また、最決昭和36・8・17刑集15巻7号1293頁も、参考人を情を知らない第三者宅に宿泊させて隠匿した被告人に対して、「捜査段階における参考人に過ぎない者も右法条〔104条—引用者注〕にいわゆる他人の刑事被告事件に関する証憑たるに妨げなく、これを隠匿すれば証憑湮滅罪が成立する」として104条の成立を認めている。

(2) 学説の検討

学説においても、判例と同様、物証を隠匿する場合のみならず、証人や参考人を隠匿する場合も104条の「隠滅」に当たることは広く認められている[80]。

確かに、物証については、物理的に損壊するのみならず、証拠としての価値を失わせる行為や証拠に対するアクセスを妨げる行為のような、証拠とし

---

[79] 大判明治43・3・25刑録16輯470頁。
[80] 西田・前掲注2) 425頁、山口・前掲注1) 581頁。

ての利用を妨げる行為を広く「隠滅」と言って差し支えない。しかし、人証については、例えば証人や参考人を口封じとして殺害するとか監禁するなどといった、人証の意思に反してなされる場合を超えて、人証の意思に基づいてなされる場合まで「隠滅」に含めるべきか、が問題となる。

　ここで、自らの意思で参考人や証人が捜査機関・裁判所等に出頭しないで逃げ隠れする行為が104条の「隠滅」に当たらないことは結論としては問題ないと思われる。しかし、このように自ら逃げ隠れする場合はなぜ「隠滅」に当たらないのであろうか。103条や104条で、犯人自身が自己隠避を図ったり自己の刑事事件の証拠を隠滅したりしても罪とならないのは、そのような行為が類型的に期待可能性がない、即ち責任がないからであるとするのが通説的見解である[81]。しかし、参考人や証人が出頭を拒んで逃げ隠れする場合に104条が成立しない理由を、犯人の場合と同様に類型的な期待可能性の不存在に求めることには、なお問題があるように思われる。というのは、参考人が一旦捜査機関の取調べに応じて供述し、署名押印のある供述調書が作成された後に、その供述調書を隠滅した場合には104条が成立するとせざるを得ないからである。

　むしろ、参考人の場合には、現行法上、出頭義務すら課されていない（出頭拒否権がある）[82]ことに鑑み、そもそも「人証となることを拒む自由」を有しているものと思われる。したがって、参考人が出頭・供述を拒んで逃げ隠れするのは、「人証となることを拒む自由」に基づくものと言え、およそ適法と解すべきことになる。とすれば、参考人の意思に反しない形で参考人を隠匿する行為は、参考人の「人証となることを拒む自由」に基づく行為であり、そもそも証拠としての利用を妨げる行為であるとは言えない。したがって、「証拠」の「隠滅」と評価することはできないことになる。

　これに対して、証人の場合には、現行法上、出頭義務や宣誓・証言義務が課されており、各義務違反についてはそれぞれ処罰の対象となる（刑訴法

---

[81]　大谷・前掲注11）570頁、曽根・前掲注11）310頁、林・前掲注11）460頁、西田・前掲注2）423頁、山口・前掲注1）557頁など参照。反対説として、前田・前掲注12）537頁以下、井田・前掲注5）210頁、安田・前掲注69）77頁以下。

[82]　田宮裕『刑事訴訟法［新版］』（1996）138頁。

151条、161条）ことに鑑み、「人証となることを拒む自由」自体は有していないものと思われる。ここで、出頭義務違反や宣誓・証言義務違反には固有の処罰規定が設けられているに過ぎず、証人にもいわば「一定の負担の下で人証となることを拒む自由」がある[83]と理解することはできない。と言うのは、出頭義務や宣誓・証言義務が課されているということは、法的には出頭拒否及び宣誓・証言拒否の自由が否認されていると理解せざるを得ず、かかる行為自由の否認は、法秩序全体において妥当するものだからである。したがって、証人が出頭・証言を拒んで逃げ隠れするのは、「人証となることを拒む自由」に基づくものではなく、その違法性を否定することは困難である。しかし、出頭義務や宣誓・証言義務を課した以上、その違背は違法と評価されるとしても、いかなる犯罪が成立するかは別論である。刑訴法151条及び161条は、出頭義務違反及び宣誓・証言義務違反に関して、10万円以下の罰金又は拘留という極めて軽微な刑罰を以って臨んでおり、その趣旨からすると、証人が出頭しないで逃げ隠れするという形態で自らが証拠として利用されることを妨げる行為も、あくまでも刑訴法151条及び161条で想定された範囲に属する行為であり、その限度で犯罪が成立すると考えるのが妥当であろう。とすれば、証人の意思に反しない形で証人を隠匿する行為は、証人自らが出頭・証言を拒んで逃げ隠れする行為の共犯的関与に過ぎないものであるから、別個に104条を成立させることは妥当ではないと思われる。

　以上の検討により、参考人や証人をその意思に基づいて隠匿する場合には、そもそも「証拠」の「隠滅」であると言うことはできず、104条で処罰することはできない[84]。

83　当初はこのような理解を採用していたが、研究会での議論を受け、本文のように改めた。
84　但し、証人が勾引状の執行を受けて逃走した場合には、103条の客体となるから、これを匿った者については103条の罪が成立する（団藤重光編『注釈刑法(3) 各則1』(1965) 128頁（香川達夫）参照）。

Ⅳ 補論―複数の犯罪が競合する領域について―

1 犯人蔵匿・隠避による証拠隠滅

　私見のような理解に立つ場合、103条の成立と104条の成立とがオーバーラップする領域として問題とされてきたもののうち、「犯人蔵匿・隠避による証拠隠滅」の領域は相当程度に縮減する。と言うのは、私見によれば、第三者による犯人蔵匿・隠避が、犯人自身の意思に反しない形で行われた場合には、そもそも証拠隠滅に当たらないからである。特に、犯人が被告人となった場合には証人適格を有しない（少なくとも証言義務は生じない）[85]から、参考人としても、証人としても、いずれにしても「人証となることを拒む自由」を有することになり、したがって、その意思に反しない形での蔵匿・隠避が証拠隠滅に当たらないことは当然のこととなる。

　これに対して、第三者による犯人蔵匿・隠避が、犯人自身の意思に反する形で行われた場合には、そもそも103条が成立するかが問題となる。この点につき、103条の保護法益を、単なる刑事司法作用と理解するのではなく、むしろ人的庇護の側面を強調し、事後的な協力行為によって、刑法による犯罪者の確実な処罰を妨げることを処罰し、以って犯罪一般を予防すると理解する立場[86]からすれば、犯人の意思に反した蔵匿・隠避は、そもそも事後的な協力行為と見ることはできないことになろう[87]。しかし、①このような一般予防効果自体を保護法益と見ることには強い疑問が生じざるを得ないし、仮にその点を措くとしても、②論者が同様の思想[88]の表れと見なす盗品等関

---

[85] 田宮・前掲注82) 315頁。
[86] 安田・前掲注69) 78頁。ドイツにおける処罰妨害罪（ドイツ刑法258条）も、このような人的庇護の観点から規定されている。Vgl. Stree, Schönke/Schröder Kommentar 27. Aufl. (2006), § 258 Rn. 1.
[87] 但し、ドイツにおいてはライヒ裁判所は、処罰妨害罪（ドイツ刑法258条）の前身である旧257条に関して、(本罪が、犯人の行った原犯罪からは独立した、刑事司法作用に対する犯罪であるという理由から) 庇護されるべき犯人の意思に反した場合であっても、なお本罪が成立する旨示しており (RGSt. 36, 78)、通説もこれに賛同している (vgl. Ruß, Leipziger Kommentar 11. neubearbeitete Aufl., §§ 242-262 (1994), § 258 Rn. 10c)。

与罪（256条）においては、1項が3年以下の懲役を、2項が10年以下の懲役及び50万円以下の罰金を規定しており、103条の法定刑と比して極めて重いのであって、庇護罪として両罪を統一的に理解することは困難であろう。また、③人的庇護という見地からは、例えば殺人罪の犯人に対する蔵匿・隠避を処罰する局面では、殺人罪という構成要件の一般予防効果を強化するのに対し、過失致死罪の犯人に対する蔵匿・隠避を処罰する局面では、過失致死罪という構成要件の一般予防効果を強化することになるが、この両者が、103条の法定刑（2年以下の懲役又は20万円以下の罰金）の枠内で扱われ得るのかも疑問の余地がある（殺人罪の一般予防効果を強化するためには、より重い法定刑が必要であろうし、過失致死罪の一般予防効果を強化するためには、2年を上限とする必要はない[89]）。したがって、103条の保護法益に、人的庇護の側面を考慮することはできない以上、犯人自身の意思に反した蔵匿・隠避にもなお103条が成立し得ることになる。そこで、この場合に103条と104条との関係が問題となる。

このような場合に、犯人隠避はそれ自体としては証拠隠滅をもたらし得るものであり、犯人隠避はそうした当然の結果までを含めて処罰するとして、103条のみを成立させる見解がある[90]。しかし、103条で問題とされる保護法益と104条で問題とされる保護法益とを異なったものと解する私見からは、むしろ両罪が成立し、観念的競合の関係に立つものと理解すべきである。このことは、例えば法定刑が拘留・科料に過ぎない侮辱罪のように、103条では捕捉されない犯罪の犯人について蔵匿・隠避した場合であっても同じであり、104条の成立を妨げる理由は存在しないように思われる。

---

[88] いわゆる物的庇護説である（井田良「盗品等に関する罪」芝原邦爾ほか編『刑法理論の現代的展開 各論』（1996）257頁以下参照）。
[89] 井田・前掲注5）208頁参照。事実、ドイツにおける処罰妨害罪では、本犯に対して規定されている刑よりも重い刑を科すことはできない（ドイツ刑法258条3項）。なお、ドイツにおける庇護罪論では、原犯罪の可罰性に庇護罪の可罰性を従属させるべきか否かの議論が盛んに行われた。この点に関しては、小野寺一浩「犯人蔵匿罪について」東北大学法学48巻3号（1984）127頁以下を参照。
[90] 山口・前掲注18）293頁。

2　証拠偽造による犯人隠避

逆に、「証拠偽造による犯人隠避」の事例については、私見によっても生じることになる。例えば、参考人が身代わり犯人として出頭し、虚偽供述を行って供述調書を作成させ、更に調書に基づいて誤った捜査をさせた結果、真犯人の身柄を釈放させたような場合には、供述調書の作成について104条が、真犯人の身柄を釈放させた点（より正確には、釈放される具体的・現実的危険性を生じさせた点）について103条がそれぞれ成立することになり、このような場合を如何に考えるかが問題となる。この点につき、犯人隠避は証拠偽造によって生じた判断の誤りの結果であり、104条はこうした結果までを含めて処罰の対象とするとし、104条の成立のみを認める見解がある[91]。しかし、これについても、両罪の保護法益の差異に鑑みれば、両罪の成立を認めた上で、観念的競合として処理する方が妥当であろう。なお、私見によれば、以上の事例においては偽計業務妨害罪の成立も問題となるが、捜査妨害結果が生じたと言える限りでは、その成立を認めるべきであり、その場合には、103条及び104条との観念的競合として処理されることになる。

3　共犯者の蔵匿・隠避と自己の刑事事件に関する証拠隠滅

共犯者の蔵匿・隠避が、一方で自己の刑事事件に関する証拠の隠滅と評価される場合については如何に考えるべきか。この点が問題となった旭川地判昭和57・9・29判時1070号157頁は、被告人による共犯者の隠避・蔵匿は、被告人自身が犯行に加担したことが露見することを防ぐためのものでもあり、したがって、被告人自身の刑事被告事件の証拠隠滅としての側面も併有していたという事案において、刑法104条が自己の刑事被告事件については不可罰としている趣旨を期待可能性の不存在に求めることを前提として、犯人蔵匿・隠避に関しても期待可能性を欠くと解すべきか否かにつき、「103条、104条の保護法益をみるに、これは、抽象的には、いずれも国家の刑事司法作用であるが、（中略）104条の証憑湮滅罪は他人の刑事被告事件に関する証憑の完全な利用を妨げる罪であるのに対し、（中略）103条の犯人蔵匿、隠避

---

[91] 山口・前掲注18) 286頁。

罪は犯人を庇護して当該犯人に対する刑事事件の捜査、審判及び刑の執行を直接阻害する行為であって、このような法益保護の具体的な態様の相違に着目すると、（中略）共犯者に対する犯人蔵匿、隠避が、行為者である被告人自身の刑事被告事件に関する証憑隠滅としての側面をも併有しているからといって、そのことから直ちにこれを不可罰とすることはできない」とした。

学説においては、このような裁判例に賛同する見解もあるが[92]、①103条と104条とは法定刑が同一であり、かつ②両罪の保護法益も同一であり、更に③重要な証拠を隠滅する行為の法益侵害の度合いは犯人蔵匿罪と異ならないとして、共犯者の蔵匿・隠避行為は自己の証拠隠滅として不可罰とする見解が有力に主張されている[93]。しかし、私見からは、不可罰説の論拠のうち、②及び③については賛同できない。むしろ、ある犯罪の成立が否定される論拠を期待可能性の不存在に求める場合[94]に、それが他の犯罪の成立をどこまで否定するのか、という観点からの検討が必要である。その観点からすると、私見によれば、証拠隠滅としての証人の殺害が、104条では不可罰であるとしても、殺人罪としては可罰的であることと同様に理解すべきである[95]。したがって、104条としては不可罰であるとしても、なお103条としては可罰的であると解する。

Ⅴ　おわりに

本稿の結論は以下の通りである。
(1) 103条の構成要件要素の中で、特に判例・学説上問題とされているのは、「罪を犯した者」及び「隠避」の意義についてである。これらの構成要件

---

[92] 森本益之「判批」判時1082号210頁。
[93] 西田・前掲注2）425頁以下、林・前掲注11）460頁、山中・前掲注26）770頁。なお、山口・前掲注1）580頁では、山口・前掲注18）295頁に比して、より不可罰説に接近している。
[94] 本稿では、103条及び104条において、自己蔵匿・隠避及び自己の刑事事件の証拠の隠滅等が不可罰とされる理由については、通説に従い、類型的な期待可能性の不存在と解するが、詳細な検討は他日を期することにしたい。
[95] 山口・前掲注18）295頁。

要素の意義を確定するに当たっては、103条の保護法益を国の刑事司法作用（特に捜査活動の円滑性）として広く抽象的に理解するのではなく、より限定的に解すべきである。捜査妨害の側面は、103条ではなく、むしろ偽計業務妨害罪で正面から捕捉すべきであろう。

①「罪を犯した者」の意義については、103条の保護法益を国の刑事司法作用（特に捜査活動の円滑性）として広く捉える立場からは、捜査活動の円滑性を阻害する可能性がある限り、真犯人でなくとも広く包摂されることになる。しかし、捜査活動の円滑性を広範に保護すべきではない。103条で保護されるべき司法作用とは、真犯人を適切に訴追・処罰することに関する司法作用であり、真犯人ではない者に対する身柄確保は、「本来なされるべきではない」ものであって、103条で保護する必要はない。

②「隠避」の意義についても、103条の保護法益を国の刑事司法作用（特に捜査活動の円滑性）として広く捉える立場からは、身柄の確保のみならず、犯人の特定作用を阻害することについても広く捕捉されることになる。しかし、蔵匿の場合には、蔵匿所が提供されることで、司法機関が犯人の訴追・処罰のためにその身柄を必要とする場合であっても身柄を確保できなくなるという物理的なアクセス妨害が問題とされているのであって、保護法益は、（真犯人を適切に訴追・処罰するための）身柄の確保にあると思われる。とすれば、同一の条文に規定されている「隠避」についても、（保護法益を身柄の確保と解するべきであるから、）蔵匿以外の手段によって犯人に対する物理的アクセスを妨害する行為として理解すべきである。

(2) 104条の構成要件要素の中で、特に判例・学説上問題とされているのは、「証拠」の意義についてである。これについても、104条の保護法益を国の刑事司法作用（特に捜査活動の円滑性）として広く抽象的に理解するのではなく、より限定的に解するべきである。また、従来さほど議論の対象とされていなかった「隠滅」についても、刑事訴訟法との関係ではなお検討が必要である。

①「証拠」の意義については、104条の保護法益を国の刑事司法作用（特に

捜査活動の円滑性）として広く捉える立場からは、虚偽供述であっても広く捕捉されることになる。しかし、刑事訴訟法が厳格な証拠法を規定していることからも伺えるように、証拠は、捜査においてよりもむしろ、公判において特に重要な意味を有する。即ち、あるべき証拠の不存在や不真正な証拠の存在は、公判における裁判官の適正な判断を害することが特に問題となるのであって、104条の保護法益は公判における裁判官の判断の適正さである。とすれば、公判に顕出される形態の証拠のみが、104条の「証拠」に当たるので、捜査段階での虚偽供述自体はこれに当たらないが、いったん供述調書とされればこれに当たることになる。

②「隠滅」の意義については、特に参考人・証人を逃げ隠れさせることがこれに当たるかが問題となる。参考人については、刑訴法上、出頭拒否権があることに鑑み、「人証となることを拒む自由」を有すると解すべきであるから、参考人の意思に反しない形で参考人を逃げ隠れさせても、証拠の「隠滅」には当たらない。また、証人については、刑訴法上、出頭・宣誓・証言義務違反につき、軽微な刑罰のみが予定されていることからすれば、証人が自ら逃げ隠れすることを手助けしたに過ぎない者についても、いわば共犯的関与に留まり、証拠の「隠滅」として別個に104条を成立させるべきではない。

(3) 103条と104条との関係については、両罪において問題となる保護法益がそもそも異なる点を判断の前提とすべきである。

①犯人蔵匿・隠避による証拠隠滅については、犯人自身の意思に反して行われた場合にのみ104条の成立が問題となるが、この場合には、103条と104条との観念的競合を認めるべきである。

②証拠偽造による犯人隠避についても、103条と104条との観念的競合を認めるべきである。

③共犯者の蔵匿・隠避が、同時に自己の刑事事件に関する証拠隠滅となる場合には、104条における期待可能性と103条における期待可能性との差異に鑑みれば、なお103条では可罰的であると解するべきである。

(第3講) **議論のまとめ**

髙山佳奈子

1

　犯人蔵匿・隠避罪（刑法103条）および証拠隠滅罪（同104条）は、ともに法定刑を2年以下の懲役または20万円以下の罰金とし、司法作用に対する罪として理解されてきた。本論文は、従来の判例が、両罪の保護法益を同一のものとしたことにより、解釈論上一種の歪みを生じてきたという視角を提示する。そして、両罪の保護法益を掘り下げて検討することで、それらが完全に重なり合うものではないことを示し、両罪について新たに一定の帰結を導こうとするものである。

　討論においては、法益を重視するこのアプローチに対し、いくつかの疑問が提起された。

　本論文は、両罪の成立範囲が大幅に重なってしまうような解釈は望ましくないとしているが、重複部分を完全に排除するわけではない。たとえば、虚偽の調書を作らせた場合などでは、両罪の成立要件が満たされうる。これを認めるのであれば、重複部分が広いことは、それ自体として回避されるべきほどの問題ではないのではないかと意見が出された。著者によれば、従来の議論の問題点は、重なりの大きさというよりも、むしろ、その原因となっている、「保護法益の共通性」という前提にあるとされる。

　また、構成要件の解釈と、保護法益論との一般的な関係も議論された。構成要件は刑法の条文の解釈から導かれる、特定された行為を対象とするものであって、その内容は保護法益からストレートに決定されるものではない。特に、本論文で扱われているような抽象的危険犯の類型では、一定の行為をなしたことが必要であり、保護法益に対する抽象的な危険があれば犯罪が成

立することになるわけではないとの指摘があった。

2

　犯人蔵匿罪における「罪を犯した者」の解釈については、実体的真実を重視するのか、それとも、法に従った刑事手続の進行を重視するのかによって、異なる立場がありうる。判例は、本罪が「司法作用」に対する罪であることを根拠に後者を採用するが、本論文は前者を支持し、その理由として、真犯人以外の者の身柄確保は刑事訴訟法上も本来なされるべきでないことをあげる。さらに、従来、公訴時効の成立などにより訴追・処罰の可能性のなくなった者について、たとえ捜査中であったとしても「罪を犯した者」にあたらないと考えられてきたことも、実はこのような理解と整合的であると評価する。本論文によれば、本罪の保護法益は、本来なされるべきでない身柄確保に関する司法作用を含まないとされる。
　これに対しては、刑事訴訟法上の手続に従った逮捕ならば正当な司法作用として保護の必要性があるのではないか、また、暴行・脅迫を用いて逮捕を妨害した場合には公務執行妨害罪（刑法95条）が成立することとの対比でも、本罪がその減軽類型を一部含むものと理解することに合理性があるのではないか、との指摘がなされた。
　著者からは、公務執行妨害罪はまさに逮捕がなされる際の暴行・脅迫を処罰するものであって、一般的には本罪と局面を異にするとの反論があった。また、参加者の間で、公訴時効が完成した場合にも「罪を犯した者」に含める立場もありうるのではないかとの意見が出されたが、これに対しては、責任能力を欠く場合などと異なり、公訴時効の完成は比較的明確であって司法作用を害するものではないとの指摘があった。
　結論として、「罪を犯した者」をどのように解釈すべきかについては、参加者の間で見解が分かれた。著者によれば、たとえば名誉毀損罪が名誉を毀損することによって直ちに成立し、真実性の証明は処罰を否定する独立の理由とされているのと対比すると、本罪は、司法作用を害することによって直ちに成立するとされているわけではない。刑事司法は究極的には真犯人に対

して刑罰を執行することに向けられた過程であり、そこから排除されるべきものについては、保護法益に含めなくてよいとされる。同じく、「真犯人」に限定する立場からは、同じ結論が「罪を犯した者」という文言の自然な理解から導かれるのではないかとの意見も出されていた。

　真犯人以外の者も含むとする立場からは、真犯人に対して刑を執行するためにも、その前提として被疑者の身柄を確保する必要があるとの意見が述べられた。ただし、通説にも不徹底な面がある。捜査が行われていない場合にまで本罪の成立を認める見解は、その段階での対象を「真犯人」とせざるをえない。ここでは、現実に行われている捜査の妨害が生じないので、「真犯人の処罰の確保」が保護されているといわざるをえない。一方で、現実の「捜査妨害」を基準とするならば、被疑者と参考人との区別が必ずしも明らかでないことからしても、対象者の範囲が極めて広くなるおそれがある。他方で、「真犯人の処罰」を基準とするならば、実際に司法作用が害されることとなっても処罰の否定される場合が出てきてしまう。そこで、高い程度の嫌疑が必要だとする中間的な解決を支持する意見も出されたが、いずれにしても、明快に割り切れない部分が残る。より整理された立法もありうるのではないかという疑問も提起された。

3

　犯人隠避罪における「隠避」について、本論文は、従来の判例・学説が「刑事司法の作用」を妨害する行為を広範に処罰してきたことを批判的に検討する。そして、保護法益を「身柄の確保」に限定し、「犯人の特定作用」を害するだけでは足りないとする。これは、犯人蔵匿罪において「真犯人の身柄の確保」が保護法益とされたこととパラレルだとされる。

　これに対しては、「犯人の特定」も身柄確保に匹敵する重要性を有しており、保護法益論においてこれを排除することはできないのではないか、また、判例も「捜査妨害」的行為を全面的に処罰しているわけではないのではないか、との疑問が提起された。著者からは、「広く司法に関する国権の作用」を保護するとする福岡高裁のような考え方からは、処罰範囲に歯止めが

なくなるのではないかが指摘された。

　本論文は、判例が虚偽供述につき証拠偽造罪による処罰を否定するために、代わりに犯人隠避罪を広く適用することになっているとも指摘する。そして、供述についても証拠偽造罪の適用対象としうるとする。これに関する議論は④で扱う。本論文はさらに、「隠避」の範囲を限定する代わりに、一定の行為類型を偽計業務妨害罪（刑法233条）で処罰すべきこと、また、その際には「妨害」に侵害結果の発生まで要求して過度の厳罰化を回避すべきことを提案する。

　これに対しては、「強制力を行使する権力的公務」に対して業務妨害罪の成立を認めるべきではないのではないかという異論が述べられた。ただし、手段として偽計が用いられた場合に、本罪と業務妨害罪との関係をどのように理解するかについては、意見の相違があった。旧刑法における業務妨害罪は「商業及ヒ農工ノ業ヲ妨害スル罪」であり、公務に対する業務妨害罪の成立が認められるようになったのは現行刑法下の判例変更によるものであるから、もともと２つの犯罪類型は対象を全く異にするものであった（なお、旧刑法では、第２編「公益ニ関スル重罪軽罪」第３章「静謐ヲ害スル罪」第３節「囚徒逃走ノ罪及ヒ罪人ヲ蔵匿スル罪」の中に次の条文が置かれている。第151条１項「犯罪人又ハ逃走ノ囚徒及ヒ監視ニ付セラレタル者ナルコトヲ知テ之ヲ蔵匿シ若クハ隠避セシメタル者ハ11日以上１年以下ノ軽禁錮ニ処シ２円以上10円以下ノ罰金ヲ附加ス」、同２項「若シ重罪ノ刑ニ処セラレタル囚徒ニ係ル時ハ一等ヲ加フ」、第152条「他人ノ罪ヲ免カレシメンコトヲ図リ其罪証ト為ル可キ物件ヲ隠蔽シタル者ハ11日以上６月以下ノ軽禁錮ニ処シ２円以上20円以下ノ罰金ヲ附加ス」）。しかし、旧刑法でも公務執行妨害罪は「４月以上４年以下ノ重禁錮ニ処シ５円以上50円以下ノ罰金ヲ附加ス」ることとされ、犯人蔵匿罪等よりも重い類型であった。

④

　証拠隠滅・偽造罪における「証拠」について、本論文は、本罪の保護法益を「裁判官の判断の適正さ」と規定することにより、その範囲を確定しよう

とする。捜査段階における虚偽供述自体は、裁判官に認識されないため、本罪にいう「証拠」にあたらないが、公判における供述や、法廷で用いられることとなる供述「調書」はこれに該当するとするのである。

これに対しては、一方で、被害者の告訴取下げ願いのように、法廷で用いられなくても重要な書面はあるので、「証拠」を裁判官に直接認識されるものに限定するのは適切ではないとの批判、また他方で、虚偽供述が証拠偽造罪にならないとする立場から、偽証罪（刑法169条）を構成しない虚偽供述は証拠偽造罪でも処罰すべきでないとの批判があった。著者からは、捜査段階におけるものも含めて虚偽供述一般を「証拠」とするのは困難であり、公判での判断対象という基準によって犯罪成立範囲を適切に画することができるとされた。

5

最後に、証拠隠滅・偽造罪における「隠滅」についても、判例がこれを極めて広く理解しているのに対し、本論文は批判的である。参考人や証人が出頭を拒否しても、刑事訴訟法上の制裁（10万円以下の罰金または拘留）の対象となるにすぎないことから、これらの者が出頭しないこと自体は証拠隠滅罪の違法性を備えるものではないとし、したがって、それに関与する行為もまた、本罪では処罰されないとする。

これに対しては、刑法の解釈にとって刑事訴訟法の罰則が決定的だとする必要はないという批判や、先の保護法益論からはこのような限定が導かれないとの批判が述べられた。ここで犯罪の成立範囲を限定するには、犯人隠避罪に該当しないことの反対解釈を根拠とするほかないのではないか、との意見もあった。なお、共犯者を逃がした場合に証拠隠滅罪の成立を否定しつつ、犯人蔵匿罪で有罪とした例として、旭川地判昭和57・9・29刑月14巻9号713頁があり、ここでは両罪における期待可能性の相違が論拠とされていることが指摘された。

第4講

盗撮画像公表行為と名誉毀損罪の保護法益

島田聡一郎

I　はじめに

　近年、名誉毀損を理由とした損害賠償請求訴訟が目立つようになっている。その背景には、人格権としての名誉・プライバシーに対する人々の関心の高まり、写真週刊誌等による報道の過激化、インターネット掲示板等における悪質な人格攻撃の増加といった事情があるといわれている[1]。こうした動きに伴って、名誉毀損による不法行為の成立要件をめぐる民事法理論も深化、発展している。

　これに対し、最近の刑法学においては、名誉毀損罪の成立要件をめぐる議論は、それほど活発とはいえない。名誉毀損罪の保護法益を「人に対する社会的評価」[2]とするのが多数説だが、そのより具体的な内容についての掘り下げた検討は、最近では、あまりみられないのである[3]。

　もちろん、そのような検討をしないでも、処罰範囲を適切に画すことができるのであれば、問題はない。しかし、実は、そうともいえないような状況が生じているように思われる。近時、民事事件ほどではないにしても、名誉毀損罪の成立を認めた刑事裁判例も目立つようになっている。しかも、その中には、これまで名誉毀損罪として処罰されてこなかったような事案を扱ったものも存在するのである。

　例えば、近時、タレントの顔写真にヌード画像を組み合わせた合成写真「アイコラ」（アイドルコラージュ）をインターネットのウェブサイトに掲載した行為を、名誉毀損罪として処罰した裁判例[4]がある。また、少し前には、

1　「座談会・名誉毀損された被害者の救済」NBL734号8頁。
2　例えば、西田典之『刑法各論［第3版］』(2005) 98頁。
3　名誉概念について、本格的な検討を加えた文献としては、小野清一郎『刑法に於ける名誉の保護［増補版］』(1970)（初版1934）（以下、小野①と引用する）、平川宗信『名誉毀損罪と表現の自由』(1984)（以下、平川①と引用する）、佐伯仁志「プライバシーと名誉の保護 (1) 〜 (4・完)」法学協会雑誌101巻7号981頁、8号1158頁、9号1406頁、11号1657頁（以下、佐伯①と引用する）、が特に重要である。
4　東京地判平成18・4・21判例集未登載（同判決については、刑事法ジャーナル9号において検討を加える予定である）。なお、すでに横浜地判平5・8・4判タ831号244頁は、被害者の顔と性

I はじめに

　露天風呂で入浴中に盗撮された被害女性の裸体映像を用いて編集したビデオカセットテープ約3160巻を、全国多数の書店、ビデオ販売店等の店頭に陳列させた行為を、名誉毀損罪とした裁判例[5]もある。

　一般に、名誉毀損罪は、人に対する社会的評価を低下させるに足る事実を摘示した場合に成立するといわれている。しかし、今見た例のような場合、被害者の「社会的評価」を、どのような意味で「低下」させたのだろうか。この点につき、盗撮に関する判決では、被害女性「が周囲の人たちから好奇の目で見られたり、場合によっては嫌悪感を抱かれるなど…種々否定的な評価を生ずるおそれがある」ことが、同罪を認める根拠とされている。しかし、そのような理由付けは、これまでの議論と整合するのだろうか[6]。さらに、最近、学説においても、こうした盗撮の事案を念頭に置いて、名誉毀損罪の保護法益を、社会的評価から切り離し、「一般人からみた恥辱の感情」とする見解[7]も有力に主張されているが、それは妥当なのだろうか。

　この論文は、以上のような状況の下で、名誉に対する罪の保護法益論をもう一度見直すことを目的とする。「社会的評価」は、名誉毀損罪および、やはり名誉に対する罪とされている侮辱罪の保護法益たりうるものなのか、仮にそうだとしても、それはなぜか、またその「侵害」とはどのような意味な

交している男女の写真とを組み合わせたものや、被害者が淫乱である旨の文書を電柱に貼る等した行為について名誉毀損罪を認めている。また、東京簡判平成13・2・2判例集未登載においても、女優等12名の顔写真に、他人の陰毛露出の卑猥な姿態の全裸写真等をすげ替え、あたかも同人らが全裸等になったが如くに見せかけた合成写真㊂を雑誌に掲載し、約18万5000部を全国一般書店、コンビニエンスストア等の店頭に陳列させた行為に名誉毀損罪が認められている。

5　東京地判平成14・3・14判例集未登載（最高裁判所HP、下級審判例情報に紹介がある）。
6　同判決は、さらに、「殊に、本件では、被害者らは、実際には、入浴中にその裸体を盗撮され、自分たちの知らない間にその映像を本件ビデオテープに録画されるに至ったのであるが、本件ビデオテープは、それ自体鮮明な画像に仕上がっているなど、その映像自体を見ても、実際に盗撮の方法で撮影されたものか、一見しただけでは明らかではなく、事情を知らない者が見れば、撮影されている女性が、不特定多数の者に販売されるビデオテープに録画されることを承知の上、自ら進んで裸体をさらしているのではないかという印象を与えかねないものになっている…このような場合、上記のおそれにはとりわけ軽視し難いものがある」としている。しかし「殊に、本件では」「とりわけ軽視し難い」とされていることからすると、同判決が、この事実を名誉毀損罪の成立要件と位置づけているわけではないようである。
7　前田雅英「罪刑法定主義と構成要件の実質的解釈」現代刑事法31号28頁、木村光江「盗撮と名誉毀損罪」現代刑事法63号94頁。すでに、平野龍一「刑法各論の諸問題」法学セミナー203号78頁は、「通常人ならば恥とするような事情や倫理的あるいは能力的な欠陥を公にすることによって持つであろう個人の恥辱の感情」を、名誉毀損罪の保護法益としていた。

のか、といった点を論じてゆきたい。

そして、結論から先に言えば、以上のような点を検討してゆくと、盗撮画像・映像公表行為について、名誉毀損罪で対処することには限界があることが明らかになる。しかし、これらの行為が当罰的なことも、後述のように、また否定できない。そこで最後に、盗撮および画像・映像公表事例に対する今後の立法論を、2004年に立法がなされたアメリカ合衆国およびドイツの議論を参考にして論じることとしたい。

II 名誉毀損罪の保護法益

1 小野説とその枠組の通説化

まず、名誉毀損罪の保護法益を「人に対する社会的評価」とする通説が、わが国において形成された過程をみてゆこう。わが国において、この問題に、はじめて本格的な検討を加えたのは、小野清一郎博士である。博士は、比較法研究、法制史研究をふまえ、まず、名誉の「本質」と、その「現象形式」とを区別した上で、次のように述べる。すなわち、名誉の本質は、「人の真価、内部的価値」だが、それは「他人の毀誉褒貶に超越せる純理想的存在」[8]だから、侵害の対象とはなり得ない。他方、その現象形式は、「ひろく名誉の現象を観察して」[9]見いだされるべきものであり、社会的名誉（名声、世評）、国家的名誉（栄典）、主観的名誉（名誉意識、名誉感情）に区分される[10]。そして、これら3種の名誉のうち、国家的名誉は、国家が行う価値判断に由来するから、名誉に対する罪の保護法益とは無関係であり、社会的名誉が名誉毀損罪の、主観的名誉が侮辱罪の、それぞれ保護法益となる[11]。

小野説において、注目すべき点は2つある。1つは、名誉毀損罪と侮辱罪の保護法益を異なるものとした点である。この点は、ことに侮辱罪において

8　小野①191頁。
9　小野①180頁。
10　小野①180頁。
11　小野①251頁以下、同「名誉の保護」『刑罰の本質について・その他』（1955）（以下、小野②と引用する）113頁以下も参照。

問題となるので、Ⅲで論じよう。

　小野説のもう１つの特色は、あくまで名誉の「現象」に着目し、そこにおいて見いだされる実態を解釈論に反映させようとした点である。このことは、「法律秩序は現実の文化状態に即してその維持促進を努むべきである」[12]とされている点に、よく表れている。この点は、名誉毀損罪の保護法益を、現に存在している社会的評価とする多数説の（少なくとも暗黙の）理論的基盤となっている。

　後述のように、侮辱罪に関する小野説は、少数説にとどまった。しかし、名誉毀損罪に関する小野説は、当時、すでに存在していた同趣旨の判例[13]・学説[14]をより強固にし、その後、広く受け入れられていった。第２次大戦直後の高裁判決には、名誉感情の侵害を指摘して、名誉毀損罪の成立を認めたものもないではないが[15]、大多数の判例、学説は、小野説を、現在に至るまで支持しているのである。

2　現在の多数説の問題点

　このようにして、名誉毀損罪の保護法益を、人に対する社会的評価とする見解が多数説となった。しかし、このような、「現象」に着目した解釈は、なぜ社会的評価が名誉毀損罪において保護されるべきか、という規範的視点を欠くという重大な欠点があった。この点について小野説があげる理由は、わずかに、名誉を刑法的に保護することが「やがて社会的文化の促進に役立つ」[16]という抽象的なものにすぎない。このため、現在の多数説の理論的基盤

12　小野①218頁。
13　大判大正5・5・25刑録22輯816頁（人の社会生活上の地位または価値とする）。
14　たとえば、大場茂馬『刑法各論上巻』(1917) 439頁。
15　たとえば、福岡高判昭和26・9・26高刑集4巻10号1256頁、大阪高判昭和27・5・17高刑集5巻5号827頁。
16　小野①227頁。もっとも、小野説が、この理由付けから、「其の社会的文化に対する重要性の上より刑法的に保護すべきものとするならば、其はまた社会的文化の意味に一致し、その維持促進に必要なる限度に於いてのみ保護されるべきものと考へざるを得ない」（小野①228頁）として、230条の2が存在しなかった当時において、真実性証明によって不処罰とする理論的可能性を展開していた点は、重要である。なお、近年、名誉に公的な利益性があることを強調するヤコブスの見解（Günther Jakobs,Die Aufgabe des strafrechtlichen Ehrenschutzes,Festschrift für Jeschek,Bd1,1985,S.632）が、わが国でも注目されはじめているが（松生光正「法益としての名誉について」姫路36号120頁）、結局、こうした見解と同趣旨に帰するように思われる。

は、脆弱なものとなってしまったように思われる。

　このような、多数説のよって立つ理論的基盤の弱さ故、多数説は、反対説からの批判に、必ずしも有効に反論できていないように思われる。多数説に向けられた批判として、特に重要であり、また著名なのは、事実として存在している評価であっても、保護に値しないものもある、という批判である。この批判は、さらに、社会的評価が、事実としては損なわれる場合であっても、それが社会の偏見等に由来する場合には、そうした行為を名誉毀損と評価するのは、法による偏見の追認ではないか、という批判[17]と、真実とは異なって高い評価を得ている、いわゆる虚名が保護される理由およびその保護されるべき範囲が明らかでない、という批判に分かれる。しかし、これらの批判については、すでに多くの優れた議論があるし、また、本稿が念頭に置いている盗撮事例とは直接の関係は薄いので、本稿の検討対象とはしない[18]（補論を参照）。

　本稿が問題としたいのは、むしろ、以下の２点である。なぜなら、このような２つの批判が、多数説を批判して、盗撮画像公表行為に名誉毀損罪を認める見解の手がかりとされているからである。まず第１に、①社会的評価というものが一義的に存在するかは疑問だ、という批判がある[19]。すなわち、身分制の下、人々に対する固定的な社会的評価があった時代であればともかく、現代の大衆社会において、通常の市民は、いわば無名の存在であり、社会的評価とは無縁である、他方、有名人であっても、その評価は様々で、１つの社会的評価を有しているわけではない、そうだとすると、そのような存在しないものを保護法益とするのは不当ではないか、というのである[20]。

　第２の批判は、②多数説からは、社会的評価がすでに低い者、その人の悪

17　このことを明快に指摘したのは、佐伯①である。
18　なお、前者については、草稿段階では検討を加え、基本的に佐伯説を支持し、それをも盗撮画像公表行為が原則として名誉毀損罪に当たらないことの論拠としていたが、討論をふまえ、結局多数説に従わざるを得ないと考えるに到った。このため、論文を執筆するにあたり、この論点が、議論の焦点をあいまいにすることをおそれ、全面的に削除し、最後に「補論」を付すこととした。
19　平野・前掲論文（注７）77頁。浦田啓一「判批」警察公論2003年２月号69頁も、「人の社会的評価というものが客観的に測定可能というのもフィクションにすぎ」ないとする。
20　平川①18頁。

事がいわば公然の秘密となっている者については、その悪事を摘示しても、名誉毀損罪とはならないことになりかねないが、それは不当だ、というものである[21]。

3 社会的評価という概念の問題点
(1) 多数説からの反論
では、多数説は、以上のような批判に、どのように応答しているのだろうか。まず、①に対しては、次のような反論がなされている。「名誉…が実際に害されたことを裁判所が認定することは困難でもあり、妥当でもない」[22]から、名誉毀損罪は、社会的評価が現実に害されたか否かを問わず成立する抽象的危険犯と解すべきであり、そのように考えれば、現実に社会的評価が低下したことは立証不要となるから問題ない、と。

しかし、この反論は適切とは言い難い。なぜなら、①の批判が問題にしているのは、事実認定の問題ではなく、そもそも「社会的評価」「名声」というものが存在しない、ということだからである[23]。現実に存在しない法益に対する危険などというものが存在しえない以上、この反論は、少なくともその表現において、不十分と言わざるを得まい[24][25]。

他方、②の批判に対しては、「如何に破廉恥なる者と雖も全然社会的名誉又は主観的名誉を有せざる場合は想像しがたい」[26]との反論がある。しかし、すでに指摘されているように、このように考えるときには、「破廉恥との評価が確立していない限りにおいてのみ、名誉毀損罪の成立があり得る」とい

---

21 平野・前掲論文（注7）77頁、大塚仁他編『大コンメンタール刑法（第12巻）』（2003）9頁（中森喜彦）。
22 団藤重光『刑法綱要各論』（1990）513頁。
23 平野・前掲論文（注7）77頁、平川①20頁。
24 松生・前掲論文（注16）123頁。
25 なお、名誉毀損罪を抽象的危険犯と構成する多数説に対しては、そのような理解は、「公然性」の解釈において、特定少数人に摘示した場合でも、そこから伝播する可能性が高ければ公然性を認めるという、いわゆる伝播性の理論を認める根拠とされかねない、という批判もある（佐伯仁志「名誉とプライバシーに対する罪」芝原邦爾他編『刑法理論の現代的展開 各論』（1996）（以下、佐伯②と引用する）80頁）。ただし、学説においては、抽象的危険犯説でありながらも、伝播性の理論に批判的な見解も有力に主張されており、そのつながりは理論的にも必然的ではない。（西田・前掲書（注2）100頁、山口厚『刑法各論［増補版］』（2005）135頁）。
26 小野①208頁。

うことになろう。そうなると、破廉恥という評価が確立されている者に対しては、何を言っても許されるということになりかねない。しかし、そのような結論には、やはり疑問が残る[27]。たとえ、被害者が悪人だとの評判が、社会全体に広まった場合であっても、そのような評判は、放っておけば、通常、次第に風化してゆくはずだが、そうした事実を再度摘示する行為は、その記憶、印象を新たにして、風化を妨げ、その者の名誉を再度侵害するからである。

以上のように、事実として存在している「人に対する社会的評価」それ自体を保護法益とする多数説は、少なくとも、その理論的根拠と、いくつかの具体的事例の説明において、なお不十分な部分を残しているように思われる。

(2) 情報状態説

以上のような多数説の不十分な点をふまえ、新たな保護法益論を展開する学説が見られる。まず、①の批判を手がかりとして、名誉毀損罪の保護法益を「人の価値に関連する情報が社会的に存在している状態（情報状態）」とする平川宗信教授の見解が[28]主張された。

平川教授は、現代社会において、人は、通常他者の実像を認知することはできず、情報に基づいて疑似人間像として認識する、という理解から出発する。そして、こうした疑似人間像についての情報の抹消、改変、誤情報の挿入といった侵害、言い換えれば、人の評価それ自体ではなく、評価の基底となる情報状態を変動させること[29]を処罰すべきだ、とするのである。

この見解は、多数説の表現が不十分だった点を的確に説明している点で、優れている。確かに、名誉毀損行為によって直接生じるのは、情報状態の変更である。そして、そうした事態は、どのような人間についても観念できる

---

27 大判大正5・12・13刑録22輯1822頁。さらに、民事判例ではあるが、東京高判平成5・9・29判時1501号159頁も、「どのような人でも…人として尊重されるべきであるから…特定の人を対象にして、その人の態度や性格などに関する消極的な事実を重ねて指摘し、あるいは暗示して、多数の人々に流布させることは、たとえその人について既に芳しからぬ評判が立っている場合であっても、さらにその社会的評価を低下させることになることは明か」とする。
28 平川①19頁。同趣旨、伊東研祐『現代社会と刑法各論［第2版］』（2002）150-151頁。
29 伊東・前掲書（注28）150頁。

から、通説に対する①の批判は、この構成によって回避することができるだろう。この点において、情報状態説は、通説を実質に即して巧みに説明しなおした見解といえよう。

しかし、この見解にもなお不十分な点がある。この見解のいうように、名誉毀損罪において保護されるべきなのが、評価それ自体でなく、評価の基礎となる情報状態だということは認めたとしても、それだけでは、何が社会的評価の基礎となりうる情報として名誉毀損罪の保護の対象とされるべきか、という問題が、未解決のまま残されているように思われる[30]。たとえば、ペンネームを使用している作家の、知られざる本名を公然と摘示することは、情報状態の変更ではあるが、名誉毀損罪にはならないだろう。そこで、この見解も、「人の価値に関連」する事実か否かによって限定を試みている。しかし、果たして、どのような範囲の事実が「人の価値に関連」するかについては、さらなる検討が必要と思われる。

また、この見解が、通説に対する②の批判に適切に答えているとは言い難い。平川教授は、悪名高い人の情報状態についても、新たな情報を付加して、「現在以上にその状態を悪化されることは不利益」[31]とする。しかし、これは、前述した「如何に破廉恥なる者と雖も全然社会的名誉…を有せざる場合は想像しがたい」という多数説の説明と、大差がないように思われる。そして平川説からは、すでに知られた悪事の摘示については、名誉毀損罪が成立しないことになる[32]。しかし、それが妥当な結論かは、なお検討の余地があろう。

(3) 社会的評価(あるいはそれに関連する情報状態)が保護されるべき理由

それでは、どのように考えるべきだろうか。①や②のような批判が生じたのは、通説が、「社会的評価」が保護法益となる理由をあいまいなままにしてきたことに由来するように思われる。そこで、まずは、その根拠を検討す

---

[30] 佐伯①(1)990頁は、この見解が、名誉侵害とプライバシー侵害との区別を「いっそう曖昧なものにする虞がある」とする。これも、どのような情報状態が保護されるべきかが、必ずしも明らかでないことに由来する問題点といえよう。
[31] 平川①20頁。
[32] 平川①20頁は、すでに十分行き渡っている情報を流したときは情報状態の悪化は生じない、とする。

る必要がある。それは、以下のように考えられるだろう。

　人は、通常、1人では生きられず、社会生活において、他人と関係を持ちながら生きてゆかざるを得ない。そうである以上、他人、ひいては他人の集合体である社会から適切な評価を受け、その人格を承認されることは、人にとって重要な意味を持つ。このような評価によって、はじめて、生きる意欲がわき、また、実際に円滑な社会生活を営むことができるようになるからである。このような評価、承認を求める利益、言い替えれば、そうした利益を害するような情報を流布されない権利を、憲法13条の幸福追求権に由来する人格権の一種として、法的に構成したのが名誉権である[33]。このような利益は、人権である以上、原則として、すべての者に平等に保障されるべきである。それ故、たとえば、犯罪を行ったり、自ら反倫理的な行動をとっている者についても（人権規制目的や、他人の正当な知る権利との関係での合理的制約といえる場合を除き）、その享受を否定すべきではない。そのような者を含め、すべての者が、人間としての最低限の社会的承認を求める権利[34]は有しているというべきであろう。

　社会的評価、あるいはその基礎となる情報状態といわれているものは、以上のような観点から保護されるべきである。そして、そのように考える限り、どのような人も、人としての最低限の承認を求める権利は有しているといえるから、前述したかつての悪事が公然の秘密となっている者に対しても、その悪事を再度摘示する行為は、やはり名誉侵害には当たると言うべきであろう[35]。

　なお、このように考える限り、通説に対して向けられている「社会的評価

---

[33] 平場安治「名誉に対する罪の立法的考察」『刑法改正の諸問題―竹田直平博士植田重正博士還暦祝賀』（1967）371頁参照。判例においても、しばしば人格権としての名誉という概念が、用いられている（最大判昭和44・6・25刑集23巻7号935頁。民事判例として、最大判昭和62・4・19民集41巻3号490頁。ただし後者については、民事法学において名誉毀損に対する差止請求権を基礎づけるために、一般に、差止請求の基礎付けを人格権に求める判例理論との接合を図るべく「人格権としての名誉権」という表現を用いた、との指摘がある（潮見佳男『不法行為法』(2004) 68頁）。

[34] もっとも、真実の摘示と虚名保護との関係をめぐり、名誉侵害たり得るのは、虚偽の事実の摘示による規範的名誉の侵害に限られるべきか否か、という問題が、なお残されている。しかし、本稿はこの点には立ち入らない。

[35] 大コメ12巻9頁（中森）参照。むろん、ここでは230条の2の問題は別論である。

自体は名馬や名犬も享受しているのであって名誉の主体となることの決め手とはならない」[36]という批判も避けることができる。以上のような人格権の主体が（法人を含むかについては、後述のように議論の余地があるが）、「人」に限られるのは当然のことだからである。

以上の点と関連し、ドイツにおいては、名誉に関する罪の保護法益を人間の尊厳から生じる尊重請求権とする見解や[37]、人格の相互承認関係から由来する権利とする見解がある[38]。これらの見解は、その表現がかなり包括的な点において、わが国の解釈論にそのまま受け入れるのは難しいが[39]、名誉を、どのような人にも保障されるべき、規範的内容のものと理解している点においては、正当な部分が含まれているように思われる[40]。

もっとも、注意すべきなのは、ここにいう「人格権」あるいは「尊重請求権」は、あくまで「社会的評価」に関わるものに限られるという点である。すなわち、人格権には、名誉権のみならず、プライバシー権や、肖像権等の権利も含まれるが、名誉毀損罪は、あくまで以上に述べたような意味での「名誉権」のみを保護するに過ぎず、人格権一般を保護する規定ではない。それ故、被害者が「言われたくないこと、秘密にしておきたいことを暴かれた」というだけでは、同罪は成立しない。このことは、刑法が、例えば、プライバシーに属する事実について、134条で極めて限定的に保護していることからも明かであろう。確かに、公共の利害に関しない事実について、事実の真否を問わず処罰する230条は、事実上、プライバシー保護の機能をも有

36　佐伯・前掲②78頁。
37　Hans-Joachim Hirsch, Ehre und Beleidigung, 1967, S. 50.
38　Ernst Amadeus Wolff, Ehre und Beleidigung, ZStW81, S. 899.なお、Hans-Joachim Hirsch, Grundfragen von Ehre und Beleidigung, Festschrift für Wolff, 1998, S. 129.は、この見解とヒルシュ自身の見解との類似性を強調する。
39　すでに指摘されているように、こうした相違は、ドイツの名誉に対する罪の基本類型である侮辱罪において、公然性が要件とされていないことと密接に関連している。小名木明宏「侮辱罪の問題点」現代刑事法60号25頁。
40　なお、民事法の議論ではあるが、「座談会・名誉毀損された被害者の救済」NBL734号14頁（能見善久発言）は、「実際には社会的評価が下がったかどうかということに関係なく、名誉毀損は人間の有する基本的な価値、人間の尊厳のようなものを侵害するとみることはできないでしょうか」として、損害賠償の最低額を定額化し、さらに現実の侵害に応じてそれを上積みする算定方法を示唆している。刑法上の犯罪の成立要件は、いわば、この「最低額の定額化」の部分に対応し、上積みは、いわば、宣告刑の重さに対応するものということもできようか。

してはいる[41]。しかし、だからといって、プライバシー侵害があることを根拠に、名誉毀損罪を認めることは、やはりできない。他人から干渉されない自由、あるいは、「社会的評価から自由な領域」[42]とされているプライバシーは、それ自体としては、名誉とは異なるものだからである。ある事実が、名誉侵害であってはじめて、230条に該当するのであり、それが同時にプライバシー侵害となる限度において、プライバシーが230条によって結果的に保護されることになるにすぎない[43]。それ故、例えば、冒頭で述べた盗撮画像公表事例について、プライバシー侵害の重大さをいくら強調しても[44]、それは、立法論として、処罰の必要性を説くものとはなり得ても、名誉毀損罪としての可罰性を論証するものとはなり得ないのである。

4 一般通常人を基準とした名誉感情を保護法益とする見解
(1) 内容

以上の議論は、通説が名誉毀損罪の保護法益とする「社会的評価」の概念を、その実質において維持しながらも、説明の不十分さを補おうとする試みであった。しかし、冒頭で述べたように、近時、名誉毀損罪の保護法益を社会的評価から切り離す見解も主張されている。同罪（および侮辱罪）の保護法益を「一般通常人を基準とした名誉感情」とする見解がそれである。この見解は、近時、盗撮画像公表事例等を念頭に置いて、前田雅英教授[45]、木村光江教授[46]、浦田啓一検事[47]等によって、有力に主張されている。これらの見解は、先に見た①、②の点をも理由に、通説を批判しているが、それについて

---

41 西田・前掲書（注2）99頁。
42 佐伯①（4・完）1753頁参照。このような佐伯教授の見解に対しては、この見解からは、プライバシーと名誉とが、排他的な関係に立つことになるはずであり、それにもかかわらず、佐伯説が、1つの事実が、両者の侵害である場合を認めるのは矛盾している、という批判もある（町野朔「現代刑事法学の視点」法律時報59巻3号123頁）。しかし、これは誤解であろう。佐伯説は、名誉を、人格的評価にとって重要な事実と定義しているのであり、佐伯説からも、人格的評価にとっては重要であるが、社会的評価にとっては重要ではない事実（たとえば、既婚の一般私人の性的関係）は、両者に該当しうるからである。
43 佐伯①（4・完）1753頁、なお、佐久間修『刑法各論』（2006）132頁も参照。
44 水野正「盗撮と名誉毀損罪」日本法学66巻4号240頁参照。
45 前田・前掲論文（注7）28頁。
46 木村・前掲論文（注7）94頁。
47 浦田・前掲評釈（注19）69頁。

は、先に見たような解釈によって解決可能であった。では、これらの見解は、自説をどのようにして積極的に基礎づけているのだろうか。以下、検討を加えよう。

これらの見解は、名誉毀損罪の保護法益を「通常人ならば恥とするような事情や倫理的あるいは能力的な欠陥を公にすることによって持つであろう個人の恥辱の感情」とする平野龍一博士の見解を受け継ぎ[48]、外部的名誉と主観的名誉・名誉感情との不可分性を説くところから出発する。すなわち、「ある人の社会的評価を低下させればその人の名誉感情は大いに傷つけられるであろうし、ある人が名誉感情を大いに害された事態が発生した場合には、概してその人の社会的評価も低下させられるような事態が発生しているのが通常である」から両者は「いわばコインの裏表の関係」[49]だ、というのである。そして、純粋に個人的な名誉感情は保護に値しないにしても、「一般通常人を基準とした名誉感情」は名誉毀損罪の保護法益たり得るとした上で、「一般通常人を基準として、無断で入浴中の裸体が盗撮・公表された被害者の名誉感情が大いに傷つけられたと理解することに何ら抵抗はない」[50]として、社会的評価の低下可能性の有無にかかわらず、名誉毀損罪の成立を認めるべきことを説く。

しかし、まず、この見解の議論の方法には、疑問がある。社会的評価の低下と、一般通常人を基準とした名誉感情の侵害とが事実上一致することが多いのは、この見解の言うとおりではあろう。しかし、そのことから、名誉感情侵害があっても社会的評価の低下可能性がない場合を処罰すべきという結論を導くことはできない。両者が、多くの場合に「コインの裏表」であることは、まさに両者が「裏表ではない」場合に、一般人を基準とした名誉感情を優先すべきことの理由とはなり得ないからである。

また、この見解のいう「名誉感情」の具体的内容にも疑問がある。この見解によれば、それは、一種の恥辱の感情なのであろう。そのことは、この見解が、被害者が「恥ずかしい、傷つけられた」という感情を抱くことを論拠

48　平野・前掲論文（注7）78頁。
49　浦田・前掲評釈（注19）69頁。
50　浦田・前掲評釈（注19）69頁。

として[51]、盗撮画像公表行為の可罰性を導いていることからも推察される。しかし、もしそうだとすれば、それは、まず少なくとも従来の通説の考えていた名誉感情とはかなり異なった内容のものであることに注意を要する。確かに、従来の学説も、Ⅲにおいて後述するように、名誉感情の内容をややあいまいにしてきたところはある。しかし、それが名誉に関わるものである以上、「自己の価値または名声を維持しようとする意思」でなければならないことは当然の前提としてきたのである[52]。そのような感情は、盗撮等によって生じる羞恥心、恥辱の感情とは、明らかに異質なものであろう[53]。

　もちろん、ある概念の内容が、これまで考えられてきたものと異なることそれ自体は、意識的な再構成が行われている限り、問題はない。問題は、その実質的な当否である。確かに、わが国における「名誉」の概念は、「恥」の概念と対となっているから、名誉を害すること＝恥となること、という理解も、言葉の可能な意味に反するとはいえない。それ故、この解釈が、罪刑法定主義違反とまではいえないだろう[54]。

　しかし、そうだとしても、こうした恥辱の感情を名誉に対する罪の保護法益とすることは、たとえ、それを「一般通常人」を基準として判断するのだとしても、やはり妥当でない結論を生むように思われる。まず、このような恥辱の感情が保護法益だとすると、処罰範囲が、一方で極めて広がりかねない。たとえば、強制わいせつ行為は、このような恥辱の感情を侵害する最たるものの1つであろう。しかし、仮に、強制わいせつ行為が、たとえば電車内での痴漢のように、公然性が満たされる形で行われた場合[55]であっても、そのような行為を名誉に対する罪[56]とすることなど、これまで誰も考えてこなかった。そして、また、そのような結論を認めることが妥当とも思われない[57]。

51　浦田・前掲評釈（注19）70頁。
52　小野①188頁。
53　渡辺卓也『電脳空間における刑事的規制』(2006) 184頁参照。
54　前田・前掲論文（注7）28頁。
55　判例、多数説は、公然性の要件を、「不特定または多数の人が認識しうる状態」と定義しているから（たとえば、大判昭6・6・19刑集10巻287頁）、周辺の人が現実に痴漢行為に気づかなくとも、公然性は満たされうることとなる。
56　事実の摘示はないので、おそらく侮辱罪とされることになろう。
57　なお、侮辱罪（Beleidigung）の要件に、公然性が要求されていないドイツにおいて、性犯罪が、同時に侮辱罪を構成する場合があるかについて、議論がある。性犯罪においては、性的自

逆に、この見解からは、従来争いなく名誉毀損罪が認められていた事案について、同罪の成立が否定されてしまうという問題点もある。たとえば、被害者の社会的地位が不当に高いという主張をしたり、被害者の社会貢献、功績を否定する[58]場合、この見解からは、名誉毀損罪が成立しないことになりかねない。こうした事実を摘示された場合に、人が感じるのは「恥辱」ではなく、「怒り」の感情にすぎないからである。しかしこれは、妥当な結論とは言えないだろう。前述したように、人の功績等に対する社会からの承認を否定するような事実の摘示は、社会的存在である人の人格権に対する重大な加害行為だからである。

(2) 法人に対する名誉毀損罪

さらに、この見解からは、名誉感情、ことにこの見解が問題としているような恥辱の感情を持ちえない、法人等の団体に対する名誉毀損を認めることが不可能となる[59]。実際、名誉毀損罪を感情に対する罪と構成した先駆的論者である平野博士は、団体に対する名誉毀損罪の成立を、ほぼ異論なく肯定してきた従来のわが国の判例[60]、通説[61]に疑問を呈し、「その団体の構成員に対する総括的呼称による名誉毀損として考え得る限度にとどめてもいいのではなかろうか」[62]としていたのであった。しかし、この見解の現在の主唱者である前田教授、木村教授は、法人に対する名誉毀損罪の成立に疑いを抱いていないようである[63]。ここに矛盾はないのだろうか。

もちろん、このような批判に対しては、「団体が現実に恥辱の感情を持つ

己決定権、恥辱感、親密な領域等に対する尊重要求が侵害されてこそいるものの、それだけでは名誉侵害と言うには足りず、客観的意味内容からして被害者に対して否定的な評価を下していると判断される表現が付け加わってはじめて名誉に対する罪を構成しうる、との見解が一般的であり、近時の判例も基本的にそのような方向にある（vgl. Adolf Schönke/Horst Schröder, Strafgesetzbuch, 27. Aufl., 2006, §185Rn4 (Lenckner); BGHSt36, 148）.

58 大コメ12巻9頁（中森）。
59 単なる名誉感情と考えるのであれば、法人についても、一定範囲でこれを認めることが絶対に不可能とはいえないが、恥辱の感情を認めることは不可能であろう。
60 たとえば、大判大15・3・24刑集5巻117頁。
61 たとえば、西田・前掲書（注2）99頁。
62 平野・前掲論文（注7）78頁、同『刑法概説』（1977）192頁。
63 なお、前田雅英『刑法各論講義〔第4版〕』（2006）150頁、木村光江『刑法〔第2版〕』（2002）266頁は、団体構成員の名誉感情に対する侵害をも理由とする。しかし、それは構成員に対する名誉毀損罪を認める根拠としかなり得ない。

ことはないが、団体に対して、『一般通常人を基準とした名誉感情』を害する表現行為を行うことは可能である」という反論がなされることだろう。しかし、これは成り立ち得ない。一般に、「一般通常人」を基準とした場合にも、当該構成要件の観点から見て重要な、類型化可能な事情は、考慮に入れた判断がなされる。たとえば、強盗罪の成立には、「一般通常人なら反抗を抑圧されるに足る暴行、脅迫」が必要とされているが、その判断にあたっては、被害者の性別、年齢、体格等が、考慮に入れられることに異論はない。このことは名誉感情侵害についても妥当するはずである。たとえば、この見解も、盗撮映像公開の事案においては、被害者の性別、年齢等を考慮して、名誉感情侵害の有無を決しているのではないだろうか。

このように考えるとき、被害者が自然人か法人等の団体か、という点も、当然考慮されるべき事情となろう。そうだとすると、この見解からも「一般的な団体を基準とした名誉感情侵害」が認められなければならないことになる。しかし、前述したように、団体それ自体は、恥辱感情を持ち得ない以上、そのような侵害は観念することができないのである。

もっとも、近時、判例・多数説に反対して、法人に対する名誉毀損罪の成立を否定すべきことを説く見解も主張されている。そうした見解を採用すれば、この点は、名誉（恥辱）感情説の問題点ではないどころか、むしろ長所ということになる。では、そうした否定説は、どのような論拠に基づいているのだろうか。

まず、山本輝之教授は、名誉感情を重視する立場から、感情を持たない法人、団体に対する名誉毀損罪の成立を否定している[64]。また、近時、丸山雅夫教授は、より詳細に、名誉毀損罪の保護法益を、人の真価である内部的名誉（人間の尊厳）に由来するものととらえた上で、内部的名誉を持ち得ない団体に対しては、名誉毀損罪は成立しないと説くに至った[65]。これらの見解

---

64 山本輝之「判批」芝原邦爾他編『刑法判例百選II［第4版］』（1997）42頁。

65 丸山雅夫「個人的法益としての名誉概念」『内田文昭先生古稀祝賀論文集』（2002）327頁。松宮孝明『刑法各論講義』（2006）144頁も同旨。これは、ドイツにおいても、少数ながら有力な学説である（Hans Welzel, Das Deutsche Strafrecht, 11. Aufl., 1969, S. 306; Hirsch, a. a. O.（Anm. 37）S. 91（194条3項、4項が前提とする公法人の場合は別とする））。ただし、ドイツの判例には、法人が名誉の主体となりうることを認めたものがある（Z.B.BGHSt6, 186.新聞社）。

は、従来、さほどの議論なく当然視されていた結論の正当性を改めて問い直した点において、重要な意義がある。

しかし、このような見解には、やはり疑問がある。法人等の団体も、個人から独立した社会的実態をもっており、近年では、それ自体犯罪の主体となりうる、という見解が一般的になっている[66]。すなわち、団体も、悪行について非難を向けられる主体となりうるのである。そうだとすれば、逆に、善行については、それを社会に承認してもらう権利を有しているというべきであろう。法人・団体は、単なる取引活動上の権利帰属主体を超えた実態を有し、たとえば「社会貢献している企業」「悪徳企業」などと、一種の人格的な評価の対象となっている。しかも、企業倫理、企業の社会的責任が強調されるようになってきている現在、そうした傾向は強まりこそすれ、弱まることは考えがたい。このような状況の下で、法人・団体に対する名誉毀損罪の成立可能性を全面的に否定するのは、適切とは言えないように思われる[67]。

また、丸山教授のように、名誉権を、人格権、人間の尊厳と関連づけてとらえること自体は正当と思われるが、そのことから直ちに、名誉権の享有主体を自然人に限るという解釈は導かれない。現在の憲法学においては、法人・団体も、憲法13条の幸福追求権を享有しうるという見解が、むしろ有力なのである[68]。なお、丸山教授は、団体に対する名誉侵害に対して刑法上の名誉毀損罪の成立を否定しても不当でないと主張する文脈において、「民法上の不法行為による損害賠償が認められるし、適当な名誉回復措置も認められている」[69]とする。しかし、なぜ、教授によれば名誉を享有し得ない法人・団体に、民法上の名誉毀損であれば認めることができるのか。その理由

---

[66] 佐伯仁志「法人処罰に関する一考察」『松尾浩也先生古稀祝賀論文集(上)』(1998) 677頁も、法人(団体)処罰と法人(団体)に対する名誉毀損罪の成否との関連性を指摘する。
[67] なお、現行法では、通常、団体処罰の対象は、法人に限られているが、そのことから直ちに、法人格なき団体に対する名誉毀損罪の成立を否定するのは妥当でないだろう。犯罪主体を限定する際には、処罰対象の明確化、罰金刑を執行することの難易、といった政策的考慮も必要であり、処罰規定の有無と、団体に対する非難、賞賛がありうることとを直結させるのは、行き過ぎと思われる(なお、法人以外の団体に対する処罰を認めた規定として、独禁法95条2項がある)。
[68] たとえば、芦部信喜『憲法学II』(1994) 171頁、佐藤幸治『憲法[第3版]』(1995) 426頁。
[69] 丸山・前掲論文(注65) 329頁。

は明かでないように思われる。

　以上のように、法人・団体に対する名誉毀損罪の成立を否定することは、やはり妥当でない。

　そうだとすると、翻って、そのような結論を導くことにならざるをえないはずの「一般人から見た名誉感情、恥辱の感情の侵害」説は、この点においても、支持できないように思われる[70]。

　以上に述べたように、名誉毀損罪の保護法益は、人格権から導かれるものであり、またあくまで社会的評価と結びつけられたものでなければならない。この点を否定する見解は、結局、不当な帰結を招かざるを得ないように思われる。

5　盗撮映像等公表事例の評価

　さて、以上の検討をふまえ、冒頭に掲げた盗撮映像公表に関する東京地裁判決をもう一度見てみよう。同判決では、「周囲の人たちから好奇の目で見られたり、場合によっては嫌悪感を抱かれるなど、その女性について種々否定的な評価を生ずるおそれ」があることを理由に、名誉毀損罪の成立が認められている。しかし、これは妥当でない。誰もが盗撮の被害者となりうる現在の社会状況に照らすと、盗撮という犯罪行為[71]の被害者に対しては、同情こそすれ、嫌悪感を抱くとは、通常考えがたいように思われる[72]（せいぜい、あの人は運が悪かったと思われるだけであろう）。また、仮に、好奇の目で見る人がいたとしても、そのことが、直ちに被害者の社会的評価を低下させるとはいえない。

---

[70] もっとも、前田教授らの見解からは、さらに、次のような反論があるかもしれない。名誉毀損罪の成立には、従来言われてきた意味での社会的評価の侵害があれば足りるが、それがない場合でも、一般人からみた名誉感情侵害があれば足りる、と（木村教授が、一般人からみた客観的名誉感情の侵害があれば、「社会的評価が低下したとみることができる」（木村・前掲論文（注7）94頁）としているのは、このような趣旨とも理解できる）。しかし、このような異質の法益を、同一の条文において保護することには無理がある。保護法益としては、それらを統合し、かつ、それ自体として、処罰範囲を限界づけるに足る上位の概念が必要と思われるが、そのようなものは、示されていないのである。

[71] 盗撮行為が、それ自体として、軽犯罪法1条23号の窃視罪に該当することに争いはない（なお、気仙沼簡判平成3・11・5判タ773号271頁は、カメラ設置時に同罪が成立するとしている）。

[72] 渡邊・前掲書（注53）185頁参照。

もっとも、同判決の事案については、私も結論的には名誉毀損罪の成立を認めることが、かろうじて可能と考えている。それは、同判決が「殊に」として指摘しているように、このようなビデオテープは、いわゆる「やらせ」であるという印象、つまり「撮影されている女性が、不特定多数の者に販売されるビデオテープに録画されることを承知の上、自ら進んで裸体をさらしているのではないかという印象」を与える可能性が否定できないからである。そのような事実は、いわば自らすすんで性的欲望の対象にされることを生業としている、ということを意味し、その人に対する人格的、社会的評価に影響しうるだろう[73][74]。

同様の観点から、本人が自ら進んで撮影させたと誤解させるような性的な合成画像を公開する行為や、被害者の個人情報にわいせつな文章を添えて、いわゆる出会い系サイトに配信する行為[75]についても、名誉毀損罪を認めるべきであろう。なお、裁判例には、被害者が淫乱な女性である旨の文書や男女の性交の顔写真を組み合わせたものなどを電柱等に貼り付けるなどした被告人に名誉毀損罪の成立を認めたものがある[76]が、仮に写真の部分が合成とわかるようなものであったとしても、文章によって、被害者が性的に奔放であるという誤解を生じさせる可能性がある場合には、名誉毀損罪を認めるべきと思われる。

逆に、このような本人が性的に奔放と誤解させるような事情が認められない場合には、名誉毀損罪の成立を否定すべきである。たとえば、盗撮画像公表事例であれば、画像の写り方、鮮明度等の事情から、一般に盗撮と受け取られるような場合や、合成写真事例であれば、合成で本人ではないことが明らかな場合、合成写真である旨が注記されており、そのようにしか受け取

---

73 なお、民事事件ではあるが、東京地判平成13・10・22判時1773号104頁は、テレビ局のアナウンサーが、学生時代、下着姿で接待等のサービスをするパブで働いていたという事実の摘示について、名誉毀損の成立を認めている。
74 補論で述べる限定説からも、このような事実を社会的評価に影響させることが許されると考えることができれば、やはりその限りで、名誉毀損罪が成立することになろう。しかし、被害者が既婚者の場合はともかく、未婚者について、このような事情を、社会的評価に影響させることが許される事実と評価してよいかは、一個の問題ではある。
75 山本雅子「個人情報の無断メール配信と名誉毀損罪」中央学院14巻1＝2号285頁参照。
76 横浜地判平成5・8・4判タ831号244頁。

られない場合、盗撮のような合成写真であり、本人が承諾して撮影させたようには到底見えない場合等がそれである[77]。これらの事案も、悪質なプライバシー侵害、あるいは使用している写真によっては、パブリシティー権侵害、写真の用い方によっては、原写真撮影者の著作権侵害であることは否めないが、名誉毀損罪の枠組でとらえることには、無理がある[78]。

ただし、インターネット上での合成写真、盗撮写真の公開事例については、若干の特殊性がある。それは、そうした写真等をコピーし、掲載されたURL以外のURL等に公開することが極めて容易であり、また当初掲載した者もそのことを認識している場合が少なくない点である。このため、たとえ当初掲載されたURLには、注記があるなどの事情から、誤解が生じる虞がなかったとしても、他のURL上に注記なく転載される等して、本人が自らの意思で出演していると誤解される可能性が生じた場合には、当初の掲載者が、そのような態様での転載を予見している限り、少なくとも転載後の時点については、名誉毀損罪の（片面的）共犯を認める余地がある。さらに、判例が採用しているいわゆる伝播性の理論をここに応用すれば、「転載等がなされ、名誉を害する状態が生じうる危険性」があれば足りると考え、当初の掲載時に名誉毀損罪を認める解釈もあり得よう。

III　侮辱罪の保護法益

1　判例・学説の状況

以上のように、このような行為について名誉毀損罪が成立するのは、限定

---

[77] ただし、最後の事例については、合成された結果できあがった内容が、たとえ盗撮だとしても被害者の社会的価値を下げるような場合であれば、それが盗撮と誤解されうる限りで、名誉毀損罪となりうる。これに対し、浦田・前掲論文（注19）73頁は、合成画像とわかる事案でも顔の被写体とされた者が、同じように性交等を行うと連想されることを根拠に名誉毀損罪を認めるが、そのような、連想はあくまで閲覧者の願望であり、事実摘示とはいえないので、妥当でない（渡辺・前掲書（注53）189頁）。

[78] パブリシティー権侵害の概念は民事法上もまだ流動的であり、少なくとも現状で直ちに処罰すべきとは思われない。またこうした合成が著作権侵害になるのも例外的な場合に限られるだろう。

III 侮辱罪の保護法益 143

的な場合とすべきである。では、やはり名誉に対する罪とされている侮辱罪が成立する余地はないのだろうか。この点を検討する前提として、まずは同罪の保護法益に検討を加えよう。

先に述べたように多数説は、同罪の保護法益を、名誉毀損罪のそれと同じく、人に対する社会的評価に求める。しかし、前述した小野説を始め、保護法益を名誉感情とする少数説[79]も古くから有力に主張されており、さらに、近年では普遍的名誉である人間の尊厳を保護法益とする見解も主張されている[80]。

判例は、古くから、多数説に従っているようである。たとえば、「侮辱罪は事実を摘示せずして他人の社会的地位を軽蔑する犯人自身の抽象的判断を公然発表するにより成立する」[81]として、「社会的地位」が重視されているのである。また、判例の具体的結論も、多数説のそれに近い。そのことが最もはっきりと現れているのは、団体に対する侮辱罪の成否に関する判例理論であろう。この問題について、名誉感情説からは、団体は感情を持ち得ないから、団体に対する侮辱罪は成立しないとされるのが一般的である[82]。同説を前提とした肯定説も主張されてはいるものの、その成立範囲は、自ずと限定的なものとなる。たとえば、名誉感情説を本格的に展開した小野博士は、「共同社会的精神の支配する」団体、具体的には「家族、宗教団体」等に対する侮辱罪は認めるべきだが、「株式会社其の他の営利法人に対しては概して之を否認すべき」としていたのであった[83]。しかし、判例はそのような限定をせず、たとえば、火災海上保険株式会社[84]、商社[85]等に対する侮辱罪の成立を認めている[86]。これは、判例が多数説と同趣旨であることの証左といえ

---

79 たとえば、団藤・前掲書（注22）530頁。ただし、法人を侮辱罪の客体とすることに全面的に反対する点において、小野説とは異なっている。
80 平川①14頁。さらに、山本雅子「侮辱罪小論」『佐藤司先生古稀祝賀論文集』（2002）441頁は、「蔑視的言動を狭義の人間の尊厳を侵害する罪とする」と構成する。
81 大判大15・7・5刑集5巻8号303頁。ただし、事実摘示のない侮辱罪には新聞紙法45条の適用がないとされた事例。
82 ことに、後掲（注84）最判昭和58の団藤裁判官の意見参照。
83 小野①310-311頁。もっとも、株式会社であっても、新聞社などの統一的な団体精神の支配する現象がみられる場合については、侮辱罪の成立可能性が認められていた。
84 最決昭和58・11・1刑集37巻9号1341頁。
85 東京地判平成9・9・25判タ984号288頁。

よう。

では、いずれの見解に従うべきか、それとも、いずれにも問題があって、新たな理論が必要なのだろうか。以下、検討を加えてゆきたい。

2　学説の検討
(1)　名誉感情説

まず、小野説に始まる、名誉感情説に検討を加えよう。すでに指摘されているように[87]、名誉感情侵害と呼ばれているものは、2つに分けることができる。1つは、自分が社会的評価を害されているという認識であり、もう1つは、自分の価値についての自己評価を害されることである。しかし、前者は、社会的評価が害されるような表現がなされた場合に生じる被害感情に他ならないから、社会的名誉を保護することの、いわば反射的な利益に過ぎず、社会的評価から独立した保護法益とはいえない。このことは、他の犯罪と比べてみれば明かだろう。たとえば、自己の身体が傷害されたとき、多くの人は、それを認識して強い恐怖感や、怒りの感情を覚えるだろうが、それだからといって、そのような感情が、身体の安全から独立した保護法益というわけではないのである。社会的評価が害されたという感情についても、これと同様のことがいえるだろう。

これに対し、自分の価値についての自己評価は、一種の自尊心であり、社会的評価それ自体とは独立した内容を持ちうる。もっとも、こうした個人の自尊心としての名誉感情[88]の法的保護について、学説においては、消極的な見解が有力である。そのような感情の侵害は「モラル、エチケットの問題である」[89]「社会的評価とは無関係に、『人はどう言おうが自分は偉い』と思っ

86　なお、前掲最決昭和58の中村裁判官の補足意見参照。
87　佐伯仁志「判批」『刑事判例評釈集（第44巻・第45巻）』(1997) 402-3頁。
88　小野①188頁は、「名誉意識は、たとへ事実上社会的評価の反映又は其の結果として生ずるにしても、主観的には必ずしも之に従属することなき自己評価の意識として現はれる」とする（傍点は筆者）。
89　平川宗信「名誉に対する罪の保護法益」現代刑事法60号10頁（以下、平川②と引用する）。なお、同12頁においては、「民事法においても名誉感情の侵害を人格権侵害とすることには疑問が持たれている」として、大塚直「保護法益としての人身と人格」ジュリスト1126号42頁が引用されているが、大塚論文は、名誉感情侵害のみを根拠に、差止請求権を認めることができるか

ているならば、『誰に何を言われてもよいではないか』とも言える」[90]というのである。

　しかし、これは言い過ぎではないだろうか。自分のプライドを害されることは、重大な精神的損害となりうる。多くの人は、「自分は偉い」と思ってはいても、「誰に何を言われてもよい」と言い切れるほど強くはない。そうした感情を法的に保護する理由は充分にあるように思われる。現に、民事判例においても、民法723条にいう、原状回復処分を基礎づける「名誉」には、原状回復処分になじまないその性質上、名誉感情は含まれないとされているものの[91]、悪質な名誉感情侵害行為については、損害賠償責任は認められているのである[92]。

　もっとも、このように、名誉感情が法的保護の対象となりうるとしても、現行刑法の侮辱罪がそれを保護法益としていると解すべきかは、また別論である。そして、結論から先に言えば、そのような解釈には、やはり無理がある。なぜなら、社会的評価に対する認識とは切り離された名誉感情侵害の程度は、公然になされたか否かとは関係がないため、このような解釈では、231条が公然性を要求していることに、合理的な説明がつかなくなるからである。たとえば、被害者と2人きりの密室で、彼（女）を面罵する行為は[93]、被害者がいないところで、数名の者に対して、侮辱的表現を行う場合よりも、名誉感情侵害が高いことも少なくないだろう。それにもかかわらず、現行法では、前者は侮辱罪ではなく、後者は侮辱罪なのである[94][95]。

　否かを論じたものであって（人格権侵害と認められれば、差止請求権の根拠たり得る、とされている）、損害賠償まで否定する趣旨ではない。
90　佐伯・前掲評釈（注87）403頁。
91　最判昭和45・12・18民集24巻13号2151頁。
92　最近の判例・裁判例として、たとえば、最判平成14・9・24判時1802号60頁（いわゆる「石に泳ぐ魚事件」。名誉、プライバシーの侵害とともに名誉感情の侵害も根拠として、損害賠償、差止が認められた）、青森地判平成7・3・28判時1546号88頁（社会的名誉侵害は存在しないか乏しいとして差止は否定したが損害賠償は肯定）。学説の中には、名誉感情を人格権、プライバシーの問題とするものもあるが、損害賠償責任を認める点では差異はない（潮見・前掲書（注33）68頁）。なお、大阪高判昭和54・11・27判時961号83頁は、刑法上は、公然性が認められない状況での侮辱行為につき、損害賠償を認めている。
93　なお、判例は、面前性を不要とする。大判大正4・6・8新聞1024号31頁。
94　佐伯・前掲評釈（注87）403頁の「公然侮辱によって侵害されるのは、社会的名誉の反映としての名誉感情だ」という指摘は、まさに正当である（さらに、前掲最決昭58における中村裁判

そして、立法論としても、名誉感情を保護法益とすることは、妥当でないように思われる。なぜなら、名誉感情説からは、名誉感情を持たない幼児や、重度の精神障害者に対する侮辱が不可罰となるが、そのような、いわば弱者に向けた侮辱的表現は、より悪質とすら言いうる以上、そのような行為を野放しにするのは、やはり妥当とは言い難いように思われるからである[96]。

(2) **人間の尊厳説**

近時、侮辱罪の保護法益を、「人間の尊厳」とする見解も主張されている。前述のように、名誉権も人格権の一種であり、それを保護する根底には、人間の尊厳への配慮があることは否定できない。また、この見解は、幼児や重度の精神障害者に対する侮辱罪を否定するという不当な結論も導かない。それらの者にも人間の尊厳が認められるのは当然のことだからである。

もっとも、この見解に対しても批判がある。まず第1に、人間の尊厳という重大な保護法益を侵害する侮辱罪と、情報状態の侵害である名誉毀損罪とで、前者の方が法定刑が軽いのはアンバランスだ、という批判がある[97]。しかし、これに対しては、この見解の主唱者である平川教授自身がいうように、名誉毀損罪も、究極的には、表現によって人間の尊厳を害する行為であ

官の補足意見も参照)。また、名誉感情説の有力な主張者である川端教授も、「面前性が成立要件とされていないことは、少数説にとってやはり弱点であることは、すなおにみとめられなければならない」としている(「名誉毀損罪と侮辱罪の関係」植松正他『現代刑法論争II〔第二版〕』(1997) 96-7頁(川端博))。さらに、小野①318頁は、名誉感情説から、公然性を不要とする立法論を説いており、改正刑法準備草案の段階では、こうした案も主張されていた。

[95] この点について、山本雅子教授は、侮辱罪において公然性が要求されているのは、かつて、旧刑法においてそれが違警罪であった当時に、処罰範囲を社会秩序を紊すおそれのある行為態様に「政策的に当罰性を限定」するために認められた要件が、現行刑法にそのまま受け継がれているためであり、公然性要件を保護法益と結びつけるのは適切でないとする(山本・前掲論文(注80) 438-9頁)。沿革に関する指摘は興味深い。しかし、そのような「政策」の背景には、やはり、当罰性に関する実質的判断があったはずである。そして、そうした価値判断を現在の条文の解釈に引き直す場合には、保護法益論と関連させる解釈の方が望ましいように思われる。

[96] 名誉感情説からは、名誉毀損行為が同時に被害者の名誉感情をも侵害する場合には、両者が成立し、観念的競合となるだろうが、それはおかしな結論だ、という批判もある(たとえば、林幹人『刑法各論』(1999) 116頁)。一理あるが、そもそも観念的競合とすることが不可能とは言えないし、小野博士のように、両者は現象形式として異なるとしても、本質は1つと解して、名誉毀損罪のみを認めることも可能だから、決定的な批判とまではいえないだろう(小野①297頁)。

[97] 山口・探究79頁。

り、さらに、社会的名誉という特殊、重要な利益の侵害をも含んでいるので、「両者を基礎とする名誉毀損罪の方が人間の尊厳のみを基礎とする侮辱罪より重い犯罪とされるのは当然」という反論が可能であろう[98]。

第2の批判として、人間の尊厳の侵害の観点からは、公然性を欠く侮辱行為であっても、十分処罰に値するはずだ、というものがある[99]。とりわけ、被害者の面前で行われた侮辱行為は、人間の尊厳に対する重大な侵害となりうるのではないだろうか。このような説明だけでは、なぜ公然性が侮辱罪の成立要件とされているかが、必ずしも合理的に説明できないように思われる。そこで、平川教授も、近時、この点をふまえ、議論をより精緻にした。すなわち「人間の尊厳が社会に承認されている状態を、表現、情報の流布によって侵害することを処罰するのが侮辱罪」[100]というのである。確かに、このように考えれば、公然性が要求されていることは説明できるし、法益の内実もかなり明確にはなる。

そして、この見解は、以上のような保護法益論から、通説とは異なる2つの帰結を導こうとしている。1つは、「人間の尊厳」の侵害が認められない法人に対する侮辱罪を否定する点であり[101]、もう1つは、個人の個別的価値に対する侮辱罪を否定し、「人間を人間として認めない表現」、すなわち個別的名誉ではなく、普遍的名誉の侵害についてのみ、侮辱罪を認める点である[102]。このため、ある弁護士を「三百代言」と罵ったり、学者を「無能学者」と罵る行為等は、侮辱罪に当たらないことになろう。

しかし、人間の尊厳を侮辱罪の処罰根拠としても、この2つの結論を導くことが可能かについては、なお疑問がある。まず第1の帰結については、もし、人間の尊厳の侵害が欠けることを理由に法人に対する侮辱罪の成立を否

---

[98] 平川②10頁。
[99] ドイツ刑法185条の侮辱罪は、公然性を要件としていない。ただし、平川教授自身は、保護法益論を改める以前から、①公然と行われた場合の方が、非公然の場合よりも、被害が社会的な範囲において発生する点で重大である点、②被公然の侮辱を処罰すると、完全に私的なコミュニケーションにまで刑法が介入していくことになる点を理由として、公然性要件を維持すべきことを説いていた（平川①190頁）。
[100] 平川②10頁。
[101] 平川宗信『刑法各論』（1995）231頁（以下、平川③と引用する）。
[102] 平川①175頁。さらに、山口・探究79頁の分析も参照。

定するのであれば、法人に対する名誉毀損罪の成立も否定しなければならないことになる。前述したように、名誉毀損罪も、人間の尊厳の保護を前提としているからである。しかし、それは平川教授の認める結論ではないし[103]、前述のように妥当な見解とも言い難いだろう。逆に、人格権に由来する、社会的評価を低くする情報の流布を阻止する権利を根拠として、法人に対する名誉毀損罪を認めるのであれば、法人に対する侮辱罪を否定する根拠も薄弱となってしまうように思われる。

第2の帰結については、教授のように考えると、名誉毀損罪の成立範囲も、普遍的名誉の侵害も認められる場合に限定されざるを得なくなるだろう。教授の見解からは、名誉毀損罪においても、その様な意味での人間の尊厳の侵害が認められなければならないはずだからである[104]。しかし、それでは従来認められていた処罰範囲が大幅に限定されてしまう。そのような結論は、平川教授の意図しないところと思われる。

そして、もし、これら2点について、多数説と同様に考えるのであれば、結局、この見解は、侮辱罪による処罰の根底に人間の尊厳への配慮があるという点を指摘した点において多数説を理論的に深化させたものではあるが、その実質においては、多数説と変わらないといわざるを得ない。

(3) 多数説

以上のように、侮辱罪の保護法益を、名誉毀損罪のそれと異なるものとする少数説には、いずれも疑問があった。もっとも、両者を同じとする多数説に対しても、いくつかの批判がなされている[105]。

多数説に対する第1の批判は、次のようなものである。多数説は、名誉毀損罪と侮辱罪との境目は、「他人の社会的評価を低下させるに足る具体的」[106]

---

[103] 平川③225頁は、法人に対する名誉毀損罪の成立を認める。
[104] 名誉毀損罪においては、択一的に両者の保護法益いずれかの侵害が認められれば足りる、という反論もあり得るが、そのように考えると「両者を基礎とする名誉毀損罪の方が、人間の尊厳のみを基礎とする侮辱罪より重い犯罪とされるのは当然」（平川②10頁）とはいえなくなってしまう。
[105] なお、名誉感情説を採用せずとも、侮辱罪の保護法益を、人格権に基づく尊重請求権と理解すれば、公然性を不要とする立法も不可能ではない（先に見たように、ドイツ刑法185条は、そのような条文である）。しかし、前述のように、現在、そのような処罰範囲を拡張する立法をあえて行う必要性を、私自身は見いだせないし、そのように積極的に主張している論者も見あたらない（なお、注99）も参照）。

な事実が摘示されたことだとしている。すなわち、そうした社会的評価を害するに足る事実が摘示されていない場合に侮辱罪が成立することになる。しかしそれでは、同罪の保護法益を社会的評価としたことと矛盾するのではないか、というのである。

この批判に対しては、次のように反論できる。事実の摘示を伴わない侮辱的表現が公然となされた場合には、「そのように罵られるということは、被害者も、反感を買うような、何か問題のあることをしていたのかもしれない」という被害者の人格一般に対する疑念が抱かれるなどして、被害者に対する社会的評価が低下する可能性が、事実を摘示された場合より低いが、一応は存在している。すなわち、こうした場合にも、人格権に由来する、社会的評価にとって有害な情報を流通させられないことを求める権利に対する抽象的危険は存在するのである。侮辱的表現のこのような側面をとらえて処罰しているのが侮辱罪と考えられる。そうした危険は極めて抽象的なものではあるが、そうであるからこそ、侮辱罪の法定刑は、名誉毀損罪に比して、軽くされているのである[107]。このような解釈は、同時に、多数説に対して向けられている第2の批判、すなわち、名誉毀損罪と侮辱罪の法定刑の相違が適切に説明できない、という批判[108]に対する解答ともなろう。以上のように考えると、このような多数説の解釈が、正当と思われる。

このように考えるときには、前述した合成写真事例のうち、名誉毀損罪が成立しない場合でも、そこに、たとえば、被害者自身も性的に奔放であることを邪推させるような侮辱的表現が用いられているような場合などには、今述べたような意味での法益侵害性を認めることができるから、侮辱罪を認めるべきであろう。

他方、(名誉毀損罪とならない) 盗撮画像公開事例では、通常、侮辱罪を認めることはできない。こうした場合には、被害者に対する以上のような疑念を生じさせる可能性は、まず認められないからである。たとえば、温泉の盗

---

[106] 西田・前掲書 (注2) 101頁。
[107] もっとも、そうだとしても、後述のように、現行法の拘留または科料という法定刑は低すぎるように思われる。
[108] 前掲最決昭和58 (注84) における団藤意見、谷口意見参照。

撮映像を見た者は、当該被害者に対する侮辱的評価の表明と受け取るのではなく、単に、性的欲求を満たすための製品を作成するために、不特定多数の人を写していたところ、写ったのがたまたま当該被害者であった、受け取るのではないだろうか。侮辱罪となるのは、せいぜい、被害者の名前を出した上でそこに侮辱的なコメントを付すなどした、まさに特定人をねらい打ちにした暴露行為に限られるように思われる。

(3) 立法論

①総説　以上のように、多数説の解釈が、現行法の文理、法定刑等には最も合致するものであり、解釈論としては、支持されるべきであろう。しかし、立法論として、231条が現状のままでよいかは、なお一考の余地があるように思われる[109]。

まず、侮辱罪を、前述のような意味での抽象的危険犯と理解すると、その程度の行為をあえて処罰することの合理性が問われる。現に、古くから、侮辱罪の非犯罪化を説く見解も有力に主張されていた[110]。しかし、侮辱罪は、社会的評価への影響自体は間接的であったとしても、前述した名誉毀損罪と同様、相互承認を求める人格権を無視する行為である。とりわけ冒頭で述べたような、近時の人格権についての問題意識の高まりや、侵害行為の悪質化、多様化を前にすると、このような行為に対して、最後の手段としての刑事罰を残しておくことには、なお重要な意義があるように思われる。

むしろ逆に、現在の231条の法定刑は、前述したような意味での抽象的危険犯であることを考慮しても、なお軽すぎるのではないか、との疑問がある。以下、この点について見てゆこう。

②法定刑の改正とそこから生じうる解釈論上の帰結　冒頭で見たように、現在、侮辱を受けない権利に対する人々の意識は高まっている。そのような現状において、拘留または科料という同罪の法定刑は、いかにも軽すぎるのではないだろうか。もちろん、短期自由刑の弊害等にも鑑みると、自由刑を規定することについてはなお慎重な検討が必要だという意見もあるかもしれないが[111]、現状でも拘留はある以上、この点は決定的とは思えない。また、

---

[109] 公然性を不要とする立法論もあり得るが、現状では、なお疑問が残る。
[110] 平場安治＝平野龍一『刑法改正の研究2 各則』(1973) 362頁 (田宮裕)。

少なくとも、法定刑に罰金刑を加えることには、そうした障害もない[112]。

しかも、このような法改正は、単なる「重罰化」を超えた意義を持ちうる。それは、従来、名誉毀損罪として処罰されていた事案のうち、本来の名誉毀損罪とは、やや異質な性質を持つ場合を、侮辱罪として（より軽く）処罰すべきだ、という解釈論が、主張しやすくなる点である。具体的には[113]、例えば、230条の2において、事実の公共性、真実性は認められるものの、悪質な人格攻撃に及ぶなど、表現形式が極めて不当な場合があげられる。

---

111 わが国での改正刑法準備草案も、侮辱罪に自由刑（1年以下の懲役、禁錮）を規定していた。平場・前掲論文（注33）377頁は、これを支持する。また、ドイツ刑法典においても、侮辱罪は、原則として1年以下の自由刑または罰金、それが暴行によって行われた場合には、2年以下の自由刑または罰金とされている（185条）。なお、名誉毀損罪に対応する悪評の流布罪の法定刑は、①公然と行われない限り、1年以下の自由刑または罰金、②公然に、あるいは文書で行われた場合に、2年以下の自由刑または罰金であるが（186条）、熟知に反してなされた場合には、①が2年以下の自由刑または罰金、②は5年以下の自由刑または罰金とされている（187条）。なお、政治活動をしている者に対する、行為態様、動機、効果を限定した加重類型（3月以上5年以下の自由刑）もある（188条）。

112 平川①197頁は、罰金刑の導入を主張していた。

113 また、人種や、出自の摘示のように、社会の偏見故に社会的評価の低下が生じる場合について、名誉毀損罪の成立を否定する見解も有力（佐伯①（4・完）1748頁）だが、侮辱罪の法定刑の低さにも鑑みると、現状ではやはり、支持に若干の躊躇を覚えざるを得ない（補論も参照）。しかし、仮に侮辱罪の法定刑がある程度高ければ、そのような事案では侮辱罪のみ認め、名誉毀損罪については、このような有力説を採用する解釈が基本的に妥当であろう。被害者がユダヤ人であるという事実の摘示が、悪評の流布罪とならないとしたドイツ連邦通常裁判所の判例も、同時に、その呼称に蔑視が表現されていれば、侮辱罪にはなるとしていたのである（BGHSt8, 325.）。もっとも、このドイツの判例に対しては、客観的に名誉に関わらない事実の摘示が、行為者の蔑視の意図によって侮辱罪となるのは妥当でない、という批判がなされている（Hirsch, a.a.O.（Anm. 37）S. 86.）。確かに、もし、こうした事実を侮辱の意図で摘示すれば、常に侮辱罪が成立すると考えるのであれば、この批判は妥当するだろう。たとえば、ユダヤ人という事実を摘示することは、名誉毀損にならないが、侮辱の意図で「あいつは実はユダヤ人だ」といえば、直ちに侮辱罪となるというのは、両罪の保護法益を同じと考える限り、理解しがたい結論である。

しかし、侮辱罪肯定説もそのように考えているのではないだろう。こうした場合には、単なる事実の摘示を超えた、侮辱的な付随的事情があることが少なくなく、そして、そうした事情が認められる限りで、侮辱罪の成立を認める余地があるとしているのではないだろうか（佐伯①（4・完）1349頁は「事実の内容との均衡を著しく逸脱して主張者の価値判断が表現されている場合」に限って侮辱罪を認める）。そして、そうだとすれば、そのような結論は、決して不当ではないように思われる。具体的には、侮辱の意図が客観的な表現内容として現れている場合、いわゆる蔑称を用いた場合、さらに、明示的な侮辱的評価を用いているわけではないが、それを言外ににおわせていることが、文脈から読み取れる場合などが考えられる。これらの場合であれば、仮に、事実摘示がなく、侮辱の表現のみがなされたとしても、侮辱罪を認めることが妥当であろう。そうだとすれば、摘示された事実が名誉と関わらない場合でも、結論は同じであるべきだと思われる。

このような場合には、現在の判例理論によれば、おそらく、公益目的が否定され、侮辱罪ではなく、名誉毀損罪の成立が認められることになろう。いわゆる月刊ペン事件最高裁判決は、事実摘示の際の表現方法や事実調査の程度が、公益目的に影響することを認め[114]、その後の下級審判例にも、たとえば、民事裁判の相手方代理人の同僚弁護士に対する名誉毀損被告事件で、被告人の行為には、民事裁判の内容を紹介、報道し、裁判費用のカンパや傍聴を呼びかける目的もあったとしながらも、表現のセンセーショナルさ、真摯な事実調査を行っていなかったこと、ホームページ上の文書の削除依頼後対抗措置をとったこと、公表事実と裁判審理との間に実質的な関連例がないこと等を指摘して、公益目的を否定したものがある[115]。このように、判例においては、表現のセンセーショナルさが、公益目的を否定するファクターの1つと位置づけられているのである。

しかし、このような場合に、公益目的を否定することは、行為者から、事実の真実性立証の機会を奪ってしまうことを意味する[116]。そしてそうなると公共性のある事実の真否が不明なままとなってしまうが、それはやはり、本来、望ましくない帰結と思われる。近時の学説がいうように、摘示事実が公共の利害に関するものであり、行為者がそれを認識していれば公益目的を認め[117]、真実性の証明を許すのが本来あるべき姿であろう。

そのように考えると、真実性が証明された場合であっても、仮に事実摘示の部分がなく、評価に関する部分だけが表現されていたとしても、なお、通常の侮辱罪の成立要件を満たすような、極端な表現がなされた場合には、その侮辱的表現を根拠に、侮辱罪を認めることが適切と思われる。近年、民事判例においても、事実の摘示による名誉毀損と、意見ないし論評の表明による名誉毀損とが区別され、両者の免責要件が異なるものとされるようになっ

---

114 最判昭和56・4・16刑集35巻3号84頁。
115 福岡地判平成14・11・12（判例集未登載）、最高裁判所ホームページに紹介がある。もっとも現在の判例理論からも表現がセンセーショナルであることから直ちに公益目的が否定されるわけではなかろう。この点に関し、西田典之＝島田聡一郎「事例12」法学教室321号92頁も参照。
116 事実の公共性、公益目的が否定されると、真実性の立証は許されなくなる、というのが現在の一般的な考え方である（たとえば、西田・前掲書（注2）104頁）。被害者のプライバシー保護の観点から見て、そのような解釈自体は妥当であろう。
117 西田・前掲書（注2）103頁。

ている。具体的には、前者は、刑法230条の2とほぼ同様の、公共事項性、公益目的性を前提に、摘示事実の主要部分が真実かあるいは真実性誤信に相当性があれば免責され、他方、後者は、公共事項性、公益目的性を前提に、意見ないし論評の前提としている事実の真実性または真実性誤信の相当性があれば、人身攻撃に及ぶなど意見・論評の域を逸脱する場合を除き免責される、とされているのである[118]。先に見た解釈は、いわば、この後者に近い場合について刑法上は侮辱罪を認めるものということができる。もちろん、民事法上は、両者とも名誉毀損とされてはいるのだが、名誉毀損罪と侮辱罪の構成要件が区別されており、しかも、罪刑法定主義の観点から、どのような犯罪が成立するかを精査すべき要請が働く刑事法においては、両類型を区別するのが妥当ではないだろうか。

このような解釈に対しては、「結局侮辱罪の保護法益を名誉感情という個人の主観的感情に求めることに帰着する」という批判がなされている[119]。確かに、もしこの見解が、真実性の証明が成功した場合に、常に侮辱罪を認めるのであれば、その処罰根拠は、名誉感情侵害に求めざるを得ないだろう。しかし、この見解も、そのように考えているのではない。あくまで、論評の仕方がそれ自体として侮辱的な場合に限って、侮辱罪を認めているに過ぎないのである[120]。そのような場合には、事実摘示の部分と、評価の部分とで、いわば結果が2つ存在する。それ故、社会的名誉説を前提としても、前者が正当化されても、後者を根拠に侮辱罪を認めることは、なお可能だと思われる。

以上のことは、民事の下級審判例において、実際に「人身攻撃に及ぶなど、意見論評の域を逸脱する場合」とされた事例をみると、よりわかりやすいだろう。たとえば、次のような事例がある。ある英和辞典の誤りを指摘す

---

118 最判平成元・12・21民集43巻12号2252頁、最判平成9・9・9民集51巻8号3804頁等参照。この枠組は、民事判例においては完全に定着し、さらに、両者の具体的区別基準について判断した判例がでている。最判平成10・1・30判時1631号68頁、最判平成16・7・15民集58巻5号1615頁。
119 西田・前掲書(注2)109頁。
120 佐伯仁志=道垣内弘人『刑法と民法の対話』(2001)305頁。なお、小野①356頁も、事実の摘示に必然的に随伴する侮辱的表現は、真実性立証により違法性を否定されるとしていた。

る書籍を発行した者が、朝日新聞紙上において、「日本でいちばん売れている英和辞典はダメ辞典だ！」という挑発的な文句と共に、書籍の大規模宣伝を掲載し、しかもその新聞広告においては、辞書2点の外箱が、破られ、押し潰されて、両辞典から引き裂かれた何十頁分もの頁と共に、まるでゴミのように打ち捨てられていた。そして、書籍それ自体においても、「どこの馬の骨とも知れない英語学者」「恥も外聞もないマヌケ集団」「どういう神経をしていたらこんなメチャクチャな偽造文ができるのだろうか」等々の侮辱的表現が数多く並んでいた。

この事案で、東京高裁は、「権威への挑戦として許される過激さ、誇張の域をはるかに超え、前提として指摘する事実の一部に真実であると認められるものはあっても、全体として公正な論評の域を逸脱するもの」[121]としたのである。

このような侮辱的表現は、仮に、当該辞典についての具体的な誤りの事実の摘示なく、それ自体として独立して主張されれば、侮辱罪を構成することに、争いはないだろう。そうだとすると、事実の部分については、仮に、前提事実の真実性が証明され、免責要件が満たされたとしても、それとは独立に、侮辱罪の成立を認めることは可能と思われる。そのように考えたとしても、「言論の自由を保障するために認められた『事実の証明』の制度を無意味に」[122]するものでもない。そこまでの侮辱的表現をあえて用いなければすむ話だからである。

しかし、前述したように、侮辱罪の法定刑が、拘留または科料である現状では、おそらく、このような解釈論は採用されず、今の事例でも、公益目的を否定して、名誉毀損罪の成立を認め、法定刑の範囲内で量刑上の考慮をする、という解釈が採用されることになろう。それはそれで1つの解決ではあるが、名誉毀損罪の中に、他の場合とはやや異質な、本来は、侮辱罪とされてしかるべき場合が含まれてしまう。しかも、先に見たように、公共性のある事実について真実性が明らかにされない点でも、やはり問題があるように思われる[123]。侮辱罪の法定刑がある程度高くなれば、こうした場合について

---

[121] 東京高判平成8・10・2判タ923号156頁（一審判決も、162頁以下に掲載）。
[122] 平野・前掲論文（注7）78頁参照。

も、両者を適切に仕分けする解釈が、採用しやすくなるのではないだろうか。

Ⅳ 小 括

　これまで見てきたように、わが国の名誉毀損罪の解釈論は、例えば、侮辱的表現等が用いられた場合には、公共の利害に関する真実（かもしれない事実）の摘示であっても名誉毀損罪成立の余地を残している点などにおいて、実質的には侮辱罪で処罰することが適切な事案をも取り込んでおり、そこに若干の問題はあった。しかし、侮辱罪の法定刑があまりにも軽い現状に鑑みると、そうした解釈にも、やむを得ないところがある。しかも、多数説は、名誉毀損罪および侮辱罪の保護法益を、いずれも社会的評価としており、そうした拡張傾向も、あくまで「社会的評価」への影響が認められ得る範囲内に、辛うじてふみとどまっていたのであった[124]。

　しかし、近年、こうした最低限の歯止めさえ崩しかねない議論が登場していた。たとえば、近年問題となった盗撮画像・映像の公表事例は、被害者自身が自らの意思で出演しているという誤解を生じさせる可能性がない限り、「社会的評価」を低下させる危険はない。それにも関わらず、そのような限定を付さないとも理解できる裁判例が登場していた。そして、先に見たように、こうした場合を処罰することを意図した、新たな保護法益論が提示され

---

[123]　なお、古田佑紀「名誉毀損罪と表現の自由」Law School 36号7頁は、「表現の自由の濫用」の場合には230条の2は適用されない、という一般論の下に、こうした場合も、免責が否定される他の場合と統一的な説明が可能とする。しかし「表現の自由の濫用」という概念は、あまりに抽象的なものである。そのような観点では、そもそも構成要件のレベルで名誉毀損罪と侮辱罪とを区別することすら出来ない（さらにいえば、たとえば、信用毀損罪やわいせつ図画販売罪なども表現の自由の濫用である点では同じである）。もちろん、論者も、このような観点は、類型性に乏しく、実質的規範的判断が強く要請される違法性阻却事由の判断においてのみ、使用可能と考えているのだろう。しかし、違法性阻却事由も、その不存在が不法を基礎づける点においては、構成要件該当性判断と本質的な違いはないのだから、そうした区別の理論的正当性は疑問である（ことに、230条の2においては、要件が、通常の犯罪構成要件程度には、類型的に規定されている）。

[124]　もっとも、このような表現が、やや不十分なことは、Ⅱで詳論したとおりである。

ているが、それは、名誉毀損罪に関する他の論点において、不当な結論を導きかねないもので、やはり妥当でなかった。

確かに、「名誉」という法益は、どのように解釈したとしても、無形のものであり、明確に把握しがたい部分もある。しかし、そうであるからこそ、その内容をあいまいにすべきではなく、他の利益との限界付けを意識的に行うべきであろう。さもないと、名誉毀損罪が名誉侵害のみならず、他の人格権侵害をも取り込んだ、いわば人格権侵害についての落ち穂拾い的な構成要件となってしまいかねない。しかし、そのような解釈は、処罰範囲の明確性を著しく害し、疑問があるように思われる。

なお、民事の判例においても、先に見たように、社会的評価の侵害と、プライバシー侵害とは、異なった扱いをされている。そして、いわゆる肖像権侵害については、最高裁は、平成17年に「承諾なしにみだりに自己の容貌を撮影されないということについて法律上保護されるべき人格的利益」および「自己の容ぼう等を撮影された写真をみだりに公表されない人格的利益」[125]の侵害が、不法行為責任を基礎づけるか否かの判断において、諸事情を総合考慮して「侵害が社会通念上受忍の限度を超えるものといえるかどうか」という枠組を用いた[126]。同判決において注目すべきなのは、原判決が、名誉毀損罪における違法性阻却の判断枠組を若干修正した枠組[127]を用いたのをそのまま受け入れてはいない点である[128]。この判断は、2年前にやはり最高裁が出

125　講学上「肖像権」といわれているが、後掲最判平成17においては、この用語自体は使用されていない（下級審裁判例には、使用したものもある）。なお、警察官が、捜査のためにデモ隊を撮影した行為の適法性が争われた、最大判昭和44・12・24刑集23巻12号1625頁においても、「承諾なしに、みだりに、その容ぼう、姿態を撮影されない自由」が法的保護に値することは認められていたが、「これを肖像権と称するかどうかは別として」とされている。

126　最判平成17・11・10民集59巻9号2428頁（いわゆる和歌山カレー事件の被告人を、法廷内で無断撮影し、またそのイラスト画を作成し、週刊誌上で公表した行為に対し、被告人が、出版社、取締役等に対し、不法行為に基づく損害賠償請求をした事案）。解説として、太田晃詳「判解」法曹時報58巻8号2712頁。

127　すなわち、表現行為が公共の利害に関する事項に係り、かつ専ら公益を図る目的でなされ、しかもその公表内容が上記の目的に照らして相当である場合である。最後の点が、事実の真実性の証明ではないのは、いわゆる肖像権に関する事柄では、真実か否かは本質的でない（むしろ、真実の方が違法性が高い）ことが考慮されているのであろう。

128　なお、前掲最判平成17において、（撮影行為ではなく）イラスト画作成行為については、被告人が手錠、腰縄により身体の拘束を受けている状態を描いたイラストの公表が「被上告人（筆者注、殺人罪の被告人）を侮辱し、被上告人の名誉感情を侵害するものというべきであり…

した、名誉を毀損すると同時に、プライバシーをも侵害する週刊誌の記事公表につき、被侵害利益毎に違法性阻却の判断をすべきとした上で、名誉毀損については、事実の公共性、目的の公益性、摘示事実の重要部分における真実性を免責要件とし、他方、プライバシーについては、事実を公表されない法的利益と公表する理由とを比較衡量し、前者が後者に優越する場合に不法行為が成立するとした判断[129]をふまえたものである[130]。すなわち、少なくともこの事案の無断撮影行為の違法性判断にあたっては、名誉侵害についてのそれよりも、プライバシー侵害についてのそれに近い枠組が用いられているのである。

　もちろん民事法において、どのような違法性判断の枠組を採用するかについては、立証責任への配慮等の、民事に固有の考慮も影響する。それ故、そこから、直ちに刑事法上の帰結を導くことには慎重でなければならない。しかし、少なくとも、こうした無断撮影行為の違法性を判断するに当たっては、事実の公共性、目的の公益性、摘示事実の重要部分における真実性といった考慮要素によっては、その成立範囲を適切に画せないことは、認められているとはいえよう。そして、そのことは、こうした行為が、社会的評価という意味での名誉の侵害とは、やはり異質なことをも意味しているように思われる。刑法においても、以上のような大きな傾向は、やはりふまえる必要があるのではないだろうか。

写真週刊誌に掲載して公表した行為は、社会生活上受忍すべき限度を超えて、…人格的利益を侵害する」とされている。すなわち、侮辱的な名誉感情侵害であることによって、人格的利益の侵害が認められているのであり、その意味では、民事判例において、名誉とその他の人格的利益とが峻別されているとまではいえないかもしれない。もっとも、この点についての評価は、今後の民事法学の議論の展開を待つこととしたい。いずれにしても本稿の問題意識との関係では、無断撮影行為に対するおおまかな傾向のみ指摘すれば足りるであろう。
129　最判平成15・3・14民集57巻3号229頁。
130　前田陽一「判批」判例評論567号36頁も参照。

Ⅴ 盗撮に対する立法的対応

1 立法の必要性

　以上のようにして、盗撮画像公表行為を、名誉に対する罪の枠内でとらえることには無理があった。そこで、端的に、いわゆる肖像権侵害の側面をとらえて犯罪と構成すべきではないか、という立法論が浮上してくる。このような行為に対し、民事法上の対応のみならず、刑法的介入が必要なのは、次のような理由に基づく。

　盗撮行為等による肖像権、プライバシーの侵害は、ことに映像等の大量複成が容易に可能となった現在、いったん生じてしまうと、被害者にとって取り返しがつかないことが多い。それにもかかわらず、その損害額の算定は、しばしば困難なことから、損害賠償額はどうしても低くなりがちである。他方で、撮影者が、盗撮画像等の売却によって、多額の利益を上げている可能性は、一般に高く、しかもネットワーク上での公開行為のように、私人による行為者の特定が容易でないことも少なくない。このため、私人による民事上の責任追及は期待できず、そうした行為を抑止する動機付けとして不十分である。こうした状況の下では、刑法的対応がやはり必要となるように思われる[131][132]。

　現に、2004年には、アメリカ合衆国およびドイツにおいて、いずれも盗撮行為を処罰する立法が成立した。もっとも、両者の内容はかなり異なっている。以下、これら二国の立法を中心に、適宜、他国の状況も参照しながら、

---

[131] もちろん、プライバシーの概念の外延が不明確であることにも鑑みると、すでにたびたび指摘されているように、包括的なプライバシー侵害罪を設けることは、構成要件の明確性の観点からも、立法論として望ましくない（平川①228頁、佐伯②92頁参照）。しかし、本稿が主張しているのは、そのような立法論ではなく、盗撮、盗撮画像・映像の公表といった、行為態様を当罰性の高い類型に限定したものだから、明確性の問題は生じないように思われる

[132] なお、2005年4月9日付読売新聞朝刊によれば、自民党は、参院政策審議会の下に、世耕弘成参議院議員を事務局長とする「盗撮防止法ワーキングチーム」を設け、盗撮防止法案を第162回国会に提出する予定であった。しかし、郵政民営化問題等のため、法案提出は見送られ、現在でも、立法はなされていない。

今後のわが国の立法に際して、考慮すべき事情と、立法のあるべき方向性について簡単に述べ、本稿を閉じることとしたい[133]。

2 アメリカ合衆国におけるビデオによるのぞき見行為の処罰

アメリカ合衆国においては、2004年の連邦法改正により、ビデオによる覗き見の罪が設けられた[134]。それは、次のような規定である。「他人の身体のプライベートな部分についての画像・映像を、同意なく作成、保存する意図で、被害者がプライバシーについての合理的な期待を抱く状況において、そうした画像・映像を、故意に作成・保存した者には、1年以下の自由刑または罰金を科し、あるいはこれを併科する。」

この罪は、客体を、「他人の身体のプライベートな部分」、すなわち「裸あるいは下着のみを着けた、生殖器、陰部、尻、あるいは女性の胸部」[135]に限定している。その一方で、撮影場所については、屋内に限らず、「被害者がプライバシーについての合理的な期待を抱く状況」が認められれば足りるとしている。それは、具体的には「合理的な人間であれば、プライバシーを保護された状況で、身体のプライベートな部分についての画像、映像が作成、保存されるなどということを気にかけずに、服を脱ぐことが可能だと信じるであろう状況」[136]あるいは、「私的な場か、公的な場かを問わず、合理的な人間であれば、身体のプライベートな部分が、他人に見えないと信じるであろう状況」[137]を意味するとされている。

この罪は、撮影の対象を、個人の身体のうち、性的な関心を引きやすく、被害者も性的羞恥心を抱くような部分に限定することによって、実行行為を、盗撮によるプライバシー侵害行為のうち、いわば性的な覗き行為といえる場合に限定し、その一方で、撮影場所については限定せず、屋外であっても、プライバシーの合理的期待が存在する場合には、処罰対象とする規定で

133　前田・前掲書（注63）151頁も、盗撮罪を立法する必要性を説く。
134　18.U.S.C.A.Chapter88 Sec.1801（Video Voyeurism）. なお、(c) においては、この条項は、適法な法執行、矯正、諜報活動を一切妨げるものではないとされている。
135　Sec.1801 (b) (3).
136　Sec.1801 (b) (5) (A).
137　Sec.1801 (b) (5) (B).

ある[138]。

3 ドイツにおける写真撮影によって最も個人的な生活領域を侵害する罪

他方、ドイツにおいても、かなりの議論を経て、2004年の刑法改正[139]において「写真撮影により最も個人的な生活領域を侵害する罪」[140]が導入された。しかし、その内容は、アメリカ合衆国におけるそれとは、相当に異なり、ある意味では対照的とすらいえる。具体的には、以下のような内容である。
「(1) 住居または視線から特別に保護された部屋にいる者の画像・映像を無権限に作成または同時放映し、そのことによってその者の最高度に個人的な生活領域を侵害した者には、1年以下の自由刑又は罰金刑を科す。
(2) 第1項の方法によって作成された画像・映像を使用し、または第三者に使用させた者も、1項と同様とする。
(3) 権限に基づいて作成された、住居または視線から特別に保護された部屋にいる他人の画像・映像を、意図的に第三者に利用させ、そのことによってその者の最高度に個人的な生活領域を侵害した者には、1年以下の自由刑又は罰金刑を科す。」[141]

---

138 なお、2003年の性犯罪法（sexual offences act）で類似の規定を導入したイギリスでは、性的満足を得る目的で、被害者が覗き行為に同意しないだろうことを知りながら、被害者のプライベートな行為を覗く行為（67条1項）、第三者に性的満足を得させる目的で、第三者が、被害者のプライベートな行為を覗くことができるように設備を整える行為（同2項）、自分あるいは他人が性的満足を得る目的で見るという意図の下、他人のプライベートな行為の記録を作成する行為（同3項）、さらに、これらの罪を犯す目的での機器等の少なくとも一部を設定する行為（同4項）が処罰されている（法定刑は、summary convictionの場合、6月以下の自由刑または罰金、通常の有罪判決の場合には、2年以下の自由刑となっている）。ここにいう「プライベートな行為」は、被害者がプライバシーを享受することを合理的に期待できる場所にいるか、そのような状況にあり、しかも、以下のいずれかが満たされている場合と定義されている（68条）。(1) 被害者の生殖器、尻、胸が裸であるか、下着しか着けていない場合、(2) トイレを使っている場合、(3) 通常、公衆の面前ではなされないような性的行為を行っている場合である。これも、対象を性的な要素を伴う場合に限定している点では、アメリカ合衆国の法律と類似しているが、性的満足を得る（または得させる）目的を要求している点、他方、必ずしも記録を要求していない点が異なっている。
139 36.StÄGesetz.
140 StGB§201a（Verletzung des höchstpersönlichen Lebensbereichs durch Bildaufnahmen）. この犯罪に関する近時の包括的研究として、Andreas Kächele, Der strafrechtliche Schutz vor unbefugten Bildaufnahmen, 2006がある。
141 なお、4項に、「画像・映像を保存した物、撮影機、その他の正犯者、共犯者が撮影に利用した技術的道具は、没収することができる。没収の際には、74条aが適用される」との規定がある。

ドイツ法においては、客体は、人の画像、映像であれば足り、性的要素を伴う部分が撮影等されていることは要求されていない。しかしその一方で、被害者が家を典型とした閉鎖空間にいる場合しか成立しないと、場所的な限定が厳しくなっている[142]。構成要件的結果として要求されている、「その者の最高度に個人的な生活領域を侵害した」という規範的構成要件要素の内容をめぐっては、すでに激しい議論があるが[143]、これに類似した「内密な領域」という概念が、民事判例上、少なくとも、性的行動や裸の状況のみならず「病気、死に際」といった状況を含むとされており、しかも201条aの立法過程においては、この概念を、内密な領域より広い意味で用いる趣旨とされていた[144]。それ故、少なくとも、たとえば、自宅で（服を着て）寝ている病人を無断で撮影する行為は、同罪に当たることになる。なお、ドイツにおいては、これ以前から、芸術著作権者保護法によって、被撮影者の同意がない写真・映像の公開行為が、1年以下の自由刑または罰金で処罰されてい

142 なお、このような空間的限定をする立法は少なくないが、ドイツ法のそれは限定が厳格なものであろう。例えば、フランス刑法にも、プライベートな場所（lieu privé）にいる人物の肖像を、同意なく撮影、録画し、あるいは放送・伝達する（transmettre）ことによって、私生活（intimité）を害する行為（226-1条2項）が1年以下の自由刑及び45000ユーロの罰金で処罰され（ただし、被害者が、撮影現場におり、撮影を目の当たりにし、阻止可能であったのに、そうしなかった場合は同意が与えられたものと推定される）、さらに、226-1条の行為によって作成された記録の保存、公衆または第三者に広めまたは広められるがままにする行為、およびあらゆる方法による利用も、同様に処罰される（226-2条。いずれも、未遂犯処罰規定（226-5条）、法人処罰規定がある（226-7条））。これも、ドイツ法に近い場所的限定をするものだが、「プライベートな場所」の意義については、ドイツ法と異なり、その場にいる者が同意しない限り、他人に開放されていない場所とされており、必ずしも視線から保護された空間であることまでは要求されていない（Yves Mayaud, Code Pénal, 2007, Art226-1 N. 29）。
　また、スイス刑法でも他人の秘密領域（Geheimbereich）に属する事実、または誰もが当然には手に入れることができるわけではないプライベートな領域（Privatbereich）に属する事実を、被害者の同意なく録音、撮影機を持って監視・観察(beobachten)し、あるいは写真記録器に保存する行為（1項）、および、そのようにして手に入った事実や記録をそうと知りながら、あるいは当然知るべき状況で、手に入れ、使用し、第三者に公表すること（2項、3項）を処罰しているが（StGBArt. 179quater。法定刑は、(37条の一般規定より) 3日以上3年以下の懲役刑あるいは罰金）、そこでも、家などの視線から守られた空間内にある事実であることを要しないとされている（BGE118Ⅳ41（1992年の判決。家のドアを開け、玄関先に出た被害者が、本罪の対象とされた）。
143　Z.B., Kristian Kühl, Strafrechtlicher Pesönlichkeitsschutz gegen Bildaufnahmen, Festschrift für Bernd Schünemann, 2005, S. 220ff.
144　BT-Drs.15/2466, S.5.

た[145]。今回の規定には、公開のみならず、その前段階の撮影行為も処罰対象とした点において、同法で認められていた処罰範囲を拡充するという側面がある。

4 わが国における立法のあり方

これに対し、現在のわが国には、以上のような形で盗撮行為、および盗撮画像・映像公開行為を正面から処罰する規定は存在しない。覗き見行為は、軽犯罪法の窃視罪とはなりうるし、公の場における下着等の盗撮行為は、各都道府県における迷惑防止条例の、卑わい行為等に関連する規定によって処罰されている。しかし、前者は法定刑が極めて軽く、この種のプライバシー侵害の不法内容を十分に把握しているとは言い難い。他方、後者は、全国でいち早く制定された東京都条例の立案過程において、公衆への迷惑防止が立法趣旨とされていたこともあって、一般に、公衆への迷惑の防止という、社会的法益に対する罪と理解されており[146]、自宅等の個人的領域におけるにおける盗撮行為が対象とされていないから、盗撮行為によるプライバシー侵害、肖像権侵害を正面から捕捉する罪とは言い難い。

では、わが国では、どのような立法が望ましいのだろうか。まず、実行行為の内容が問題となる。先に見たアメリカ合衆国（連邦）およびドイツの法律は、その内容をかなり異にしていたものの、いずれも、いわゆる単純な覗き行為を処罰対象としておらず、写真撮影や映像の同時放映といった、情報を固定化する行為を要求していた。この点については、そうした固定化行為を要求しない立法もあるが[147]、日本での立法に当たってはやはり「固定化」を必要とすべきであろう。そうした行為があってはじめて、いつでも再現可能な状態が作り出され、プライバシー侵害が、繰り返し、拡散して行われるおそれが生じるからである。そうした事情こそが、軽犯罪法の単なる窃視罪

---

145 Kunsturheberschutzgesetz§22, 23, 35.
146 合田悦三「いわゆる迷惑防止条例について」『小林充先生・佐藤文哉先生古稀祝賀刑事裁判論集（上）』(2006) 518頁。
147 先に見たイギリス法がそうである。また、スイス刑法もそのような条文だが、判例によれば、録画機器をたずさえて覗き見する場合でなければならないとされている（BGE117Ⅳ32）。

を超えた当罰性を基礎づけるように思われる[148]。

なお、公表行為の段階ではじめて犯罪を成立させる立法も考えられないではないが、既遂時期が遅くなり、被害が拡大する前に防止することができなくなるので、そこまでの限定をすべきではないだろう。

次に問題となるのは、構成要件の限定方法である。同意のない撮影行為は、たとえば、防犯カメラによる撮影を念頭に置けばわかるように、一定の社会的な有用性が認められる場合もある[149]。そこで、どのような形で、当罰性の高い場合に限定すべきかが問題となるのである。この点について、ドイツ法などでは、一定の「領域」内の人物を撮影する行為といった形で、いわば領域的限定がなされており、他方、アメリカ合衆国の連邦法などにおいては、人体のうち性的要素の強い部分を撮影する行為という形で、いわば撮影対象の限定がなされていたといえよう。

では、わが国ではどのように考えるべきか。ドイツ法のような方法も一案ではあるが、現在のわが国の問題状況には、若干そぐわないように思われる。まずは、性的部分を撮影対象とした場合を処罰すべきであろう。以下、その理由を述べる。

まず、ドイツにおいては、従来から、同意なく他人の非公然の会話を録音する行為が、処罰の対象とされていた点に注意を要する[150]。このため、無断録音行為を処罰する以上、それとのバランスから、無断撮影行為も処罰すべきだ、という見解が、従来から、有力に主張されていたのである[151]。このような観点からは、私的領域内における人物の肖像を無断で作成する行為については、それ自体として当罰性があり、例外的な場合のみ処罰対象から除く、という議論になりやすい。しかし、わが国では盗聴行為を直接処罰する

---

148 わいせつ図画等陳列罪が公然わいせつ罪よりも重く処罰されている根拠とパラレルに考えることができるだろう（Kühl, a.a.O.（Anm. 143）S.219）。
149 詳しくは、前田雅英「犯罪統計から見た新宿の防犯カメラの有効性」ジュリスト1251号154頁、亀井源太郎「防犯カメラ設置・使用の法律問題——刑事法の視点から」東京都立大学法学会雑誌43巻2号111頁参照。
150 ドイツ刑法201条。類似の限定をするフランス法においても、226-1条1項が、盗聴行為を処罰している。
151 Bernd Schünemann,Der strafrechtliche Schutz von Privatgeheimnissen,ZStW90,S.33.

条文はない以上[152]、このようなバランス論は成り立たない。すなわち、少なくとも現状では、家などの領域内の出来事についても、単なる「見られたくない」という利益の侵害を超える特別な不法内容がない限り、処罰対象とすべきではないように思われる。そして、そのような不法を基礎づけうるファクターとして、一般人にとって多大な羞恥心を感じさせるような、性的事項に関連する事柄の撮影に限定することは、社会問題化している盗撮行為の多くが、性的事項に関連するものであることにも鑑みると、十分な合理性があるように思われる。

　他方、そのような対象が撮影されている場合については、被害者が屋内にいる場合に限定する必要はないように思われる。確かに、極めて大まかに言えば、多くの人は、屋内にいる場合には、屋外にいる場合よりもプライバシーが守られるという期待をしている。その意味で、屋内の盗撮行為が当罰性が高いことはその通りである。そして、屋外にいる場合には、自らの姿を他人の目にさらしているから、外貌を撮影されない期待は、やや弱まるかもしれない[153]。しかし、だからといって、服の中等の、通常他人の目に触れないような措置を講じている身体箇所を撮影されないという期待まで弱まるとはいえないだろう。プライバシーの不正取得においては、被害者が講じることが通常期待されているような防衛措置を講じていたにもかかわらず、行為者がそれを乗り越えたことが、当罰性を基礎づける1つの重要なメルクマールだが[154]、たとえば、スカート内の盗撮や赤外線カメラによる裸体の盗撮等は、そのような要件を満たしているように思われる。そのような行為と、たとえば海水浴場で泳いでいる水着姿の人を撮影する行為とは、プライバシーへの期待という観点から、当罰性が明らかに異なるだろう。

　もちろん、屋外における盗撮行為については、現在、迷惑防止条例が規制しているから、あえて法律による処罰の対象とせずとも足りる、という議論

---

[152] 電気通信事業法第179条は、あくまで、「電気通信事業者の取扱中に係る通信の秘密を侵した」者を処罰する規定であり、室内で行われている会話の盗聴行為を処罰対象としているわけではない。
[153] むろん、民事的ないわゆる肖像権侵害は問題となりうる。ここでは、刑法的介入を基礎づけるほどの高度の期待があるかを問題にしているに過ぎない。
[154] 園田寿「私的秘密の刑法的保護」刑法雑誌30巻3号402頁参照。

もあり得る。しかし、i 条例による規制は、各都道府県ごとに構成要件、法定刑等が異なり[155]、しかもそのような差異をあえて残しておく合理性には乏しいこと、ii 同一電車内で、複数回盗撮している間に、走行地域が別の県に入ったような場合、罪数や訴訟法上の処理が複雑となること[156]からすれば、全国で統一的な規制をする方が好ましいように思われる。

さらに検討すべき重要な点をいくつか指摘しておこう。まず第 1 に、①撮影されることについては同意して撮影された画像、映像を無断で公表する行為を処罰すべきかが問題となる。公開行為が、不特定多数人に対して、被撮影者のプライバシーを公開するものであり、単なる盗撮行為よりも当罰性が高いことに鑑みると、被撮影者が撮影に同意していたからといって、当然に、公開に同意していたあるいは公開の危険を引き受けていたとはいえないから、当罰性は否定できないだろう。

第 2 に、②性的満足を満たす意図、目的を要求すべきかも問題となる[157]が、先に見たような対象の限定がなされていれば、その違法性は明らかであり、また、行為者がそのような状況を認識して行動する限り、十分責任非難に値するから、そうした限定は不要であろう。実際上もこのような行為は、性的目的を欠く場合であっても、営利目的があるのが通常であろうし、目的の欠如のために当罰性がないと考えられる事案は想定しがたいように思われる[158]。

第 3 に、③撮影行為と公表行為とで法定刑に差を設けるべきかも問題となる。公開行為が、不特定多数人に対して、被害者のプライバシーを公開するものであり、単なる盗撮行為よりも当罰性が高いことに鑑みると、これを肯

---

155 その概要を知るには、合田・前掲論文（注146）530頁以下の表が便利である。
156 合田・前掲論文（注146）526頁。
157 前述のように、イギリス法ではこれが要求されていた。
158 周知のように、強制わいせつ罪において、判例は性的意図を要求しているが（最判昭45・1・29」刑集24巻 1 号 1 頁）、そのような解釈に対してはそもそも批判が多い（例えば、西田・前掲書（注 2）83頁）。また、この解釈を前提としたとしても、強制わいせつ罪の成否が問題となる場面では、それが否定されたとしても強要罪が成立しうるのに対し、この場面では（同時に住居侵入罪等が成立する場合もないとはいえないが）、その行為自体については、せいぜい軽犯罪法違反や条例違反しか成立し得ないのだから、同じように考える必要はない。

定する方が自然だが[159]、情報の固定化がなされれば、公開に限りなく近いと考えれば、ちょうどわいせつ図画販売目的所持罪の法定刑が頒布販売罪のそれと同じであるのと同様に、差を設けないことも可能であろう[160]。

Ⅵ 補論─社会的評価の限定？─

　注18で述べたように、以下の議論は、討論前の段階では、盗撮画像公表行為について名誉毀損罪の成立を否定する根拠となりうるような内容であった。しかし、討論をふまえ、内容を改めた現在では、そのような内容を持たない。削除することも考えたが、「議論のまとめ」との対応関係を考えて、補論として残す。

1 多数説

　社会的評価、より厳密にいえば、社会的評価に悪影響をあたえ得る情報を流布されない人格権が名誉毀損罪で保護されるべきだとしても、そこにいう「社会的評価」とはどのようなものであるべきか。つまり、あらゆる社会的評価が保護されるべきか、それとも、何らかの限定があるべきか、という点については議論がある。以下、簡単に検討を加えることとしよう。

　周知のように、多数説は、前者の立場を採り、たとえば「人の行為または人格に対する倫理的価値に限らず、政治的、社交的、学問的、芸術的能力はもちろん、身体的、精神的な資質、職業、身分、血統など、広く社会生活上認められる価値を含む」[161]などとしている。そして、刑事判例においても、「名誉とは人の社会的評価または観念を指称する」[162]などとされており、社会

---

[159] 木村・前掲論文（注7）91頁は、法定刑に差を設けるべきことを説いている。
[160] なお、すべての迷惑防止条例では、卑わい行為禁止違反について、常習と非常習に分けた規定が設けられている。盗撮罪についても、そのような区分を設けることも考えられるが、常習犯規定については、近時、公訴事実の単一性について複雑な問題を生じさせることが、強く意識されるようになっており（最判平15・10・7刑集57巻9号1002頁参照）、なお慎重な検討が必要であろう。情報拡散の危険の高さを根拠に営利目的（あるいは頒布目的）の場合を加重処罰するのは一案かもしれない。
[161] 大塚仁『刑法概説各論［第3版増補版］』（2005）136頁。
[162] 大判昭和8・9・6刑集12巻1590頁。

的評価の内容に、特に限定は加えられていないようにも見える。

2 限定説

しかし、比較的最近、こうした判例・多数説に対して、根本的な見直しを迫る見解が登場した。佐伯仁志教授の見解がそれである。教授は、まず、人をユダヤ人と呼ぶことが、わが国の名誉毀損罪に対応する悪評の流布罪（ドイツ刑法186条）[163]にいう「事実」にあたらないとしたドイツ連邦通常裁判所の判例を[164]好意的に引用した上で、「名誉が社会的評価であることは、人に対するプラスの評価がすべて名誉の内容となることを意味しない」[165]とする。これは、「人格と無関係とされるべき事実の公表であっても、現実に社会的評価が低下する危険があれば、すべて名誉毀損とするのは、人格の保護にとってけして有益ではないと思われる。社会の偏見を追認し固定化する危険がある」[166]という理由に基づく。その上で教授は、「人格とは人が主体的につくりあげてゆくものであって、人格に対する評価の基礎となる事実は、その人の責任において変更することのできる事実でなければならない」[167]という限定を加え、具体的には、身体的、精神的障害、病気、血統、階級等に関する事実は、たとえ、そのような事実の摘示が、その人に対する現実の社会的評価を下げたとしても、名誉毀損罪とはならないとするのである（以下、限定説と呼ぶ）。

さらに、佐伯教授は、日本の判例にも、摘示事実が名誉にかかわらないという理由で、名誉毀損罪の成立が否定されたものがあると指摘する。具体的には、①妻が姦通したという事実が夫の名誉を侵害するものではないとしたもの[168]、②妻に万引癖があるという事実が夫の名誉を侵害するものではないとしたもの[169]、③巨万の借財をしたという事実は、信用を害することはあっ

---

163 ただし、この条文は、事実の真実性証明を常に許している点において、日本刑法230条とは大きく異なる。
164 BGHSt8, 325.
165 佐伯・②77頁、佐伯①（4・完）1683頁。
166 佐伯①（4・完）1744頁。
167 佐伯②77頁。
168 大判明治44・6・8刑録17輯1102頁。
169 大判昭和9・5・11刑集12巻1403頁（ただし傍論。夫に対する名誉毀損となるような事実が摘

ても、ただちに名誉を害するとはいえないとしたもの[170]がそれである。教授によれば、これらの判例の事案で摘示された事実は、現実に社会的評価を低下させうるものである。しかし、これらの事実が「個人の人格の評価に影響を及ぼすべきでないという規範的判断」[171]によって、名誉毀損罪の成立を否定すべきであり、判例は、結論的に支持できる、というのである[172]。

3 評価

では、どのように考えるべきか。多数説と限定説とは、その基本的な発想において、確かに対立する。しかし、仮に後者を前提としても、多数説が当罰的と考えている場合の一定部分は、名誉毀損罪として処罰可能であろう。この点を、まず確認しておきたい。

多数説は、身体障害、精神的障害、出自といった事実の摘示も、「社会内の差別意識を利用して人の社会的評価を低下させる…人間の尊厳の侵害の点でも侵害が著しいといえ、むしろ悪質」[173]とする。しかし、そのような学説が念頭に置いているのは、通常、たとえば「障害があったから、現在の〇〇という仕事に不適である」といったように、社会の偏見、不当な差別意識を利用して、相手方の具体的な社会的評価を下げる趣旨の言論ではないだろうか。そうした場合については、(佐伯説自身は明言していないものの)限定説に従っても、処罰可能であるように思われる。たとえば、ドイツにおいては、限定説を前提として、障害者であることの摘示について、次のように論じる学説がある[174]。すなわち、障害者差別の禁止を明文化した1994年の基本法改正からすれば、障害があるという事実の摘示は、それ自体としては名誉

示されたと認めてもいる)。
170 大判大正5・6・26刑録22輯1153頁(信用は、性質上財産法益の一種で、その侵害は必ずしも名誉毀損を構成しないとする。もっとも、傍論で、一個の行為で両者が害されれば、観念的競合となる余地が認められている)。
171 佐伯①(4・完)1744頁。
172 なお、民事判例ではあるが、前掲最大判昭和62は、名誉毀損を「人の品性、徳行、名声、信用等の人格的価値について社会から受ける客観的評価である名誉を違法に侵害すること」としている。
173 平川①12頁。
174 Edward Schramm, Über die Beleidigung von behinderten Menschen, Festschrift für Theodor Lenckner, 1998, S. 539ff.

にかかわるものではない。しかし、たとえば、ある女性の子供が栄養不良なのは、彼女が障害のために子供を育てる能力に欠けるからだ、といったように、障害が、被害者に委ねられ、あるいは被害者が引き受けた社会的役割の履行能力がないことと結びつけられている場合には（わが国の名誉毀損罪に相当する）虚偽の風説の流布罪が成立する、というのである[175]。

実は、日本の判例においても、そうした点が問題とされたものがある。④被告人が、片手のない町議に対し、「ヌエ的町議もあるとか…二三日のわずかの期間内での朝令暮改の無節操ぶりは片手落ちの町議でなくてはよも実行の勇気はあるまじ、肉体的片手落ちは精神的の片手落ちに通ずるとか？」という記事を公表した行為に[176]、名誉毀損罪の成立を認めた判例がそれである。同判決は、一見、被害者に片手がなかったこと自体を、名誉を毀損すべき事実としているようにも理解できる[177]。もし、そのような理解が正しいとすれば、この判例は、多数説からは支持されうるが、限定説からは、支持できないことになりそうである。

しかし、この判例を、そのように理解するのは、妥当でないように思われる。なぜなら、この判決は、続けて、政治的無節操さについて証明がないと判示しているが、仮に、片手がなかったこと自体が名誉を毀損する事実であれば、政治的無節操さについての真実性の証明は無用なのだから、この判示が無意味なものとなってしまうからである。

そこで、一部の有力な学説は、同判決は「無節操な行為をしたこと」[178]、「政治的無節操さ」[179]を名誉毀損的事実としたと理解する。しかし、そのような理解も若干不自然ではないだろうか。確かに、同判決は、政治的無節操ぶりについて「真実であるとの証明があったものとは認められない」としてはいる。しかし、その後続けて、仮にその証明があったにしても「凡そ公務と

---

175 Schramm, a.a.O., S.555.ただし、常に真実性証明を許すドイツ刑法の下では、真実性の証明がなされないことが前提となる。さらに、同論文では、本文中で述べたような事情がなくとも、あざけりの言葉として用いられた場合には、侮辱罪が成立するとされている（S.548）。
176 最判昭和28・12・15刑集7巻12号2436頁。
177 植松正「判批」『刑事判例評釈集（昭28）』(1960) 365頁。
178 佐伯②81頁。
179 町野朔「名誉毀損罪とプライバシー」石原一彦他編『現代刑罰法体系3』(1983) 328頁。

何等関係のないことを執筆掲載すること」は許されないとして、230条の2第3項に該当しないとした原判決を正当としているのである。もし同判決が、無節操なことをしたことのみが、名誉毀損的事実だと理解しているのであれば、それは、まさに「公務と関連する」ことであり、後半の判示が成り立たなくなってしまうように思われる[180]。

この判例を素直に読めば、やはり、政治的無節操さと被害者の身体的特徴とを「結びつけ」たこと、すなわち「身体的障害があるが故に政治的無節操になっている」[181]という事実が、名誉毀損的であり、そして、政治的に無節操であったことが証明されない以上、この事実摘示は虚偽と評価されたと理解すべきであろう。この場合、保護されるべき「社会的評価」は、政治的節操、公正といった限定説からも保護に値する利益であり、そのような評価を、「身体的障害があるが故に政治的無節操になっている」という虚偽の事実の摘示によって害した、と考えられるのである。このような見解に対しては、「被害者を侮辱する行為であったとしても彼の社会的評価をおとしめる行為ではない身体的不具の事実の摘示をとらえて名誉毀損罪の成立を肯定しようとするものであり、不当」[182]という批判もある。確かに、身体的障害それ自体を「事実」ととらえるときには、少なくとも限定説を採用する限り、そのような批判も妥当するだろう。しかし、身体的障害があるが故に無節操になっている、という因果関係をも含めた事実の摘示と理解すれば、その事実には、社会的評価を低下させる部分も含まれているのだから、そのような批判は当たらないように思われる。前述のように、名誉毀損罪において、侮辱罪とは異なり、「事実の摘示」が要求されている趣旨は、事実の摘示を欠く後者では、「そのように罵られるということは、被害者も何か悪いことを

---

[180] なお、佐伯教授は、この点を指摘した上で、「仮に」以下は傍論であるので、意味を持たないと評価している（佐伯②81頁）。しかし、もし政治的無節操のみが摘示されているのだとすれば、それは、明らかに公務と関連することなので、このような傍論を述べること自体が、事案との関係で極めて不自然なものとなってしまうように思われる。

[181] 林・前掲書（注96）126頁参照。このように考えると、仮に、政治的無節操さが証明されたとしてもそのような「結びつき」が証明されない限り免責されないこととなる（そしてそのような「結びつき」は、この事案では存在しえないだろう）。（平野龍一『刑法概説』（1977）192頁参照）。

[182] 町野・前掲論文（注179）329頁。

していたのかもしれない」という、被害者の一般的な人格に対する評価を下げる、かなり抽象的な危険しか生じないのに対し、具体的事実と関連づけられた前者では、被害者の具体的行動に対する評価に結びつく、特定された危険が生じうる点に求められるが、以上のような場合には、そうした特定された危険を認めうるように思われる。

このように、出自、障害といった、それ自体としては、社会的評価と関連づけられるべきではない事実であっても、それが、社会的評価と関連づけることが許される事実と一体となって、名誉毀損的となることは、限定説を採用したとしても、あり得るように思われる。他にたとえば、ある会社の社長について、「隠れた疾患があるから、経営陣としての任を果たし得ない」と指摘する場合も、同様に考えられる[183]。

4 社会的評価を害すべき他の事実と結びついていない場合

そうすると、残る対立点は、被害者の責任では変更できないが、その社会的評価を低下させうる事実のみを指摘した場合の扱いということになる。限定説は、そうした場合に、名誉毀損罪の成立を否定する。その場合に同罪を認めることは、裁判所が偏見を追認することを意味し、妥当でないというのである。その上で、限定説からは、こうした事実の摘示が侮辱的な意図でなされた場合に限って、侮辱罪を認めるべきことが説かれている[184]。

しかし、多数説を前提とした場合、このような行為を名誉毀損罪で処罰することが、当然に「社会の偏見の追認、固定化」を意味するわけではない。なぜなら、多数説は、限定説とは異なり、あくまで現存している社会的評価を保護すべきとしているのだから、ある事実の摘示について名誉毀損罪を認めることは、その事実が、評価に影響すべきだ、と裁判所が評価していることを意味しないからである。言い替えれば、ある事実の摘示を根拠に処罰することが、評価の「追認」を意味するのは、「本来あるべき評価」に影響する限りで名誉毀損罪の成立を認める限定説を前提とした場合だといってもよ

---

[183] もっとも、佐伯＝道垣内・前掲書（注120）308頁（佐伯発言）は、会社経営者の健康状態について書き立てることは、プライバシー侵害ではあっても、名誉侵害ではないとする。
[184] 佐伯①（4・完）1746頁。なお、前掲BGHSt8.325も、侮辱罪が成立する余地は認めている。

い。

　従って、多数説からは、ある事実の摘示が、現状では社会的評価を下げる危険があることが明白な場合に、そうした現状が好ましくないことを認めながらも、事実として存在する社会的評価の低下に着目して、名誉毀損罪の成立自体を認めることも、十分可能といえよう。かつて、小野博士は、いわゆる被差別部落出身者であることについて次のように述べていた。「進んだ文化観の上からは何等の不名誉でもあり得ぬし、法律上に於ても亦今日に於いては何等の差別を設けていない」「しかしながら、この種の身分が一種の不名誉として一般社会に行はるる事実は到底之を認めなければならぬのであって、其の法律上認めざるところなるの故を以て保護を拒むことは、また却って現在の文化に反する」[185]。極めて残念なことではあるが、現状でも、（改善されたとはいえ）そのような状況は、なお否定できないのではないかと思われる。そのような場合に、そうした差別が不当なことを前提としながらも、なお、名誉毀損罪の成立を認める多数説は、それ自体の中には、「差別の追認」の論理を含んではいないように思われる。

　もっとも、以上の点は、限定説から多数説への批判が決定的ではない、というだけのことであり、多数説の正当性を直ちには意味しない。そして、限定説も、理論的に一貫した立場であることは確かである。しかし限定説は、侮辱罪が名誉毀損罪（悪評の流布罪）よりは軽いとはいえ、1年以下の自由刑または罰金という、ある程度重い法定刑で処罰されているドイツにおける学説に由来することに注意を要する。ドイツのような法制度の下では、侮辱罪を認めることによって当罰的な場合をカバーできるが、侮辱罪が拘留又は科料でしか処罰されていない日本では、侮辱罪による処罰では、その当罰性を十分くみつくすことが出来ないように思われる。

　以上のように、限定説の論理は、それ自体としては一貫しており、大いに魅力的ではあるが、多数説に対する決定的批判を提示できてはおらず、採用には、なお若干の躊躇を覚える[186]（もっとも、前述のように侮辱罪の法定刑が改

---

[185] 小野①258-259頁。なお、2007年7月5日付朝日新聞によれば、インターネット上のホームページで被差別部落の地名をあげ、部落内の企業を名指しして名誉を傷つけた男性が名誉毀損容疑で逮捕されたとのことである。

正されれば、限定説を採用することも十分考えられる）。

5 抽象的危険犯における危険判断における考慮

4 の議論は、たとえ偏見等に基づくとはいえ、現状では、社会的評価を低下させることが明かな事実を対象としていた。しかし、そのようには言い切れない事実も少なくない。

そうした場合に、ある事実が、社会的評価を低下させる性質のものか否かを判断するに当たっては、事実に対して何らかの評価をせざるを得ない。そして、そうした評価の際には、現代社会におけるあるべき価値観をも参考とせざるを得ないように思われる。「あるべき評価」は、限定説からは、名誉のいわば存在根拠だが、多数説からも、いわば認識根拠となりうるといってもよい。すなわち、多数説からも、現実の社会的評価が、あるべきそれと乖離していることが明らかな場合を除き、あるべき評価が何か、という点を手がかりとして、摘示事実が、現実の社会的評価を害しうるものか否かを認定すべきであろう[187]。

このように考えるとき、親族、友人等に関する事実は、多数説を前提としても、なお、被害者本人の名誉とは関わらない[188]。個人の尊重を基調とした現代社会においては、ある人に対する評価が、別人の人格・能力に対する社会的評価によって影響されるとは、通常、考えられていないはずだからである。それ故、前述の①②の判例は、仮に、現在同様の事案が問題とされたとすれば、支持されてよい。これに対し、⑤「盗人野郎、詐欺野郎、馬鹿野郎」と連呼し、さらに「手前の祖父は詐欺して懲役にいったではないか」と怒鳴った行為に名誉毀損罪を認めた古い判例[189]は、少なくとも現在同じことが行われた場合にまで維持すべきではないように思われる。「盗人野郎」等の連呼は、具体的な事実の摘示とは言えないし、祖父が罪を犯して懲役を受けたか否かは、少なくとも現在では、被害者に対する社会的評価とは無関係

---

186 草稿段階では、限定説を支持していたが、討論をふまえ、以上のように見解を改めている。
187 この判断は、わいせつ物に当たるか否かの判断に類似している。
188 前述した、本人の出自も、本来は、同じに考えられるべきものではあるが、事実説からは、前述したような現状を理由に、名誉毀損を認めることになる。
189 最決昭和29・5・6集刑95号55頁。

と考えられるからである。

　もちろん、そうした別人の人格等が、被害者本人の人格、能力に影響されている場合は話は別である。たとえば、ある親の、家庭を顧みない行状と、子供の犯罪とを並べて摘示する場合には、親の子供に対する教育意欲、能力の欠如を摘示したものとして、親に対する名誉毀損罪を認める余地はある。

　また、本人に関するものであっても、かつての病歴、犯罪の被害者となったこと等は、同情の対象となっても、それ自体が[190]社会的評価を低下させるものではないから、名誉毀損とならない。精神病院への入院歴[191]は、限界事例であろう。これが、本来、評価に影響すべき事実ではないのは当然だが、現状では、残念ながら、たとえば、統合失調症は治らないし、しかもその患者は何をするかわからない、という（極めて不当な）偏見を抱いている人も少なくないように思われる。もしそのような状況が認められるのであれば、またその限りにおいて、それを利用した行為については、なお名誉毀損罪を認めざるを得ないように思われる。

6　信用毀損罪との関係

　他方、判例③に関しては、私も、結論的には、名誉毀損罪の成立を否定すべきと考えている。しかし、佐伯説のような評価には疑問がある。なぜなら、多額の借財をしていることを社会的評価の基礎とすることは、たとえば、商取引の相手として選ぶか否かの判断等を考えれば明らなように、十分合理性があり、また、借財は、基本的に、自己の責任でなされることだから、限定説を採用しても、そのことから直ちに、名誉毀損罪の成立を否定することはできないように思われるからである。

　この事案については、借財の事実が、社会的評価と関連づけられるべきではないという理由によってではなく、判決自体が指摘したように、もっぱら人の経済的評価のみと関わる事実は、信用毀損罪において処罰されているの

---

[190] もちろん、犯罪被害者となったという事実だけでなく、被害者に落ち度があるかのような事実が摘示されれば、それは、名誉毀損罪となりうる。
[191] 名誉毀損罪肯定説として、たとえば、斎藤信治『刑法各論』（2003）69頁。また、西田・前掲書（注2）99頁も、「肉体的・精神的障害、病気」も名誉に関係しうるとする。

Ⅵ 補論―社会的評価の限定？― 175

で、同罪との関係で、名誉毀損罪の構成要件にはあたらないという理由によって、同罪の成立を否定すべきと思われる。その実質的な理由は、自由主義経済の下では、自由かつ公正な取引の前提として、取引主体の経済的情報に関しては、真実を流布することを妨害すべきではない以上、もっぱら経済的評価のみにかかわる事実については、虚偽の事実の摘示のみが処罰され、真実を述べることは罰されるべきではないという点に求められる[192]。

この問題と関連し、民事の判例ではあるが、いわゆる所沢ダイオキシン汚染報道訴訟[193]は、「ほうれん草を中心とする所沢産の葉物野菜が全般的にダイオキシン類による高濃度の汚染状態にあり、その測定値は、K株式会社の調査結果によれば、1g当たり0.64〜3.80pg TEQもの高濃度である」という事実を名誉を毀損すべき事実と評価している。しかし、これは商品の品質に関する純粋に経済的な事実にすぎず、仮に刑法上の問題となったとすれば、名誉毀損罪ではなく、信用毀損罪[194]と扱うべきであろう。

＊校正段階で、髙山佳奈子「プライバシーの刑法的保護」法学論叢（京都大学）160巻3・4号196頁以下に接したが、その検討は別稿に譲らざるを得ない。

---

[192] 山口・前掲書（注25）151頁も参照。もっとも、経済的評価に関わると同時に、その人のその他の社会的評価にもかかわる事実はあり得、そのような場合には、両者の観念的競合とされるべきだと思われる（前掲大判大5においてもその可能性が認められていた。このように明言する学説として、小野①299頁、大コメ（12巻）34頁（中森）など）。
[193] 最判平成15・10・16民集57巻9号1075頁。
[194] 従来、信用毀損罪では、人の支払能力に対する信頼のみが保護されているとする見解が有力であったが、近年、商品の品質に対する社会的信頼も信用に含まれるとする学説が有力化し（たとえば、西田・前掲書（注2）123頁）、判例もそのような見解を採用した（最判平成15・3・11刑集57巻3号293頁）。

(第4講) 議論のまとめ

和田俊憲

1

　近年、私的な領域に対する言論行為による侵害が増え、それに対する保護要求が強まってきている。そのため、名誉に対する罪をめぐる社会的関心の重点は、公的な性格を有する人物に関する言論をいかなる範囲で処罰対象から外すかという問題から、純粋な私人の私的利益をいかにして言論的侵害行為から保護するかという問題に移りつつある。それに対応し、解釈論においても、これまでは主に真実性の証明という特殊な場合に焦点が合わせられてきたが、そもそもいかなる場合に「名誉」を毀損したといえるのか、保護法益としての「名誉」の範囲はどこまでなのかを、より精確に把握する必要性が高まっている。島田論文は、このような問題意識のもと、露天風呂における盗撮画像を公開した事案で名誉毀損罪の成立を認めた裁判例を軸にして、(i) 名誉に対する罪の中核である名誉毀損罪の保護法益、および、(ii) その周辺に位置する侮辱罪の保護法益、さらに、(iii) 現行法上は不可罰である重大なプライバシー侵害に対する立法的対応を、論ずるものである。

　初めに、名誉毀損罪、侮辱罪、プライバシー侵害の相互関係について、理解の枠組みを示しておこう。本論文によると、それは次の通りである。即ち、例えば、

　　命題A：「Xは○○病である。」「Xは△△出身である。」
　　命題B：「Xは社長には向かない。」「Xはバカであると言うほかない。」

とすると、① 「命題A」のみの言明であればプライバシー侵害の問題とな

り、②「命題B」のみの言明であれば侮辱罪の問題となり、③「『命題A』『よって』『命題B』」という言明であって初めて名誉毀損罪の成否が問題となる（念のため言えば、名誉毀損罪の場合は、「命題A」がプライバシーに関わるものである必要はない）。「命題A」の有無が名誉毀損罪と侮辱罪を、「命題B」の有無が名誉毀損罪とプライバシー侵害を、それぞれ区別することになる。

2

　島田論文によると、名誉毀損罪の保護法益は、自らの社会的評価の基礎となりうる不当な情報を流通させられないことを要求する名誉権である。これは、何人にも認められる共同体承認を要求する利益を、憲法13条の幸福追求権に由来する人格権として法的に構成したものであるという。保護法益の確定において、通説のように社会的評価それ自体に着目すると、そもそも法益の存在が疑わしいことになる。また、評価ではなく評価の基礎となる情報状態に着目しても、情報状態それ自体を問題にするのだとすると、公知の悪事を摘示する行為は情報状態を変化させないので、名誉毀損罪は不成立となりかねない。島田説は、社会的評価や情報状態の変動の有無にかかわらず、自己の社会的評価を害するおそれのある不当な情報を流布する行為に対して行使されるべき、個人情報コントロール権が、名誉毀損罪の保護法益であるとするのである。

　このような保護法益の理解に対しては、島田説によると、共同体承認はするが社会的評価を下げるような言明が不可罰となりえ、また、社会的評価は下げないが社会生活上の不利益をもたらしうる言明を、人格権侵害と結びつけることによって処罰対象にできることになるなど、保護法益を社会的評価とする場合とは処罰範囲が異なるものになりうるとの指摘がなされた。しかし、保護法益を情報コントロール権とする理解は、通説によって単に社会的評価とされているものをより精緻に説明しようとするものであって、具体的解釈論に直結させることを目指してはおらず、帰結の違いを生むようなものではないとされた。結論は同じでも、例えば、既に流布された情報の不回収

(例えば、インターネット上の掲示板における名誉毀損的書き込みを削除しない不作為)について名誉毀損罪の成立を認める場合のように、保護法益を社会的評価とする(そしてそれに対する抽象的危険犯とする)よりも情報コントロール権と解した方がスムーズな理解・説明ができる具体的場面は、一定の範囲で認められるように思われる。

3

　名誉毀損罪の成立範囲を画する上でより重要なのは、保護対象とすべき社会的評価に対する限定の要否・可否およびその範囲である。島田論文は、個人情報コントロール権を法益とすることにより保護が目指されるべき社会的評価は、事実として存在する社会的評価のすべてではなく、人格に対する「正当な」社会的評価に限定する。そして、人格に対する社会的評価はその人の努力・業績のみに応じてなされるべきであり、それ以外の事情に基づいて人格に対する評価を形成するのは不当な差別となりうるという考えに基づき、その人の努力や業績と無関係で、解消されるべき差別の助長となるため社会的評価に結びつけることが許されないと判断される事実を摘示しても、名誉毀損には該当しないとの理解がとられている(なお、本人の努力だけでは変えがたい所与の能力を前提とした「業績」をも名誉の基礎とする点で、それを本人に帰責性のあるものに限定する見解よりも、名誉毀損罪の成立範囲は広げられている)。

　議論においては、ある人のある属性を社会的評価と結びつけることが「正当」かどうかの判断が一番の問題であると指摘され、やりとりはこの点に集中した。見られた対立は、要するに、名誉毀損罪の処罰範囲を限定することにより、言われた者が社会生活上の不利益を被るという事実があり、実際上大きな問題であることは明らかであるにもかかわらず、そのような言明を放任することになることと、そのような言明を人格に対する評価と結びつけてしまう社会のあり方を肯定することになることと、いずれをより強く回避しようと考えるかによるものである。

　批判的立場からは、名誉毀損罪の処罰範囲を限定することにより、実際上

社会的に問題である行為が放任される点が最大の問題とされる。例えば、出自を理由とした一定の差別的発言を処罰したとしても、社会的評価を下げるような発言であることの判断には何の困難もなく、評価が下がることを現実に言っているのだから処罰するということであり、その言明により人格的評価が下がるような価値基準をこの社会が有していることを正面から明示的に認めるわけではないが、それは承知の上で、行為者が悪いのではなく社会が悪い、と本当にいえるのか。この社会を前提として、傷ついている「被害者」がいるのに、刑法上そのようなものは名誉とは見ないということで本当によいのか。実際上、人格に無関係のことによっても社会的評価は形成されるのであり、そうであるなら、それを名誉からは外せないのではないか。例えば、ある者が犯罪を犯したという指摘は、その配偶者の名誉に影響しうるのではないか。本人が性犯罪の被害者であると指摘する場合も同様である。人格に関わらない評価の場合、裁判所は確かに、そのような属性の指摘によって社会的評価が下がるとは言いづらいが、社会的評価が下がるのは行為者が悪いのではなく社会が悪い、社会の方は行為者によってそのような言明がなされても超然としているべきであるとするのは、観念論的すぎないか。

　これに対しては、人格評価と結びつけられるべきでない事実摘示に名誉毀損の成立を否定しても、そもそもそのような場合はさほど多くないので、名誉毀損罪の成立範囲が狭きに失することはなく、また、否定的人格評価を示した部分のみでもそれが侮辱的表現であれば侮辱罪にはできるので、刑事的介入の範囲が狭いわけでもなく、さらに、最終的に民事的保護はあるから、被害者に対する保護を拋棄することになるわけでもない、との応答がなされた。ここでの問題意識は、それ自体として見たとき不当な言明のすべてに名誉毀損を成立させるような無限定な処罰をいかに回避するかにある。ここでは、現にいま問題とされる行為を禁圧するとしても、それは、長期的に見てよりよい社会を形成していくことを妨げない範囲でのみ行うべきであるとの考え方が表れているともいえよう。その観点からは、一定の合理性が認められる限定であるということができるし、処罰範囲が狭くなることによる実際上の不都合も極小化されていると思われる。もっとも、以上の点に関して、本論文には詳細な補論が付され、説が改められている。

なお、本論文は、以上のような限定をかけても、盗撮画像の公表事例は、やらせである可能性がある限りで、本人自ら進んで撮影・公表されたとの印象を持たれうることを根拠に、ぎりぎり名誉毀損罪の成立を肯定できるとしている。

④

　島田論文は、侮辱罪の保護法益は名誉毀損罪と同じであるとする。前述の通り、両罪を分けるのは、人格的評価の理由・根拠となる事実である「命題A」の摘示の有無である。名誉毀損罪は、「命題A」という理由・根拠を提示した上で否定的評価である「命題B」を示す犯罪であるが、これと同じ危険は、否定的評価として「命題B」のみを示す侮辱罪には認められない。しかし、否定的評価をもって罵られているということは、何か理由があるのかもしれない、という形で被害者の社会的評価が下がる危険は、ごく小さいものではあるけれども認められる。名誉毀損も侮辱も名誉権侵害であるが、その先にある社会的評価侵害の危険性が、否定的評価の理由・根拠が提示される名誉毀損では直接的であり、提示されない侮辱罪では間接的だというのである。

　議論においては、以下の点が指摘ないし確認された。まず、侮辱は、拘留・科料という軽い法定刑にも表れているように、犯罪性の低い行為であり、本来は条例等で規制すべきものであるとの指摘もなされた。ドイツの侮辱罪は、法定刑が重く（1年以下の自由刑または罰金刑。暴行を用いた場合は2年以下の自由刑または罰金刑）、公然性が不要で、場合によっては強姦もこれに当たり得るなど広い範囲で成立するが、それはプライドに対する強い保護が要求され、侮辱罪がそれに応えるものとされているからである。これに対して、我が国では、強い保護が要求されるプライドの高さがそもそも一般には認められないと指摘された。

　次いで、真実性証明がなされ名誉毀損罪としては処罰されない場合であっても、手段の不当性を根拠になお侮辱罪が成立する余地を認めることは妥当である旨が確認された。

さらに、法人に対する名誉毀損・侮辱罪は否定しがたいことが確認された。ドイツでは確かに否定説もあるが、法人擬制説が多いことも影響している可能性が指摘された。その上で、島田説は、保護法益としての「名誉」に憲法上の基礎付けをすることにより、法人を保護し名馬名犬を保護しないことが説明できることになっている点が、評価された。単に事実として社会的評価が存在しているだけでは、名誉としての保護には値しないのである。

　島田論文では、名誉毀損・侮辱両罪の保護法益を一般通常人を基準とした名誉感情に求め、盗撮事例に名誉毀損罪の成立を認めようとする見解にも、批判が加えられている。これについて、この見解の論者が受け継いでいるとする恥辱の感情説は、保護法益を具体的なものに還元したいというだけであるから、恥辱の感情説から盗撮画像公開事例に名誉毀損罪を成立させることにはならないであろうことが指摘された。

5

　通説は、人格的評価の根拠となる事実である「命題A」を、名誉毀損罪における摘示事実とする。そして、「命題A」から名誉毀損的結果が暗黙のうちに出てくるような場合も、名誉毀損罪で捕捉しようとしている。これに対して島田説は、「『命題A』『よって』『命題B』」という全体が、名誉毀損罪における事実の摘示であるとする。

　人格的評価を示す具体的な「命題B」について、少なくとも黙示の摘示がなければならないとするのである。これは、名誉毀損と現行法上不可罰なプライバシー侵害とを、具体的な「命題B」の摘示の有無を基準にして、明確に区別しようとするものであるということができる。プライバシー侵害は、被害者の社会的評価を害するおそれがあったとしても、それが漠然としたものであったり保護すべき対象に当たらないものなのであれば、むりやり名誉毀損罪で処罰すべきでないとし、ドイツでの立法状況等を参考にして、むしろ重大なプライバシー侵害を正面から処罰する新立法が必要であるとしているのである。

　プライバシー侵害罪を新設するとすると、処罰範囲をどのように限定する

かが重要な問題となる。個々人で恥ずかしいと思う範囲は違い、包括的なプライバシー侵害罪をつくることは到底妥当でないからである。議論においては、処罰範囲の明確化が重要な課題となることが確認された。島田論文は、わかりやすさという点で、住居等の場合に処罰範囲を限定する。当罰的な他のプライバシー侵害が捕捉できなくてもしかたがないとするのである。実質判断が明確性を欠く場合は、形式的基準に頼ることに合理性があり、この点について異論は見られなかった。もっとも、さらにアメリカの法律をも参考にすることで、この点については主張が改められている。

第5講

財物罪における所有権保護と所有権侵害

和田俊憲

184　第5講　財物罪における所有権保護と所有権侵害

I　はじめに—財物罪における保護法益論—

　財産犯の分野では保護法益論が盛んに論じられている。もっとも、ひとことに財産犯の保護法益論と言っても内容は様々であり、従来の議論は概ね以下の3つの領域に分けることができる。

　第1に、242条が適用・準用される占有移転罪について、保護対象たる「占有」の範囲が議論されている。そこでは、財物の単なる所持がすでに保護の対象である占有に該当するとするか、一定の正当な利益ある所持であって初めて保護に値する占有として認められるとするか、の対立がある。そして、近年、学説上有力なのは、後者の立場から、民事法上の権利が認められる場合に加え、「権利主張することについて一応の合理的理由がある」占有や「民事法上認めうる利益が存在する合理的な可能性がある占有」を保護対象とする見解である。さらに、その流れに乗りつつ、保護の必要性を基礎付ける利益の範囲をより精緻に画定しようとする立場から、本権秩序が不明な場合、差押え対象物等の「公務所の命令により他人が看守するもの」(242条後段)および「『占有者に本権（あるいは本権者に対抗しうる権利）があるという主張も一つの法解釈として成り立ちうる』という程度の状況」にあるものに認められる「ペンディングにする利益」こそが、占有の保護必要性を基礎付ける利益であるとする見解も主張されている[1]。

　第2に、占有移転罪のような拡張規定のない所有権に対する罪、特に横領罪に関して、保護対象たる「他人の物」が、純粋な所有権が認められる場合を超えて実体法上どこまで拡張されるべきであり、また、拡張されうるかが、議論されている[2]。そこでは、一方で、共有持分権のように一定の制約ある所有権であっても横領罪の保護対象となること、他方で、単なる債権だけでなく、物権であっても担保物権や用益物権のような制限物権は保護対象

1　島田聡一郎「財産犯の保護法益」法学教室289号103頁以下。
2　島田聡一郎「いわゆる『刑法上の所有権』について——財産犯における『刑事法と民事法の相関』の一断面」現代刑事法62号15頁以下参照。

とならないことが、一般に認められている（なお、毀棄罪については262条が保護対象を制限物権および賃借権に拡張している）。議論があるのは、それらの間に位置する非典型担保物権であるが、関係二者に認められる民事法上の権利の内容が、保護の対象となる所有権に準じたものであるか、保護対象とならない法定担保物権に類するに過ぎないか、を検討すべきことになる。

第3に、所有権に対する罪をめぐり、特に毀棄罪を題材に、保護対象たる「他人の物」が、手続上確定的な所有権が認められる場合を超えて拡張可能であるかが、議論されている。確定的な所有権からの保護対象の拡張には、①実体法上の所有権以外の権利をいかなる範囲で保護対象にすべきかという問題と、②それらの権利が手続上不確定・不明確である場合にいかなる範囲で保護を与えるべきかという問題とがある。占有移転罪に関する242条前段は①②の両者を同時に拡張するものであると考えられるので、242条前段のような拡張規定がない毀棄罪・横領罪においても、②の拡張は、必ずしも直ちに否定されるべきことではないであろう[3]。

以上で見た議論は、実体的に制約がなく手続的にも確定的な所有権を超えて、どこまで財物罪の保護法益を拡張すべきであり、拡張できるか、という議論である。これらは、財物罪の成立範囲の外延を画する議論であり、刑法が民事法に対して採るべき姿勢にかかわることもあって、本質的で重要なものである。しかし、そこで議論されている領域に囲まれた中心に、実体的に制約がなく手続的にも確定的な所有権がいかなる意味で保護対象とされ、そのような所有権の侵害がいかなる意味で認められるか、という問題がある。典型的な所有権侵害がいつ認められるかという問題は、財物罪の各犯罪類型の解釈論の中心となる問題であるから、これまでにも議論されてきたことは勿論である。しかし、いわゆる財産犯の保護法益論のように、個別の犯罪類型を超え、いわば総論として議論されることは、あまりなかったように思われる。財物罪の保護法益が所有権なのであれば、所有権の保護とそれに対する侵害という統一的観点から財物罪全体を見渡した上で、個々の犯罪類型についての解釈は、そこで得られた理解に基づいて行う必要があろう。

---

[3] 井田良「刑法と民法の関係」山口厚＝井田良＝佐伯仁志『理論刑法学の最前線II』（2006）70頁以下参照。

もっとも、財物罪体系を、各犯罪類型の個別化は行為態様のみによってなされるとし、所有権侵害は財物罪全体にわたり完全なる共通項であるとして理解することは、できない。同じ所有権侵害でも、例えば、窃盗罪、横領罪、毀棄罪におけるそれは、それぞれ異なる内容のものとして理解されていると思われる。しかし、そうであるからといって、それらを相互に全く無関係のものとし、各罪における所有権侵害の内容をそれぞれ全く独立に理解するのも、妥当でない。いずれも「所有権侵害」とされる以上、それらは本質において共通するものであるはずである。

そうすると、財物罪は、所有権侵害として把握されるものを共通の要素としてはいるが、各犯罪類型における所有権侵害の内容は相異なるものであると考えられる。本稿の目的は、占有移転罪、横領罪、毀棄罪、盗品等関与罪の財物罪全体を視野に入れて[4]、実体的に制約がなく手続的にも確定的な所有権の保護とその侵害の意義とを整理・探究し、対象とする各犯罪類型の所有権侵害という観点から見た共通項と構造上の差異とを明らかにすることである[5]。

II　毀棄・隠匿罪―所有権侵害の本体―

初めに検討対象とすべきは、所有権に対する罪とされる毀棄・隠匿罪である。発生件数や禁圧の必要性等の観点からは領得罪の背後に隠れる地味な犯罪類型であるが、シンプルな所有権侵害を構成要素とすることから、財物罪における所有権侵害の内実を最も分かりやすく示すものであると考えられる。

4　なお、客体は通常の動産に限定し、預金や不動産を対象とした検討は、本稿での考察を前提とした別稿に譲りたい。
5　従って本稿は、限定された特定の論点について、従来の見解が不十分であることを指摘し、あるべき解釈論を示そうとするものではなく、広い分野を対象にひとつのありうる見方・枠組みを提示しようとするものであるので、学説等の引用は最小限に留める。

1 所有権侵害の実体

　所有権侵害行為と解される「毀棄」「損壊」「傷害」（これらは客体の違いに応じて表現を違えたに過ぎず、意味内容は同じであると解されているので、以下では適宜これらのうち一つで表すことがある）の意義をめぐりなされている議論には、2つの対抗軸がある。第1は、財物の効用（その内容自体が問題であるが、さしあたり、当該財物の性質に応じた利用価値・利用可能性）を侵害する行為であることを前提に、さらに当該財物を物理的に損壊することまで必要と解するか否かであり、第2は、利用可能性としての効用を侵害しない行為であっても、物理的損壊行為であればこれに該当しうると解するか否かである。

(1) 物理的損壊の要否

　財物の利用可能性としての効用を侵害する行為であることを前提に、さらに当該財物を物理的に損壊することまで必要と解するか否かについて、学説上、必要説（物理的損壊説）[6]も主張されてはいるが、判例・通説は不要説（効用侵害説）を採っている。

　物理的損壊説の主な論拠は、①物理的損壊なき行為は、毀棄・損壊の日常用語的意味からの隔たりが大きく、これを処罰対象に含めると毀棄罪の構成要件が不当に拡大するおそれがあること、②物理的損壊行為を処罰しなくても、占有移転を伴う行為は窃盗罪で処罰でき、占有移転を伴わない被害者の占有下での隠匿行為は処罰の必要がないから、処罰範囲が不当に狭くなるわけではないこと、である。このうち、第1の論拠には相当の説得力があるように思われる。

　しかし、第2の論拠は不十分であり、また、妥当でない前提に立つものであって、当罰性のある行為が十分に処罰できなくなるという問題がある。まず、次節で述べるように、窃盗罪には不法領得の意思が必要と解されるので、占有移転を伴う行為を全て窃盗罪で処罰することはできない。次いで、占有移転がない行為のうち、物理的損壊行為以外の行為にも、処罰すべきものは少なくない。例えば、他人の養魚池の排水口の水門板および鉄製格子戸

---

[6] 曽根威彦・各論199頁以下、林幹人・各論312頁など。

を外し鯉2855尾を流出させる行為[7]のように、財物の占有を喪失させる行為（行為者が占有を取得しないので占有「移転」はない）や、占有喪失はなくても、他人のすき焼き鍋ととっくりに放尿する行為[8]のように、心理的に利用できなくさせる行為は、半永久的に当該財物を利用できなくさせる行為であって、物理的損壊による効用侵害行為よりも当罰性が低いとは思われない。さらに、占有移転を伴わない被害者の占有下での隠匿行為について、これを処罰範囲から外すべきであるという価値判断は、自らの占有下にある物を発見することはさほど困難ではないということを前提にしているとも思われるが、所有者の目の前で所有者の庭の井戸の中に指輪を投げ捨てる行為のように、そこにそれがあることが分かっていても、利用可能な状態に回復することが事実上不可能であれば、物理的損壊により利用が害される場合と法益侵害の実質は変わらない。また、コンサートチケットを公演直前に所有者の家の中で隠匿し使用できなくさせる場合のように、特定の日時の利用にこそ価値があるような財物については、発見が容易であっても、隠匿されていない場合よりも余計に時間を要する限り、半永久的に利用が害される場合と法益侵害の実質は変わらないことがありうる。初めからこれらの行為を全て不処罰とする解釈は採りがたく、文言上の問題はかかえつつも、判例・通説の立場の方が妥当であると解される[9]。

　もっとも、物理的損壊説の効用は、文言の問題を回避すること以上に、相当程度の量の効用侵害を多くの場合結果的に要求できることになる点にあるように思われ、その点は支持すべきである。即ち、判例・通説の立場を採り、物理的損壊は不要であるとしても、少しでも効用侵害があれば直ちに毀

7　大判明治44・2・27刑録17輯197頁。
8　大判明治42・4・16刑録15輯452頁。
9　なお、その場合、信書隠匿罪の意義が問題となる。信書についてのみ軽く処罰するという説明が合理的とは思われない。信書について、発見を妨害する程度の軽微な態様の隠匿に処罰を拡張するものと解すべきである（団藤重光・各論680頁など）。損壊に該当する隠匿との明確な区別が可能か、また、本罪成立の余地が事実上なくならないか、との疑問は確かに残る。しかし、客体である信書を、発信後受信前のものに限定すれば、発信者は当然受信されたと思い、受信者は発信された信書の存在を知らず、いずれも探索行為に出る契機に乏しいから、財物であることに加えて法的に特別の保護が与えられた意思伝達機能を担う物である点をも考慮すれば、軽微な発見妨害行為を拡張的に処罰すべき理由はなくはないと思われる。

棄罪を成立させるのではなく、犯罪成立のためには、利用可能性侵害の相当程度の時間的継続性が必要と解すべきである。穢して心理的に利用できないようにさせる行為は、事実上、どのような場合でも半永久的な効用侵害が認められよう。これに対して、物理的損壊により効用を侵害する行為は、短時間の簡単な作業で修復されたのであれば、通常は効用侵害を理由として処罰する必要性が認められない。占有喪失行為、隠匿行為についても、短時間で発見・回復されたのであれば、通常は処罰するには及ばない。もっとも、経済的価値の高い財物の場合には、さほど長時間の利用可能性侵害でなくても、処罰を認めるべきである。必要とされる利用可能性侵害の時間は、財物の経済的価値の高さに応じて、短くなるものと思われる（また、所有者が現にそのとき利用しようとしていたという事情も、必要な侵害時間を短くする方向に働くであろう）。さらに、経済的価値の高くない財物の短時間の利用可能性侵害であっても、その時点での利用にこそ価値が認められるような場合は、当該利用妨害に、毀棄罪の成立を認めるべきである。そこでは、すでに十分な利用価値侵害が認められるからである[10]。結局、これらの場合は、毀棄行為の後、当該財物の性質に鑑みて可罰的な程度に利用可能性・利用価値侵害が認められた時点で初めて、効用侵害を理由とした毀棄罪の既遂を認めるべきである。

　以上の意味で、毀棄・隠匿罪における所有権侵害の内容は、第1に、財物の利用価値の侵害である。

(2) 物理的損壊の十分性

　通説は、利用価値としての効用の侵害がない場合には、毀棄罪の成立を認めないかのようにも思われる。これに対して、判例は、相当程度以上の利用

---

[10] モデル化すれば、①毎日10単位の利用価値があり、長期間利用可能な物を、10日間利用不能にした場合は、100単位の利用価値の侵害があり、②毎日100単位の利用価値があり、長期間利用可能な物を、丸一日利用不能にした場合も、100単位の利用価値の侵害があり、③ある1時間においてこそ利用価値がある物で、その価値の全体が10単位である場合、正にその1時間利用不能にしたときは、10単位の、しかし、100％の、利用価値の侵害がある。いずれも毀棄罪の成立を認めるべき場合であるとしても、①と②は財物の利用価値の全体の一部が害された場合であるから、相当程度の「利用可能性侵害」と表現するのが実態に合い、③は財物の利用価値の全体が害された場合であるから、「利用価値侵害」というのが適当であろう。実体は同じであるから、以下では、いずれか一方の用語で代表させることがある。

価値侵害がなくても（あるいは、その認定をすることなく）、物理的損壊があればその時点で毀棄罪の成立を認めていると解される。古くは、例えば、宅地用に地ならしをした敷地を掘り起こして畑にし畝をつくり耕作物を植え付けた行為に、敷地を損壊するものとして直ちに器物損壊罪の成立を認めたものがある[11]。最高裁も、一般論として、「原状回復の難易如何は本罪の成立に影響あるものではない」[12]としており、物理的損壊行為の後、比較的短時間で大きな困難なく原状回復したという事情があったとしても、毀棄罪の成立自体は認めるものと解される[13]。そして、先述したように、物理的損壊により効用を侵害する行為は、短時間の簡単な作業で修復されたのであれば、通常、利用価値侵害としての効用侵害を理由として処罰する必要性を認めることはできないが、いくら短時間のうちに修復されたのであっても、財物を物理的に損壊したのであれば、一般にその時点で毀棄罪の成立を認めているように思われ、その結論は、通説も支持しているのではないかと思われる。そうだとすれば、判例・通説における「効用侵害」には、利用価値侵害のほかに、利用価値侵害なき物理的損壊が含まれていることになる。

　他人のコーヒーカップを真っ二つに割る行為は、その直後に、セメダインによる完全な接着がなされたとしても、器物損壊罪の成立を認めるべきであろう。利用価値侵害という観点からは、不可罰であるごく短時間の隠匿行為と同じであるにもかかわらず、ここで毀棄罪の成立を認めるべきだとすれば、その理由は、カップの交換価値（市場価値）が害されている点に求められるように思われる。カップとしての利用可能性は回復しているが、割れる前の交換価値は回復していない。そのように考えられるとすれば、他人の新車の車体にコインで傷を付ける行為は、せいぜい塗装のさび止めの効用や美

11　大判昭和4・10・14刑集8巻477頁。なお、不動産侵奪罪が新設される前の判例である。
12　最判昭和25・4・21刑集4巻4号655頁。
13　建造物に対するビラ貼りの事案で、最高裁（最決昭和41・6・10刑集20巻5号374頁）に是認された、「単なる水洗い程度の作業によっては剥離することが甚だ困難であり、剥離した結果は前記認定のとおりであるから、……建造物を物質的に害したともいい得る」との原審（名古屋高判昭和39・12・28判時407号64頁）の判示は、ビラ貼り行為のような、客体を積極的に破壊するわけではない行為について、物理的損壊を認めるためには、ある程度の回復困難性が必要であるとしたものに過ぎず、物理的損壊が肯定された上でも、回復が容易で利用可能性侵害が否定されれば毀棄罪は不成立になる、との趣旨には解されない。一定程度の利用可能性侵害を否定する回復と、物理的損壊を否定する回復とは、区別する必要があると思われる。

観を害するに過ぎず、自動車の利用可能性をそもそも侵害しないが、自動車の交換価値を侵害する行為ではあるから、車に対する損壊罪を認めるべきことになる。その結論は妥当であるように思われる。利用価値侵害がなくても、物理的損壊により交換価値侵害がある場合は毀棄罪の成立を認めるべきであるし、一般には現に認められていると思われるのである。勿論、ここでも価値の侵害が極めて軽微な場合は、可罰的違法性が否定されることにはなる。

これに対して、利用価値侵害および交換価値侵害のいずれもない場合には、物理的損壊だけをもって毀棄罪の成立を認めるべきではないであろう。動産の場合は、物理的に損壊すれば通常は交換価値も害されると思われるので、実際上問題となるのは、不動産である。土地は、多少地面を荒らしても、その交換価値には影響しないであろうし（更地として売却するのであれば、いずれにせよ通常は地ならしが必要である。それをこえた地ならしが必要な場合は、交換価値侵害を肯定しうる）、建造物についても、ビラを貼る程度では、通常は交換価値が下がるとは思えない。建造物に対するビラ貼り行為について、美観の侵害をもって効用侵害を認める判例[14]は、もし、利用価値侵害がなく、交換価値侵害がなくても、物理的損壊があれば毀棄罪の成立を認める、という趣旨なのであれば、物理的損壊に対して回復の容易性による一定の制限をかけたとしても、妥当でないように思われる。そこでは現状維持の利益自体の要保護性が問題となるが、それは、民事的に予防・事後処理すれば足りると解される。動産で、物理的改変により交換価値を高めるような場合も同様である。

以上の意味で、毀棄・隠匿罪における所有権侵害の内容は、第2に、財物の交換価値の侵害である。

2 行為態様による制限

こうして、財物の利用価値および交換価値が、毀棄・隠匿罪の保護法益としての所有権の内実であると解されるが、これらを侵害する行為が全て毀棄

---

14 最決昭和41・6・10刑集20巻5号374頁。

罪を構成するわけではない。他の多くの犯罪類型と同様、行為態様における制限があると解される。

例えば、そのような事実がないのに、食器に放尿したとその所有者に対して申し述べる行為は、実際に放尿した場合と同様、食器を心理的に利用できなくさせる行為でありうる。しかし、この場合には毀棄罪の成立は認められないであろう。毀棄罪においては、客体である財物に対する物理的働きかけが必要であると解され、この場合にはそれが認められないからである。従って、所有者に、当該財物は廃棄した、と虚偽の事実を伝え、物理的に利用不可能であると思いこませる行為や、所有者を監禁・欺罔などして当該財物に利用目的で接近することを妨害する行為には、それが利用可能性を侵害する行為であっても、毀棄罪は成立しない。また、同種物の大量生産や虚偽の風説の流布などによって当該財物の交換価値を下げても、同様に毀棄罪は不成立である。これに対して、電波や日光を遮断して、携帯電話を相当程度の長時間利用できなくさせ、あるいは、植物を枯らす行為は、両者とも財物の物理的環境を変容させており、間接的ではあるが、財物への物理的働きかけがあるものと評価してよいと思われる。

Ⅲ 占有移転罪——本質としての利得——

次いで検討対象とするのは、財産犯の中心を担う占有移転罪（窃盗、1項強盗、1項詐欺、1項恐喝）である。財物への物理的働きかけによる利用価値・交換価値の侵害行為と解された毀棄・隠匿罪と比較しながら、占有移転罪においては、いかなる意味で所有権侵害が認められ、所有権保護が図られているのかを、考察したい。

1 基本構造（占有移転罪の共通項）

(1) 二重の超過構造

占有移転罪を構成するのは、まず、①占有移転（財物に対する被害者〔所有者を前提とする〕の占有を喪失させ、かつ、自らが占有を取得する〔あるいは、

関係のある第三者に取得させる〕こと）である。故意犯であるから、②占有移転の認識も必要である。それに加え、不法領得の意思として、③占有移転後の実質的所有権侵害の危険を基礎付ける「権利者排除意思」、および、④重い非難（あるいは、強い一般予防の必要性）を基礎付ける「利用意思」が必要であると解される。

　占有移転罪も、所有権を保護法益とするものである以上、所有権の侵害ないし危殆化が必要である。所有権侵害の内容は、毀棄罪を対象に見たように、財物の相当程度の利用価値侵害、または、交換価値侵害（これらを併せて、以下、実質的所有権侵害、ということがある）であり、占有移転罪においてこれと違って解するべき理由は基本的にはないと思われる。しかし、占有移転罪では、一般に、既遂時期は占有移転の時点と解されており、その時点ではまだ、毀棄罪を基礎付けるような実質的所有権侵害、利用価値侵害や交換価値侵害、は認められない。相当程度の利用価値侵害や交換価値侵害が認められるのは、占有移転の後である。従って、占有移転罪は、実質的所有権侵害との関係では処罰を前倒しした危険犯であるということができ、実質的所有権侵害の危険を基礎付ける主観的違法要素として、占有移転後にそのような行為に出る意思、即ち、権利者排除意思、が要求されるべきものと解される[15]。

　占有移転と故意、さらに権利者排除意思まで認められれば、所有権侵害行為としては十分である。しかし、それらに加えて、不法領得の意思としての利用意思も必要と解される。それは、実質的所有権侵害の観点からは、侵害犯である毀棄罪よりも危険犯である占有移転罪の方が違法性が小さいと考えられるにもかかわらず、占有移転罪の方が格段に法定刑が重く、その逆転を基礎付ける要素を用意する必要があるからである。不法領得の意思としての利用意思は、それがない場合よりも動機が強力であるから、非難（あるいは、一般予防の必要性）を加重するものとして、占有移転罪の要素と解され

---

[15]　なお、財物の占有を喪失させれば利用可能性の侵害は始まるものといえるから、実質的所有権侵害との関係では危険を生じさせるにすぎない行為であっても、所有権「侵害」行為と評価してよい。毀棄罪との比較においては、占有移転罪は危険犯であるが、両者ともに「所有権侵害」を構成要素とするものであるとすることができる。

るのである。
　以下では、権利者排除意思と利用意思について、若干敷衍したい。

(2) 権利者排除意思──処罰の前倒し──
　権利者排除意思が、実質的所有権侵害、即ち、相当程度の利用価値侵害および交換価値侵害、の危険を基礎付けるべきものであるなら、そこには毀棄罪における所有権侵害の内容がそのまま反映するべきであると考えられる。毀棄罪における所有権侵害は、(A) 利用価値侵害と、(B) 交換価値侵害とに分けられ、前者はさらに、①長期間利用可能な財物の利用可能性を相当程度長時間侵害する場合、②長時間でなくても経済的価値の高い財物の利用可能性を侵害する場合、および、③経済的価値が低い財物で利用可能性侵害が短時間でも当該財物の利用価値の大半を侵害する場合、に分けられたのであった。それらに対応させれば、占有移転罪における権利者排除意思は以下の場合に認められる。
　第1に、長期間利用可能な財物の利用可能性を相当程度長時間侵害する意思がある場合である。財物の返還意思がない場合と、返還意思があっても相当程度の時間経過した後に返還するつもりである場合があろう。自転車の場合は、2、3時間の無断使用の予定ではまだ権利者排除意思として十分ではないとした裁判例がある[16]。第2に、長時間でなくても、経済的価値の高い財物をある程度の時間侵害する意思がある場合である。判例では、例えば、自動車を数時間完全に支配する意図で現に深夜4時間余り無断で乗り回した行為に窃盗罪の成立が認められている[17]。第3に、経済的価値が低い財物であり、利用可能性侵害の時間が短くても、当該財物の利用価値の大半を侵害する意思がある場合である。美術展のチケットを窃取する行為は、それで入場・急ぎ足で観賞した上で、10分後に当該チケットを返還する意思があっても、権利者排除意思を認めるべきである。第4に、財物の交換価値を侵害する意思がある場合である。開栓し香りをかいですぐに返還する意思でブルゴーニュワインのボトルを窃取する場合、権利者排除意思を認めてよいと思われる。

---

[16] 京都地判昭和51・12・17判時847号112頁。
[17] 最決昭和55・10・30刑集34巻5号357頁。

判例においては、景品交換の目的で磁石を用いパチンコ玉をパチンコ機械の当たり穴に誘導し玉を不正に流し出す行為[18]や、返品を装い代金相当額を詐取する目的でスーパーマーケットから商品である衣類を持ち出す行為[19]に、窃盗罪の成立が肯定されている。これらの場合、すぐに被害者の元に返還する意思なのであれば利用可能性侵害の意思は認められず、また、それ自体としての交換価値（市場価値）を害する意思もない。しかし、パチンコ玉は、正当に取得された場合に景品の対価とすべく客に提供されるべきものとして、また、スーパーの商品は、客から代金を得るための対価として、それぞれ所有されている財物であるから、その意味での利用価値を無化する危険が、それらの財物の不正な取得行為には認められるということができる[20]。秘密資料を、秘密情報の不正入手のためコピーする目的で、しかし短時間で返却するつもりで持ち出す場合も、同様に、秘密として保持するという利用価値が無化する危険が認められる。漏示目的で不正にコピーされるだけで利用価値は害されるといいうるし、情報漏示との関係では確かに間接的な危険に過ぎないが、それは、商品仮装返品の事案で返品時に代金相当額の返金を約させるに過ぎない場合と、変わらないと思われる。もっとも、営業秘密の窃取自体を処罰できるのであれば、その限りではそれで十分ではある。

(3) 利用意思—非難・予防必要性の加重—

毀棄罪よりも法益侵害性は小さいはずの占有移転罪の法定刑が重いことを説明するために要求されるのが、財物の利用意思である。

学説上は、利用意思不要説も主張されている。不要説は、法定刑の差は占有移転により行為者が不正な利益を取得する可能性が生ずるという客観的事実により説明されるべきであるとする[21]。しかし、利用意思必要説は、そのような客観的事実およびその認識としての故意が加重処罰の根拠とはならないとするのではなく、それだけでは不十分であるとするのである。

不要説はまた、必要説によると、毀棄の意思で財物の占有移転をしながら

---

18 最決昭和31・8・22刑集10巻8号1260頁。
19 大阪地判昭和63・12・22判タ707号267頁。
20 商品についての窃盗と仮装返品による詐欺とは、併合罪と解すべきではないと思われる。
21 曽根・各論125頁以下。

翻意して放置した場合に、処罰の間隙が生ずることを指摘する[22]。しかし、その場合も、当該財物を利用すれば遺失物等横領罪が成立するし、所有者に発見が困難な状態に置けば隠匿による毀棄罪が成立するから、処罰できないのは、容易に発見が可能な放置だけである[23]。不要説の中には、前述のように、毀棄目的での占有移転行為も窃盗罪で処罰することを前提に、毀棄概念を物理的損壊ある場合に限定し、所有者の占有下での隠匿行為を不処罰とするものがある。しかし、効用侵害の可能性は占有移転ではなく発見・回復の困難性に応じたものであると解されるから、不処罰とすべきは、所有者の占有下での（場合によっては発見・回復が極めて困難でありうる）隠匿行為よりも、占有移転があっても発見が容易な放置であるということができよう。

　利用意思が必要であるとすると、その具体的内容が問題となり、結論としては、当該財物自体から効用を享受する意思、と解するのが妥当である。また、利用意思が加重するのは責任非難か一般予防の必要性か、も問題である。しかし、所有権侵害について検討しようとしている本稿の目的にとって、これらのことは重要でない。そこで、ここでは以下のことだけを確認しておきたい。即ち、法益侵害の観点からは毀棄罪よりも軽いはずの占有移転罪が、法定刑の上限が懲役10年と重く評価されているのは、正に利用意思の存在によるのであり、所有権侵害を前提としつつも、利用意思をもって財物の占有を取得した、という領得行為性が、占有移転罪の犯罪としての本質である、という点である。

2　盗取罪と交付罪（占有移転罪内部での分類）

　以上のような共通項を有する占有移転罪の中で、盗取罪（窃盗・強盗）と交付罪（詐欺・恐喝）とが区別されている。そして、以下で検討するように、盗取罪と交付罪とで所有権保護のあり方が相異なるように思われる。そこで、前提として、盗取罪と交付罪の財産犯としての構造の違いを確認しておきたい。もっとも、紙幅の関係上、窃盗罪との比較における詐欺罪の構造を整理するにとどめたい。

22　曽根・各論125頁以下。
23　山口厚『問題探究刑法各論』113頁。

財産犯の中の交付罪としての詐欺罪の本質は、次のような２段構造にある。即ち、①財産移転結果がまず被害者に帰属するが、②最終的には欺罔行為者に遡及的に帰属する、という２段構造である。①が盗取罪との違い（交付罪であること）を基礎づけ、②が財産侵害（財産犯であること）を基礎づける。

詐欺罪の成立要件をめぐる諸々の論点をこの構造の中に位置づけながら、敷衍すると、以下のようになる。なお、ここでは、交付行為者が被害者である通常の詐欺罪を前提にする。

財産移転結果がまず被害者に帰属するという第１の点は、被害者の意思に反する財産移転である盗取罪に対して、詐欺罪は（被害者の）意思に基づく財産移転としての交付罪である、とされることに対応する。246条１項の文言では「交付させた」、即ち、要件としては交付行為の問題である。

いわゆる交付意思の要件、即ち、意識的交付行為／無意識的交付行為の論点は、当該財産移転を、交付行為者である被害者に帰属させて詐欺罪とするか、あるいは、直接欺罔行為者に帰属させて窃盗罪にするか、の問題である。そこでは、被害者である交付行為者の主観面を資料に、財産移転結果の被害者への帰属を判断するのである。

これに対して、交付行為により財産は直接移転しなければならないとする、いわゆる直接性の要件も、同様に財産移転結果の被害者への帰属の問題ではあるが、こちらは客観面を判断資料とするものであるといえる。例えば、交付行為の後、欺罔行為者の新たな故意行為が介在する場合は、直接性の要件が満たされず、詐欺罪の成立は否定されるが、そこでは、財産移転が欺罔行為者の当該新たな行為に帰属して窃盗罪を構成し、交付行為者である被害者には帰属しなくなるからである。第三者の故意の犯罪行為が介在する場合も同様である。これに対して、第三者が道具・使者として介在するに過ぎない場合は、直接性が肯定される、即ち、財産移転は交付行為者である被害者に帰属する[24]。

---

[24] これは、例えば、文書偽造罪において、社長が社長名義の文書を秘書に作らせた場合、物理的に直接文書を作成した秘書ではなく、社長が文書作成者とされることなどとも、類似している。

以上のように、財産移転がまずは被害者に帰属するという点が、詐欺罪を交付罪ならしめ、盗取罪である窃盗罪から区別する要素となっている。
　そうして交付行為者である被害者に帰属した財産移転も、最終的にはさらに欺罔行為者に遡及して帰属しないと、そもそも財産犯とならない。財産移転結果が最終的に欺罔行為者に遡及帰属するという、2段構造における第2の点は、規定の文言では「欺いて」、即ち、欺罔行為と錯誤の要件に対応する。
　ここでは、欺罔行為と錯誤の存在が、それに基づく交付行為により発生した財産移転結果との関係で、被欺罔者である被害者に対する欺罔行為者の支配性、ないし、ある種の優位性を基礎づけ、被害者から欺罔行為者に結果の帰属を遡及させるものと考えられる。従って、許されない欺罔行為の範囲は、行為者と被欺罔者の有する情報量や判断能力の差を考慮して判断すべきである。欺罔によらずに錯誤に陥っている被害者から交付を受ける行為が、限定的に準詐欺罪として処罰されるのも、被害者に知慮浅薄・心神耗弱という劣位要素がある場合にのみ、そしてその場合には必ず、反面として行為者に優位性が認められ、通常の詐欺罪と同じく、被害者から行為者に結果の帰属を遡及させることができるからであるということができる。つまり、結果の帰属を遡及させるために、結果との関係で「行為者＞被害者」という関係が必要であり、それを基礎づけるのは、通常の詐欺罪では欺罔行為者の積極的な優位性であり、準詐欺罪では被害者の劣位性である、ということである。
　このように、詐欺罪においては、それが財産犯であり、かつ、交付罪であるということの表れとして、①財産移転結果がまず被害者に帰属するが、②最終的には欺罔行為者に遡及的に帰属する、という2段構造が本質であると考えられ、第1段階において結果の帰属対象となる交付行為者と、第2段階において欺罔行為者が優越する対象となる被欺罔者との間には、詐欺罪の因果経過における同一の結節点を構成する者として、人格的同一性が求められることにもなる。

3 所有権侵害の構造と既遂時期の画定―占有移転の意義、損害と利得―

前述したように、ある時点で所有権侵害が肯定できる場合、その危険を生じさせることも、所有権「侵害」といいうる。従って、例えば、殺人罪において、保護法益は人の生命であり、生命侵害が構成要件的結果であり、その時点で犯罪は既遂になる、というような判断枠組みを、占有移転罪において採ることは、直ちにはできない。どの時点で占有移転罪が既遂になるかを、所有権「侵害」の概念だけから導くことはできないのである。そこで以下では、占有移転罪における所有権侵害の構造と既遂時期の画定のしかたについて、それぞれの内容と相互関係とを検討したい。

(1) 盗取罪

盗取罪においては、所有権侵害となりうる事態は、①所有者による財物の占有喪失→②占有移転（行為者による占有取得）→③実質的所有権侵害（相当程度の利用価値侵害・交換価値侵害）、と時間的に展開する[25]。損害の観点からは、ここで見られる段階的な損害拡大の中で、毀棄罪と対照すると、③占有移転後の実質的所有権侵害こそが決定的であり、それがあって初めて十分な所有権侵害ありということもできる。その一方で、①占有の喪失が、最初に認められる損害といいうるものであるから、その時点で決定的な所有権侵害を認めることもできよう。しかし一般に、占有移転罪の既遂時期は、②占有移転によって画されている。

占有移転をもってなされる既遂時期の画定には、以下のメリットがある。第1に、基準として明確であり、「窃取した」「強取した」との規定文言とも整合的である。第2に、実質的にも妥当な結論である。実質的所有権侵害をもって初めて既遂とすることも考えうるが、毀棄罪の場合はそのようにするのであるから判断の不明確性は積極的に批判できないとしても、盗取罪としては遅きに失するというのが一般的理解であると思われる。盗取罪は、実質的所有権侵害との関係では、危険犯として処罰が前倒しされなければならない。第1の点と併せ考えれば、占有移転をもって既遂を画する考え方は、未遂犯における実行の着手時期に関する形式的客観説に類するものであるとい

---

[25] 実際は多くないが、所有者にも行為者にも占有が認められない状態もあり得るので、占有「喪失」と占有「移転」とは区別されなければならない。

うことができよう。第3に、何より、このようにして初めて犯罪の本質を捉えることができる。実質的所有権侵害の一定の危険があることは当然の前提であるが、前に述べたように、行為者が領得すること（不法領得の意思をもって自らの支配領域内に入れること）が占有移転罪においては本質的であると解されるからである。占有移転は、損害の観点からは必ずしも決定的なものとはいえなくても、利得の観点からは本質的な時点である。占有移転罪においては、一定の損害は前提としつつ、利得に着目した解釈論の展開が必要であるように思われる。

　行為者の支配領域内に入ることで、一段と取り戻しが困難になる点で、損害の観点からの説明がなされうる余地はあると思われるが[26]、次に見る交付罪においては、利得の観点からの構成の方が明白に妥当である。

(2) **交付罪**

(i) **利得の内容**　交付罪においても、欺罔・脅迫して財物を対価なく贈与させ、詐取・喝取するような場合には、盗取罪と同じように考えればよい。これに対して、欺罔・脅迫により売買契約を結び、支払意思がないのに商品を、あるいは、不良商品であるのに代金を、詐取・喝取するような場合には、別の考慮・注意が必要となる。

　第1に、手段としての債権の獲得は、1項詐欺の未遂であって、2項詐欺の既遂と解するべきではない。例えば、代金支払いの意思がないのに、そのことを秘して、代金後払いの売買契約を締結する行為や、不良商品であるのにそのことを秘して売買契約を締結するような行為は、商品や代金の提供を受ける債権を契約締結時に獲得しているとしても、2項詐欺の既遂ではなく、商品・代金の占有移転時に初めて既遂となる1項詐欺の未遂と解するべきである。そこでは、既遂を画する行為者の利得は、財産的利得であれば何でもよいのではなく、当該取引における目的物の取得でなければならないと解される[27]。さもないと、1項犯罪の成立範囲が著しく狭くなり、それを基本類型とした規定の趣旨に反するからである[28]。

---

[26]　深町晋也「窃盗罪」法学教室290号69頁参照。

[27]　従って、債権の取得自体が目的であるといいうる場合は、その時点で2項詐欺の既遂を認める余地がある。なお、次注も参照。

第2に、不良な商品の売買において、代金の支払いが第三者による立替払いによってなされる場合、既遂時期は立替払いによる代金の占有移転時と解される[29]。ここでも、行為者による当該取引における目的物の利得により既遂時期が画されると解され、以下の理由により、盗取罪の場合とは違い、これを損害の観点から説明することはできないと思われる。まず前提として、(第三者に依頼し、被害者の手元を経由することなくなされる) 立替払いの民法上の法的構成を見ると、履行引受構成（第三者弁済）、債務引受構成（免責的債務引受／重畳的債務引受）、保証構成がありえ、立替払いしてもらった者に対する立替払いした者の立替金請求の根拠は、受任者による費用償還請求権（民法650条）、または、委託を受けた保証人による求償権（民法459条）に求められるところ[30]、いずれにしても、立替金請求権・立替金債務は、現に立替払いが為された時点で発生すると解されるから、立替払いによって、その時点で立替金債務が発生するのであり、被害者が第三者から金員を借り受けた上で、それを行為者に交付した、と見ることはできない。それを前提にすると、このような事案において、損害といいうるものは、①代金債務の負担→②立替金債務の負担→③立替金債務の弁済、と展開する。ここでは、一方で、先述のように、③立替金債務の弁済にこそ実質的な所有権侵害が認められるとしても、その時点で初めて既遂とするのは遅きに失する。他方で、上述のように、①代金債務の負担をもって2項犯罪の既遂と解するべきでもない。従って、②立替金債務の負担時に既遂とするのが妥当であるが、立替金債務の負担は代金債務の負担が転換しただけのものであるから、損害として決定的なものということはできず、ここに既遂時期を認めることは、行為者による当該取引における目的物の取得という観点から説明することしかでき

---

28 2項詐欺が成立しないことは、債権は債権者のもとで生ずるのであり、被害者である債務者のもとで成立した債務者自身に対する債権が欺罔行為者に移転するわけではないので、財産上の利益の「移転」がないからである、と説明することもできそうである。しかし、一般にそのような説明がなされていないのは、交付罪が、被害者のもとにあった財産が行為者に移転するという財産移転罪ではなく、被害者の負担において行為者が利得する犯罪として理解されていることの表れである、と解することもできるかもしれない。

29 最決平成15・12・9刑集57巻11号1088頁参照。

30 クレジットカード取引の文脈であるが、佐伯仁志＝道垣内弘人『刑法と民法の対話』(2001) 184頁、187頁以下参照。

ないと思われるのである。

　以上の意味で、詐欺罪においても、行為者による利得が、既遂時期画定においては本質的であると解される。恐喝罪についても同様である。

　以上のことはまた、1項犯罪と2項犯罪の区別も、損害ではなく利得に基準を求めるべきこと（1項と2項の区別が所有権侵害と財産上の利益侵害との区別に対応するわけではないこと）を示唆するが、この点については後述する。

(ii) 損害の内容　　欺罔、脅迫して財物の贈与を受ける行為は、窃盗罪と同様、当該財物の占有移転（によって認められるその後の実質的所有権侵害の危険）を損害とする個別財産に対する罪であると解される。これに対して、無銭飲食や偽物売買では、商品や代金の占有移転があっても、結果的に代金の支払いや本物の引渡しがなされれば、被欺罔者には実質的損害がないともいえる。ここでは、①行為者が獲得した財物を被害者が喪失したことが損害なのか、②財産的負担を負いながら当該取引において被害者が獲得しようとした物が得られないことが損害なのか、が問題となり、もし②なのであれば、その限りで、交付罪の保護法益は所有権ではなくなることになる。

　学説の中には、形式的に個別財産に対する罪の構成をとるものもあるが、判例は、①の構成を採りつつも、一定の範囲で②の観点からの制限を課し、損害を実質的に捉えようとしていると解される[31]。法益関係的錯誤説を採り、取引目的の達成を法益内容にカウントする場合も、②への接近が見られる。とはいえ、学説のほとんどは、表面上の構成としては①の立場である。

　もっとも、仮に、完全に②の立場をとったとしても、①の立場が損害を実質的に捉えるのであれば、犯罪の成否の結論に大きな違いはない。まず、①からも②からも、通常は欺罔行為の時点で詐欺未遂となる点で、違いはない。次いで、利得前に、行為者が翻意して期待される対価を支払った場合は、①からは、客観が主観に合致する形に変化することで被欺罔者の錯誤が解消され、客体を交付しても錯誤に基づく交付行為でなくなるから、詐欺既遂ではなく、②からも、期待される対価が支払われたので、損害がなく、詐欺既遂ではない。さらに、利得後に、行為者が翻意して期待される対価を支

---

[31] 大決昭和3・12・21刑集7巻772頁、東京地判昭和37・11・29判タ140号117頁。

払った場合も、利得により既遂を画するという考え方からは、損害の内容については、①利得された財物について実質的所有権侵害の危険があることか、②期待される対価の支払がなされない危険があること、という違いはあれ（権利者排除意思にもそれに対応した違いが生ずるが）、利得の時点で既遂となることには違いがなく、その後結局期待された対価支払いがなされたとしても、事後的な事情に過ぎなくなり、詐欺既遂が認められる点では、何ら異なるところはない。

　従って、この限りでは、敢えて、②の立場をとり、当該取引において被害者が獲得しようとした物が得られないことが損害である、と主張する必要は認められない。

(iii) 利得と損害の関係　　当該取引における目的物の不獲得、目的の不達成、が損害であるとする必要が生ずるのは、三角詐欺のうちの一部の場合である。そこでは、利得による構成の要求と、実質的に損害が生ずる者を被害者と構成しようとする要求とが、衝突する。典型的に問題となる、自己名義クレジットカードの不正使用を例に、検討したい。

　自己名義のクレジットカードを用い、支払いの意思も能力もないのにそのことを秘し、加盟店で商品を購入する行為について、詐欺罪の成立を認めるのが判例[32]・多数説である。成立を認める場合でも、その法的構成は様々であるが、そこでは、①行為者が当該取引で目的としたものの獲得を利得と構成し、利得の時点での既遂を認め、②実質的に損害といいうるものを損害として、その負担者を被害者とする、という要請を満たす必要がある。

　通常の二者間詐欺と同様の構成を採る場合[33]は、行為者が当該取引において得ようとした（多くの場合換金性のある）商品の取得を利得とし（従って、領得された商品は盗品等関与罪の客体となる）、その占有移転の時点で詐欺既遂にできるメリットがある。しかし、その反面、商品の占有移転を損害として加盟店を被害者とすることになるが、加盟店は制度上、カード会社による立替払いにより経済的損失を被らないから、行為者の支払意思・能力の不存在

---

[32] 福岡高判昭和56・9・21刑月13巻8＝9号527頁、名古屋高判昭和59・7・3判時1129号155頁、東京高判昭和59・11・19判タ544号251頁。

[33] 判例はみなこの構成である。

を知らずに商品を交付しても取引目的は完全に達成しており、これを被害者とするのは妥当でないとの批判がなされる。

これに対して、加盟店を被欺罔者＝交付行為者、カード会社を被害者とする三角詐欺の構成は、最終的に立替金債権を回収できない立場におかれるカード会社を被害者として捉えるためのものであり、その点では妥当である。しかし、立替金債務の弁済期の到来を待って初めて既遂とするのでは遅きに失するから、その前の時点における債権回収不能の危険、あるいは、それを前提に立替払いさせられる危険を損害とする必要があり、利得の時点で既遂を認めるべきであるとする観点からは、商品購入時に売上伝票が作成された時点で認められる危険を損害の基礎と捉えるべきことになろう。

もっとも、そのように考えたとき、利得と損害のそれぞれの捉え方としては妥当だとしても、両者の関係に問題が生ずる。交付罪も盗取罪と同様に移転罪であり、そこでは被害者が失った財産を行為者が取得して初めて財産移転が認められることから、利得と損害の「素材の同一性」が要求されるとも解されているところ、上述のように、行為者による商品の取得を利得、立替払いの危険ないし立替金債権の回収不能の危険を損害、とすると、両者の間に素材の同一性が認められなくなるからである。素材の同一性を厳密な意味で要求しようとする限り、この問題は解決不能である。

しかし、実質的な損害の負担者を被害者とする要請と、それを前提に、行為者が当該取引において得ようとしたものを利得とする要請を前にすると、素材の同一性の要請はさほど大きいものではないように思われる。利得と損害は厳密な表裏関係になくても、当該取引において、特定の契約を基礎に[34]、被害者の経済的負担において、そしてそれのみに基づいて、行為者が直接それに対応する利益を得るという関係があるのであれば、財産移転罪としては十分であろう。1項犯罪と2項犯罪の区別も、利得における財物性の有無によってなせば足り、またそのようにするのが妥当である。行為者の当該取引における目的物が財物である場合に、1項犯罪ではなく2項犯罪の成立を認

---

[34] クレジットカード契約と呼びうるひとつの複合的契約が三者間に認められる。これに対して、クレジットカード会社が加入している保険契約は、行為者や加盟店と保険会社とを当事者として直接結びつけるものではないため、これを根拠に保険会社を被害者とすることはできない。

(iv) 1項交付罪の保護法益　　以上のように考えることができるならば、1項交付罪の中には、損害が、①所有権侵害のみの場合（欺罔・脅迫による贈与）、②目的とした利益の不獲得（ないしその危険）のみの場合（クレジットカード詐欺）、③所有権侵害と目的利益不獲得（の危険）の双方が認められる場合（無銭飲食、偽物売買）という3類型が含まれることになる。そうだとすると、1項交付罪の保護法益には、所有権と取引目的である財産的利益[36]との両者が含まれることになる。

上の③の場合には、それらの保護法益の双方の侵害・危殆化が認められることになる。この場合、例えば、保存状態の悪い切手のコレクションを、美

---

[35] 以上のように考える理由についてさらに補足する。
　　取引型の詐欺は、①無銭飲食型と、②偽物売却型とに分けられる。①前者は、対価の支払意思・能力がないのに、それを秘して、取引の相手方から財物を獲得する場合である。②後者は、実際にはそれほどの価値はないのに、それを秘して財物を売却し、相手方から不当に高額の代金を獲得する場合である。そして、いずれの類型も、立替払いをする者が登場すると、行為者から見て取引の相手方が二人に分かれ、行為者と併せて三者間の詐欺となりうる。
　　①無銭飲食型で、取引の相手方が分かれるのは、クレジットカード詐欺の構造となる。即ち、行為者Xが財物を獲得する相手Yと、Xが対価の支払いを免れる相手Zとが分離する。Yを被害者とする1項詐欺も、Zを被害者とする2項詐欺も妥当でないので、利得はYから得たものとし、損害はZに認めて、Zを被害者とする1項詐欺を認めるべきであるとするのが、本文で述べた本稿の主張である。
　　②偽物売却型で相手方が二人に分かれるのは、行為者XがYに偽物を売却し、代金は第三者ZからXに立替払いされるような場合である。本稿の立場からは、利得はZから得たものとし、損害はYに認めて、Yを被害者とする1項詐欺を認めることができる。これに対して、移転罪の性質を厳密に要求し、行為者Xが獲得した物の喪失だけが損害であるとすると、立替金が被欺罔者Yの手元を経由しない場合は、Yに対する欺罔行為を構成要素とする詐欺罪の成立は認められなくなるのではないかと思われる。Zを被害者とせざるを得なくなるにもかかわらず、被欺罔者であり交付行為者であるY（本文で述べたとおり、被欺罔者と交付行為者とは同一人でなければならない）には、通常Zの財産を処分すべき権限・地位が認められないからである。
　　そうすると、そもそも二者間の詐欺において、利得と損害は必ずしも表裏の関係ではなく、行為者が当該取引の目的物として獲得した物が利得、被欺罔者が当該取引の目的物として獲得に失敗した物が損害、とする余地を認め、利得と損害のつながりは当該取引での対価関係に求めた上で、利得の提供者と損害の負担者が分離する場合も、両者が内部関係を結んでおり、行為者から見て取引の相手としていわば一体のものといえるのであれば、なお利得と損害の間に要求されるつながりは認められると解するのが、妥当であるように思われるのである。なお、佐伯仁志「詐欺罪の理論的構造」山口厚＝井田良＝佐伯仁志『理論刑法学の最前線Ⅱ』132頁以下も参照。

[36] 西田典之・各論183頁も、「被害者が獲得しようとして失敗したものが、経済的に評価して損害といいうるものか」を問題としている。

品であるかのように装って、被害者のコインのコレクションと交換するという1項詐欺の場合、被害者はコインの所有権を侵害されていると同時に、美品の切手コレクションを獲得するという利益も侵害されているが、民法上、意思表示を取り消した上での所有権に基づくコインの返還請求と、契約は維持したままで行う美品切手の提供の履行請求とは、いずれかしかできないことにも表れているように、所有権侵害と目的利益不獲得とは、実質的には同じ利益の侵害が別の現れ方をしたものに過ぎないから、詐欺罪一罪が成立するのみと解することができる。従ってまた、保護法益の観点から見ても、同一の条文において実質的に異なるふたつの法益の保護を図ることになるわけではない。財産を、その静的状態を守ろうとする場合は所有権として、取引を前提とした動的状態を守ろうとする場合は取引目的たる利益として、保護対象とするだけである。その意味で、1項交付罪においては、所有権保護が法益保護の一局面にしか過ぎなくなるということができる。1項交付罪は、被害者から財物を奪う犯罪ではなく、被害者の負担において財物を獲得する犯罪であると解することになる[37]。

Ⅳ　横領罪―所有権侵害の軽重―

次の検討対象は、占有移転を構成要素としない横領罪（委託物横領、業務上横領、遺失物等横領）である。毀棄・隠匿罪、占有移転罪と比較しながら、横領罪においては、いかなる意味で所有権侵害が認められ、所有権保護が図られているのかを、考察する。

1　所有権侵害の内容

横領罪における所有権侵害を考える上では、占有移転罪（強盗を除き、10年以下の懲役）、委託物横領罪（5年以下の懲役）、遺失物等横領罪（1年以下の懲役又は10万円以下の罰金若しくは科料）という3罪の法定刑の差をいかに

---

[37]　利得目的での財産侵害罪と捉えるわけではない。

説明するかが問題となる（業務上横領は委託物横領の責任加重類型と解されるから、ここでは別途検討しない）。

通説的な理解では、占有移転罪と横領罪の差は占有侵害の有無により、横領罪の中での委託物横領罪と遺失物等横領罪の差は委託信任関係侵害の有無ないし誘惑性の有無によるものとされる。これに批判的な立場は、財物の利用過程にある限り所有権者の占有を認め、委託物横領罪においても占有侵害を肯定して、占有移転罪および委託物横領罪と遺失物等横領罪との差こそが占有侵害の有無によるものとし、占有移転罪よりも委託物横領罪が軽いことの根拠は、所有権者が行為者に占有を委ねていることに求めている[38]。しかし、いずれの見解も、3罪の差を所有権侵害の外で説明しており、所有権侵害自体は3罪で共通するものであるとの理解を採っていると解される。

しかし、占有侵害の有無によって説明されている内実は、むしろ、所有権侵害の内容の違いで説明すべきではないかと思われる。単なる占有がそれ自体として要保護性を有していると解すべきでないのであれば、占有侵害による所有権侵害においても、占有侵害が重く評価されているとするのではなく、占有を侵害して初めて侵害可能な所有権には、そうでない所有権よりも強い要保護性が認められる、と理解すべきであるように思われるのである。

そのような考え方に従えば、3罪の法定刑の違いは、所有権侵害の評価の違いを反映したものとして、以下のように説明される。まず、占有移転罪における所有権侵害は、所有者が自己の事実的支配下で財物を制限なく直接的に利用可能である状態から、利用可能性が害された状態（その危険がある状態）に不良変更する行為である。次いで、委託物横領罪における所有権侵害は、所有者が委託により受託者のもとで財物を間接的に利用可能である状態から、利用可能性が害された状態に不良変更する行為である。最後に、遺失物等横領罪は、所有者による財物の直接的・間接的な利用可能性がない状態であることを前提に、そのような状態を原状回復せず継続・維持する行為である。3罪とも、爾後の相当程度の利用可能性侵害の危険があり、その意味において所有権侵害が認められる点では共通するが、前提としての利用状

---

[38] 鈴木左斗志「刑法における『占有』概念の再構成」学習院法学34巻2号172頁以下、190頁以下。

態・利用可能性の有無が異なり、所有権についての不良変更の程度が異なるため、所有権侵害の評価に違いが生ずる、と解することができるように思われるのである。

このような理解は、遺失物等横領罪の極端に軽い法定刑とも適合的である。遺失物等横領罪の法定刑の軽さは、極めて誘惑的であることによる責任の軽さで説明されるが、委託物横領との違法性の差を、財産犯としては副次的な委託信任関係侵害の有無のみで説明した上で、残り全ての根拠を誘惑性に求める、という理解をとるべき必然性はない。遺失物等横領罪の法定刑の軽さは、委託物横領罪よりも所有権侵害の評価自体が軽く、責任の軽さ以前に違法性がすでに小さいことも併せて、根拠とすることが可能である。

なお、以上のように考えると、窃盗犯人からの第三者による盗品の窃取においては、所有者に対して認められる所有権侵害は遺失物等横領のそれと同じ軽い類型のものであるため、それを根拠に窃盗罪を認めることはできないことになる。窃盗犯人の占有も、所有者に返還する義務がある限りにおいて、第三者との関係では保護に値するものであると解して、窃盗罪の成立を認めるのが妥当と思われる。もっとも、それは242条の問題であり、本稿の検討対象外である。また、所有者に対する遺失物等横領罪の成立は、別途認められる余地がある。さらに、盗品等関与罪において認められる所有権侵害も、遺失物等横領罪のそれと同様であることになるが、この点については次節で検討する。

2 既遂時期の画定
(1) 不法領得の意思の発現行為

実質的所有権侵害は、毀棄罪の既遂を構成しうる損害があって初めて認められるので、占有移転罪の場合と同様、横領罪も、実質的所有権侵害との関係では危険犯である。従って、危険を基礎付ける主観的違法要素として、横領罪においても占有移転罪の場合と同様、権利者排除意思が必要であると解される。ここにいう排除意思は、所有者の占有を排する意思ではなく、実質的所有権侵害を行う意思であり、占有移転罪における故意の一内容である占有侵害の認識と、占有移転罪・横領罪に共通する排除意思とは、明確に区別

されなければならない。そのような排除意思のない、例えば、相当程度の利用価値侵害の意思のない一時使用は、不可罰である。もっとも、占有移転の時点でしか成立し得ない占有移転罪とは異なり、占有がある限りいつでも成立しうる横領罪においては、初めは短時間の一時使用の意思であったが、結局長時間使用したような場合も、処罰できる。

　さらに、利用意思も必要と解される。委託物横領罪の刑の上限・下限が器物損壊罪よりも重いことは、それが危険犯であることを差し引いても、委託物横領罪では委託信任関係侵害が必要であること、器物損壊罪には占有離脱物の隠匿のような軽い類型の所有権侵害も含まれること、によって説明可能である。その一方で、上述のように違法性は委託物横領罪の方が軽いから、委託物横領罪の刑の下限が占有移転罪（強盗を除く[39]）のそれと同じであることは、委託物横領罪においてだけ利用意思を不要と解すると、説明が難しくなる。遺失物等横領罪については、利用意思を要求しても、器物損壊罪よりも刑の上限が軽く、下限が同じであることは、危険犯であること、利用可能性なき状態を前提とした軽い類型の所有権侵害のみが該当すること、誘惑性による責任減軽があること、によって説明が可能である。

　従って、横領罪においても、権利者排除意思と利用意思とから構成される不法領得の意思が必要であり、実質的所有権侵害との関係で処罰が前倒しされる点、利得が本質的要素となる点において、占有移転罪と構造を同じくするから、原則として領得行為時に既遂を認めるのが妥当と解される。占有移転罪においては、①所有者による財物の占有喪失→②占有移転（行為者による占有取得）→③実質的所有権侵害（相当程度の利用価値侵害）、という所有権侵害の時間的展開の中で、②占有移転による占有取得時に既遂が認められた。これとパラレルに考えれば、委託物横領罪においても、①所有者による財物の間接的利用に対する侵害→②行為者による利用可能性の移転・取得→③実質的所有権侵害、という所有権侵害の時間的展開を見ることができ、その中で②利用可能性の移転・取得時に既遂を認めるのが妥当と解される（もっとも、占有移転罪とは異なり、所有者と行為者のいずれにも利用可能性が認められ

---

[39]　なお、現在では、罰金刑の追加により窃盗罪の刑の下限も変更されている。

ない状態は観念できないから、①と②は時間的に必ず一致するものと思われる)。

そのような利用可能性の移転は、委託の趣旨に反し、所有者による間接的利用を排して自らの支配下に当該財物をおいた、といえるときに認められると解される。占有移転罪における占有移転のような外形上明確な基準がないため、その判断は難しいが、行為者が自らの占有下で財物を動かすことなく行う支配の移転は、行為者の意思のみによるものであるから、不法領得の意思を持った時点で、しかし、処罰対象は意思ではなく行為であるべきことから、不法領得の意思の発現行為の時点で、それを認めることができる。遺失物等横領罪についても同様に解される。そして、委託物横領の場合、領得意思の発現行為の時点で、委託信任関係の侵害も肯定されるといえるから、結局、その時点での既遂を肯定することができる[40]。

(2) **法益侵害の危険による限定**

もっとも、占有移転罪とは占有移転の有無が異なることから、横領罪の既遂時期の画定についてはさらに別の考慮が必要である場合がある。占有移転罪において占有移転が既遂時期を画するとする際には、占有喪失において既に直接的利用の可能性が侵害され、権利者排除意思の存在と相まって、相当程度の利用価値侵害である実質的所有権侵害に至る具体的危険が認められていることが、前提である。そこでは、利得によって既遂時期を画するとしても、実質的所有権侵害の具体的危険が存在することが前提なのである。横領罪においても、通常は、不法領得の意思の発現行為により利用可能性を取得する時点で、実質的所有権侵害の具体的危険は肯定できる。問題が生じるのは、実質的所有権侵害のためには第三者の行為が必要な場合、例えば二重売買の場合である。二重売買においては、第2譲受人との間で売買契約が成立し、第2譲受人が確定的に所有権を獲得して初めて、実質的所有権侵害が肯定できる。従って、まず、動産の場合は、第2の売買契約について申込みの誘因をすれば不法領得の意思の発現行為は認められようが、少なくとも特定の買主に対する売却の意思表示をするまでは、実質的所有権侵害の具体的危

---

[40] 横領罪に未遂犯処罰規定がないことも、不法領得の意思の発現行為によって既遂とするため、未遂犯処罰をしようとしても、「領得意思の発現」の具体的危険を客観的事情によって判断することが困難であることによるものと解することができよう。

険を肯定することはできないであろう。次いで、不動産の場合は、安価な動産とは異なり、契約の締結自体が熟慮と時間を要するプロセスであるから、売却の意思表示を超え、最終的に売買契約の締結が完了して初めて、具体的危険を肯定すべきであるように思われる。逆に、そうして確定した第2譲受人への移転登記の完了は、それがあって初めて確定的な所有権移転が肯定できるため、実質的所有権侵害を認めるためには当然不可欠のものであるが、横領罪ではその具体的危険があれば足りるのであるから、横領罪の成立にとっては必ずしも必要ないと解するべきであろう。実質的所有権の侵害もその危殆化も、等しく「所有権侵害」と表現しうることに惑わされてはならないように思われる。横領罪の成立には「所有権侵害」が必要であるが、相当程度の利用価値侵害としての実質的所有権侵害との関係では、具体的危険を発生させただけでも、横領罪を構成する「所有権侵害」は肯定できるのである[41]。

Ⅴ 盗品等関与罪──追求権の保護──

最後に検討するのは、盗品等関与罪である。

1 保護法益としての追求権

判例・多数説によると、盗品等関与罪の保護法益は、被害財物である盗品等に対する本犯被害者の追求権である。これは、所有権に基づく返還請求権に限られず、法的な追求可能性を広く含むものであり、占有移転罪における242条による拡張に類するものが、すでに256条には含まれている。その拡張された部分を除けば、追求権侵害は所有権侵害であり、それはすでに本犯者によって直接・間接の利用可能性が害された後の財物に対する所有権の侵

---

[41] 器物損壊罪と委託物横領罪の刑を比較すると、横領罪も実質的所有権侵害があって初めて既遂に達すると解することにも、一定の合理性が認められるようにも思われる。そのように解するのであれば、二重売買においては、動産の場合も不動産の場合も、第2譲受人が確定的に所有権を獲得した時点で横領罪成立とする方向で既遂時期の平仄を合わせることになろう。

であるから、前節までで検討した財物罪の諸類型に照らすと、その実体は、遺失物等横領罪における所有権侵害と同様のものであるということができる[42]。

追求権の内容をめぐっては、①財物を回復する利益に限定する見解と、②「正常な回復」の利益も含むとする見解とが、対立している。結論に違いが生ずるのは、被害者へ返還すべく盗品を運搬したり、被害者を相手方とする盗品の有償処分のあっせんを行ったが[43]、その結果なされるべき被害者への盗品の回復が「正常」とはいえない場合である。学説上は、追求権説の中では、被害者への返還を目指してなされるのであれば盗品関与罪の成立は認めるべきでないとする見解が、いまのところ多いようであるが、判例は、「正常な回復」を困難にする行為には盗品等関与罪の成立を認めており[44]、これを支持する見解も散見される[45]。盗品等関与罪には本犯助長的性格も認められ、その処罰は、少なくとも副次的に、盗品等を対象とするブラックマーケットの抑制にもつながるから、理論的に可能な範囲で追求権侵害の範囲は広く解するのが、政策的に妥当であると思われる。その意味で、判例の立場を支持したい。

2 追求権侵害の内容―被害者への返還の場合―

そのように考えるとすると、問題は、「正常な回復」とそれ以外との区別基準である。被害者に気付かれないように返還する場合は、正常な回復といってよいであろう。被害者と接触しても、被害者にとっていわれなき経済的負担を課すことなく返還するのであれば、それも正常な回復といってよい。

---

[42] 井田良「盗品関与罪（贓物罪）」『刑法各論の現代的展開』258頁参照。もっとも、そのように解すると、盗品等関与罪の重い法定刑は、追求権侵害よりも、本犯助長性（および、後述のように本犯助長意思）によって大きく支えられていることになる（本犯助長性の小さい無償譲受け罪の軽い刑や、毀棄罪との比較における占有移転罪の重い刑を考えれば、これ自体は妥当性を欠くことではない）。しかし、そうだとしても、追求権侵害を不可欠の要素とする限りで、これはまだ追求権説の範囲を超えず、追求権侵害がなくても犯罪成立を認める見解とは明確に一線を画するものである。

[43] さらに、被害者への返還を目的として本犯者から盗品を譲り受ける行為も含まれる。

[44] 最近でも、最決平成14・7・1刑集56巻6号265頁。

[45] 今井猛嘉「盗品関与罪の成否」現代刑事法57号97頁以下。

問題となるのは、被害者に対価を支払わせて返還する場合である。そのような返還は、それ自体としては正常な回復とはいえなくても、それに被害者が同意したのであれば、正常な回復を請求する権利が侵害されたとはいえなくなるからである。ここでは、①被害者が有償の返還に同意させられ正常な回復が害されたのか、それとも、②被害者が有償の返還に同意し正常な回復請求権を放棄したのか、の区別が求められる[46]。その区別は、当該盗品の返還が被害者の自由な意思決定に基づくものといえるか否かでなすのが妥当であると思われる。

ここで、自由な意思決定か否かは、被害者の意思のみに着目して判断すべきではない。何故なら、ここでは、被害者が絶対的に自由かを問題としているのではなく、行為者（側）に犯罪が成立するかを判断する際の一要素として、被害者の自由を問題としているからである。従って、被害者の自由は、むしろ、行為者と被害者との相対的な関係において判断される必要がある。このような考え方は、既に被害者の同意論において見られるところである。例えば、客観的な緊急状態下で得た同意は有効でも、同じ緊急状態を、実際は存在しないのに存在するかのように欺罔して得た同意は、行為者が同意を得たプロセスを考慮すると自由になされた同意ではないと評価され、当該同意は無効となる、とする考え方がそれである。

当該同意において行為者と被害者の間にどのような関係がある場合に被害者の自由が否定されるのかは、一律に論じられるものではなく、そこで問題となっている侵害法益の性質と重大性によって変わりうると思われる。脅迫者－被脅迫者の関係について見れば、以下の通りである。まず、性質上処分の自由が認められない生命の侵害については、意思抑圧に近い相当程度強い脅迫があって初めて自由が否定される[47]。次いで、処分の自由が認められる法益の中では、相対的に重大な法益ほど通常は被害者自ら処分しないものであるとすれば、身体・性的自由・移動の自由などよりも、財産法益の侵害においては、より程度の軽い脅迫によって自由が否定されることになる。さらに、財産法益の中では、占有侵害による所有権侵害の場合は、恐喝罪を成立

---

[46] 山口厚『新判例から見た刑法』（2006年）239頁以下。
[47] 例えば、最決平成16・1・20刑集58巻1号1頁参照。

させうる脅迫があって初めて、自由が否定される。これに対して、盗品等関与罪における追求権が、占有移転罪における所有権ではなく、むしろ前述のように、占有を喪失した状態を前提とする遺失物等横領罪におけるそれに対応するものであるとすると、占有移転罪におけるよりも軽い脅迫的状況において既に、自由は否定されると解することができよう。恐喝罪ですら、比較的軽い（被害者を畏怖させる程度の）脅迫によって成立が認められることを考えると、盗品等関与罪においては、盗品の返還は自らの意思にかかっているという状況を利用して対価を得て返還するような、被害者よりも行為者が優位に立っていると見うる関係とその利用があれば、自由の否定を認めてよいように思われる。

なお、ここで問題としている行為者は、盗品の返還取引において被害者の自由を問題とすべき当事者であるから、盗品等関与罪の主体、即ち、運搬者やあっせん者ではなく、被害者と取引関係に立つ本犯者である。従って、本犯者と被害者の関係において被害者の自由が否定されても、運搬者やあっせん者が本犯者側ではなく被害者側の者なのであれば、盗品等関与罪の成立はなお否定されるものと解される。行為者が運搬や有償処分あっせんを行うに至った経緯や行為者の意思・目的等を判断資料に、行為者を被害者の使者ないしその延長上にいるものと解しうる限度で、当該行為者は被害者側の者であるということができよう[48]。これは、被害者自身に盗品等関与罪が成立しないことの延長で理解することもできるし、また、占有離脱物を被害者に返還するために取得する行為は、（すぐに返還する意思がなく排除意思は肯定されても）不法領得の意思（利用意思）が否定されて不可罰になると解されるが、それと類似した考慮（本犯助長性に対応する本犯助長意思を要件とし、その充足性を否定すること）であると捉えることもできると思われる。

---

[48] 被害者からの依頼に基づく場合であっても、本犯者側であるとされる場合はあり（最決昭和27・7・10刑集6巻7号876頁参照）、被害者に無断で行為する場合であっても、被害者側とされうる（東京高判昭和28・1・31東高刑時報3巻2号57頁参照）。

VI まとめ

　毀棄・隠匿罪における所有権侵害は、客体に対する物理的働きかけによる、(A) 財物の相当程度の利用価値侵害（①長期間利用可能な財物の利用可能性を相当程度長時間侵害する場合、②長時間でなくても経済的価値の高い財物の利用可能性を侵害する場合、および、③経済的価値が低い財物で利用可能性侵害が短時間でも当該財物の利用価値の大半を侵害する場合）、および、(B) 交換価値侵害である。以上が、実質的所有権侵害と呼びうる所有権侵害の本体であり、毀棄・隠匿罪は、実質的所有権を保護法益とする侵害犯である。
　占有移転罪は、実質的所有権侵害との関係では危険犯であり、一方で処罰の前倒しが、他方でその時点での実質的所有権侵害の危険が、要求される。占有移転罪においては、利用意思の要求に表れているように、行為者による利得が犯罪の本質的要素となり、占有移転という利得の時点で既遂が認められ、処罰の前倒しが図られる。実質的所有権侵害の危険を基礎付けるのは、行為時の権利者排除意思である。
　占有移転罪のうち、交付罪は、財産を、盗取罪と同じくその静的状態を守ろうとする場合は所有権として、取引を前提とした動的状態を守ろうとする場合は取引目的たる利益として、保護対象とすると解される。1項交付罪においては、利得と損害は必ずしも表裏関係にはなく、行為者が獲得した財物についての所有権保護が法益保護の全てではない。
　横領罪も、実質的所有権侵害との関係で危険犯であり、基本的に利得により既遂時期が画される点でも占有移転罪と同じであるが、占有移転罪における所有権の不良変更に比して、委託物横領罪における侵害は、前提としての財物利用が間接的なものである点で軽く評価され、遺失物等横領罪における侵害は、前提として財物の利用可能性がない点でさらに軽く評価される。
　盗品等関与罪においては、追求権の一部として所有権が、遺失物等横領罪と同様の内容で保護される。財物が被害者のもとに戻る場合であっても、被害者がいわれなき経済的負担を負う場合であって、かつ、本犯者と被害者の

取引関係において被害者が相対的に自由でないと評価される場合には、当該回復に対する被害者の同意は無効であり、本犯者側の行為者には盗品等関与罪が成立する。

　こうして、一般に重要視される占有を離れ所有権の観点から通して考察することで見えてくることが、ささやかながら、確かに存在する。

(第5講) 議論のまとめ

島田聡一郎

1 論文の概要

(1) 論文の目的 従来、財産犯は、「財産権の侵害」が認められた場合に成立する、といわれてきた。例えば、窃盗罪であれば、「占有侵害」が、横領罪であれば「所有権侵害」が必要だ、といわれていたのである。しかし、そこにいう「侵害」が、具体的にどのような内容のものかは、必ずしも十分に解明されてこなかった。和田論文は、複数の財物罪を視野において、このような問題を横断的に検討しようとするものである。以下、個別の犯罪についての和田論文の分析を見よう。

(2) 毀棄罪 同罪は、所有権侵害罪の、いわば最もシンプルな形態ととらえられる。そして、同罪における「侵害」に関しては、①客体である財物を物理的に損壊する必要があるか、②物理的に損壊すれば、それだけで足りるのか、という2点が議論されている。①について、和田論文は、効用侵害があれば足り、物理的損壊までは不要とする多数説に賛成する。そして、物理的損壊を要求する見解が意図する処罰範囲の限定は、むしろ、効用侵害の内容を明らかにすることによって行うべきだ、とする。具体的には、まず「利用価値」の侵害が、一定程度に達していることを要求し、**i**（期間あたりの）利用価値がある程度高い物を、ある程度長期間利用不能にする場合、**ii**そうした利用価値が極めて高い物を、短期間利用不能にする場合、**iii**（例えば、使い捨て剃刀のように）1度使えば使えなくなる物を使用する、いわば価値の費消といえる場合に、刑罰をもって望むに足る「利用価値」の侵害を認めるのである。

他方、②に関しては、効用を利用価値の侵害に限定するのであれば、その

ような意味の効用侵害がなくても、毀棄罪を認めるべき場合があるとする。例えば、コーヒーカップを一度割って、高性能の接着剤等で、直後に完全に元に戻した場合、仮にコーヒーを入れるという、そのカップの利用価値が害されていなかったとしても、毀棄罪を認めるべきだとする。そのような場合には、利用価値の侵害はなくとも、カップの「交換価値」の侵害が認められ、それを根拠に器物損壊罪を認めるべきだ、というのである。なお、そのような交換価値は、客観的に把握されるべきであり、被害者の意思は無関係だという。さもないと、実質的に、単なる現状維持の利益が保護されることになり、処罰範囲が無限定に広がってしまいかねない、というのがその理由である。

　そして、以上のような利用価値侵害、交換価値侵害が、従来「所有権侵害」といわれてきたものの実質的な内容であるとの分析がなされ、それらをあわせ「実質的所有権侵害」と名付ける。これは他の財物罪においても基本となる視点だが、後述のように、他の犯罪では、これに修正が加えられている場合もあるとする。

　なお、和田論文は、以上のような法益侵害に加え、毀棄という概念の内容として、物への物理的働きかけという行為態様が要求されているとしてもいる。それ故、例えば、食器に放尿したと偽る行為は、たとえ利用価値侵害が認められても毀棄罪にはならないことになる。

(3)　**占有移転罪**　占有移転罪においても、本来の法益侵害は、実質的所有権侵害である。しかし、占有移転罪には、2つの特徴がある。まず第1に、既遂時期が、占有移転時であり、実質的所有権侵害との関係では、危険犯として扱われている。第2に、処罰時期が繰り上げられているにもかかわらず、毀棄罪よりも法定刑が重い。和田論文によれば、これらの2点を基礎づけるのが不法領得の意思である。すなわち、第1の、占有移転時における実質的所有権侵害の危険を基礎づけるのが、権利者排除意思であり、第2の、重罰を基礎づけるのが、行為者の利得を表す、利用処分意思だというのである。

　さて、占有移転罪は盗取罪と交付罪に分かれるが、前者は、①所有者による財物の占有喪失→②行為者による占有取得→③実質的所有権侵害という順

序をたどる。そして、その既遂時期は、一般に②とされている。法益侵害の観点からは、①、③に重要性がありそうなのに、このような解釈がとられているのは、占有移転罪においては、行為者による利得が犯罪の本質と考えられていることの表れだ、という。学説の中には、②の時点を、物の追及可能性がより困難となり、法益侵害の程度が質的に高まった時点と位置づける見解もあるが、それでは、交付罪について説明に窮する、というのが和田論文の立場である。

　すなわち、交付罪、特に詐欺罪では、行為者と被害者の間で取引が行われ、対価の提供がなされることが少なくない。この場合、既遂時期は、一般に、行為者が本来獲得しようとしたものを基準に判断される。例えば、代金支払意思がないのに、売買契約を結ぶ場合、物の引渡請求権を得たとしても、それだけでは２項詐欺の既遂とはならず、１項詐欺の未遂である。ここでは、目的物を「得た」かどうかが、重視されている。また、不良な商品を売りつけ、立て替え払いで代金が支払われる場合、①売買契約により債務を負う、②立て替え払いがなされ、第三者に対して立替金債務を負う、③それを弁済する、という経過をたどる。この場合、②が既遂時期と考えられるが、それも、損害の観点ではなく、やはり、目的とした物を「得た」という観点から決されている、というのである。

　このような、損害と利得の関係は、自己名義クレジットカードの不正利用の場合にも問題となる。この場合について、和田論文は、行為者が得ようとしている物は、加盟店で買おうとしているものであり、加盟店は、クレジットカード会社から立て替え払いを受けるから、損害を被るのは、クレジットカード会社だ、と端的に構成すれば足りるとする。この場合、利得と損害の「同一性」は厳密には要求できないことになるが、それは問題はない、とするのである。なお、この場合に１項詐欺か２項詐欺かは、行為者の得ようとした物が何かによって決まるから、その結果、１項詐欺には、交付した物それ自体が損害の類型の他、この場合のように、被害者が取引において得ようとした物が得られない類型も含まれることになる。この後者の類型は、物の静的安全のみを保護しようとする窃盗罪には見られないものであり、取引関係を前提とする詐欺罪の特色に由来するものとされている。

(4) **横領罪**　同罪は、占有移転を伴わない点に特色がある。そして、委託物横領罪の法定刑は、窃盗罪などの占有移転罪のそれよりも軽く、遺失物横領罪のそれよりも重い。従来、この点を説明すべく、占有侵害の有無が重視されてきた。しかし、和田論文は、そのような理解を不十分として、次のように述べる。単なる占有それ自体は、刑法上保護に値しない以上、窃盗と横領の差異は、占有移転がなければ侵害され得ない所有権侵害の有無に求められるべきである。それは、すなわち、物に対する直接利用可能性がある状態から、それがない状態に不良変更することであり、これが占有移転罪における所有権侵害である、というのである。他方、委託物横領罪では、間接的な利用可能性がある状態から、それがない状態に不良変更する、という形での所有権侵害が認められるが、遺失物横領罪は、利用可能性がない状態を維持する、という所有権侵害に過ぎないから法定刑が軽い、とされている。

さて、和田論文は、横領罪においても、毀棄罪の場合に問題とされた実質的所有権侵害時よりも処罰時期が繰り上げられているとして、横領罪もその意味では危険犯だとする。その上で、占有移転罪における「占有移転」のような、処罰時期を類型的に画するメルクマールが何かを検討し、それを財物を所有者の支配下から自己の支配下に移すという、不法領得の意思の発現行為に求める。

もっとも、このように考えたとしても、利得時に、実質的な所有権侵害の危険がなければならないから、領得意思が発現していても、実質的所有権侵害の危険が未だ認められない場合には、横領罪は成立しないとする。たとえば、二重譲渡において、第2譲受人に対し、売ろうとする意思表示時をしただけでは、領得意思が外部に現れてはいても、未だ所有権侵害の危険が肯定できないから、既遂とならず、売買契約が締結されることまで必要だとするのである。なお、不動産の二重譲渡の場合、第2譲受人への移転登記が完了するまで既遂とならないという見解も有力だが、横領罪の他の場面では、そのような確定的な所有侵害（実質的所有権侵害）までは要求されていないという理由から、そこまでは必要ないとする。

(5) **盗品等関与罪**　同罪は、一般に、追求権を保護するといわれている。その具体的内容が、ここでの問題である。学説は、行為者が被害者に盗品を

返還する場合を念頭に置いて、物それ自体の返還請求権のみを保護し、そうした場合を一律に不処罰とする見解と、判例のように「正常な」回復を求める権利まで保護対象として、一定範囲で処罰を肯定する見解に分かれている。和田論文は、基本的に後者を支持した上で、有罪と無罪の限界を、被害者が「自由に」同意したか否かに求める。自由か否かの判断基準については、一般に、被害者が処分する法益が相対的に見れば重大な法益であればあるほど、より強度の脅迫がなければ自由な処分が否定されないことを前提とした上で（例えば、生命を処分させる同意を無効とする脅迫は、財産を処分させる同意を無効とする脅迫よりも重大なものが要求される）、追求権侵害という盗品関与罪の法益侵害は、すでに占有を失ったものを回復させない、という遺失物横領罪の法益侵害に対応する程度のものであり、直接占有している物を失わせるという、恐喝罪が予定している法益侵害よりも軽いものだから、ここでの脅迫も、恐喝罪におけるそれよりは、緩やかなもので足りるとする。具体的には、行為者（被害者との間で、盗品の取引を行う主体）が被害者よりも優位に立っている場合には、自由な意思決定が否定されるというのである（もっとも、盗品の運搬者等が、「被害者側」に立っている場合には、別個の観点から、盗品関与罪を否定する余地も残している）。

② 議論の内容

1 前 提

まず、議論の前提として、次の点が確認された。それは、和田論文が議論の中核にすえる「実質的所有権侵害」という概念は、一見、いわゆる本権説を前提とするようにも見えるが、そうではなく、所持説を採用する論者であっても、このような観点を、少なくとも、暗黙のうちに考慮せざるを得ない、ということである。例えば、所持説の論者も、一般に、短時間の使用窃盗には可罰的な占有侵害がないとするが、そこでは、和田論文の問題とするような、利用価値侵害の程度がやはり考慮されているのである。その意味では、この論文は、いわゆる財産犯の保護法益論における立場の相違を超えて、重要な意義を有するものである。

2 毀棄罪

まず、議論の前提として、物理的損壊説と効用侵害説の対立について検討がなされた。和田論文は、基本的に後者の立場だが、この説に対しては、古くから、信書隠匿罪の存在が説明できない、という批判がある。この批判に対し、論文中では、信書隠匿罪は、信書の発信後、相手方がその存在を了知するまでの間に、器物損壊に至らない程度の隠匿がなされた場合を処罰する趣旨だ、との解答がなされている。この解釈には異論もあったが、結論的には、討論者も、みな効用侵害説を採ることが確認された。

このように、効用侵害説を採用した場合であっても、そこにいう「効用」を、どのようなものと考えるべきか。和田論文の中核は、まさにここにある。この点について、論文中では、①利用価値のある程度の侵害か、②交換価値の侵害か、のいずれかが認められれば、毀棄罪を認めるという枠組が示されていた（物理的に損壊された場合には、多くの場合②が認められる）。しかし、これに対しては、広すぎるのではないか、との疑問が呈された。まず第1に、①について、一時的な利用侵害では足りないと考えるべきではないか、という批判がなされた。しかし、この点は、他の財産犯との整合性も考えると、永久に使用不能にすることまでは必要ないといわざるを得ないとされた。第2の批判として、他の財産犯では、専ら①のみが問題とされているし、例えば、ビラ貼りと建造物損壊に関する判例理論においても、採光が害されるといった①に関する事実が重視されているから、効用の内容を①に限定することは考えられないか、と指摘された。しかし、この指摘に対しては、例えば、投資の対象として所有されている稀少品の損壊は、当然、器物損壊罪になるだろうが、その場合に、保護されている実態は、やはり②といわざるを得ないとの反論がなされた。また、他の財産犯において専ら①のみが問題とされているのは、単に犯罪の性質上、②のような形での侵害が事実上観念しにくいだけのことではないか、との指摘もあった。

このような和田論文の枠組によれば、近時の判例で問題とされた、公園内の公衆便所の外壁にラッカースプレーでペンキを吹き付け「戦争反対」等と大書した行為は（最決平成18・1・17刑集60巻1号29頁）、次のように解決される。まず、同決定は、落書の文字の大きさ、形状、色彩等から、便所が従前

と比べて不体裁かつ異様な外観となり、美観が著しく損なわれ、その利用についても抵抗感ないし不快感を与えかねない状態となり、管理者としても、そのままの状態で一般の利用に供し続けるのは困難と判断せざるを得なかった、という事実を認定している。この事実は、「利用価値侵害」を基礎付けるものといえよう。さらに同決定は、落書きが、水道水や液性洗剤では消去することが不可能であり、ラッカーシンナーによっても完全に消去することはできず、壁面の再塗装により完全に消去するためには約7万円の費用を要するものであったとしているが、この部分は、「交換価値侵害」を基礎づける事実ということになろう。なお、被害者の主観のみを根拠とした、交換価値侵害を認めない和田論文の立場からは、単に、管理者が思想的に嫌悪感を抱いた、といった事情だけでは、交換価値侵害を認めることは出来ず、あくまで客観的な価値の低下が要求されることになる。

なお、交換価値侵害にかかわる問題として、いわゆる消極的価値しかない物も器物損壊の対象となるかも議論された。そのような物は財物性があり、窃盗罪等の対象とはなるというのが一般的見解だが（議論においては、それすら否定する可能性も検討されたが、やはり無理があるとされた）、消極的価値は悪用されない価値だから、損壊された結果、悪用が不可能となった場合には、無罪となる余地もあるかもしれない、との指摘がなされた。

3 占有移転罪

占有移転罪に関しては、占有取得の要件を、利得の観点から基礎づける考え方に対して疑問が示された。そのような要件が要求される根拠が不十分だ、というのである。これに対しては、占有取得は、財物の効用を享受することを可能とする地位を得ることだから、損害の観点からは、その時点に決定的意味はなく、やはり利得の観点から基礎づけるべきではないか、との反論がなされた。

さらに、占有取得を利得の観点から基礎づけること自体には賛成だが、その論拠として、1項の未遂か、2項の既遂かが、行為者が得ようとした物を得たかによって決されている点を論拠とすることは疑問ではないか、との指摘もあった。すなわち、判例には、例えば、暴力団員が、詐欺賭博によって

客に債務を負担させた段階で、2項詐欺の既遂としたものがあるが（最決昭和43・10・24刑集22巻10号946頁）、そこでは、最終的な目的が財物取得だとしても、それが確実な段階、言い替えれば、将来の侵害可能性が高い段階であれば、既遂とされている、ここでは、むしろ利得の観点よりも損害の観点が考慮されているのではないか、というのである。訴訟詐欺において、給付判決を得た（あるいは確定させた）段階で、2項詐欺を認める見解も同様の考慮に基づくものといえよう。

次いで、素材同一性を不要とする見解に対し、批判がなされた。利得目的の財産侵害で詐欺罪が成立しそうに読めるドイツ法においてすら要求されているこの概念を、それを要求することが条文の素直な解釈ともとれるわが国の法解釈として、不要とするのは不当ではないか、というのである。そして、クレジットカード詐欺においても、債務の免脱とカード会社から加盟店への支払は実質的には裏表の関係にあるから、素材の同一性はなお認められるという解釈が示された。このような解釈が可能であれば、あえて素材同一性を不要とまでいう必要はないかもしれない。

4 横領罪

横領罪については、毀棄罪において要求されている「実質的所有権侵害」までは不要とされていることの当否に議論が集中した。まず第1に、そのように考えると、横領後に、さらに毀棄した場合に、（横領罪においては実質的所有権侵害が把握されていない以上）、毀棄罪も成立することになるが、ことに、占有離脱物横領後に、毀棄した場合などを考えると、それは不当ではないか、という批判がなされた。これに対しては、占有離脱物横領後の毀棄については、占有離脱物横領罪の軽い法定刑の趣旨を没却しないように解釈すべきだ、という、いわば各論的限定がさらにあり得るのではないか、という指摘がなされた。また、実質的所有権侵害がなくても横領罪が成立する、ということと、実質的所有権侵害が認められる場合に、横領罪がそれをも含めて処罰しているか、ということとは、別次元の問題だ、という反論も可能であろう（例えば、窃盗罪は実質的所有権侵害がなくとも成立しうるが、その後毀棄がなされても、窃盗罪のみで処罰される、という解釈は（横領後の横領に関す

る最高裁判決後も、なお）可能である）。

　第2の批判は、横領罪において、そもそも「実質的所有権侵害」が不要とされる根拠は何か、むしろ、「実質的所有権侵害」に至ってはじめて既遂とすべきではないか、というものである。占有移転罪においては、占有取得という形で、所有権侵害が前倒しされていることが条文からも明らかだが、横領罪については、そのような根拠は乏しいのではないか、というのである。これに対しては、それでは、従来認められてきた既遂時期の考え方に反し、妥当でない、との反論がなされた。しかし、この点については、和田説のように考える決定的な論拠は、なお示されていないように思われる。結論の妥当性からしても、不動産二重譲渡において、移転登記がなされなくとも既遂となるというのは〜他の場合の既遂時期と平仄がとれていない、という和田論文の指摘はその通りだが〜むしろ不当ではないか、他の場合を、そちらにあわせる解釈もあり得るのではないか、というのである。

5　盗品等関与罪

　盗品等関与罪については、その法益侵害を、占有離脱物横領のそれと同様として、それを手がかりに、同意における「自由」を広範に否定する点に、和田論文の特色がある。しかし、この点については、まず、そのような、法定刑の上限が懲役1年でしかない法益侵害を根拠に、なぜ窃盗よりも重い法定刑で処罰しうるのか、との批判がなされた。これに対しては、本犯助長性が加重根拠となる点が指摘され、さらに、占有離脱物横領の法定刑が軽いのは、侵害が容易で、ついやってしまう、という意味の「誘惑性」がある点も考慮されているからで、法益侵害それ自体としては、もう少し重い評価なのだ、という反論もなされた（なお、ここにいう「誘惑性」と窃盗罪において加重要素となる利欲的意思との相違も確認された。後者は、容易だからついやってしまう、というのではなく、むしろ、利得目的であるが故に、強い動機が働き、それを禁圧するために加重される趣旨だ、というのである）。

　また、和田論文は、同意を広く否定しながらも、「被害者のため」の場合を不可罰とする。これは、盗品が被害者にとって、極めて重大な意味を持ち、被害者の意思が抑圧されている場合に、被害者に協力した者を処罰しな

いための議論である。しかし、それが要求される理論的根拠は、何かについては疑問が呈された。この点については、議論の中で、被害者による取戻が不可罰とされていることの延長線上にある、という観点から基礎づけるべきだ、という観点が示唆された。

3 まとめ

　和田論文は、従来の学説が、いわば、たこつぼ的に議論してきた財産犯の諸問題を、実質的所有権侵害という総論的観点から、有機的に関連づけ、同時に、そうした総論の応用の仕方において、各犯罪に相違がある（べき）ことを浮き彫りにした点に、大きな魅力がある。もっとも、論文においては、このようないわば本道とは無関係な、純各論的要素も論じられている点には注意を要する（例えば、毀棄罪における「物理的働きかけ」、盗品関与罪の「被害者のためでないこと」）。この論文は、実質的所有権侵害という財産犯のいわば総論的要素を中核としながらも、所々に、個々の犯罪についての各論的議論を盛り込んだものと位置づけられる。

　和田論文のこのような性格故、議論においても、時に、総論およびその各犯罪類型への応用の仕方について、時に、各論的問題について、話が及んだ。このため、議論が多岐にわたり、若干の混乱があった感は否めない。しかし、全体としてみれば、個々の論点についての異論はあろうとも、和田論文の示した大きな枠組に対しては、皆が共感していたように思われた。

第6講

文書の名義人

髙山佳奈子

I はじめに

　文書偽造罪の保護法益[1]は、文書の真正に対する公共の信用であるとされる。日本の刑法は、文書偽造罪の処罰範囲につき、形式主義を原則として採用し（公文書偽造罪・私文書偽造罪）、公文書全般と一部の私文書に関して実質主義に基づく処罰を行っている（虚偽公文書作成罪・虚偽診断書作成罪）。すなわち、私文書については、作成名義を偽る場合である有形偽造だけが処罰され、単に内容が虚偽の文書を作成する無形偽造は原則として不可罰とされている。それと同時に、客体は「権利、義務若しくは事実証明に関する文書若しくは図画」に限られる。これは、公文書偽造罪が「公務所若しくは公務員の作成すべき文書若しくは図画」一般を対象にしているのとは対照的である。
　そこで、形式主義とは、文書の内容の偽りを処罰するのではなく、内容の正しさを担保すべき文書の成立自体の真正さを保護することによって、間接的・抽象的に内容の真正さをも保護しようとするものだと考えられる。実質主義が「文書の内容の真正さ」を保護するのに対して、形式主義では「責任主体への信頼」の保護が図られているといえる。そして私文書偽造罪における客体の限定も、責任主体への信頼が特に問題となるような性質の文書かどうかの観点によって行われていると見ることができる。したがって、文書性にとっては、そこから名義人が観念できるようなものであることを要する。
　これに対して、内容虚偽の情報の流通を防止するための処罰類型としては、電磁的記録不正作出罪（刑法161条の2）がある。ここでは偽りの情報の作出そのものが禁止の対象である。通常の電磁的記録においては名義人を必ずしも観念できず、責任主体たる名義人への信頼は問題とならない。しかし、そ

---

[1] 保護法益をめぐる議論につき、詳しくは、川端博『文書偽造罪の理論〔新版〕』（1999）19頁以下、今井猛嘉「文書偽造罪の一考察（3）」法学協会雑誌114巻7号（1997）816頁以下、成瀬幸典「文書偽造罪の史的考察（2）（3・完）」東北大学法学60巻2号364頁以下、5号950頁（1996）頁以下を参照。

I　はじめに　229

れでもなお、処罰範囲が過度に広範になるのを避けるため、客体は人の「事務処理の用に供する権利、義務又は事実証明に関する電磁的記録」に限られている。

　有形偽造とは、文書の内容の真正さを担保すべき責任主体に対する信頼を害することである。それは「作成名義を偽ること」、あるいは「作成者と名義人との間の人格の同一性に齟齬を生じさせること」などと表現されている。だが、「名義人」「作成権限」「作成者」の語によって意図されている内容は自明でない。「名義人」の人格はどのように特定されるのか。ある属性の相違が、同一人格内部の齟齬なのか（無形偽造）、別の人格の特定を導くものであるのか（有形偽造）を判断する基準は何か。「作成権限」に関しては、私人がどのような虚偽の内容の文書を作ろうと自由なのか、それとも法律上の制限に反して作成する場合には「作成権限を偽った」ことになるのかが問題となる。また、「作成者」の理解については、代理人や使者が本人の意思に基づいて文書を作成する場合に有形偽造にならないのはなぜなのか、そして「名義人の承諾」と呼ばれる類型がどの範囲で有形偽造となるのかが、学説上争われている。

　最近、こうした点に関連して、有形偽造と無形偽造との区別が争われる裁判例が相次いで出てきた。これを2つに分けるならば、1つは、「名義人」の属性に偽りがあるものの、それによって「名義人」と「作成者」との間に人格の同一性の齟齬が生じているかどうかが微妙な類型である。もう1つは、「名義人」と、物理的な記載行為者とが確かに別人であるが、文書の作出に関して「名義人」が承諾しており、代理人による作成の場合と同様に偽造とならないのではないかが争われた類型である。

　本稿では、まずⅡで、これらの事案を見ることにより、問題となっている点を具体的に示す。Ⅲでは、「名義人」の特定および人格の同一性判断の問題を検討する。Ⅳでは、「作成者」の特定および名義人の承諾の効果の問題を検討する。最後にⅤにおいて、ⅢおよびⅣで得られた結論をⅡの事案に適用することによって、本稿の解決を示したい。

II 問題となる事例

1 人格の同一性の齟齬

　近年の判例は、有形偽造が「文書の名義人と作成者との人格の同一性に齟齬を生じている」場合に成立するとしている。このことは特に、次の(2) (3) (4)の最高裁が明言するところである（後掲⑩も同様）。

(1) 交通事件原票中の供述書への通称の記載（最決昭和56・12・22刑集35巻9号953頁）

　窃盗罪で服役中に逃走した被告人は、遁刑中であることが発覚するのをおそれ、2年あまりの間、義弟と同一の氏名を使用して生活していた。被告人は無免許運転によって警察官の取調べを受けた際、警察官に対し、義弟の氏名を名乗り、義弟の生年月日および本籍を告げて、交通事件原票にその旨を記載させた上、その交通事件原票の下欄にある供述書に、義弟の氏名を署名した。弁護側は、被告人があくまで自己を表象する自己の署名として義弟と同一の名を使用したものだと主張したが、最高裁判所は、「仮りに右氏名がたまたまある限られた範囲において被告人を指称するものとして通用していたとしても、被告人が右供述書の作成名義を偽り、他人の名義でこれを作成したことにかかわりはなく、被告人の右所為について私文書偽造罪が成立するとした原判断は相当である」とした。なお、被告人は行為後、義弟を簡易裁判所に出頭させて罰金を支払わせている。

(2) 通称による再入国許可申請書（最判昭和59・2・17刑集38巻3号336頁）

　被告人は日本に密入国し、外国人の新規登録申請をしなかった。一方、すでに正規の外国人登録を行っている別人Aが、これとは別にBという仮名とA自身の写真とを用いてさらに外国人登録証明書を取得したところ、何者かが、これと被告人の写真とを用いて、新たに外国人登録証明書の交付申請を行い、Bの名で外国人登録証明書の発行を受け、これを被告人が入手した。被告人はこれ以降、Bを自己の氏名として25年以上日本で生活し、9度にわたって外国人登録を繰り返したが、親族や同郷者の一部など少数の者に

対しては、本名を使用していた。その後被告人は、北朝鮮に出国するため、Bの名で法務大臣宛ての再入国許可申請書を作成し、入国管理事務所の担当者に提出した。

　原判決は「本件再入国許可申請書は、……その名義人と作成者である被告人との間に客観的に人格の同一性が認められ」るとして、私文書偽造、同行使罪の成立を否定したが、最高裁は次のように述べて破棄差戻の判決を下した。「再入国の許可は、申請人が適法に本邦に在留することを前提としているため、その審査にあたつては、申請人の地位、資格を確認することが必要、不可欠のこととされている」。「したがつて、再入国の許可を申請するにあたつては、ことがらの性質上、当然に、本名を用いて申請書を作成することが要求されている」。「被告人がBという名称を永年自己の氏名として公然使用した結果、それが相当広範囲に被告人を指称する名称として定着し、原判決のいう他人との混同を生ずるおそれのない高度の特定識別機能を有するに至つたとしても、右のように被告人が外国人登録の関係ではBになりすましていた事実を否定することはできない。」「前述した再入国許可申請書の性質にも照らすと、本件文書に表示されたBの氏名から認識される人格は、適法に本邦に在留することを許されているBであつて、密入国をし、なんらの在留資格をも有しない被告人とは別の人格であることが明らかであるから、そこに本件文書の名義人と作成者との人格の同一性に齟齬を生じているというべきである。したがつて、被告人は、本件再入国許可申請書の作成名義を偽り、他人の名義でこれを作成、行使したものであ」る。

(3) **偽名による履歴書**（最決平成11・12・20刑集53巻9号1495頁）

　被告人はオウム真理教に入信して活動し、爆発物取締罰則違反容疑で指名手配を受けて潜伏していたが、生活費に窮したため、偽名を用いて就職しようと考え、虚偽の氏名、生年月日、住所、経歴等を記載して押印し、自分自身の顔写真を貼り付けた履歴書を作成・提出することで、ホテルに接客係として採用された。被告人は約1年勤務して正社員になるよう誘われたが、雇用保険への加入の際に偽名使用が発覚するのをおそれて退職することとし、人材派遣業者に同様の履歴書を提出し、さらに紹介された先の雇用契約書・給与振込依頼書等にも偽名を記載した。

最高裁判所は、「これらの文書の性質、機能等に照らすと、たとえ被告人の顔写真がはり付けられ、あるいは被告人が右各文書から生ずる責任を免れようとする意思を有していなかったとしても、これらの文書に表示された名義人は、被告人とは別人格の者であることが明らかであるから、名義人と作成者との人格の同一性にそごを生じさせたものというべきであ」り、「被告人の各行為について有印私文書偽造、同行使罪が成立するとした原判断は、正当である」と判示した。

(4) 同姓同名の弁護士がいる場合の文書（最決平成 5・10・5 刑集47巻 8 号 7 頁）

被告人は、弁護士資格を有しないのに、自己と同姓同名の弁護士がいることを利用して、自分が同弁護士であるかのように装って活動していた。被告人は、自己を弁護士と誤信した不動産業者から弁護士報酬を得ようとして、「c 法律事務所大阪出張所、第二東京弁護士会所属、弁護士 C」などと記載し押印した「弁護士報酬金請求について」と題する書面、振込依頼書、請求書、土地の調査結果を報告する内容の「経過報告書」と題する書面、領収証作成し、この者に交付した。

最高裁は次のように述べて、私文書偽造罪、同行使罪の成立を認めた原判断を支持した。「私文書偽造の本質は、文書の名義人と作成者との間の人格の同一性を偽る点にあると解されるところ……、被告人は、自己の氏名が第二東京弁護士会所属の弁護士 C と同姓同名であることを利用して、同弁護士になりすまし、『弁護士 C』の名義で本件各文書を作成したものであって、たとえ名義人として表示された者の氏名が被告人の氏名と同一であったとしても、本件各文書が弁護士としての業務に関連して弁護士資格を有する者が作成した形式、内容のものである以上、本件各文書に表示された名義人は、第二東京弁護士会に所属する弁護士 C であって、弁護士資格を有しない被告人とは別人格の者であることが明らかであるから、本件各文書の名義人と作成者との人格の同一性にそごを生じさせたものというべきである。」

(5) 承諾した者の氏名による旅券交付申請書（東京地判平成10・8・19判時 1653号154頁、確定）

被告人は D から、日本人名義の旅券を欲しがっている中国人がいるので

名前を貸してくれと頼まれ、これを承諾した。被告人は戸籍謄本、住民票、健康保険証、印鑑登録証明書を準備し、自己の印鑑とともにこれをDに渡し、Dは被告人名義の一般旅券発給申請書を作成して旅券の発給を申請した。被告人は、旅券交付に関するはがきを受け取ると、Dに対してはがきおよび健康保険証、印鑑を渡し、Dらは、これらの書類等を利用して旅券の交付を受けた。被告人は報酬計65万円を受け取っている。

東京地裁は私文書偽造罪の成立を肯定した。「一般旅券発給申請書は、その性質上名義人たる署名者本人の自署を必要とする文書であるから、例え名義人である被告人が右申請書を自己名義で作成することを承諾していたとしても、他人である共犯者が被告人名義で文書を作成しこれを行使すれば、右申請書を偽造してこれを行使したものというべきである。そして、……被告人は自己の犯罪として右犯行に関与したものというべきであって、共謀共同正犯としての責任を負うものである。（被告人が右偽造文書の名義人であり、単独では正犯にはなり得ないことは右結論には影響しない。）」

ここでの問題は、「人格」が通常、単一の属性によってではなく、多くの属性によって特定されることから生じる。すなわち、一方で、もし「氏名」が人格を特定する決定的な要素だと考えるのならば、(4)のようなケースでは、被告人と弁護士Cが同一人物であることになってしまうであろう。したがって通常、氏名は単独では人格の同一性を決定するのに不十分である。他方で、私文書については無形偽造が原則として不可罰であり、たとえば自己の経歴や資格といった属性の詐称が直ちに有形偽造となるわけではない。

このような観点から諸事例を見ると、(1)の被告人は2年あまり通称として使用していた義弟の氏名を用いた以外に、義弟の生年月日や本籍という別の属性をも用いており、結果として警察は義弟に罰金を支払わせることとなったが、(2)では、在留資格の有無が被告人の属性の1つにすぎず、人格の同一性の齟齬を生じさせないのではないかが問題となる。また(3)でも、確かに被告人は氏名・生年月日等の属性を偽っているものの、自己の顔写真を使用して実際に採用面接を受け、良好に勤務しており、人格の同一性を偽っていないのではないかとの見方もありうる。学歴や年齢の詐称はそれだけでは一般

に有形偽造を構成するものではないとすれば、指名手配中であるとの属性の秘匿も、無形偽造なのではないかということである。(4)では、自己の本名を記載しているのになぜ有形偽造たりうるのか、また資格詐称は無形偽造にすぎないのではないかが問題となる。(5)では、中国人が自己の顔写真を使用している以上、(3)と同じく、その者以外の人間は特定されえないのではないかとの疑問を提起する余地がある。(なお、後掲(6)も、理事として登記された被告人が「理事録署名人」という虚偽の属性を自己の氏名に付した場合について、有形偽造の成否が争われたものである)。

2 名義人の承諾

伝統的には、物理的に文書を作出する作業を行った者と、文書から認識される意思表示の主体とが別人であっても、「名義人の承諾」がある場合には有形偽造が成立しないとされてきた。たとえば、社長名義の文書をその「手足」たる秘書が作るような場合に、名義人が社長であるのはもちろんのこと、代理人が作成した文書の名義人も、代理人でなく本人だと考えられたのである。

ところが、近年では、「名義人の承諾」がある場合でも、有形偽造が成立するとする裁判例が出されている。なお、先の(5)も、氏名等の使用につき被告人が承諾を与えている場合である。

(6) 代表名義の冒用（最決昭和45・9・4刑集24巻10号1319頁）

被告人Eは、学校法人の理事として登記されていたが、自分が理事長に選任された事実がなく、また理事会議事録を作成する権限もなかったにもかかわらず、「理事会議事録」と題して、理事会が自己を理事長に選任し、かつ、自己を議事録署名人とすることを可決したなどと記載し、その末尾に、「理事録署名人E」と記載してEの印を押した。原判決は、被告人が署名人の資格を冒用して「理事会議事録署名人」作成名義の理事会決議録なる文書を偽造したとしたが、最高裁は次のように述べて、「理事会」が名義人であると解した。

「他人の代表者または代理人として文書を作成する権限のない者が、他人を代表もしくは代理すべき資格、または、普通人をして他人を代表もしくは

代理するものと誤信させるに足りるような資格を表示して作成した文書は、その文書によつて表示された意識内容にもとづく効果が、代表もしくは代理された本人に帰属する形式のものであるから、その名義人は、代表もしくは代理された本人であると解するのが相当である」。

「右理事会決議録なる文書は、その内容体裁などからみて、学校法人F理事会の議事録として作成されたものと認められ、また、理事録署名人という記載は、普通人をして、同理事会を代表するものと誤信させるに足りる資格の表示と認められるのであるから、被告人らは、同理事会の代表者または代理人として同理事会の議事録を作成する権限がないのに、普通人をして、同理事会を代表するものと誤信させるに足りる理事録署名人という資格を冒用して、同理事会名義の文書を偽造したものというべきである。」

(7) **交通事件原票中の供述書への友人名の記載**（最決昭和56・4・8刑集35巻3号57頁）

被告人は、90日間の運転免許停止処分を受けたことを友人Gに話したところ、Gは「免許がなかったら困るだろう。俺が免許証を持っているから、俺の名前を言ったら。」と勧めて自分の運転免許証を見せ、メモ紙に自分の本籍、住居、氏名、生年月日を書いて被告人に交付した。その後被告人は普通乗用車の運転中に無免許運転の取り締まりを受け、「免許証は家に忘れて来ました。」と言ってGの氏名等を称し、交通事件原票中の「供述書」欄の末尾に「G」と署名し、これを警察官に提出して、免許証不携帯による反則金2000円を後日納付した。Gは被告人からその報告を受けても抗議等をしなかった。

原審は次のように述べて、私文書偽造罪の成立を認めた。「内容が名義人において自由に処分できる事項に関するかぎり、事前に名義人の承諾を得てあれば」、「その名義で文書を作成する権限が作成者に与えられ、このような権限により作成された文書は、名義人の意思を表示するものであつて、当該文書の作成名義の真正に対する公共の信用が害されることもなく、私文書偽造罪の成立を認めるべき理由はない」。「しかし、本件における供述書の場合」、「その内容は自己の違反事実の有無等当該違反者個人に専属する事実に関するものであつて、名義人が自由に処分できる性質のものではなく、専ら

当該違反者本人に対する道路交通法違反事件の処理という公の手続のために用いられるものである。そのような性質からすると、名義人自身によつて作成されることだけが予定されているものであり、他人の名義で作成することは許されない」から、「本件のように、他人名義で作成された供述書は、たとえ当該名義人の承諾を得ていたとしても、権限に基づかないで作成されたものであり、当該名義人の意思又は観念を表示しているものとはなり得ないものであつて、供述書の作成名義の真正に対する公共の信用が害されることは明らかである。」

これに対し上告がなされたが、最高裁は、「交通事件原票中の供述書は、その文書の性質上、作成名義人以外の者がこれを作成することは法令上許されないものであつて、右供述書を他人の名義で作成した場合は、あらかじめその他人の承諾を得ていたとしても、私文書偽造罪が成立する」とした。

(8) **交通事件原票中の供述書への友人名の記載**（最決昭和56・4・16刑集35巻3号107頁）

被告人は友人Hに対し、「時々車に乗らねばならないが今無免許であるのでお前の名前を使わしてくれ」と依頼し、Hから「免許証不携帯違反程度なら使ってよい」と告げられてその本籍、住所、氏名、生年月日等を記載したメモを受け取った。その後被告人は免許証不携帯で1回、通行禁止違反で3回の取り締まりを受け、その都度、交通事件原票中の供述書欄末尾に「H」と冒書し、警察官に提出した。原審は、本件各供述書の「内容は自己の違反事実の有無等当該違反者本人に専属する事実に関するものであり、名義人であるHが自由に処分できる性質のものではなく、専ら当該違反者本人に対する道路交通違反事件の処理という公の手続のために用いられるものであつて、これが供述書の作成名義の真正に対する公共の信用を害することは明らかである」とした上、「本件各供述書は名義人たるH本人によつて作成されることだけが予定されているものであり、被告人が作成することは許されないものというべきであるから、本件H作成名義の各供述書は同人の承諾に拘らず、被告人は作成権限がないのにほしいままにHと冒書したものと認めるべきであ」るとした。

最高裁は次のように述べて犯罪の成立を認めた。「被告人がHの名義で作

成した本件文書は、いわゆる交通切符又は交通反則切符中の供述書であり、『私が上記違反をしたことは相違ありません。事情は次のとおりであります。』という不動文字が印刷されていて、その末尾に署名すべきこととされているものである。このような供述書は、その性質上、違反者が他人の名義でこれを作成することは、たとい名義人の承諾があつても、法の許すところではないというべきである。そうすると、前示Hがその名義の使用を事前に承諾していたという事実は、被告人の本件所為につき私文書偽造罪の成立を認めることの妨げにはならない」。

また、谷口正孝裁判官の補足意見は、「本件供述書は、その性質上作成名義人たる署名者本人の自署を必要とする文書である」から、「他人名義でこれを作成することは許されず、他人の同意、承諾を容れる余地のない文書というべきである」としている。

(9) **替え玉受験**（最決平成6・11・29刑集48巻7号453頁）

被告人らは、大学への入学を希望する者に入学試験で合格点をとらせることとし、共犯者の1人が志願者に替わって受験会場に赴き、答案用紙に志願者の氏名、受験番号を記載した上、解答欄に「3」などと記入して解答し提出した。

弁護人は、志願者本人が替え玉受験を承諾していた以上、有印私文書偽造、同行使罪は成立しないと主張したが、原審は、そのような承諾の事実は認められないとした上で、「仮に、本件志願者のうち、替え玉受験が行われることについて何らかの認識があり、これを承諾するものがあったとしても、本件各答案は、志願者本人の学力の程度を判断するためのものであって、作成名義人以外の者の作成が許容されるものでないことは明らかであるから、名義人の承諾あるいは被告人……のこの点についての認識が本件有印私文書偽造、同行使罪の成立を妨げるものでない」としてこれを斥けた。

最高裁は、弁護人の上告趣意が「刑訴法405条の上告理由に当たらない」として上告を棄却した（「なお」書きで文書性についてのみ、「本件入学選抜試験の答案は、試験問題に対し、志願者が正解と判断した内容を所定の用紙の解答欄に記載する文書であり、それ自体で志願者の学力が明らかになるものではないが、それが採点されて、その結果が志願者の学力を示す資料となり、これを基に合否

の判定が行われ、合格の判定を受けた志願者が入学を許可されるのであるから、志願者の学力の証明に関するものであって『社会生活に交渉を有する事項』を証明する文書……に当たる」と判示した)。

(10) **国際運転免許証類似の書面**（最決平成15・10・6刑集57巻9号987頁）

　被告人は、国際運転免許証に似た物を販売することを業としており、他人と共謀の上、正規の国際運転免許証に形状・記載内容等が似た物を作成した。その表紙には英語で「国際旅行連盟」と刻された印章様のものが印字されており、被告人は、この書面が「メキシコ合衆国に実在する民間団体である国際旅行連盟」から委託されて作成したものだと主張していた。しかし、国際旅行連盟なる団体がジュネーブ条約に基づいて国際運転免許証の発給権限を与えられた事実はなく、被告人もそのことを認識していた。

　最高裁は次のように述べて、有印私文書偽造罪の成立を認めた原審を支持した。「本件文書は、一般人をして、ジュネーブ条約に基づく国際運転免許証の発給権限を有する団体である国際旅行連盟により作成された正規の国際運転免許証であると信用させるに足るものである。」「本件文書の記載内容、性質などに照らすと、ジュネーブ条約に基づく国際運転免許証の発給権限を有する団体により作成されているということが、正に本件文書の社会的信用性を基礎付けるものといえるから、本件文書の名義人は、『ジュネーブ条約に基づく国際運転免許証の発給権限を有する団体である国際旅行連盟』であると解すべきである。そうすると、国際旅行連盟が同条約に基づきその締約国等から国際運転免許証の発給権限を与えられた事実はないのであるから、所論のように、国際旅行連盟が実在の団体であり、被告人に本件文書の作成を委託していたとの前提に立ったとしても、被告人が国際旅行連盟の名称を用いて本件文書を作成する行為は、文書の名義人と作成者との間の人格の同一性を偽るものである」。

　「名義人の承諾」に関しては、一定の権限を欠くのにそれがあるように装って文書を作出するケースが問題となっている。前提として、私人が自己の名義で内容虚偽の文書を作成することは、特別の処罰類型にあたらない限り不可罰である。さらに、私人が他人に依頼したり許諾を与えたりして自己名

義の文書を作成させることも、不可罰だと考えられている。もしそうだとすると、私人が他人をして自己名義で内容虚偽の文書を作出させることも不可罰となるはずである。つまり、可罰性が肯定されるのは、文書が自己名義でなく他人名義になっている場合に限られるはずであるが、裁判例には文書の性質から例外を設けようとする解決も見られる。

(6)では、被告人が実際に理事として登記されており、文書に自己の氏名を記載している。もし被告人が自己の氏名に「理事録署名人」でなく単に「理事」と付したとしたらどうなるか。一方で、理事が理事会議事録の作成を担当する一般的権限を有するのであれば、外部の者が関心をもつのは、書かれた内容が真正か虚偽かの点にすぎないかもしれない。それならば、「理事録署名人」でも「理事」でも無形偽造とすべきなのだろうか、あるいは、両方とも有形偽造とすべきなのだろうか。他方で、「理事録署名人」と記載した場合は有形偽造で「理事」なら無形偽造だとする余地もあるのだとすると、その区別の実質は何かが問題となる。

(7)および(8)の最高裁は、「文書の性質上、作成名義人以外の者がこれを作成することは法令上許されない」ことを犯罪成立の理由としている。これに対して、友人があらかじめ「供述書」を作成し自署して被告人に交付していたとしたらどうなるであろうか。私人による虚偽文書の作出は不可罰とされている以上、被告人がこれを警察官に提出しても、「偽造文書」の行使とはいえないと思われる。しかし、両者において文書の性質や内容が異なっているわけではない。一方についてだけ有形偽造の成立を認めるには、それ以外の点からの説明を要する。

(9)では、文書性の問題をおくと、仮に志願者による「名義人の承諾」があったとすれば、本人が文書の効果を引き受けることをまさに望んでいる場合に、なぜ偽造が成立しうるのかが問題となる。あらかじめ解答用紙を問題とともに入手した志願者が自筆でこれに記入し、後で用紙の差し替えが行われた場合には、(7)(8)について述べたのと同じく、有形偽造とすることが難しいであろう。ではここで有罪とされた実質的根拠は何なのか。

(10)では、「文書の性質」ではなく、人格の同一性の偽りが犯罪成立の決定的な理由とされており、その点は 1 で検討した諸事例とパラレルである。し

たがってこのケースでは、「メキシコ合衆国に実在する団体である国際旅行連盟」が自らこの書面を作出した場合であっても、(5)と同じく、有形偽造が成立しうるという考え方が採られていることになる。

III 「名義人」と「人格の同一性」

1 人格の同一性

人格の同一性の偽りは、いかなる場合に肯定されるのか。

Iで述べたように、文書性を肯定するためには、文書の内容の真正を担保すべき責任主体たる名義人を観念しうることが必要である[2]。文書自体から認識可能でなければならないとする説[3]もあるが、氏名の記載によって名義人が表示されている必要はなく、一般に解されているように、封筒など文書の付属物から名義人を特定することができれば足りるとすべきである[4]。信頼の対象となる責任主体は、そうした表示がなくとも認識されうるからである。

さらにいうならば、名義人の特定にとって「氏名」自体が常に決定的となるわけではない。たとえば、大相撲の朝青龍関の本名は「ドルゴルスレン・ダグワドルジ」だということだが、その代わりに「朝青龍 明徳」という名前で大相撲のイベントに関する事実証明の文書を作成しても、文書偽造にはならない。

人格の同一性を特定するために決定的な要素というものは存在せず、同一性は、さまざまな属性の組み合わせによって決まるのである。

「資格」の詐称は、多くの場合、その資格に関する特別法上の犯罪を構成することはあっても、刑法上は無形偽造となるにすぎないと考えられる。たとえば、医師法17条は「医師でなければ、医業をなしてはならない」、18条は「医師でなければ、医師又はこれに紛らわしい名称を用いてはならない」

2　大判昭和3・7・1刑集7巻490頁。
3　たとえば、大谷實『刑法講義各論 [新版第2版]』(2007) 423頁。
4　大判昭和7・5・23刑集11巻665頁。

とし、31条2項では、17条に違反した者が「医師又はこれに類似した名称を用いたものであるときは、3年以下の懲役若しくは200万円以下の罰金に処し、又はこれを併科する」、そして33条の2は、18条の規定に違反した者を「50万円以下の罰金に処すると」規定している。つまり、にせ医師が医師の名称を用いて診断書を作成した場合について、一般に文書偽造で処罰することは予定されていない。同じく、弁護士法74条は、弁護士・弁護士法人でない者が「弁護士」「法律事務所」「弁護士法人」といった標示を用いることを禁止し、77条の2はその違反を100万円以下の罰金で処罰するとしている。このように、法的な「作成権限」を欠くことが直ちに有形偽造となるわけではない。その意味では、「作成権限を偽ること」が有形偽造にあたるとするのは広範に過ぎる[5]。

しかし、作成権限の有無が、人格の同一性の判断にとって重要な要素となる場合もある。同姓同名の弁護士が「実在」することを利用して、「経過報告書」などの文書を作成した事案(4)では、同姓同名の弁護士が実在していたことが、背景(文脈)の1つとして重視されるべきである。もしも、そのような弁護士が実在しなかったならば、弁護士の肩書の使用は単なる資格の詐称であり、被告人以外の人格が想起されるおそれはなかったかもしれない。だが、「本物」が存在することによって、本件文書は「本物」の作成によるものだとの誤信が容易に生じうる[6]。

これと並んで、文書の「性質」および「流通範囲」も重要な一要素である。なぜなら「信用」が害されるおそれがあるかどうかは、「誰が」信用するのかを問題にしなければ決められないからである。したがって、たとえば、

---

[5] 林幹人「有形偽造の新動向」『田宮裕博士追悼論集（上巻）』(2001) 456頁以下、山口厚『新判例から見た刑法』(2006) 252頁。これに対し、井田良「コメント①」山口厚＝井田良＝佐伯仁志『理論刑法学の最前線II』(2006) 177頁はにせ医師の診断書が有形偽造になるとし、島田聡一郎「代理・代表名義の冒用、資格の冒用」現代刑事法35号 (2002) 54頁も、「資格のない者が作成した文書は」民事訴訟「手続との関係では無効であり、証拠能力を有しない」から偽造文書になりうるとし、これに近い帰結を認める。川崎一夫「有形偽造と無形偽造の区別」創価法学21巻2＝3号 (1992) 64頁、林陽一「交通切符又は交通反則切符中の供述書を事前の承諾を得て他人名義で作成した場合と私文書偽造罪の成否」警察研究53巻8号 (1982) 55頁本文および注2、今井猛嘉「文書偽造罪の一考察 (6・完)」法学協会雑誌116巻8号 (1999) 1345頁も同じ方向性を示す。

[6] 木村光江「偽造罪の保護法益と人格の同一性」研修554号 (1994) 7頁。

にせ弁護士の事案では、第一審が認定しているように、文書が「経過報告書」等であり、広く流通する可能性のあったことが、偽造の成立を肯定する方向にはたらくのである。これが仮に、アパートの賃借申込書であって、信用力をつけるために職業欄に「弁護士」と書いたような場合であれば、その文書は不動産業者と賃貸人の間でしか流通せず、人格の同一性に齟齬を生じさせない。国際運転免許証に関する⑩についても同じことがあてはまる。この書面が、ジュネーブ条約に加盟していないメキシコの一地域内で人目に触れるにとどまるのであれば、それは私的団体による虚偽の言明にすぎない。

ただし、私文書偽造罪が成立するためには、人格の同一性に齟齬を生じることについて、行為者の故意が及んでいる必要がある。にせ弁護士の事案で、もし被告人が「本物」の存在を知らず、あるいは、「経過報告書」の流通の可能性を知らなかったとすれば、客観的に有形偽造であっても、これに対応する故意が欠けることになろう。これに対し、第一審判決が強調するような「同一性を偽る意図」を、客観的な同一性の齟齬の根拠とするのは適切でない。そのような意図は文書を見る者には認識しえない以上、名義人を特定する要素とはならない[7]。

2 名義人の特定

以上のように、文書の名義人は、付随的な事情も含めた文書全体の性質から判断されるべきものであり、さらには、誰が判断するかの観点を抜きにしては決定しえないものである。文書偽造罪の保護法益が、文書に対する公共の信用であるとするならば、「信用」の背景となる事情が重要である。文書がどのように信用されるのかを個別に考えるには、何のための文書なのか、どの範囲で流通するのか、といった事情を考慮しなければならない。

それと同時に、形式主義においては、信用の対象となるのが文書の内容そのものではなく、あくまで責任主体としての「人」であることに留意しなければならない。これに関して2つの点に言及したい。

---

[7] 山口厚「偽造概念における『人格の同一性』をめぐって」研修543号（1993）5頁。

1つは、法的効果の帰属先が名義人であるとは限らないということである。ここで直接的に問題となっているのは、法的効果への期待ではなく、「名義人」に対する信頼だからである。したがって、法人の業務に関係する文書の場合であっても、名義人が常に法人自体であることにはならない。従来の判例・通説では、「P代理人Q」のように、代理名義で作成された文書は、その内容に責任を負うのはPであるから名義人はPだとされてきた[8]。しかしながら、当該文書を見た人が「誰」を信頼するかという観点が決定的であるとすれば、法的な効果の帰属は「名義人」となるための条件として必要でも十分でもないといわなければならない。効果の帰属を期待しうるかどうかは、内容の問題であって、人の同一性の問題ではない。

　そうだとすると、代理・代表資格を冒用した場合の判断は、弁護士資格の冒用の場合と同様に考えるべきであろう。すなわち、当該文書の性質や流通範囲によって、「P代理人Q」という「架空人」あるいは「実在する別人」が名義人となるのか[9]、それとも「Q」が名義人として認識されるのかが分かれるとすべきである[10]。後者の場合、Qが作成したと観念されるのであれば「無形偽造」である[11]。たとえば、団体の理事でないのに「常務理事」名で文書を作成する場合、その文書が団体の財務処理に関する文書であって、個人の氏名に重要性がないようなときは、肩書自体で人格が特定されることもありえようが、団体役員の属性によって個人に箔がつくにすぎない場合は無形偽造である。

　もう1つの点は、文書を受け取った相手方が「真実を知っていたならば取引に応じなかったであろう」という場合でも、それだけでは人格の同一性に食い違いがあったとはいえないことである。たとえば、にせ医師やにせ弁護

---

[8]　大判明治42・6・10刑録15輯738頁、前掲(6)判例。
[9]　川崎・前掲注5) 63頁、山中敬一「文書偽造罪における『偽造』の概念について──作成行為帰属主体説の提唱──」関西大学法学論集50巻5号 (2000) 951頁など。
[10]　2人いる共同代表取締役の一方が他方の名前を冒用して「共同代表取締役PQ」名の文書を作成したような場合も (最決昭和42・11・28刑集21巻9号1277頁)、一律に会社本人を名義人とするのではなく、文書の性質および内部関係に応じた解決が必要である。
[11]　木村亀二『全訂新刑法読本』(1967) 135頁。牧野英一『刑法各論(上巻)』(1950) 156頁以下は、代理名義の冒用が一般に無形偽造だとした上で、無形偽造も処罰すべきだとする。なお、後掲注43参照。

士だと知っていたら診療や法律相談を頼むはずがなかったという者でも、「人格の同一性」についてだまされるのではなく、標示の「内容」を誤信したにすぎない。人格の同一性は、動機や効果への期待とは別に判断されるべきものである。なお、同じことは、「被害者の承諾」についてもあてはまる。住居侵入罪や性犯罪における「被害者の承諾」でも、「誰を入れるか決める自由」が問題となるのであり、「人格」の同一性を正しく認識していればその侵害はない。「愛してくれていないとわかっていれば関係を持たなかったであろう」「家にも入れなかったであろう」「こんなはずではなかった」と思っても、人格の同一性に誤りがなければ、準強姦罪や住居侵入罪は成立しないと考えるべきである[12]。この観点からは、(7)の原審が「公共の信用」を根拠としたことに疑問が残る。

ただし、人格の特定は、1でも論じたように、文書の性質と流通範囲、すなわち「誰が」それを見るのかを前提に、かつ、多数の要素を考慮して、行われるものである。ここでは「名前」「肩書」「資格」「生年月日」等のどれ1つをとってもそれ単独で決定的であるとはいえない。複数の要素が合わさって、全体として1つの人格を観念させるのである[13]。そして、誤った属性が含まれていても、別人格が観念されるに至らない場合は、その偽りは無形偽造にすぎない。虚偽の属性がひいて人の同一性の齟齬を導く場合のみが有形偽造である。

その際、直接認知されている、つまり「顔の見える範囲」でしか文書が流通しない場合と、「顔の見えない」相手による人格の同定が問題となっている場合とでは、判断が異なりうる。「通称・偽名を用いることにより、当該文書が関係する生活領域内で他人を指すこととなる場合」が有形偽造だと考

---

[12] 「客体の錯誤と方法の錯誤の区別」に法的効果の相違を認める具体的法定符合説に立つ場合にも、故意の認識対象としての「人」の同一性の特定は問題となる。ただ、ここでは「人格」の同一性ではなく、客体として保護される「個人」の物理的な特定が問題である。敵だと思って殺害したのに、よく見たところ味方であった、という「客体の錯誤」では、1つの客体の内部における属性の相違が認められるにすぎず、異なる客体の間にまたがる「方法の錯誤」ではない。「こんなはずではなかった」と思ったとしても、故意は阻却されない。葛原力三「打撃の錯誤と客体の錯誤の区別（2・完）」関西大学法学論集36巻2号311頁以下（1986）参照。

[13] 髙山佳奈子『故意と違法性の意識』224頁以下参照（「構成要件該当事実の認識を認めるための必要十分条件はない」226頁）。

えるべきであり、その領域の広狭によって、文書自体が同じ内容でも、有形偽造になる場合とならない場合とがありうる[14]。

まず、「顔の見える範囲」でしか用いられない文書については、「顔」によって人格の同一性が特定され、その他の属性が付随的な意味しかもたないことがほとんどだと思われる[15]。偽名による履歴書の事案(3)では、被告人は確かに偽名や虚偽の生年月日等を用いているものの、自己の写真を貼った履歴書を提出して面接を受け、ホテルに採用されて、実際に良好に勤務していた。この履歴書の流通範囲は、その就職先たるホテルに限られており、警察とは関係がない。ホテルにとって、名義人はその顔写真の本人すなわち被告人であり、作成者も被告人である以上、人格の同一性に齟齬はない。被告人はオウム真理教で事件を起こしたという事実を隠したにすぎず、これは虚偽の内容を記載したにとどまるから、無形偽造である[16]。

これに対し、警察や入国管理局など国の機関が文書の流通範囲である場合には、「顔」のみで同一性が決まることはむしろ例外であろう。ここでは、作成者と文書の受け取り手が対面しておらず、受け取り手はもっぱら書面の記載と付属物に表れた複数の属性のみを考慮に入れて、人格の同一性を判断するのである。再入国許可申請書の事案(2)では、確かに被告人は25年以上の間その通称を用いてきたかもしれないが、問題となるのは、「一般社会生活」ではなく、当該文書の流通範囲、すなわち国との関係におけるその意義である[17]。国との関係では、当初、別人AがBという仮名とA自身の写真とを用いて取得した、「顔がAで名前がB」という外国人登録証明書上の人物がそもそも架空人であり、これを引き継いで登録された「顔が被告人で名前がB」である人物もまた、架空人である[18]。したがって、国にとっては、人格の同一性に齟齬が生じたことになろう[19]。もっとも、この架空人がAの在留

---

14 山口・前掲注7) 6頁。
15 佐伯仁志「被害者の錯誤について」神戸法学年報1号 (1985) 97頁参照。
16 同じく偽名で履歴書を作成した事案につき、大判大正14・12・5刑集4巻709頁も私文書偽造罪の成立を認めていた。
17 林幹人「有形偽造の考察」『現代の経済犯罪』(1989) 164頁参照 (「偽名が現実に被告人の周囲のどの位の範囲で通用しているかという事情は、それ自体としては重要ではない」)。
18 今井・前掲注5)、(6・完) 1324頁。

資格を引き継いでいるように見えることは、人格の同一性を判断するための一要素ではあるが[20]、在留資格の有無のみで常に別人格が観念されるわけではない。

偽名を用いた供述書への記入(**1**)も同様に説明できる。文書の受取人は国であるから、国にとって義弟としてしか認識されないような名義人の文書を作ることは、人格の同一性の偽りにあたる。旅券交付申請書の事案(**5**)でも、文書を受け取る国は、「その名前でその顔の日本人」、という、実際には存在しない人を名義人として理解することになるから、有形偽造である[21]。ここでは顔写真も氏名も、単独では人格の同一性を決定しえない。一方で、パスポートにとっては顔写真が極めて重要であるが、他方で、同居する双生児の顔の違いが判別できないような場合、名前で判断するしかないこともあるかもしれない。

3 小 括

本節の結論をまとめると、次のようになる。
① 人格の同一性を特定するために決定的な要素というものは存在せず、さまざまな属性の組み合わせによって、同一性が決まる。
② その際、文書の流通範囲は重要な一要素である。なぜなら「信用」が害されるおそれがあるかどうかは、「誰が」信用するのかを問題にしなければ決められないからである。
③ そして、作成権限の有無が、人格の同一性の判断にとって決定的な要素となる場合がある。
④ しかし、法的効果の帰属先が名義人であるとは限らない。

---

19 中森喜彦『刑法各論［第2版］』(1996) 241頁は「その名によって特定されるのは被告人以外の者ではなかった場合だともいえると思われる」とする。
20 林幹人・前掲注17) 166頁は「本件文書の流通範囲の行政機関としては、名義人が誰かを認識・特定する際に、彼が適法に在留する者かどうかを全く問題としない」とするが、疑問である。在留資格の有無は入国管理にとって重要な属性の1つであろう。
21 名前を貸した被告人が共同「正犯」たりうるかという問題は別に存在する。

Ⅳ 「作成者」と「名義人の承諾」

1 作成者

Ⅲでは、名義人の人格の同一性の判断方法を検討したが、Ⅱ2で見たように、名義人の承諾が主張される事案の中には、これだけでは解決の困難な類型が存在する。

Ⅱ2の(7)(8)(9)の事案では、もし名義人が自筆で同一内容の文書を作成したとすれば、有形偽造にはならない。したがってここでは、「違反者以外は供述書を作成してはならない」、「志願者以外は答案を作成してはならない」といった、「権限」の制限に反しても、それだけでは有形偽造を構成しないことがわかる。

それでは、文書の作成された「場所」が問題なのだろうか。確かに、文書が作出されたのが私的な空間にすぎないのか、それとも警察署や受験会場といった「文書の内容から予定される作成地」であるのかの相違が重要であるようにも見えるが、その点も決定的ではない。たとえば、交通事件原票中の供述書については、違反者の同乗者が身代わり犯人となり、警察署において自己の名義で供述書を作成する場合には、他の犯罪の成否はともかく、文書偽造罪は成立しない。「作成地」の偽りも有形偽造を根拠づけない[22]。

つまり、無権限の者が、公の場所で、内容虚偽の文書を作成したとしても、それだけでは有形偽造が成立しないことになる。その理由は、「自署」性にある。自己名義の文書を自筆で作出した場合には、無権限であろうと、内容虚偽であろうと、あるいはどこで作ろうと、有形偽造の観念を容れる余地はない。裏を返せば、「自署性の欠如」が偽造にとって重要な意味をもちうることになる[23]。

文書が自筆かどうかに着目することは、物理的に文書の作成にあたったの

---

[22] 林幹人・前掲注5) 450頁。
[23] 自署の場合には有形偽造が否定されるが、反対に、自署でない場合が直ちに有形偽造となるわけではない。松宮孝明「文書偽造罪における作成者と名義人について」立命館法学264号 (1999) 362頁参照。

が誰であるかを重視することにつながる。しかし、端的に物理的な記載者を「作成者」とし、これと「名義人」とが別人である場合を有形偽造とする立場（行為説）は、学説上ほとんど支持を得ていない[24]。

文書の「作成者」とは何かに関し、友人名義で供述書を作成した事案(7)(8)を例にとると、従来の各説の相違は次のようになる。

第1に、「行為説（物体化説）」は、「文書を物理的に作成した人」を作成者とする。これによれば、作成者は被告人であるから、有形偽造になる。

第2に、「事実的意思説（精神性説）」は、「文書の内容を事実的に欲した人」を作成者とする。供述書や答案の例のように、名義人が事実上効果を引き受ける意思をもち、それに基づいて文書が作成されている場合には、有形偽造にならない。

第3に、「規範的意思説（効果説）」は、「文書の効果を引き受けることのできる人」を作成者とする。いくら名義人に効果を引き受ける事実的な意思があったとしても、違反者以外には作成権限が法令上認められないから、そのような意思は法的に意味をもたず、有形偽造となる。

これらのそれぞれに対して、批判が加えられている。

行為説に対しては、有効な代理権のある者が本人のために文書を作成した場合や、使者・代筆による文書の作成まで、すべて有形偽造になってしまうとの批判がある。また逆に、間接偽造、たとえば、中身を読まずに署名する上司を利用して文書を作成した場合に、これを有形偽造に問うことができないとの疑問も提起されている。事実的意思説では、内容が名義人の事実的意思に反しても法的な効果は名義人に帰属する「権限濫用」の場合に、これが有形偽造にならないとされる[25]ことの説明がつかないという問題がある[26]。規

---

[24] ドイツの議論につき、園田寿「文書偽造罪における『偽造』の概念と精神性説」関西大学法学部百周年記念論文集（1987）347頁以下、林幹人（前掲注17）112頁以下、山中・前掲注9）905頁以下参照。

[25] 大判大正11・10・20刑集1巻558頁。

[26] 林幹人・前掲注17）151頁は、「100万円の借用証書だと欺いて200万円の借用証書に署名・捺印させたような場合」にも「およそ借用証書であることを認識しておりさえすれば」「表示意思がある」とするが、本人の意思に反することが明らかな場合にまで「意思」があるとするのは困難ではなかろうか。山口・前掲注5）248頁は、「この場合、表示内容の作成名義人への一種の客観的な帰属が問題とされている」と指摘する。

範的意思説においては、法的な作成権限の有無を基準にすると、法令上の瑕疵や資格の冒用の場合がすべて有形偽造になってしまうのではないかとの問題がある[27]。反対に、間接偽造では名義人に効果が帰属する限り、有形偽造に問えなくなる[28]点も、批判されている。

そこで最近では、意思説のバリエーションとして、新たな見解も唱えられるようになっている。

「法的責任追及説」は、文書作成についての法的責任を負う者を作成者とし、名義人の承諾によって民事的解決が可能であれば刑法で対応する必要性に乏しいから、これが困難な場合に限って可罰性を認めるべきだとする[29]。

「証拠能力説」は、「当該文書を自己の意思表示の証拠として使用されることを甘受すべき立場にある者」[30]を作成者とする。この中には民事的解決の余地のある場合もあるため、可罰性の肯定される範囲は法的責任追及説におけるよりも広くなる。

「帰属説」は、「文書上表示された意思・観念が客観的に帰属する主体」を作成者とする[31]。

いずれにしても、多数説は意思説の立場を採用している。供述書の例(7)(8)を有形偽造とする理由としては、責任の引受け手がないことや、性質上自署を要する文書であること[32]、人格の同一性が厳格に要求されること[33]、違法な承諾であってその有効性が否定されることなどがあげられている。

しかし、意思説には問題がある。「意思」によってどの範囲までがカバー

---

27 林幹人・前掲注17) 134頁以下参照。
28 平野龍一「文書偽造の二、三の問題」『犯罪論の諸問題 (下)』(1982) 408頁、町野朔『犯罪各論の現在』(1996) 313頁。
29 今井・前掲注5、(6・完)) 1348頁、1378頁など。
30 島田・前掲注5) 51頁。すでに、川端 (前掲注1) 6頁以下。成瀬幸典「文書偽造罪の保護法益――有形偽造の本質――」現代刑事法35号 (2002) 37頁も、有形偽造における保護法益は「文書を証拠として使用しうることに対する公共の信用」であるとする。より詳しくは、成瀬幸典「国際運転免許証の発給権限のない団体の名義で正規の国際運転免許証に酷似した文書を作成する行為と私文書偽造罪の成否」法学教室285号 (2004) 85頁。
31 山口・前掲注5) 249頁、同「文書偽造罪の現代的展開」山口＝井田＝佐伯・前掲注5) 159頁。
32 大谷・前掲注3) 454頁。川端・前掲注1) 212頁は「直接」の作成を要求する。
33 前田雅英『刑法演習講座』(1991) 463頁、幾代聡「有形偽造の一考察 (2・完)」都立大学法学会雑誌33巻1号 (1992) 217頁。

されるのか[34]、あるいは、「客観的な帰属」がどこまで認められるのかの判断基準は明確でない[35]。また、「代理人」と「本人」とは、あくまでそれぞれの「意思」に基づいて活動する別人格である以上、通常の代理関係を説明するのが困難であることも指摘されている[36]。ここでは、「名義人」との間で人格の同一性が問題となるべき「作成者」の理解において、名義人の「意思内容」と作成者の「人格」とがどのような関係に立つのかが、十分に説明されていないように思われるのである。

　これに対して、少数説ながら、行為説も有力に主張されている[37]。取引に関する法的効果の帰属は、「権利義務」に関する文書については観念しうるが、「事実証明」に関する文書の場合には、効果の帰属を論じる余地がないか、あるいは、実害の生じうるケースをすべて偽造とすることになりかねない。この難点は、そもそも、文書の内容の源たる「意思」によって「作成者」を定義したことから生じている[38]。

　刑法上、私文書につき、内容の正しさを保護する「実質主義」ではなく、文書の成立の真正を保護とする「形式主義」が原則とされていることを重視するならば、内容が誰の意思に発したかではなく、作出作業が誰によってなされたかを基準とする行為説には合理性が認められる。これは、「原本性」が文書の重要な属性とされてきたこととも関連する。厳密にいえば、名義人と物理的な記載行為者とが異なるとき、その文書の成立に対する信用性は、名義人が自らの手で作成する場合に比べて低いのである。すなわち、筆跡を確認できる手書きの文書であれば、名義人の自筆の場合と、他人が書いた場合とでは、信用度に差がある。一般的にいって、機械が印刷した文書は、その成立の真正さに対する信用度がさらに低い。ありふれた用紙にコンピュータとプリンタで印字しただけの文書は、酷似するものを誰でも簡単に作出で

34　林幹人・前掲注17) 145頁は、「ここで重要なのは、どちらかに決めれば、他の問題の場合にも同じように考えるべきだということである」とするが、それでは論者による判断基準のばらつきを避けられないと思われる。

35　井田・前掲注5) 177頁、佐伯仁志「コメント②」山口＝井田＝佐伯・前掲注5) 180頁。

36　今井猛嘉「文書偽造罪の一考察 (5)」法学協会雑誌116巻7号 (1999) 1776頁。

37　山中・前掲注9) 930頁以下。本稿の以下の記述は、ここで示された立場に基本的には依拠している。

38　山中・前掲注9) 908頁。

きるからである。この意味での作出容易性の最たるものが電磁的記録であり、これはもはや文書ではない。反対に、有印偽造が重く処罰される理由は、印の持ち主が物理的に作成に関与したという推定がより強くはたらくからにほかならない。通貨のように複雑な物についても、信用の程度は高くなる。

確かに、秘書が社長名義の文書をタイプする場合、物理的な作業者が誰であるかは問題でないと考えられている。文書を受け取る側は、「社長が自分でこれほど大量の文書を作っているはずはない」「こんなにきれいな字は彼ではなく秘書の筆跡であるはずだ」などと知りつつも、表示された意思内容が大抵は社長の意思に合致しているのだろう、と一応考える。だが、別人が作業している以上、タイプミスや誤解に基づくミスが介在するかもしれない。有能な秘書ならばミスは少なく、慌て者では多い。明らかな誤植も、直接的には社長ではなく秘書自身の責任であると観念されよう[39]。だが、誤植の範囲を超えて、秘書が無権限に社長名義の文書を発行したならば、内容に対する信用は損なわれる。そうだとすると、本人が自分の手で直接作成する文書と、そうでない文書とを区別した上で、後者を「形式的にいえば有形偽造」だと考え、名義人の意思に基づく作成の場合を他の根拠によって正当化することにも合理性があると思われる。すなわち、行為説（物体化説）の採用である。行為説によれば、「名義人と作成者の人格の不一致がある限り、構成要件行為としての『偽造』は否定できない。」だが、「文書偽造罪の保護法益は、公共の信用ないし取引の安全である」から、「本人に法的効果が発生し、第三者になんらの具体的危険をも生じさせない場合には、法益侵害の危険は否定され[40]」、当罰性が存在しないとされるのである。

むろん、どの見解に立っても、たとえば秘書が社長の意に添わない金額を書いたような一種の「権限濫用」ないし「権限逸脱」の場合に、どこまでが有形偽造となるのか、といった「線引き」の問題は共通して生じうる。しか

---

[39] 秘書の重過失による手書きの書き間違いを理由として秘書個人の民事責任が問われる場合、損害を被った者は秘書と社長の両方に責任を問いうるのであり、少なくとも秘書に文書の証拠機能が向けられるといえるのではなかろうか。
[40] 山中・前掲注9) 959頁。

し、意思説のように、「名義人と作成者との間の人格の同一性」の枠組みの中にこれを位置づけるのではなく、むしろ直截に、行為説から出発し、線引きは実質的な違法性の問題であると考えるほうが簡明ではないだろうか。なぜなら、意思説の論者によっても正当に自覚されているとおり、権限の有無や効果の帰属は、それだけで人格を特定する要素とはなりえず、基本的には文書の内容の問題だからである[41]。

行為説に対しては、いわゆる間接偽造が有形偽造になるとされること[42]を説明できないという批判がある。しかし、他人を利用する間接正犯とすれば、ここに特有の問題はない。名義人自身を道具として利用する場合であるために、道具と名義人とが重なっていて関係がわかりにくいだけである。コンピュータを用いて文書を作成する場合、文字を書くのはプリンタであるが、だからといって作成者が存在しないということにはならないであろう[43]。利用者も行為を行っているのである[44]。そして、行為説においても、行為が意思に基づくものであることは当然の前提である。

41 林幹人・前掲注17) 134頁は「有効か無効か、名義人に対して法律上の効力・効果を帰属せしめうるかどうか」は「文書の内容に関わるものと見るべきであって、文書の成立の真正・不真正の問題とは無関係のものと考えるべき」だとする。ただし、権限や効果が内容にかかわるものだとされる点は正当だとしても、「無関係」とまではいえないと思われる。
42 東京高判昭和28・8・3裁特39号71頁（積極）。
43 ただし、山中・前掲注9) 932頁は、行為説に立ちつつ、「作成行為を行ったというには、自らの判断で文書の内容・形式について決定することが必要である」とし、その意味で印刷業者や秘書は作成者でなく補助者にすぎないとして、機械的な代筆など、判断作用を介在させない単なる機械的行為は、作成行為ではなく、偽造とはいえないとする（同966頁、974頁）。しかし、機械的な作業と自己の判断が介在する作業との区別は明確でない。印刷業者や秘書も、自ら書式を決めたりデータを入力したりしており、そこには裁量権とともに判断や誤りの介在する余地がある。そこで、これらの者も形式的には作成者だとした上で、あとは名義人の処分権限に基づく授権があるかどうかを問題にしたほうがよいように思われる。そうでなければ、補助者が内容上のミスを犯した場合には、無権限の文書作成として直ちに有形偽造となってしまうからである。山口厚「文書偽造罪の基本問題」『問題探究刑法各論』（1999）253頁は、「裁量の余地のない事務を担当する職員は、内容真実の文書しか作成する権限はなく、内容虚偽の文書を作成すれば有形偽造であるとする理解……に至るかについてはさらに検討を要しよう」とする。間接偽造の場合は、被利用者がそもそも文書の内容を認識していない点で、印刷業者や秘書による作成の場合とは異なる。
44 写真コピーの作成者はコピーした人である。

2 保護法益と「名義人の承諾」

　文書偽造罪は社会的法益に対する罪であるのに、なぜ「名義人の承諾」が論じられてきたのかを考えてみる必要がある。そこでは、名義人が「文書の効果を引き受ける意思」が重視されたということができる。そして、替え玉答案や、交通違反者以外の名義による供述書のように、法的な作成権限のないときに、この「引き受ける意思」を根拠として有形偽造を否定するのか[45]、それとも、「作成権限の欠如」を理由に肯定するのかが[46]争われているといえよう。

　だが、「承諾」により違法性が否定されるのは、「被害者」すなわち「法益主体」が承諾する場合に限られるはずである。社会が被害者である場合には、社会の承諾を考える必要がある。「取引の平穏に危険を生じさせるおそれがな」く、「社会の承諾」がある場合には、有形偽造が成立しない[47]。民法、商法上の契約や取引にかかわる（権利、義務に関する）ことならば、文書は個人の処分権限に基づいて作成されうる。ここでは、他人に作成を認める権限があるからこそ「名義人の承諾」が可能となる。反対に、名義人が他人に作成権限を与えることのできない場合には、取引の安全が図られず、公共の信用も損なわれる。「名義人の承諾」は、取引の安全に資する限りにおいて、間接的に「社会の承諾」を根拠づけるにすぎないものと考えるべきである。

　これに対して、事実証明に関する文書では、これと同様の形で処分権限を

---

[45] 林幹人・前掲注17) 151頁、伊東研祐「偽造罪」芝原邦爾ほか編『刑法理論の現代的展開（各論）』(1996) 320頁、佐伯仁志「名義人の承諾と私文書偽造罪の成否」『刑法判例百選Ⅱ各論』[第4版] (1997) 177頁、平野・前掲注27) 408頁、大野平吉「交通事件原票の供述書末尾に他人の氏名を署名することと私文書偽造罪の成否」判評260 (判時972) 号 (1980) 54頁、愛知正博「交通事件原票中の供述書を事前承諾を得て他人名義で作成する行為と私文書偽造罪の成否」名古屋大学法政論集91号 (1982) 164頁など。

[46] 東京高判昭和50・1・2判時773号138頁（交通事件原票の原審）、大阪地判昭和54・8・15刑月11巻7＝8号816頁（承諾を得て他人名義の運転免許証申請書を作成した事案について、「文書についての責任を名義人がとることができない場合には、その文書の公共信用性は損なわれる」とする）、阿部純二「他人の氏名が限られた範囲で被告人を指称するものとして通用していた場合において右氏名を用いて交通切符中の供述書を作成した所為と私文書偽造罪の成否」判評284 (判時1049) 号 (1982) 64頁。

[47] 内田文昭「名義人の承諾と文書偽造罪の成否」研修396号 (1981) 3頁以下。ただし「観念説」を前提とする。なお山中・前掲注9) 958頁も参照。

観念することが困難である。交通事件原票中の供述書の事案では、違反者以外には処分権がない以上、他人による承諾は問題にならない。つまり、社会の「承諾」を導くような有効な「名義人の承諾」が認められない。しかし、たとえば、違反者自身が事故で手にけがをし、同乗者に違反者名義の供述書を代筆してもらう場合には、事実証明における実害発生のおそれがなく、違反者から代筆者への授権は有効であり、社会が「承諾」を与えることになるのである。替え玉受験においては、答案の作成者たりうるのは試験会場で回答する人であり、大学に名義人として認識されるのは志願者であるから、ここには人格の同一性の齟齬があり、かつ公共の信用の侵害も認められる（ただし受験答案の文書性には疑問がある[48]）。名義人自身は、文書が自己名義にとどまる限り、資格を冒用しようが権限を欠いていようが、自らの手で有形偽造を犯すことはない。しかし、資格や権限がないのにもかかわらず同じ内容の文書を他人に作成させると、社会にもたらす混乱が刑法の閾値を超えうるのである。

3 被害者の承諾

では、これを前提として、どのような場合に「社会」が承諾を与えるといえるのであろうか。

最終的に責任主体に到達できれば足りるとする見解[49]は、違法とされる範囲を限定しすぎていると思われる。なぜなら、社会の信用は、「文書の受取人が逐一責任者を探さなくてもよい」という意味で保護されるべきだからで

---

[48] 替え玉が記載した「3」や「二」などの文字は観念を表示しておらず、受験番号欄の数字も証明力においてクロークの番号札にすら及ばない。仮に、証拠となりうるものは「事実証明に関する文書」だとするならば、文書性には全く限定がなくなる。たとえば、内容のいかんにかかわらず、「筆跡」のある記載はすべて何らかの事実の証拠たりうるであろう。替え玉受験は、せいぜい、人の同一性を偽って会場に入った点で、建造物侵入罪にすぎないと考えるべきである。角田正紀「名義人の承諾と私文書偽造罪の成否」『中山善房判事退官記念論文集』（1998）508頁以下は、医師法が不正受験による免許取得を文書偽造よりも軽く処罰していることを指摘しつつも、「一般の社会生活を律する基本原理となっている私的自治の原則が妥当する領域内と考えることは到底できず、名義人の承諾があっても文書の作成権限の存在は否定されるべきだと思われる」とする（510頁）。

[49] 前掲注28) 参照。林幹人・前掲注5) 457頁、462頁は、「人格の存在について偽りがな」く、作成人を名義人として特定しうるときは偽造にならないとする。

ある。また、内容が真正ならば有形偽造にならないとする説もある[50]。確かに、内容が真正ならば実害の発生しないことがほとんどだと思われるので、そのように理解しても実際上大きな問題はない。ただし、内容が正しくても、存在しないはずの文書が作出されれば、混乱が生じ[51]、文書の成立に対する信用が害される場合もあろう。

そこでここでは端的に、「文書に対する公共の信用」という保護法益を損なわない類型として、「権利、義務および事実証明が害されるおそれのない場合」をいうとすべきである[52]。この中には、もともと名義人に信頼が寄せられていないような場合も含まれる。たとえば、禁制品の取引などの隠れたビジネスではしばしば偽名が用いられ、それが関係者間で黙認されているとすると、偽名の記載は確かに名義人と作成者との人格の同一性に齟齬を生じさせてはいるものの[53]、名義は事実証明の機能をあまり期待されておらず、信頼違背も生じないといえる。(7)で最高裁が供述書について「作成名義人以外の者がこれを作成することは法令上許されない」としていることは、名義人と物理的な記載者とが別人であることを前提として、法令上、その違法性が否定されないとする趣旨にも理解できる[54]。その限りでこの判示は同様の他の文書にも推し及ぼすことのできるものである。

名義人と作成者とが別人であっても、一般的には、作成者の処分権に属する文書の場合、内容の真偽にかかわらず、有形偽造は成立しないと考えられる。たとえば、自分はパソコンを持っていないので、他人に依頼して自己の

---

50 牧野・前掲注11) 151頁。瀧川幸辰『刑法各論』(1951) 244-245頁は、内容が真実ならば「公の信用を害するおそれが〔な〕く実際上処罰の必要がないから、「文書偽造は、権限のない者が他人名義の文書を作成すること、その内容が虚偽であること、の二本建てとする」べきだとする。
51 山口・前掲注45) 245頁。
52 山中・前掲注9) 959頁は、「文書偽造罪の構成要件は、『偽造』行為があれば充足されるのではなく、それによって公共の信用を害するある程度の危険の発生をも構成要件要素とするいわゆる準抽象的危険犯である」とする。松宮孝明「文書偽造罪の保護法益」現代刑事法35号 (2002) 31頁は、「本罪の保護法益を個人の『欺罔されない権利』ないし『誤った方向付けをされない権利』と捉える」ことを提案する。
53 他の例として、今井・前掲注5)、(6・完) 1308頁参照。
54 伊東研祐「偽造罪」芝原邦爾ほか編『刑法理論の現代的展開 各論』(1996) 313、317頁は、通例的な有形偽造の定義を、法律上の「作成権限の有無」という付加的要素によって「修正された事実説」であるとする。

履歴書を作成してもらい、その際に経歴を詐称したという場合、他人は履歴書作成権限を与えられており、有形偽造ではない。これに対し、作成者が処分権を獲得しえない文書では、これを作成することが違法となる。たとえば、交通事件原票中の供述書は、同乗者が身代わり犯人となって自己名義で作成するときは無形偽造であるが[55]、違反者が同乗者の名義で作成する場合には、名義人と作成者とが一致せず、かつ違反者には自己名義以外の供述書を作成する権限がないから、違法である。

　さらに、保護法益との関係では、文書の流通範囲も重要である。前述のように、「信用」が害されるおそれの有無は、「誰が」信用するのかを問題にしなければ判断しえない。たとえば、警察と無関係なところで、交通事件原票の供述書に酷似する物を偽名を用いて友人同士2人で私的に作成し、その範囲で見て面白がるだけの場合、違法なビジネスの例と同じく、誰の信用も害されるおそれがないので、文書偽造にはならないと考えられる。友人同士の間でしか流通しないときはその「社会」の信用が害されないが、警察官の前で作成され、国の機関である警察が「社会」を構成する場合には、提出後、名前の書かれた人と記載者（違反者）との間の誤認が生じるばかりでなく実害も生じるから、偽造罪の成立は否定されないこととなる。

　国際運転免許証の事案(10)では、メキシコの「国際旅行連盟」自身がメキシコで個人的にこのような物[56]を作成していたとしても、その私的な「社会」においては人格の同一性に齟齬が生じず、この団体に資格詐称の責任を追及しうるのであるから、「公共の信用」が害されない[57]。これに対し、日本国内

55　反対、田中清「交通反則切符中の供述書をあらかじめ承諾を得て他人名義で作成した場合と私文書偽造罪の成否」最高裁判所判例解説刑事篇昭和56年度39頁。

56　第一審の認定によれば、発給国名、発給地名、発給年月日の記載すらない。このような免許証は考えられず、その文書性には疑問の余地がある。なお、l' Alliance Internationale de Tourisme （International Touring Alliance）という団体が、スイスのジュネーブにあり、その略称はITAでなくフランス語のAITである。憶測になるが、被告人らは「ジュネーブ条約」からの連想で思いついたのかもしれない。The International Touring Alliance （AIT） is the worldwide organisation of Touring Clubs and Automobile Associations. また、警察庁ホームページによれば、「日本の免許に基づいてジュネーブ条約附属書第10の様式の免許証（我が国が発給する国際免許証は、道路交通法上「国外運転免許証」と規定されています。）の交付を受ける場合は、住所地の公安委員会に申請して下さい。（道路交通法第107条の7）」となっている。

57　なお、刑法3条3号によれば、私文書偽造は日本国民が行った場合にのみ国外犯の処罰があ

IV 「作成者」と「名義人の承諾」 257

で別人が作成する場合には、まず、人格の同一性判断に関して、本名と同じ氏名を用いたにせ弁護士の事案(4)と似た問題が生じうる。すなわち、名義人の特定に際して、「メキシコの国際旅行連盟」という名称が重要であるのか、それとも、国際運転免許証の発給資格が決定的であるのか、という問題である。正式に国際運転免許証を発給する資格のある団体は複数あるため、日本の警察ないし一般人[58]がそれを正確に知ることは難しいとすると[59]、発給資格の有無が名義人の特定にとって重要な要素となることは十分にありうる（ただし、文書性の問題はある）。この場合は、たとえ名称に偽りがなかったとしても、架空人名義となり、人格の同一性に齟齬が生じる[60]。さらに、事実証明に関する実害も生じるので、偽造罪が成立しうることになる。

　代理資格の冒用の諸類型にも同じ考え方をあてはめることができる。すなわち、文書を受け取る側による人格の同一性の判断にとって、代理資格の有無が決定的であるときは、これを偽ることが有形偽造たりうるが、その場合であっても、実害のおそれがなければ犯罪の成立を認める必要がない。そもそも同一性に齟齬を生じない場合には、一般の経歴詐称などと同様に、無形偽造となるにすぎない。

　なお、「被害者の承諾」については、これを構成要件該当性阻却の段階に位置づける見解、違法性阻却に位置づける見解、および、それぞれにあたるものを分ける見解があるが、いずれの立場を採用しても、本稿の考え方を採用しうると思われる。入れ墨やピアスなどの同意傷害に関し、身体が外形的には傷つけられても、本人の意向に合致していれば、傷害罪の違法性が認められないとされる。これと同様に、文書の名義人と作成者とが外形的には別人であっても、それが文書の潜在的な受取人から成る「社会」の承諾する範囲にあれば、違法性を否定することができる。

る。
58　運転免許証が本人確認等のために用いられるとした場合、警察以外の者にとっても重要性をもちうると考えられる。
59　メキシコはジュネーブ条約に加盟していないが、加盟国と非加盟国との判別も、特別の知識のある者以外には難しいと考えられる。
60　山口・前掲注5) 253頁。

4 小　括

本節の結論をまとめると、次のようになる。
① 作成者は物理的に作成した人とすれば足りる（行為説）。
② 物理的な作成者と名義人とが食い違う場合、「被害者の承諾」によって違法性が否定されると考えるべきである。
③ 文書偽造罪においては、文書に対する公共の信用が保護法益であるから、「名義人の承諾」ではなく、「公共」すなわち文書の流通範囲にある者による（推定的）承諾が必要である。
④ 他人に権限を与えることのできない「名義人」が、効果を引き受ける意思を有していたとしても、違法性は否定されない。
⑤ 「名義人」の意思に反する文書の作成であっても、「信用」が害されず、取引の安全が害されるおそれのないときは「公共」が承諾を与える。

Ⅴ　おわりに

本稿の主張は次のようにまとめられる。

形式主義は、直接的には、文書の内容の真正ではなく、名義人への信頼に基づく文書の成立の真正に対する信用を保護するものである。

文書の名義人は、文書の流通範囲にある者から見て認識される文書の責任主体であり、文書の作成者は、物理的な作成行為を行った者である。

作成権限の有無は、名義人の属性の1つにすぎず、これを偽ってもそれだけでは通常無形偽造にすぎない。他の要素とあいまって、作成者と名義人との人格の同一性に齟齬を生ぜしめる場合だけが、有形偽造となる。法的な作成権限を欠いていても、名義人自身が作出するときは無形偽造である。

文書偽造罪は社会的法益に対する罪であるから、「名義人の承諾」はそれだけでは犯罪の成立を否定する理由にならない。名義人と作成者とが別人である場合、権利、義務および事実証明が害されるおそれのないときは、公共の信用が損なわれないため、「被害者の承諾」によって違法性が否定される。具体的には、名義人からの作成権限の授権の範囲内にある文書については内

V おわりに

容が虚偽でも違法性が否定されるが、名義人が作成を授権しえない文書を別人が作成したときは、内容が名義人の意思に合致するか否かにかかわらず、有形偽造となる。

冒頭の事案の解決は次のようになる。

交通事件原票中の供述書に通称を記載した(1)では、国との関係で、名義人が義弟、作成者が被告人であり、名義人には他人に作成させる権限がないから、有形偽造となる。再入国許可申請書を作成した(2)では、国との関係で、名義人が「顔が被告人で名前がB」という架空人、作成者が被告人であり、作成者には当該名義による申請書を作成する権限がないから、有形偽造である。偽名等を使った履歴書に関する(3)では、ホテルとの関係で、名義人は履歴書に貼られた顔写真の人物、作成者が被告人で、これらは同一人であるから、有形偽造は成立しない。にせ弁護士の事案(4)では、名義人が本物の弁護士C、作成者が被告人であって両者は別人であり、被告人はC名義の文書を作成する権限を欠くから、有形偽造となる（文書の流通可能範囲についての認識は必要である）。旅券交付申請書に関する(5)では、名義人が「顔が中国人で名前が被告人」という架空人、作成者は中国人であり、有形偽造である。この事件で裁判所が「被告人が右偽造文書の名義人であり、単独では正犯にはなり得ない」とした点には疑問がある。パスポートにおいては顔写真が決定的に重要であることに留意すべきである。名義人は架空人であり、被告人は単独でも正犯たりうる。

代表名義を冒用した(6)では、作成者が被告人であるが、この文書は登記申請のため法務局の登記官吏に対して行使するものとして作成されており、その関係では、名義人が「理事会議事録署名人」だとした場合には架空人、「理事会」だとした場合には別人だということになる。裁判所の認定では後者の場合にも作成者に権限がないので、いずれにしても有形偽造が成立する。友人名で交通事件原票中の供述書を作成した(7)および(8)では、友人が名義人が被告人が作成者であり、国との関係では友人による授権が認められない文書なので、有形偽造が成立する。替え玉受験に関する(9)では、文書性に疑問がある点をおくとすると、名義人は志願者、作成者は被告人で、会場に来ていない志願者には大学との関係で作成権限がないので、有形偽造が成

立する。国際運転免許証に類似する書面が問題となった⑽では、日本の警察等との関係で、名義人は正規の発行資格を有する架空の団体、作成者は被告人であり、事実証明を害するから、有形偽造が成立する。

(第6講) 議論のまとめ

深町晋也

1

　本論文の主張は、大きく2点に分けられる。第1点は、文書の名義人の確定の問題であり、第2点は、文書の作成者の問題である。本論文は、第1点については、人格の同一性を特定するために決定的な要素は存在せず、様々な属性の組み合わせによって決せられるとし、付随的事情も含めた文書全体の性質や文書が流通する範囲などを考慮する必要があるとする。また、第2点については、現行法上形式主義が採用されていることからすれば、文書の作出作業が誰によってなされたかを基準とする行為説に合理性があるとしつつ、公共の信頼が害されるおそれのない場合には、「社会の承諾」があるものとして違法阻却を認めるべきであるとする。

2

　まず、文書の名義人の確定については、様々な要素を複合的に考慮するとの高山説に対して、最も決定的な要素は何なのかという質問がなされた。例えば、X代理人Yという名称を用いてZが文書を作成したという場合、当該文書の名義人を確定するための最終的な判断要素は何なのかという問題である。これに対しては、重要となる要素は問題となる文書によって異なるとの回答がなされたが、それに対しては、文書が流通する文脈が問題となるにしても、ある程度の類型化は可能ではないかという指摘がなされた。
　また、高山説の立場からすると、そもそも名義人と作成者との人格の同一性の齟齬が処罰される根拠が不明確であり、本来は無形偽造こそが処罰され

るべきではないかとの質問がなされた。これに対しては、私文書偽造の場合には客体が限定されており、保護のされ方としても間接的なものである（いわば名誉毀損罪において「公然性」が要求されることと同じである）との回答がなされた。これに対しては更に、従来の学説は、名義人と作成者との人格の同一性に齟齬が生じることこそが法益侵害の核心であると理解してきたが、高山説は、むしろその点は（名誉毀損罪における「公然性」と同様に、）単に構成要件を限定する要素に過ぎないというものなのかという質問がなされた。これに対しては、自説からは、文書の内容が真正で実害が生じない場合には処罰しなくて良いという帰結に至り得るとの回答がなされた。

　更に、従来の見解は、名義人と作成者との人格の同一性の齟齬が法益侵害の核心であると理解しつつ、それを責任追及あるいは証拠能力といった観点から説明することで、最初に挙げた代理・代表名義で複数の名称が出てくる事例において、誰が名義人となるのかを議論してきたのであり、高山説においても、当該文書の名義人を確定する際には一定の観点からの説明が必要となるのではないかという疑問が出された。これに対しては、社長が作成すべき文書を秘書が代筆するような事例では、責任追及や証拠能力という観点を持ち出したとしても、社長にも秘書にも責任追及は可能であり、必ずしも明確に名義人を確定することはできないとの回答がなされたが、この事例では、通常は社長に責任を追及するのであって、通常どのように文書が（責任追及のために）用いられるかに着目すれば十分であるとの指摘がなされた（例えば、合資会社Xの責任社員Yの事例であれば、XとYの両方が責任追及されうるので、XとYの両方が名義人となる）。

　論者は、事実証明の文書の場合には、取引関係といったことは問題とならないのであって、代理名義のような場合とは異なるのではないかとの主張をし、文脈による違いに言及した。これに対しては、事実証明の文書では通常は代理という点には意味がないが、例えば、ある会社Xの売り上げ成績を示す文書を「X代理Y」名義で作成する場合には代理という点に意味が生じるといったように、「文脈」が影響することは確かにあるが、それはあくまでも何が信用の対象となるかという保護法益論との関係で決せられるべきとの指摘がなされた。いずれにしろ、従来の議論は、誰が名義人かを確定するた

めに保護法益を論じてきたのであるが、高山説においては、どのような観点から名義人を確定するのかがなお不明確であるという理解が、議論参加者においては広く共有されていたと思われる。

　また、高山説からすると、最終的に重要なのは無形偽造であって、実は名義人と作成者との人格の同一性の齟齬は重要ではないことになり、なぜ現行法では無形偽造が私文書については処罰されないのかという積極的・実質的な根拠を示せていないのではないかとの指摘がなされた。更に、論者の見解からすると、公文書に関しては本来無形偽造だけを処罰すれば足りるはずであるのに、なぜ敢えて有形偽造と無形偽造とを処罰するのかが問題となるという指摘もなされた。これらの指摘に対しては、人格の同一性を偽ることを経由すると違法性が加重されるのではないかと反論がなされたが、私文書についてはこの反論は妥当しても、公文書については、有形偽造も無形偽造も法定刑は同じである以上、この反論は妥当しないのではないかとの指摘がなされた。

　これとの関連で、電磁的記録不正作出罪は内容虚偽の電磁的記録の作出を広く一般的に処罰するものであり、有形偽造・無形偽造を問わない点が、論者によって指摘された。これについては、立法の際に余りに電磁的記録の特殊性に引きずられ過ぎたとの指摘もなされた。また、実際には有形偽造類型のみが処罰されており、その点で私文書偽造との実際上のバランスがとられているのではないかとの指摘もなされた。

　具体的な事例との関係でも議論がなされた。特に、旅館の宿帳の事案については、最終的には警察が見るものであって、警察が関係ないとは言えないのではないか、即ち、流通範囲という概念は、本来予定された範囲なのか、それとも事実上文書が流通する範囲なのかで相当にその範囲が異なり、後者であれば、もはや限定性を失うのではないかとの指摘がなされた。これに対しては、例えば文書が盗まれて流通するような場合は除外すべきであるが、他方で「本来の用途」に限定することはできない（運転免許書は、免許としての役割の他、身分証明の役割をも果たしているが、後者の点を除外することは妥当ではない）のであって、明確に線を引くことは困難であるとの回答がなされた。旅館の宿帳の事案については、最初から宿泊代を免れるために偽名を

書くような場合と、当初は宿泊代を免れる意図はなく偽名を書いたが、その後宿泊代を免れる意図が生じた場合とでは異なるのかが問題となり（例えば、村上博信「判解」『最高裁判所判例解説刑事篇平成11年度』（2002）250頁注4）では、「本名を隠す意図のみから宿帳に仮名を記載したような場合には、一般的に偽造罪は成立しない」とされている）、前者が文書偽造になるのであれば、後者も文書偽造になることになるが、かといって欺罔の意図で限定することも困難であるといった議論がなされた。旅館の宿帳については、①宿泊代等の履行を確実にする観点と、②警察による取締り・捜査の必要性という観点とが混在しており、②の観点を強調するのであれば、文書偽造の成立を否定できないのではないかという疑問も寄せられた。論者は、旅館の宿帳については、かつては社会的に黙認ないし許容されていた偽名利用が現在では許されなくなったのではないかとの見解を主張したが、これに対しては、「けしからんから処罰する」ことを正面から認めるものであって妥当ではないとの指摘がなされた。

また、再入国許可申請書の事案については、なぜ在留資格といったことを考慮するのかが問題とされた。特に、「文脈」という点を強調するのであれば、被告人が日本に不法に密入国して生活した当初の頃はまだしも、25年以上日本で生活したのであれば、その点が文脈として考慮されないのか（なぜ「国」との関係という文脈のみが考慮されるのか）という問題が提起された。これに対しては、町の行政機関などとは異なり、国の行政機関では、被告人に関して認識されている属性が少ないし、出入国管理という文脈で捉えられるべきであるから、在留資格を特に考慮するとの回答がなされたが、論者の前提からすると、なお在留資格を考慮する根拠が不明確であり、一定の属性を考慮すべきか否かを根拠付ける議論が必要となるのではないかとの指摘がなされた。

③

次に、文書の作成者の確定の議論に移る。まず、論者は「社会の承諾」という議論に依拠しているが、その実体は、いわゆる「被害者の承諾（同意）

論」とは異なり、単に社会的に見て公共の信頼が害される危険性がないということに過ぎないのではないかとの指摘や、被害者の承諾（同意）として違法阻却の問題とするのではなく、正面から文書偽造罪の構成要件の問題とすべきとの指摘がなされた。

　また、権限濫用と権限逸脱とについてどのように考えるのかとの質問がなされた。これに対しては、いずれの場合でも形式的には人格の同一性に齟齬がある以上有形偽造となり、あとは違法阻却の問題であるとの回答がなされたが、論者自身、濫用の場合を常に有形偽造とすることに躊躇いがあるように見られた。

　具体的事例との関係で、仮に、入試答案の偽造は、大学内部の人間には実害が生じ得るが、外部の人間にとってはおよそ無関係であるとした場合、これをどのように考えるかとの質問がなされた。これに対しては、論者は、大学との関係で使われる文書である以上、大学内部で実害が生じる危険性がなければ処罰されないと回答したが、これに対しては、社会が大学の入試の公正さを要求しているような場合にはやはり処罰すべきでないかとの批判が寄せられた（これは、本論文のⅢ2で論じられている文書の流通領域と重なる問題である）。また、文書の具体的な利益関係者との関係で実害が生じる危険性を考慮する場合、例えば履歴書ならば履歴書一般としてみるのか、それとも「当該」履歴書なのかとの質問がなされたが、これに対しては「当該」具体的文書であるとの回答がなされた。

　また、高山説からすると、具体的に予定されている行使態様との関係で当該文書の持つ危険性が判断されることになる。細工をした運転免許証を無人貸付機のイメージスキャナーを通してディスプレイに表示させた事案（大阪地判平成8・7・8判タ960号293頁）などは高山説からは説明がしやすい事案とも言えるが、この事案では、本件運転免許証が、「運転免許証について通常想定される（中略）様々な行使の態様を考えてみると、一応形式は整っている上、表面がメンディングテープで一様に覆われており、真上から見る限りでは、表面の切り貼り等も必ずしもすぐ気づくとはいえない」とされたものであって、それ自体としても人を誤信させるような外観を有していたことに注意すべきであるとの指摘がなされた。

なお、入試答案が「事実証明」の文書ではないという論者の見解に対しては、入試答案とは、（採点されれば）学力が証明されるような文書であって、「事実証明」の文書と言って妨げないのではないかとの指摘がなされた。この点に関し、一般には、夏休みの読書感想文や研究者の論文などが「事実証明」の文書でないという点では一致しており、それとの違いがどこにあるのかが議論された。これに関連して、例えば、当初は博士号などを取得する目的がなく作成された論文を、その後博士号を取得するために提出するような場合には、当初は偽造文書ではなかったものが突然偽造文書に転換するということになるのかが問題とされた。このような事態が生じるとすると、作成段階では流通範囲を限定して作成したとしても、行使段階では流通範囲がより広がることになり、偽造文書行使としては処罰可能ということになり得る。
　更に、高山説が依拠している内田説は、そもそも構成要件概念は価値中立的なものとして限定しつつ、違法阻却事由では実質的考慮を広範に認めるものであるが、問題を違法阻却に移すことで、却って実質的考慮を行うことに歯止めが効かなくなるのではないかとの指摘もなされた。これに対しては、「公共」の信頼とは言っても、社会全般ではなく狭い範囲で考えているという意味では法的な効果を考えていることになるが、それを人格の同一性の齟齬という議論から切り離してしまった以上、いわば白紙状態から考えることになってしまった点を論者自身も認めている。これは、文書の名義人の確定において高山説が抱える問題点と同根のものであると言えよう。

第7講

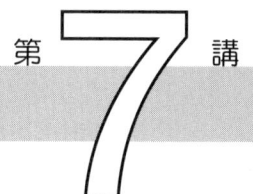

放火罪

深町晋也

I はじめに

　放火罪は、火によって建造物などを損壊するという側面からすれば、建造物損壊罪などと共通した側面を有するにもかかわらず、建造物損壊罪などと比して、現行法上、極めて重い刑を科せられている。その理由として従来から挙げられているのは、放火罪は火による公共危険犯であるという点である。即ち、建造物その他への放火は、その客体の焼損にとどまらず、他の多くの建造物その他へと延焼することにより、不特定または多数人の生命、身体、財産に甚大な被害を及ぼし得るとされ、このような危険は、現行刑法制定時のみならず現在においても木造建築が多いわが国においては、特に顕著であるとされている[1]。

　しかし、放火罪が火による公共危険犯であるということに関しては、一般論としてはほぼ一致して認められてはいるものの[2]、その内実は極めて曖昧なままである。まず第1に、そもそも、放火罪において想定されている「公共の危険」とは何かという点について、従来必ずしも十分に議論されていたとは言えない。これは、放火罪において最も重要な類型である108条及び109条1項においては、明文上公共の危険が要求されていない（いわゆる抽象的危険犯）こととの関係で、判例・裁判例において公共の危険それ自体が直接に問題となることが少ないことに由来するものであろう。しかし、近時有力に主張されているように、抽象的危険犯においてもおよそ危険の発生があり得ない場合には処罰を断念すべきと考える立場[3]からはもちろん、判例及び（従来の）通説のように、抽象的危険犯においては危険が擬制されると考える立場からしても、「焼損」[4]概念を巡る議論に現れているように、公共の危

1　西田典之『刑法各論 [第4版]』(2007) 270頁。なお、星周一郎『放火罪の理論』(2004) 15頁以下を参照。
2　例外として、例えば小暮得雄＝阿部純二＝板倉宏＝大谷實編『刑法講義各論』(1988) 288頁（岡本勝）。
3　このような立場の先駆的主張者として、岡本勝「『抽象的危殆犯』の問題性」東北大学法学38巻2号 (1974) 1頁以下、山口厚『危険犯の研究』(1982) が挙げられる。

I はじめに

険の意義を考慮しなければならない[5]と思われる。とすれば、放火罪において公共の危険をどのように考えるべきかについてまずは確定しなければならない。

しかし、公共の危険について確定しただけでは、放火罪を巡る問題を十分に理解することはできない。即ち、第2に、放火罪においては、複数の観点から更に犯罪類型が細分化されているが、これらの観点が公共の危険といかなる関係を有するのかが十分に明らかにされていない。例えば、108条と109条とは、現在・現住性の有無で区別されるが、そのことと公共の危険とはいかなる関係にあるのか。また、109条と110条とは建造物か否かで区別されるが、そのことと公共の危険とはいかなる関係にあるのか。更に、108条・109条1項では公共の危険が条文上明示的には要件とされていないのに対して、109条2項・110条では（具体的危険犯として）要件とされているが、それはいかなる理由によるものなのか。これらの問いに答えるためには、放火罪の構造自体を確定する必要がある。

そこで、本稿では、放火罪における公共の危険、及び放火罪を規定するその他の要素について確定した後に、放火罪を巡る諸問題として、特に現住建造物に関する問題（現住性、建造物の一体性）について分析を加えつつ、焼損、公共の危険の認識についても、放火罪の構造を分析する観点から必要な限りで検討を加えることにする。

---

4 周知の通り、平成7年の刑法典の現代語化に伴って、「焼燬」から「焼損」に用語が変化したが、本稿においては、両者は同一の概念であるという前提を採る。したがって、判決などを引用する場合を除いては、「焼損」という用語で統一する。

5 既に大判明治35・12・11刑録8輯11号97頁は、放火罪が公共の身体財産に重大な危害を加えるものであることを理由に、かかる危険が生じれば既遂に達したとする観点から独立燃焼説を採用している。

II 公共の危険

1 公共の危険と延焼の危険

(1) 判例の動向

　従来、放火罪においては、「延焼の危険」こそが公共の危険の核心であるという理解が有力であったと言えよう。既に、大判明治44・4・24刑録17輯655頁は、被告人が人家付近に堆積してあった多量の藁に放火したという事案につき、「その放火行為により一般不特定の多数人をして（中略）第108条及第109条の物件に延焼する結果を発生すべき虞ありと思料せしむるに相当する状態」が110条にいう公共の危険であるとしている。また、下級審裁判例においても、例えば仙台高秋田支判昭和32・12・10高刑裁特4巻24号654頁は、自動三輪車のガソリンタンクに点火してタンクの口に高さ約5寸、幅約3寸の炎を吹き上がらせてガソリンの一部を焼損したという事案につき、前掲大判明治44・4・24と同様の理解を採用している[6]。

　しかし他方、公共の危険については、（広く公共危険犯一般に妥当するものとして、）「不特定多数人の生命、身体、財産を侵害する危険」との定義が採用されており、放火罪における公共の危険についても同じ定義を採用する判例・裁判例も見られる。例えば、大判大正5・9・18刑録22輯1359頁は、116条2項に関して、「一般不定の多数人に対し生命身体及び財産に危害を及ぼす虞」をもって公共の危険としている。また、下級審裁判例においても、例えば松江地判昭和48・3・27刑月5巻3号341頁は、「稲はで」及びこれに架けてあった稲束に放火したという事案につき、「刑法第110条1項にいう公共の危険を生ぜしめたとは、放火行為によって一般不特定多数人をして、その生命、身体又は財産の安全の害する虞があると感ぜしめるに相当な状態に達したこと」としている[7]。

---

[6] その他にも、公共の危険をもっぱら延焼の危険と解する下級審裁判例として、例えば福岡地判昭和41・12・26下刑集8巻12号1621頁を参照。

[7] その他にも、110条1項の公共の危険については名古屋地判昭和35・7・19下刑集2巻7＝8号

II 公共の危険 271

そこで、このような判例・裁判例に見られる2つの類型はいかなる関係にあるのか、より明確に言えば、公共の危険と延焼の危険とはいかなる関係にあるのかが問題となる。

まず、公共の危険と延焼の危険とを一致させる立場からは、次のように説明することになろう。即ち、放火罪における公共の危険とは、108条・109条物件への延焼を通じて不特定多数人の生命、身体、財産を侵害する危険であるとし、延焼の危険を媒介としない公共の危険は存在しない、と（限定説）[8]。裁判例においても、名古屋地判昭和35・7・19下刑集2巻7＝8号1072頁は、「放火罪にいう公共の危険は、そのものより延焼しその結果一般不特定多数人の生命身体又は財産の安全が侵害される虞があるという場合」としており、このような理解に親和的に見える。しかし、前掲大判明治44・4・24が自覚的に限定説を採用したものであるかといえば、そうとは言い切れない。というのは、前掲大判明治44・4・24の事案では、被告人は人家に近いところで藁束に放火したのであって、108条・109条物件以外の物件への延焼が問題とされたわけではなく、したがって、限定説を採用しなければ解決し得ない事案ではなかったからである。これは、前掲仙台高裁秋田支判昭和32・12・10でも同じであり、自動三輪車に放火して料理店に延焼する危険が生じた旨認定されている。したがって、これらの判例・裁判例をもって、限定説を採用したと理解することは困難である。

むしろ、近時の判例は、108条・109条物件への延焼の危険を媒介としない公共の危険について自覚的に肯定している。最決平成15・4・14刑集57巻4号445頁は、被告人が妻と共謀の上、長女が通学する小学校の担任教諭が所有する被害車両にガソリンをかけて火をつけた[9]という事案で、「刑法110条1項にいう『公共の危険』は、必ずしも同法108条及び109条1項に規定する建造物等に対する延焼の危険のみに限られるものではなく、不特定又は多数

1072頁、浦和地判平成2・11・22判タ752号244頁を、116条2項の公共の危険については大阪高判昭和26・1・26特報23号8頁をそれぞれ参照。
8 西田・前掲注1）280頁、松宮孝明「放火罪における公共の危険の認識」『刑法の争点［第3版］』（2000）214頁。
9 本件被害車両は、道路を挟んで小学校等の建物に隣接する駐車場に駐車されており、そこから西側に3.8m離れたところに第1車両が、更に0.9m離れたところに第2車両が駐車されていた。また、本件被害車両から東側に3.4m離れたところに可燃性のゴミ300kgが置かれていた。

人の生命、身体又は前記建造物等以外の財産に対する危険も含まれる」とした上で、「市街地の駐車場において、被害車両からの出火により、第1、第2車両に延焼の危険が及んだ等の本件事実関係の下では、同法110条1項にいう『公共の危険』の発生を肯定することができる」と判示している。

以上の検討から明らかなように、判例・裁判例においては、必ずしも延焼の危険を媒介としない公共の危険をも認める見解（非限定説）に立っていると見ることができる[10]。その観点からすると、延焼の危険とは、「不特定多数人の生命、身体、財産に対する危険」が生じる典型的な場合を指す概念に過ぎないことになろう。

(2) 検 討

それでは、限定説と非限定説のいずれが妥当なのであろうか。従来、公共の危険として典型的に想定されていたのが延焼の危険であることは間違いない。即ち、建造物その他の物件に対する放火が、当該客体の焼損に留まらず、周囲の建造物などに延焼することで、不特定多数人の生命、身体、財産などに危険を及ぼすというのが放火罪の原初的イメージであることは疑いないであろう。

しかし、このような延焼の危険に着目するのであれば、延焼客体が108条又は109条物件に限定される理由はないはずである。というのは、110条物件に対する延焼の危険を媒介としても、不特定多数人の生命・身体やとりわけ財産に対する危険を肯定することができるからである[11]。とすれば、限定説は、延焼の危険という概念から本来導かれるべき限定を超えた限定を行って

---

10 但し、前掲最決平成15・4・14は、「市街地の駐車場において」という微妙な留保をしているところから、非限定説を採りつつも、必ずしも（特に不特定人の財産に対する危険しか存在しない場合には）無条件にその帰結を肯定するものではなく、「事例判断として限局した射程を設け」たものであるとする理解もある（古川伸彦「判批」ジュリスト1275号183頁。なお、西田・前掲283頁も参照）。このような理解に立つことは不可能ではないものの、非限定説の射程を適切に限定し得るのかについてはなお疑問がある。

11 本庄武「放火罪における『公共の危険』の内実」一橋論叢133巻1号（2005）39頁。なお、限定説は、111条の延焼罪が、109条2項・110条2項の結果的加重犯として108条・109条1項物件への延焼を処罰していることを自説の根拠として援用している（西田・前掲注1）279頁）。しかし、111条の加重結果が108条・109条1項物件の延焼であるからといって、公共の危険で問題となる延焼の危険性についても108条・109条1項物件に限定される必然性はない（島田聡一郎「放火罪の故意と公共危険の認識」現代刑事法51号（2003）42頁）。

いることになろう[12]。

　但し、限定説は、非限定説に比べてむしろ処罰範囲を拡張する契機を有していることに注意しなければならない。特に、109条2項、110条、116条2項といった具体的危険犯においては、非限定説を採用すると、不特定多数人の生命、身体、財産に対する（具体的）危険の発生を認定しなければならないのに比して、限定説を採用すれば、108条物件又は109条物件に対する延焼の（具体的）危険の発生を認定すれば足りる[13]ので、その限りではいわば「中間項」として機能するのである。このような「中間項」としての機能は、裁判における事実認定を容易化ならしめるという観点からは評価に値しよう。

　しかし、限定説を採用すると、処罰範囲が不当に限定される場合があるように思われる。例えば、放火の客体たる車両の近くに、人が何人か乗っているバスが駐車しているような事例を考えると、当該車両に放火すれば、バスに延焼して、その結果バスの中にいる人間の生命・身体に侵害が及ぶ危険がある場合に、108条・109条物件に対する延焼の危険はないとして、110条の成立を否定することが妥当であるとは言いがたい[14]。特に、109条物件のように、およそ人が現在せず、かつ現住性も欠くといった「人の生命・身体との関連性が低い」物件に対する延焼の危険でも110条の成立を認めるとしつつ、人が乗っているバスといった「人の生命・身体との関連性が強い」物件に対する延焼の危険を110条の処罰対象から外すというのは、いかにも不均衡であろう。

2　非限定説の問題点（1）─保護法益─

　以上の検討から、非限定説を採るべきであるが、それで問題が終わるわけではなく、むしろここから問題が始まると言ってよい。前述のように、非限

12　延焼の原初的イメージそれ自体の検討については、Ⅱ4を参照。
13　西田・前掲注1）282頁。
14　バスに放火したことで、中に乗っていた乗客の生命・身体に危険を生じさせたことが問題になった新宿バス放火事件（東京地判昭和59・4・24判時1119号40頁）では、110条1項の成立が認められている。これに対して、西田・前掲注1）283頁注6）は、「生命、身体に対する罪を別途認めることで対応すべき」とするが、このように考えても本文で述べるような不均衡は解消し得ない。本庄・前掲注11）39頁も参照。

定説によれば、公共の危険とは「不特定多数人の生命、身体、財産に対する危険」と定義されるが、この定義自体に既に問題がある。それは大まかに言えば、①不特定多数人という概念の不明確さと、②生命、身体、財産が保護法益とされる根拠の不明確さに区別することができる。そこで、本項では、後者の保護法益について検討を加えることにする。

　学説上、公共の危険に関して、生命、身体、財産を保護法益とするのは、「事実上の定説」ともされているが[15]、なぜそれらが保護法益とされるのかについて、必ずしも十分に議論がなされているわけではない。そして、特に財産については、無条件に保護法益に含まれるのかについては議論の余地がある。こうした観点から、例えば、財産が問題となる局面では、「多数」人の財産又は不特定少数人の「重要財産」への危険に限定する見解も主張されている[16]が、確かに、ゴミ箱に放火して、その傍らにある不特定少数人の小物に延焼する危険が生じたからと言って、直ちに110条を成立させるのが妥当であるとは言いがたい。その意味では、財産について何らの限定もなく保護法益に含めることは妥当ではないであろう。

　しかし、一定の限定を付したとしても、なお問題は残る。既に論じられているように[17]、巨大な駐車場に自動車が2台しかない状況で、XがAの車を燃やそうとして、Aの車にガソリンをかけて火をつけた際に、1）たまたま隣にあるBの車も一緒に燃やそうと考えた事例と、2）Bの車に燃え移ることはないだろうと思っていた事例とを考えると、1）の事例では、2台の車を焼損する故意で放火したのであり、それ以外の財産に対する延焼の危険がないとすれば、単なる器物損壊罪（261条）に過ぎない[18]。他方、2）の事例では、Aの車に放火して、Bの車という重要財産に対する延焼の危険を生じさせた以上、110条1項が成立することになる。これは、客観的に生じた事態は全く同じであるのに、Bの車に対する延焼の認識がある事例の方が、ない事例よりも軽い犯罪が成立することになり、明らかに不均衡である[19][20]。

15　山口厚『問題探究刑法各論』（1999）226頁以下。
16　大塚仁『刑法概説（各論）［第3版］』（1996）358頁。
17　深町晋也「判批」『判例セレクト2003』（2004）35頁。
18　ここで110条1項の成立を認めるのは、2台の車を普通に破壊する事例との均衡上不当である。

このような不均衡さを回避する観点から、器物損壊罪とは異なり、放火罪においては、純粋に財産のみが保護法益とされているのではなく、放火により侵害される地域（社会）の平穏も保護法益とされているとする見解が唱えられている[21]。しかし、①論者自身が認めるように、この見解には判断基準としての不明確さに拭いがたいものがあるのみならず、②刑法106条の騒乱罪についても、保護法益を公共の静謐または平穏と解する判例に対しては強い批判が向けられていること[22]、③周囲に延焼する対象が存在しない場所で、特定少数人の1個の財産（例えば車両）に対して放火をした場合にも、地域の平穏が害される限りでは放火罪の成立を認めることになりかねず[23]明らかに不当であること、④無差別に車両をハンマーで破壊するような行為者を想定すると[24]、地域の平穏は明らかに害されるが、だからといって器物損壊罪でしか処罰できないのであり、地域の平穏に言及するのみでは放火罪独自の刑罰加重要素を捕捉することはできないことからすると、この見解に従うことはできない。

また、前述の不均衡さを回避するためには、不特定少数人の財産については保護対象から外し、もっぱら多数人の財産に対する危険が生じる場合のみを処罰すべきとする立場もあり得る。しかし、1個の行為で多数の財産を破

---

19 このような不均衡さが問題であるという認識は、次第に共有されつつあるように思われる。例えば、西田・前掲注1）283頁、本庄・前掲注11）48頁以下、芦澤政治「判解」『最高裁判所判例解説刑事篇平成15年度』（2006）262頁など。

20 なお、2）の事例で仮に110条1項が成立するとしても、実際の量刑としては器物損壊罪の上限を超えることは考えられない以上、実質的な均衡さは保たれているとする批判があり得る。しかし、成立する犯罪類型自体が有するスティグマを考慮すると、単なる量刑のバランス論には還元し得ないと思われる（殺人罪で懲役10年とされるのと、傷害致死罪で懲役10年とされるのとでは、量刑としては同じであるとしても、スティグマの点で大きく異なることは否定できないであろう）。

21 芦澤・前掲注19）262頁。

22 西田・前掲注1）264頁。

23 芦澤・前掲注19）275頁は、直接の放火対象が「不特定」であると言える限りで（例えば、無差別放火犯の場合）、建造物等以外の財産1個に放火し、他の延焼の危険が全くない場合でも110条が成立するとする。しかし、「不特定」「多数」が問題となるのは、直接の放火対象についてではなく、そこから延焼する範囲についてである。芦澤の見解を徹底すれば、特定少数人の財産1個に放火し、他に延焼する危険が全くない場合でも、不特定多数人がそれを見て不安に感じるのであれば、110条の成立を否定する理由はないと思われる。

24 注23を参照。

壊する場合、例えばボタンを押せば、多数の車両が一度に海中に投棄されるような場合には、器物損壊罪の観念的競合が成立するに過ぎないのであり、火という手段を用いる場合のみ放火罪規定を設けて別異に扱う理由はなお乏しいと言わざるを得ない。

このように考えると、財産を保護法益に含めつつ、器物損壊罪との差異を説明することは困難ないし不可能である。とすれば、直截に、財産は放火罪の保護法益から除外し、不特定多数人の生命・身体のみを保護法益とするのが妥当である。

このような見解は、実は、限定説においても（明示的にではないにせよ）採られてきたものであるように思われる。前述のように、限定説においては、108条及び109条物件への延焼の危険のみが問題とされており、110条物件への延焼の危険が問題とされてこなかったのであるが、その理由は、108条物件及び109条物件に対する延焼の危険であるからこそ、類型的に、不特定多数人の生命・身体に対する危険をもたらすとの理解があったように思われる。そして、そのような理解は、放火罪を器物損壊罪などから区別するという観点からして、正当であると思われる。

こうした私見に対しては、「公共の危険」から「財産」を除くのは放火罪の本質からして、実体にそぐわないとの批判がある[25]。しかし、論者が、「『焼損』の語義からしてもその対象として建造物・財物などの財産が予定されていることは当然」と述べるのは、およそ私見に対する批判とはならない。というのは、焼損という言葉からは、放火の「客体」に物が含まれることしか読みとることができず、当該客体から更に不特定多数人の「財産」に危険が生じることまでをも当然に予定しているとは言えないからである。

また、私見に対しては、110条2項で1年以下の懲役又は10万円以下の罰金という極めて低い法定刑しか規定されていないことと調和しないとする批判がある[26]。しかし、110条2項がこのように低い法定刑しか定めていない理由は、必ずしも財産をも保護することによるものではない[27]。また、それを

25　立石二六「判批」現代刑事法6巻8号（2004）102頁。
26　大塚裕史「判批」『平成15年度重要判例解説』（2004）176頁。
27　但し、この点は、109条2項では6月以上7年以下の懲役というそれ相応の法定刑が規定され

ひとまず措いても、少なくとも109条2項の公共の危険に関して言えば、自己所有の非現住建造物に対する放火であっても、6月以上7年以下の懲役という法定刑が規定されていることからすれば、財産を保護法益から除外することが妥当であろう。

更に、私見が問題とする不均衡さに対しては、「単純な器物損壊行為の場合には、当該行為には、当該特定の車を損壊する危険しか存在しないが、放火の場合は、自動車を燃やすことにより制御困難な程度の火力が発生し、当該特定の車以外の客体まで焼損する危険がある」という違いがある以上、2台とも焼損するつもりで放火した場合に110条1項の成立を認めても良いとする批判がある[28]。しかし、前述のように、器物損壊行為であっても、1個の行為で多数の財産を破壊するような場合は容易に想定し得るのであり、「多くの財産を巻き込む危険を有する」というだけでは、器物損壊行為と放火行為とを区別することはできない。したがって、この批判もなお説得的ではない。

3 非限定説の問題点(2)—「不特定」概念—

以上のように、放火罪における公共の危険とは不特定多数人の生命・身体に対する危険であると考えるとしても、なお問題は残る。それは、「不特定」「多数」人とは一体何を意味するのか、である。

従来、この点を巡っては、①不特定の人間、②（特定・不特定を問わず）多数の人間、③不特定かつ多数の人間、④不特定又は多数の人間、の4説が主張されてきた[29]が、前掲最決平成15・4・14は④説を採用することを明示し、通説も④説を採用している。しかし、なぜ④説が採用されるべきなのであろうか。

まず、（特定・不特定を問わず）多数人の生命・身体に危険が生じる場合を放火罪で保護すべきであるという点はさほど問題なく認められる。放火罪の

ていることとの比較において初めて説明が可能となるので、Ⅲ2(2)で詳細に検討することにする。
28 伊藤渉ほか『アクチュアル刑法各論』(2007) 324頁（齋藤彰子）。
29 大塚仁ほか編『大コンメンタール刑法［第2版］第7巻』(2000) 9頁（村瀬均）。

原初的イメージが、不特定かつ多数人に対して火の危険が（延焼を通じて）伝播していくというものであるのは確かであるが、特定多数人に対する火の危険であっても、コントロールしがたいために容易に危険が現実化するという火の特質に照らせば、なお保護すべきである。

これに対して、不特定少数人の生命・身体に危険が生じる場合を（特定少数人の場合とは異なり）放火罪で保護すべき根拠はなお不明確である。但し、この不明確さは、従来あまり明確に意識されていなかったものの、2つの局面で生じる。第1に、そもそも特定少数人に対する危険の場合に放火罪の対象から除外されるのはなぜなのか（少数人の場合でも常に保護する必要があるのではないか）、第2に、特定少数人に対する危険の場合には放火罪の対象から除外されることを前提とした場合に、なぜ「不特定」少数人の場合のみ放火罪で保護されるべきなのか（少数人の場合には保護の必要性がおよそ存在しないのではないか）。

第1の問題は、108条との関係では議論がなされている。例えば、108条においては、焼損によって「居住者または現在者の生命に対する抽象的危険（ある程度の具体的危険）を生じさせる必要がある」としつつ、「それは、特定少数人に対する危険で足り」るとする見解が主張されている[30]。そして、放火罪を人の生命・身体に対する罪として純化するのであれば、このような理解を108条のみならず、109条以下にも及ぼすことも考えられるであろう[31]。しかし、このような議論は、少なくとも109条2項、110条に関しては、文言上の制約に抵触する。というのは、特定少数人に対する危険であっても「公共の危険」であるとするのは明らかに「公共の」という文言からして無理があるからである[32]。また、108条については、確かに文言上の制約は存在しな

30　岡本・前掲注2）288頁。
31　但し、論者自身は、109条に関しては、人の生命に対する危険の惹起ではなく、「建造物等の多数人の財産に対する大規模な危険」の惹起をもって処罰根拠とする（岡本勝『犯罪論と刑法思想』（2000）96頁）。
32　逆に言えば、「公共の」という文言を採用しない場合には、特定少数人に対する危険であっても放火罪で保護することは十分にあり得る。この点に関し、ドイツにおいては、特定少数人に対する危険であっても処罰対象に含めるべきとの観点から、1998年改正でドイツ刑法306条 a 第2項において、「306条1項1号ないし6号に規定する物件を燃焼させ、（中略）よって一人の他者に対して健康侵害の危険をもたらした」場合を重放火として処罰する規定を設けたことが参考となろう（なお、星・前掲注1）123頁以下も参照）。

いものの、特定少数人の生命に対する「危険」があるに過ぎない場合を、生命侵害が実際に生じる殺人罪と（上限のみならず下限においても）同一の法定刑で処罰することを正当化することはできないと思われる。以上の検討からすれば、特定少数人に対する危険については、放火罪の対象から外すことが妥当である。

次に、第2の問題の検討に移る。特定少数人に対する危険の場合には放火罪の対象から除外されるにもかかわらず、不特定少数人に対する危険の場合には放火罪で保護されるとするためには、不特定少数人の場合には「公共の」危険に当たるとしなければならない。とすれば、なぜ少数人にもかかわらず、「不特定」の場合には「公共の」危険に当たるのか、が問題となる[33]。この点は、従来必ずしも意識的に議論されてきたわけではないが[34]、基本的には次のように考えられる。即ち、放火行為時に、放火対象物から延焼する危険のある場所に少数人がいる場合には、火による危険との関係では既に特定された対象になっていると言えなくもない。しかし、当該少数人は、偶然その場に居合わせたに過ぎず、他の人間とその立場は互換可能である[35]。そして、このような互換可能性を通じて、当該少数人のみならず、その場に居合わせる可能性のあった他の人間にも（当該少数人に対するよりは弱いレベルではあるが）危険が及んでいると理解することができる[36]。そして、その限

---

[33] 本庄・前掲注11）42頁以下は、このような問題意識を前提としつつ、結論としては、特定であろうが不特定であろうが、少数人の場合には放火罪による保護を認めるべきではないとする。しかし、本文で論じたように、両者の間には、放火罪特有の危険という観点からはなお差異がある。

[34] 「不特定」の意義を詳細に検討したものとして、芦澤・前掲注19）266頁以下を参照（特に、同・268頁以下では、私見と同様の議論枠組みを採用している）

[35] この点については、東京大学准教授の樋口亮介氏の指摘に示唆を受けた。なお、このような議論枠組みの萌芽を既に看取し得るものとして、中義勝「放火罪の問題点」日本刑法学会編『刑法講座第5巻』（1964）119頁以下参照。

[36] 但し、次の2点に注意が必要である。①その場に居合わせる可能性があった人間が特定少数でしかない場合、例えば、その場に実際に居合わせたのはAであるが、Bも居合わせる可能性はあった、しかし、B以外の人間が居合わせる可能性はなかった、という場合には、結局は特定少数人にしか危険は及んでいないので、公共の危険は発生していない。②原理的には、その場に居合わせた当該Aに対する危険というよりは、A以外にその場に居合わせた可能性がある他の（特定少数ではない）人間に対する危険が問題となっているので、必ずしもAがその場に居合わせる必要すらないことになる（これは、未遂犯における客体の不能の議論とパラレルであり、このような危険を「抽象的」なものと批判する本庄・前掲注11）43頁以下、47頁以下は妥

りで、多くの人を巻き込むという放火罪特有の危険性が生じ、したがって放火罪で保護する必要性が生じるのである。

　また、このような互換可能性、即ち、その場に居合わせる可能性をどのように判断するかが問題となるが、これについては、既に危険犯一般において主張されている見解が参考になる[37]。即ち、その場に実際には居合わせなかった他の人間が、その場に居合わせた可能性（仮定的事実の存在可能性）について、事後的な一般人基準で判断するのである。このような判断を通じて、当該少数人のみならず、他の人間がその場に居合わせる可能性があるとされれば、「不特定」と言えることになる[38]。

4　非限定説の問題点（3）—延焼の危険との関係—

　既に論じたように[39]、公共の危険を108条及び109条物件への延焼の危険と解する限定説を採用することはできないとしても、放火罪において、直ちに延焼の危険自体を不要とすることにはならない。より明確に言えば、公共の危険を「108条、109条及び110条物件への延焼の危険を媒介にして、不特定又は多数人の生命・身体に対して生じる危険」[40]と理解することで、なお「延焼の危険」という放火罪の原初的イメージを維持する[41]ことの当否が問題となる。

　確かに、このような放火罪の原初的イメージは、延焼により不特定多数の

当ではない）。例えば、自動車に放火して非現在建造物に延焼する危険が生じた事例を想定すると、その場に実際に居合わせた人は存在しないとしても、（特定少数ではない）人間が居合わせる可能性があれば、なお公共の危険の発生を認めることができる。

[37] 山口・前掲注3) 164頁以下、172頁以下。
[38] これに対して、自分が狙った対象（故意の対象）か否かで区別するという見解も想定し得る。そして、その見解からしても、本稿のように、公共の危険で想定されている放火罪の保護法益を人の生命・身体に限定するのであれば、Ⅱ 1 (2) で論じたような不均衡は生じない。しかし、なぜ故意の対象となっているか否かで「公共」の危険か否かが決まるのかにつきその根拠を示すことは困難ないし不可能であろう。
[39] Ⅱ 1 (2) 参照。
[40] 例えば、車両に放火したところ、牧草に燃え広がり、その結果として不特定又は多数人の生命・身体に危険を与えるような場合である。
[41] 山口厚『刑法各論［補訂版］』（2005）383頁は、限定説的な口吻を示す一方、前掲最決平成15年4月14日に対しては、市街地にある駐車場で発生し、「他人の財産等」に延焼の危険が生じた事案として限定的に理解すべきとしている所からすると、このような見解に立つものとも解しうる。なお、前田雅英『刑法各論講義［第4版］』（2007）381頁も参照。

人を巻き込む恐れがあるからこそ放火罪は重罰化されているという意味で、現行法の放火罪規定に馴染むイメージであるとは言えよう。しかし、火により不特定又は多数人が影響を受けるという点に着目すれば、必ずしも延焼の危険性のみに着目すべき必然性はない[42]。即ち、放火の客体から火の粉や火炎、あるいは有毒ガスが生じ、それによって不特定又は多数人の生命・身体に危険が生じる場合は十分に想定される[43]のであり、かかる危険を放火罪の保護対象からあえて除外する根拠こそが問題となる。

この点に関して、「火が起きているところに人が集まれば、それだけで公共危険があるとすることになりかねず、刑法110条において、とくに疑問が生じる」[44]と指摘するものもあるが、必ずしも説得的ではない。と言うのは、問題となるのは、単に人が集まったことではなくて、集まった不特定又は多数人の生命・身体に対して危険が生じたか否かであり、火勢や有毒ガスの発生状況などからして、かかる危険が肯定されれば、公共の危険を認めたとしてもおよそ「その内実が薄められる」ことにはならないからである。

以上の検討からは、公共の危険においては、客体への放火によって、最終的に不特定又は多数人の生命・身体に対する危険が発生すれば足りるのであって、「108条、109条及び110条物件」への延焼の危険を媒介する必要はないと言える。延焼の危険は、あくまでも最終的な不特定又は多数人の生命・身体に対する危険に結びつく限りで意味があるに過ぎず、延焼の危険それ自体に意味があるわけではない[45]。

---

[42] 新宿バス放火事件（前掲東京地判昭和59・4・24）は、正に延焼の危険性を媒介とせずに不特定又は多数人の生命・身体に危険が及んだ事案である。
[43] 井田良「放火罪をめぐる最近の論点」『刑法基本講座第6巻』(1993) 186頁、島田・前掲注11) 42頁参照。
[44] 山口・前掲注41) 383頁注20) 参照。
[45] 特に、110条物件への延焼の危険からは、直ちに不特定多数人の生命・身体に対する危険は導かれない以上、かかる延焼の危険は、不特定多数人の生命・身体に対する危険の「中間項」ですらない。

III　放火罪を規定するその他の要素

1　108条と109条1項との区別

　放火罪における公共の危険を、不特定又は多数人の生命・身体に対する危険に求めるとしても、それだけでは放火罪を建造物損壊罪や器物損壊罪などの他の犯罪と区別することができるに留まり、放火罪内部の各類型を区別することには必ずしも結びつかない。その点が特に現れるのが、108条と109条1項との区別である。108条の現在・現住建造物等放火罪と109条1項の非現住建造物等放火罪とでは、いずれも建造物に対する放火によって公共の危険が生じるという観点からは同じであるにもかかわらず、前者では死刑又は無期若しくは5年以上の懲役という極めて重い刑が規定されているのに比して後者では2年以上の懲役が規定されているに過ぎない。このような法定刑の差をもたらす刑罰加重根拠が何であるのかが問題となるのである。

　この点、現在建造物とは異なり、現住建造物については、「生活の本拠」を奪われるので非現住建造物に比して刑罰が加重されているとする見解もある[46]。しかし、①このように考えると、現在建造物と現住建造物とで、刑罰加重根拠が全く異なることになる[47]し、②そもそも、生活の本拠というだけでは、108条の法定刑の上限に死刑が規定されている理由は説明できないように思われる。人の死を要件としない犯罪類型であるにもかかわらず、法定刑の上限に死刑が規定されているという特殊性からすると、加重根拠として想定される要素は、人に対する危険に限定すべきである。

　このような理解から、108条においては、現在建造物、現住建造物問わず、「建造物等の内部にいる人に対する危険」こそが加重根拠であるとする見解

---

[46]　平野龍一「刑法各論の諸問題14」法学セミナー221号（1974）46頁（但し、同『刑法概説』(1977) 247頁では、このような理解を採用していない）。なお、林幹人『刑法各論』(1999) 328頁は、宿直室への放火（大判大正3・6・9刑録20輯1147頁）も108条に含まれるとの観点から、「生活の本拠」ではなく「特定の人の生活の拠点ないし基盤」が現住建造物放火罪の処罰根拠であるとするが、この見解に対しても本文で述べたのと同じ批判が妥当する。

[47]　山口・前掲注15) 228頁。

が有力となっている[48]。この見解によれば、108条は、①（抽象的）公共の危険（建造物の外部への延焼の危険性）及び②（抽象的）内部危険（建造物の内部にいる人への危険性）をそれぞれ惹起したことを要件とする（人に対する）複合的な危険犯ということになる。

　この見解は、108条の法定刑が極めて重い理由を建造物内部の「人」に対する危険に求めている点で、極めて説得力があると思われる。しかし、この見解においては、第1に、「人」に対する危険が問題となる点では同じであるにもかかわらず、なぜ「内部的危険」と「外部的危険」とが区別され、前者に108条の加重根拠となるような独自の意義を見出すことができるのかという点が、第2に、建造物内部にいる「人」に対する危険が一旦生じたにもかかわらず、建造物外部への延焼の危険性がないことを理由として108条の成立を一切認めないという帰結が果たして妥当かという点が、それぞれ問題となる。

　まず、第1の問題についてであるが、従来は漠然と、建造物内部の人に対する危険が刑罰加重根拠とされていたが、なぜ建造物の内部にいる人間に対する危険が特に問題となるのであろうか。即ち、なぜ、「火による燃焼作用によって危険にさらされる人」という形で、建造物の内部にいようが外部にいようがその差は捨象されると理解することができないのか、が問題となる。この点は、端的に言えば次のように考えることができよう。即ち、建造物の外部にいる場合と異なり、建造物の内部にいる場合には、一旦建造物に放火されたら容易には建造物の外に出ることができず、建造物内部で火にまかれたり、有毒ガスを吸ったりして死に至る危険性が類型的に高い[49]。そこで立法者は、単に火による燃焼作用によって危険にさらされる人という形で一般化した取り扱いをせず、建造物内部にいる人に対して特に強い保護を与えたのである。そして、このような危険の類型的な高さに鑑みれば、建造物内部にいる人間については、特定少数人であっても保護に値しよう。更に、

48　山口・前掲注15) 228頁、西田・前掲注1) 272頁以下。
49　逆に、放火された建造物の外部にいるのであれば、①他の建造物の中にいる場合には、自分のいる建造物に延焼するまでに避難することが、②外に出ている場合には、自分に火の作用が及ぶまでに避難することが、それぞれ容易であると言い得る。

立法者は、このような内部的危険の重大さに鑑みて、建造物内部に「存在する」人間に対する保護（「現在性」）のみならず、建造物内部に「存在する可能性が類型的に高い」人間に対しても保護を及ぼしている（「現住性」）。なお、あくまでも放火行為の時点で建造物の内部に「存在する」（あるいは建造物の内部に「存在する可能性が類型的に高い」）人間のみがこのような特別な保護に値するのであって、放火行為の時点で建造物の外部にいる人間が、放火行為の後に建造物の内部に「入る」ことについては、法はかかる保護を与えてはいないと解すべきであろう[50]。したがって、消火のために駆けつけた消防隊員などの生命・身体に対する危険[51]は、内部的危険として考慮することはできない。

次に、第2の問題についてであるが、例えば、広野にある1軒の木造長屋が内部で10戸に分かれており、それぞれについて現住性が認められるときに、その一部に放火した場合には、およそ他の建造物への延焼の危険性がないとして108条の成立を認めないとしつつ、同じ広野に一戸あたりの規模は木造長屋事例の各戸とほぼ等しい10軒の相互に独立した木造住宅が隣接して建てられていた場合には、その1軒に放火した場合には108条が成立するというのはいかにも不均衡であるようにも思われる[52]。そして、このような不均衡を排除するために、建造物外部の人に対する危険を一切不要とすると、建造物内部の特定少数人に対する危険をもって108条の成立を肯定すべき[53]ということになり得るようにも思われる。

しかし、建造物外部の人に対する危険を不要とすることが、直ちに建造物内部の特定少数人に対する危険のみで108条の成立を認めるべきことに繋がるわけではない。そもそも、放火罪における公共の危険とは、放火客体から、不特定又は多数人の生命・身体に対して危険が生じることで足り、放火客体から外部に（主として延焼によって）危険が広がっていくこと自体は不

---

[50] 山口・前掲注15) 229頁は、「火が出ていれば、人は寄り付かない」ので、こうした危険性はそもそも重大なものではないとするが、放火行為の時点では、未だ火が出ていないのであって、むしろ、108条の規範の保護範囲の問題として理解する方が適切であろう。
[51] 井田・前掲注43) 184頁。
[52] 鈴木左斗志「放火罪」法学教室300号（2005）115頁。
[53] 岡本・前掲注2) 288頁を参照。

要である。とすれば、108条の刑罰加重根拠としての「建造物内部の人に対する危険」とは別に、公共の危険として、建造物の外部にいるか内部にいるかを問わず、(建造物への放火によって生じる) 不特定又は多数人の生命・身体への危険が要求されていると考えれば足りる[54]。

以上の検討から、108条は①公共の危険及び②建造物内部の人に対する危険の複合的な危険犯であるとする見解は妥当であるが、①の公共の危険については、必ずしも延焼の危険のような外部的危険に限定されないということになる。そして、このような理解からは、広野の木造長屋事例のような場合にも、建造物内部にいる不特定又は多数人に対する生命・身体への危険を認めることができる限りにおいて、108条の成立を認めることができる[55]。

なお、建造物内部に不特定の個人Aがいるような場合に、108条の刑罰加重根拠としての内部的危険と、公共の危険としての不特定個人の生命・身体の危険とをダブルカウントすることが可能かが問題となる[56]。この場合には、内部的危険の対象は建造物内部にいる当該Aであるが、公共の危険の対象は、Aと互換可能な他の人間である。したがって、Aが不特定の個人である限りにおいて、ダブルカウントは許容されることになる。このような理解からすると、いわゆる広野の一軒家事例では、一軒家の内部にいる (あるいはその可能性が類型的に高い) Aに対する内部的危険、及びAと互換可能な他の人間に対する危険 (公共の危険) が認められる限りにおいて[57]、なお108条が成立するということになる。

---

[54] 長井圓「放火罪の構成要件と危険概念」現代刑事法51号 (2003) 29頁以下。
[55] 広野の木造長屋事例については、多数人の生命・身体に対する危険を認めることが可能である。
[56] ダブルカウントは許容されないとする立場を当初は採っていたが、研究会での議論を受けて本文のように改めた。
[57] 広野の一軒家に1人で住んでいるAの家に放火したという典型的な事例では、A以外にその建物の内部あるいは外部に (特定少数ではない) 人がいた可能性がある限りで、108条の成立が肯定されることになる。例えば、広野であっても消防隊員が駆けつける可能性があれば、108条の成立が認められることになる。

2　109条と110条との区別

(1)　109条1項と110条1項との区別

　109条1項の非現住建造物等放火罪と110条1項の建造物等以外放火罪とでは、前者が2年以上の懲役が科されるのに比して、後者は1年以上10年以下の懲役が科されるに過ぎない。ところが、このような法定刑の差異はなぜ生じるのかについては、108条と109条との差異を巡る議論に比べると、さほど議論されているとは言いがたい。しかし、建造物等かそれ以外かで、なぜここまでの法定刑の差があるのかは、必ずしも自明ではない。

　まず、建造物等と建造物等以外とでは、客体の価値に差があるがゆえに、法定刑にも差があるとすることが考えられる。しかし、建造物損壊罪の法定刑（5年以下の懲役）と器物損壊罪の法定刑（3年以下の懲役又は30万円以下の罰金若しくは科料）の差異に鑑みれば、少なくとも上限に関しては、109条と110条との差異を正当化しうるほどの差異があるとは言えない[58]。

　次に、建造物等と建造物等以外とでは、放火されたときに生じる「公共の危険」の程度に差があるとする理解があり得る[59]。確かに、建造物等以外とされる物件は広範にわたるので、建造物等と比較すれば公共の危険の程度が低い場合が多いとは言える。しかし、汽車、電車、バスなどのように、109条物件には該当しない物件であっても、放火された場合には、不特定又は多数の人間の生命・身体に危険を及ぼす程度が建造物等に比肩する物件は容易に想定し得る。とすると、ここでもまた、109条と110条とで、少なくとも法定刑の上限についての差異を正当化し得る程度に公共の危険に差異があるとは言えない。

　とすれば、建造物等と建造物等以外とでは、いったい何が異なるのか。この点を考える際に示唆的なのは、「建造物性」を巡る裁判例である。大判大正13・5・31刑集3巻459頁は、109条の建造物とは「家屋其の他之に類似する工作物にして土地に定着し人の起居出入に適する構造を有する物」として

---

[58] なお、平成16年改正で有期懲役の上限が20年とされたことにより、109条と110条とでは、法定刑の上限により大きな差が生じたことに留意すべきである。

[59] 星・前掲注1) 308頁は、110条において具体的危険が要求される根拠との関係ではあるが、「110条の場合には、物の性状や位置により、公共の危険を生じさせたとは評価できない場合がかなり存在する」とする。

いる[60]が、下級審裁判例においては、109条の趣旨からより限定的な基準を採用しているように見られるものがある。東京高判昭和28・6・18東高刑事報4巻1号5頁は、問題となった豚小屋につき、「間口二間、奥行一間、屋根はガラ板の上に杉皮を敷き、柱は三寸角材6本を正式に本組みをし、柱の下は土台として玉石をおき、周りは下部から2尺5寸の所まで、板をくみ合わせた柵をめぐらし、柵は出入口のところは取り外しのできるようになっており、屋根までの中程に中段としてコオラ板を渡し土台より中段までは約4尺、中段よりハリまでは約4尺の高さがあり、下段は豚を収容し、中段には藁などを置いていたものであって、相当堅固な、建造物類似の構造を有していた」ものであるとしつつ、109条の立法趣旨からして、109条の建造物とは「人の起居又は出入することが予定されている建物であることを前提としている」から、本件豚小屋は「元来人の出入することを予定して建てたものではなく、人が入ろうと思えば入れるが、実際入ったことはない」として109条の建造物性を否定している。また、仙台高判昭和43・5・23下刑集10巻5号542頁は、問題となった炭焼小屋につき、「土中に掘った炭焼かまどを覆うようにして間口約3.8メートル、奥行約10.1メートル、高さ約3メートルに雑木の丸太を釘で打ちつけるなどして組み合わせ、萱で屋根を葺き、かつ、かまど部分と入り口とを除くその余の周囲を笹等を組んで囲い、もって、かまどの焚火を風雨から守るとともに、その小屋内に人が出入りして、製炭用の道具類を保管し、製炭の作業をなし、仕事の手順によっては夜間同所で待機することもできるようにとの配慮のもとに作られたものである」から、本件炭焼小屋は「人の出入りすることが可能であるばかりでなくその本来の用途の一部としてそれを予定しているものである以上」、109条の建造物に当たるとした。

---

[60] 広島高岡山支判昭和30・11・15裁特2巻22号1173頁も、問題となった炭焼小屋はいわゆる掘立小屋であり、「土地に定着し、屋根もあり、裾も囲い、人が出入して、此処に物を保管し、作業をすることも可能な一種の工作物」であるから109条の建造物であるとした。これに対して、名古屋高判昭和39・4・27高刑集17巻3号262頁は、台風によってトタン板の屋蓋が全て飛散してなくなったという事案で、「とうてい雨露をしのぐことのできない状態となった」から、現実に修繕が行われるまでは109条の建造物に当たらないとしている（なお、この事案では被告人側から上告されたが、上告が棄却されている。最判昭和40・1・22判時399号20頁参照）。

「建造物性」を巡るこれらの裁判例が、109条の「建造物」というためには人の出入りが可能な構造であるということを超えて何らかの形で人の出入りを予定したものでなければならないとするのは、人の出入りがおよそ予定されていない建物においては、建物の内部に人が存在する可能性がおよそ存在せず、したがって、建物内部の人に対する危険性がおよそ存在しないということに他ならないと思われる。即ち、建造物等と建造物等以外との差異は、前者の場合には、（一旦建造物内部に入ると、建造物に放火された場合に外に出ることが困難なため、特に保護に値するとして）内部に人が存在する可能性が考慮されているのに対して、後者では、そのような可能性が考慮されていないという点にある[61]。

このような理解に対しては、建造物内部の人の生命・身体に対する危険性の有無に基づいて108条と109条1項とを区別したことと矛盾するのではないかとの批判[62]が寄せられるかもしれない。しかし、同じ「建造物内部の人の生命・身体に対する危険性」であっても、なお程度の差に言及することが可能である。108条の現在建造物では、「建造物内部に現実に存在する人に対する危険性」が、現住建造物では、「建造物内部に存在する可能性が類型的に高い人に対する危険性」がそれぞれ問題となっているのに対して、109条の非現住建造物では、「およそ建造物内部に存在する可能性がないとまでは言えない人に対する危険性」という（108条に比して）低いレベルの危険性が問題とされていると考えることは十分に可能であろう。そして、このような危険を考慮して初めて109条の法定刑の上限の重さを説明することができると思われる。

---

[61] なお、建造物損壊罪においても、器物損壊罪との法定刑の差（特に下限の差）に鑑み、人（の生命・身体）に対する危険性が考慮されていると解するべきである（山口・前掲注41）349頁）。これは、一方では、「建造物性」を判断するには、人に対する危険性を考慮せざるを得ないことを示すものであるが、他方では、人に対する危険性を考慮したとしても、109条と110条の法定刑の差を説明することは困難になるのではないかという問題をも提起する。これについては、建造物の損壊によって建造物内に存在する人に生じる危険性と比較すると、建造物への放火によって建造物内に存在する人に生じる危険性が圧倒的に大きいものであって、より強い保護に値すると説明することが可能であろう。
[62] 西田・前掲注1）279頁。また、星・前掲注1）152頁も参照（但し、同・前掲注1）302頁では必ずしも否定的ではない）。

また、109条の客体として、建造物の他に艦船・鉱坑が列挙されていることも、このような危険を想定しているがゆえと考えることができる。即ち、このような物件においては、放火された場合には中から外に出ることが特に困難なために、「およそ物件内部に存在する可能性がないとまでは言えない人に対する危険性」についても、保護をなお及ぼしていると理解することができる。

　以上の検討から、108条のみならず、109条においても、公共の危険及び建造物内部の人に対する危険という複合的な危険犯という構成を採用すべきである。

　更に、109条1項は、条文上「公共の危険」の発生が要求されていない抽象的危険犯であるのに対し、110条1項は条文上「公共の危険」の発生が要求されている具体的危険犯であるという差異がある[63]。このような差異は、①110条の建造物等以外の場合には、物の性状や位置により、公共の危険を生じさせたとは評価できない場合がかなり存在するし[64]、②109条の建造物については、人の出入が予定された物件であることから、一旦火がつけば（中にいる可能性のある人を助けるためなどの理由により）不特定又は多数人が集まってくる可能性が類型的に想定されやすいのに対し、110条1項物件についてはそのような事情が存在しないと考えれば、なお説明可能であろう。

(2) 109条2項と110条2項との区別

　109条2項と110条2項とでは、前者が6月以上7年以下の懲役が科されるのに比して、後者では1年以下の懲役又は10万円以下の罰金が科されるに過ぎない。このような極端な法定刑の差については、もはや正当化できない[65]のであろうか。

　110条2項の法定刑が極めて低い理由については、110条2項で問題となる公共の危険に関しては、他の放火罪類型とは異なり、不特定多数人の生命・身体のみならず財産に対する危険をも考慮しなければならない[66]とすること

63　武田誠『放火罪の研究』（2001）67頁は、（108条及び）109条1項も具体的危険犯だとするが、現行法の解釈としては採用しがたい。
64　星・前掲注1）308頁。
65　島田・前掲注11）46頁。
66　Ⅲ2の議論を参照。

も考え得る。しかし、財産に対する危険を考慮することで解決し得るのは、110条2項の法定刑の下限の低さについてのみである。110条2項の法定刑が、全体として109条2項と比較して極端に低い理由は、財産を保護法益に含めるだけでは説明できない。

このような観点からは、次のような事情を指摘することができよう。即ち、①建造物の場合には、自己所有であっても、なお「およそ建造物内部に存在する可能性がないとまでは言えない人に対する危険性」について（他人所有の場合に比して更に低いレベルではあれ）言及可能であること、②建造物は可動的ではないので、自己所有であっても、建造物に放火する行為は、それ自体として（周囲に燃え広がるなどの）危険性が類型的に高い行為と言えること[67]、③建造物等以外の物件は可動性があるものが多く、それゆえ、自己所有の110条物件に放火する場合には、他人所有の110条物件に放火する場合に比しても、（周囲に燃え広がるなどの）危険性が類型的に低い行為であること、などが考慮されたものであるとすれば、なお正当化が（辛うじてではあるが）可能であると思われる。

Ⅳ 放火罪の諸問題

1 現住性

(1) 判例の動向

108条の現住建造物について、古くから判例において問題とされたのは、放火時にたまたま居住者が不在であった事例である[68]。例えば、前掲大判明治44・12・25は、このような事例に対して、「刑法108条に所謂現に人の住居に使用する建造物とは現実に人の住居として使用せる建造物の謂にして放火の当時人の現在することを必要とせず」とし、大判大正2・12・24刑録19輯

---

[67] 自己所有の建造物を損壊するといった行為とは、その限りでは同一視できない。
[68] 旧刑法下においても、既に大判明治41・7・17法律新聞512号623頁は、「住家として人の平常使用せる建物は刑法402条に所謂人の住居せる家屋なり」として、たまたま居住者が外出していてもその性質は変化しないとしている。

1517頁も、学校の宿直室について、「現に人の起臥寝食の場所として日常使用せらるる建造物」とし、「昼夜間断なく人の現在することを必要とせず」としている[69]。

但し、放火時に居住者が不在であった理由によっては、判例・裁判例においても現住性が否定されている。例えば、大判大正6・4・13刑録23輯312頁は、被告人が両親を殺害した後に家屋に放火した事案で、家屋には他に住居する者がいないことを理由に、109条に該当するに留まるとしている。また、福岡高判昭和38・12・20下刑集5巻11＝12号1093頁は、被告人が妻を殺害し、次女に瀕死の重傷を与えた後、次女も死んだものと誤信し、長女はその祖母方に預かってもらっているために、本件家屋はもはや必要がないとして火を放ったという事案で、「被告人は放火直前本件家屋を住居とすることを放棄し火を放った」ものとして、108条の成立を否定している[70]。更に、松江地判昭和33・1・21一審刑集1巻1号50頁は、被告人が住み込み先の夫婦A及びBを殺害し、Bが預かっていた姪CをBの生家に連れて行き、A及びBが旅行に出かけたことを理由にCをその両親のもとに帰らせてその監護の下に復せしめたという事案で、被告人以外の者の居住しない家屋に対する放火として108条の成立を否定している。

これに対して、居住者がなお居住意思を完全に喪失したわけではないとして、現住性が認められた一連の裁判例がある。例えば、東京高判昭和54・12・13判タ410号140頁は、被告人の妻が被告人の暴力から逃れ、別れ話などを相談すべく、2人の子供を連れて知合い方に赴き、更に同人方の車で自分と子供の衣類、調度品等の大半を運び去った後に、被告人が本件建物に放火したという事案で、被告人の妻は「被告人の応答と出方によっては、被告人のもとに戻ってこれとの共同生活を続ける意思を気持ちの一隅に保有していた」以上、衣類や調度品等の大半を持ち去った「その数時間前まではこれらが同女らの居住に伴う生活用具として相応の場所に存在する状態が長く継続

---

[69] 更に、大判大正14・2・18刑集4巻59頁も参照。
[70] なお、長女については当時3年3月の幼児であったので、その住居は母親亡き後は父親である被告人の意思に従って定まることとなり、被告人が放火直前に本件家屋をその住居とすることを放棄した以上、長女は本件家屋に住居するものではないとされた。

していた経過もあいまって」依然として現住性は失われないとした。また、横浜地判昭和58・7・20判時1108号138頁は、被告人の暴力に悩んだ妻が真剣に離婚を考えて家出したため、被告人は同女との関係に悲観的になり、本件家屋を燃やして自殺しようと考えて放火したという事案で、同女は「被告人との離婚を相当に固く決意して家出した」が、「いわば着のみ着のままの状態で家を出ているのであって、本件家屋に衣類等日常の生活品を残したままであ」り、これまで「三度家出しているものの、いずれも短期間で本件家屋に戻って」おり、「本件犯行時は同女が家を出てから半日も経過しておらず」、「被告人との生活をもう一度やり直す気持ちが全くなかったわけではなく、本件家屋は自分の住居であるとの意思を有していた」から、本件家屋はなお現住建造物であるとした。

　このような状況の下、大きな議論を呼んだのが、最決平成9・10・21刑集51巻9号755頁である。本件の事案は、概要以下の通りである。被告人は、抵当権の設定された本件家屋を取得したが、競売手続を妨害するために、人がそこで生活しているかのように装い、かつ防犯目的もかねて、自己の経営する会社の従業員5名を休日以外は毎日交代で本件家屋に寝泊りさせることとし、本件家屋の鍵を従業員2名にそれぞれ持たせ、さらに会社の鍵置き場に鍵を1個置き、他の従業員はその鍵を使用して本件家屋に自由に出入りできるようにしていた。そして、被告人は本件家屋及び持ち込んだ家財道具を焼損して火災保険金を騙し取ろうとして、共犯者が放火する予定日前に従業員5名を沖縄旅行に連れ出すと共に、出発前夜に宿泊予定の従業員には宿泊に行かなくて良い旨を、留守番役の別の従業員にも被告人が旅行中は本件家屋に宿泊する必要はない旨を、それぞれ伝えた。その際、被告人は、従業員らに対し、沖縄旅行から帰った後は本件家屋に宿泊しなくてもよいとは指示しておらず、従業員らは、旅行から帰れば再び本件家屋への交替の宿泊が継続されるものと認識していた。また、被告人は、旅行に出発する前に本件家屋の鍵を回収したことはなく、その1本は従業員が旅行に持参していた。その後、共犯者は本件家屋に放火した。最高裁は、以上の事実関係を認定した上で、「本件家屋は、人の起居の場所として日常使用されていたものであり、右沖縄旅行中の本件犯行時においても、その使用形態に変更はなかった」旨

判示して、現住建造物に当たるとした。

以上の検討から、一連の判例・裁判例の傾向としては、①いったん現住性が認められた場合には、たまたま居住者が不在であったとしても現住性が否定されることはないが、②居住者が全員死亡するなど、客観的にその不在性が確定した場合には現住性が否定される一方、③居住者が単に家出をしたような場合には、再び元の家屋に帰る意思を失っていないことを理由として現住性を肯定する傾向にあるが、居住意思のみで現住性を肯定しているわけではなく、衣類等を残しているといった事情を総合的に考慮しつつ、居住者が再び元の家屋に戻る可能性を判断している[71]、とまとめることができよう。

(2) 検　討

現住性は、108条の刑罰加重根拠として109条1項との差異を基礎付ける要素である以上、現住性を確定するには、「建造物内部の人に対する危険」の観点から行われなければならない。但し、単なる建造物内部の人に対する危険ならば、109条の非現住建造物においても考慮されているのであるから、109条との差異を基礎付ける程度の危険を要求しなければならない。

その観点から考慮すべきなのは、現住建造物と現在建造物との関係である。現在建造物においては、建造物内部に人が現在するのであるから、建造物に放火された場合、内部にいる人の生命・身体に対する危険の程度が高いというのは自明であろう。とすれば、このような現在建造物と並列的に108条で規定されている現住建造物については、内部に人が現在しないとしても、日常使用されているために、いつ居住者が建造物内部に入っていてもおかしくないといった類型的な存在可能性が必要であると解すべきであろう[72]。

それでは、いったん認められた現住性は、いかなる場合に喪失するのであろうか。前述の判例・裁判例の分析からは、①居住者が全員死亡した場合に

---

[71] 山口・前掲注15) 229頁参照。これに対して、前田雅英「放火罪における現住性の意義」『刑法の争点［第3版］』(2000) 210頁は、「現住性の喪失の判断は、『人の起居の場所として日常使用するものでなくなったか否か』という建造物の『使用形態の変更』の有無により判断される」とするが、使用形態の変更はいわば現住性が喪失したことの言い換えに過ぎないと思われる。その限りでは、「使用形態の変更」という基準は、あくまでも一般的抽象的基準に留まる（井田良「刑法108条の現住建造物に当たるとされた事例」『平成9年度重要判例解説』(1998) 164頁。なお、中谷雄二郎「判解」『最高裁判所判例解説刑事篇平成9年度』(2000) 221頁も参照）。

[72] このような理解については、山口・前掲注15) 228頁以下参照。

は現住性を否定していることからすると、「住居としての外観」さえあれば（客などの来訪可能性があるために危険を否定できないとして）現住性を認める立場[73]は採用されていない[74]点、及び②居住者が建造物外にいるとしても、居住意思を失っていないなどの事情により再び建造物内に戻る可能性が留保されている限り、現住性は喪失しない点を指摘することができる。なお、②の判断においては、放火行為時における「現実の」客観的可能性が考慮されているわけではない。と言うのは、前掲最決平成9・10・21の事案においては、放火行為時に居住者は沖縄に行っており、その時点で建造物内に戻る可能性自体はおよそ存在しない場合でも、なお現住性が肯定されているからである[75]。

　そして、このような判例・裁判例の判断枠組みは、基本的には妥当であると思われる。まず、①の点については、住居としての外観自体はなお残っており、客などが来訪する可能性があるとしても[76]、それはあくまでも建造物外の危険に過ぎず、放火行為時に必要とされる建造物内の類型的危険性（居住者の建造物内部の類型的な存在可能性）ではない。したがって、このような危険性を、現住性を基礎付けるために援用することはできない。

　次に、②の点についても、建造物内に戻る可能性とは、放火行為時における純客観的な可能性ないし危険性ではあり得ない。むしろ、放火行為時に存在する全事情を前提としつつ、いかなる事情が存在していれば建造物内に居住者が存在したかを確定し、そのような仮定的事情の存在可能性を事後的な一般人基準で判断するという、危険犯において採用されている判断枠組み[77]

---

[73] 団藤重光『刑法綱要各論［第3版］』(1990) 197頁注7参照。

[74] 前掲最決平成9・10・21は、「近隣の住民の目から見ても本件家屋に人が住み着いたと感じ取れる状態になった」点を認定しているが、必ずしもこの点は客の来訪可能性などと結びつけられているわけではない。そもそも、「見た目が住居らしければ良い」と言うのであれば、夜になるとセンサーによって照明がつき、一定時間が経つと消灯するような装置を取り付ければ、およそ人の居住実態を欠く場合にも「現住性」が認められることになりかねない。

[75] この点は、学説においても一般に承認されてきたように思われる。例えば、短期間の海外出張のために、放火行為時にはおよそ建造物内に戻ることが客観的には不可能であるような事例であっても、現住性は肯定されてきたのである（学説で現住性が否定されるのは、長期海外出張中で閉鎖された家屋のような事例である。山口・前掲注41) 373頁、西田・前掲注1) 273頁。反対説として、大谷實『刑法講義各論［新版第2版］』(2007) 365頁)。

[76] なお、客が建造物内に「立ち入る」可能性については、建造物内の「類型的」危険性ということはできない。

を採用すべきであろう。このような判断枠組みからすれば、前掲最決平成9・10・21の事案では、沖縄旅行に連れて行かれた従業員が、同行している被告人の指示に反して本件家屋に宿泊する可能性があったと言えるかは（いくら従業員が鍵などを持っており、かつ旅行後に二度と宿泊しないという意思は有していなかったとしても）なお疑問であるが、留守役の従業員が本件家屋に宿泊する可能性自体は、被告人が鍵を回収しておらず、また、（たとえ放火行為当日は宿泊しなくて良い旨告げられていたとしても）留守役の従業員が本件家屋への爾後の宿泊意思を完全に放棄したとも言えないという事情の下ではなお肯定できるので、本決定の結論を是認することができよう[78]。

2　建造物の一体性
(1)　判例の動向

次に、その一部に宿泊施設などがあるような複合建造物において、その全体を現住建造物とすることができるかという「一体性」の問題についてであるが、判例・裁判例においては、大まかに言って、①複数の建造物が回廊などで接合されている場合に、全体として一個の現住建造物と考えることができるかという類型と、②一個の集合住宅の一部に独立性・耐火性の高い区画がある場合に、当該区画への放火を現住建造物への放火と考えることができるかという類型が問題とされている。そこで以下、それぞれについて検討する。

まず、①の類型であるが、例えば大判昭和14・6・6刑集18巻337頁は、被告人が学校の校舎に放火したところ、校舎には人が現在していなかったものの、校舎と廊下等で連接している本館及び小使室には人が現在していたという事案で、校舎は本館及び小使室と「連接一体を成し居りたることを認むるを得べく既に斯の如く一体を成せる以上（中略）是等建物は一体として刑法

77　山口・前掲注3) 164頁以下、172頁以下。
78　なお、このような判断枠組みに対しては、軽率に「居住者がいないと思った」と思った行為者に対して108条の適用を否定せざるを得ないことになり不当であるとの批判もあり得るが（井田・前掲注43) 183頁)、故意がない場合に責任を否定せざるを得ないのは、放火罪に限った問題ではないし、建造物内に人が現在しないと思うだけでは足りず、建造物内部に人が立ち入る可能性が極めて低いと思っている場合に限って故意が否定される（山口・前掲注15) 229頁）ので、結論としても不当ではない。

第108条に所謂人の現在する建造物に該当する」と判示している。また、最判昭和24・2・22刑集3巻2号198頁は、被告人が劇場東側に接着する便所の羽目板に接して炭俵を置き、炭俵に点火して羽目板の一部を焼損したという事案で、「右便所は右劇場に接着して建設せられ、右劇場の一部をなすものである」として、108条で処断した原判決を正当とした。更に、最決平成元・7・14刑集43巻7号641頁（いわゆる平安神宮事件）では、被告人が平安神宮の祭具庫に放火したところ、当該祭具庫は、人が現住していた社務所及び守衛詰所と回廊・歩廊で結ばれており、回廊・歩廊には木材が多く使われており、また、神職・守衛・ガードマンが一定の時間に社殿の建物内を巡回することになっていたという事案で、「右社殿は、その一部に放火されることにより全体に危険が及ぶと考えられる一体の構造であり、また、全体が一体として日夜人の起居に利用されていたものと認められる。そうすると、右社殿は、物理的に見ても、機能的に見ても、その全体が一個の現住建造物であつたと認めるのが相当である」として、108条の成立を認めた。また、下級審裁判例においては、福岡地判平成14・1・17判タ1097号305頁は、被告人が、ホテルの研修棟（鉄筋コンクリート造平屋建）に放火したところ、当該研修棟は、人が現在する宿泊棟（鉄筋8階建）と2本の渡り廊下によって構造上連結されていたが、それぞれの渡り廊下は防火扉あるいは防火シャッターが設置されており、かつ廊下の部材の中に可燃物は殆んど存在しなかったという事案で、現在建造物と非現住・非現在建造物とが「全体として一個の現住建造物と認められるためには、各建物が渡り廊下などの構造物によって相互に連結されていることを前提に、その構造上の接着性の程度、建物相互間の機能的連結性の有無・強弱、相互の連絡、管理方法などに加えて、非現住・非現在の建物の火災が現在の建物に延焼する蓋然性をも考慮要素とし、これらの諸事情を総合考慮して、一個の現在建造物と評価することが社会通念上も相当と見られることが必要」[79]とし、108条の法定刑が著しく加重されている趣旨から、「非現住・非現在の建物から現在の建物へ延焼する可能性が全く認められない場合にまで、それら複数の建物を一個の現在建造物と評

---

[79] なお、この判断基準は、後述の仙台地判昭和58・3・28刑月15巻3号279頁と同一である。

価することは許されない」のであって、「延焼可能性が否定できないという程度の意味において、延焼の蓋然性が認められることが必要」と判示した上で、本件では、かかる延焼の蓋然性を認めることができないとして108条の成立を否定した。

次に、②の類型であるが、このような類型は、耐火構造の建物が普及したことに伴って問題となってきたものである。例えば、仙台地判昭和58・3・28刑月15巻3号279頁では、被告人が鉄筋10階建マンションの1階にある外科医院の室内に放火したという事案で、住居部分と「一体の建造物と看做しうるか否かについては、たんに物理的な観点のみならず、その効用上の関連性、接着の程度、連絡・管理の方法、火災が発生した場合の居住部分への延焼の蓋然性など各種の観点を総合して判断すべき」であって、本件外科医院は「構造上他の区画と接着しているとはいえ、他の区画とは鉄筋コンクリートの壁、天井などで画され、独立性が強く、他の居住部分と一体の建造物とみることは困難である」とし、居住部分との効用上の関連性も薄く、火災が発生した場合の居住部分への延焼の蓋然性についても、「すぐれた防火構造を備え、一区画から他の区画へ容易に延焼しにくい構造となっている」ので、108条の成立を認めることはできないとした。また、東京高判昭和58・6・20刑月15巻4＝5＝6号299頁では、被告人がマンションの空室に放火したが、他の部屋には住人がいたという事案で、「一旦内部火災が発生すれば、火炎はともかく、いわゆる新建材等の燃焼による有毒ガスなどがたちまち上階あるいは左右の他の部屋に侵入し、人体に危害を及ぼすおそれがないとはいえず、耐火構造といっても、各室間の延焼が容易ではないというだけで、状況によっては、火勢が他の部屋へ及ぶおそれが絶対にないとはいえない構造のものである」ことを理由に、108条の成立を認めた。

以上の判例・裁判例からは、①基本的には、まず物理的に一体であるかどうかが問題とされ[80]、その点が肯定されたとしてもなお、②機能的一体性や延焼可能性を考慮することで建造物として一体であるか否かが判断されてい

---

[80] 但し、大判大正3・6・9刑録20輯1147頁は、裁判所の本館と宿直室とが別個の建造物である場合にも、宿直員が裁判所の各部を巡視することを理由に、本館についても現住性を肯定している。

ると言えるが、③機能的一体性と延焼可能性のいずれが重視されているのかは必ずしも明らかではなく、前者が重視されているように見える裁判例[81]もあれば、後者が重視されているように見える裁判例[82]もある、とまとめることができよう。

(2) 検　討

　建造物の一体性の判断についても、基本的には、「建造物内部の人に対する危険性」を基準にして考えるべきであろう。その観点からすると、まず、非現在・非現住建造物の部分と現在あるいは現住建造物の部分との間に物理的一体性がない場合には、(たとえ機能的一体性や延焼可能性があるとしても、)現在あるいは現住建造物部分の内部に存在する(あるいは類型的に存在可能性がある)人にとっては、非現在・非現住建造物の部分はもはや「外部」でしかない。したがって、108条の刑罰加重根拠であるところの建造物「内部」の人という点に言及することができないことになる[83]。これに対して、物理的一体性あるいは機能的一体性のいずれかが充たされれば足りるとする見解[84]もあるが、機能的一体性があるだけでは、建造物「内部」の人に対する危険という要件を充たすことはできない。

　次に、物理的一体性がある場合であっても、放火した非現在・非現住建造物の部分から現在あるいは現住建造物の部分に延焼する危険がおよそ存在しない場合には、建造物内部の人に対する「危険」を認めることができないので、108条の成立を認めるべきではない。したがって、前掲福岡地判平成14・1・17が、相当に強い機能的連結性があるとしてもなお延焼の蓋然性がないとして108条の成立を否定したのは妥当である。なお、いったん物理的一体性が認められたことにより、建造物「内部」の人という点については充たされた以上、「現在性」あるいは「現住性」の要件が欠けるのは、延焼の危険性が相当に低い場合に限られよう[85]。

81　前掲最決平成元・7・14も参照。
82　前掲福岡地判平成14・1・17では、宿泊棟で当直勤務についている従業員により夜間には研修棟への巡回も行われていることなどから、「相当に強い機能的連結性が認められる」としつつ、最終的には延焼する蓋然性を否定することで、建造物としての一体性を否定している。
83　佐伯仁志「放火罪の論点」法学教室132号 (1991) 23頁、山口・前掲注15) 231頁、鈴木・前掲注52) 117頁。
84　前田・前掲注41) 375頁以下。

3 焼　損
(1) 判例の動向

　焼損の理解については、基本的に判例・裁判例の立場は明確に定まっていると言えよう[86]。既に旧刑法下において、大判明治35・12・11刑録8輯11号97頁は、放火罪が公共の身体財産に重大な危害を加えるものであることを理由に、かかる危険が生じれば既遂に達したとする観点から、犯人の使用した燃焼物の火力を借りず独立して燃焼作用を継続しうる状態にあれば既遂となるとする独立燃焼説を採用している。この立場は現行刑法においても同様に引き継がれ[87]、現在の最高裁も独立燃焼説を採用している[88]。

(2) 検　討

　焼損概念については、放火罪で想定されている公共の危険及び（108条、109条では）内部的危険との関係で決せられるべきである。その観点からすると、これらの危険とは無関係である財産犯的側面を強調する効用喪失説[89]は妥当ではなく、独立燃焼説を採用するのが妥当であろう。但し、独立燃焼に達したとしても、なお公共の危険あるいは内部的危険が生じていないという例外的な場合には、未だ焼損してないとすべきであろう。

　また、難燃性建造物についても、一般の木造建造物と別異に扱うべきかについてはなお疑問の余地がある。火による危険犯であるという放火罪の性質からすれば、最低限、客体の燃焼作用によって危険が生じることは必要であろう[90]。

85　山口・前掲注41) 376頁以下。これに対して、伊東研祐『現代社会と刑法各論［第2版］』(2002) 320頁や佐伯・前掲注83) 23頁は、「ある程度高度の危険性が必要」とするが、妥当ではないと思われる。
86　判例・裁判例の詳細については、星・前掲注1) 237頁以下を参照。
87　例えば、大判明治43・3・4刑録16輯384頁。
88　例えば、最判昭和23・11・2刑集2巻12号1443頁。但し、下級審裁判例の中には、いわゆる効用喪失説を採るものもある（例えば、浦和地判昭50・1・29判時795号112頁）。
89　曽根威彦『刑法各論［第3版補正3版］』(2006) 223頁、日高義博「放火罪における焼損の意義」『刑法の争点［第3版］』(2000) 213頁など。但し、木村亀二『刑法各論』(1952) 189頁は、むしろ公共危険罪としての性質上、効用喪失説に至るべき旨を論じる。
90　したがって、いわゆる新効用喪失説（河上和雄「放火罪に関する若干の問題について」捜査研究26巻3号 (1977) 42頁以下）を採用するにはなお躊躇を感じるが、この点は今後の検討課題としたい。

4 公共の危険の認識

(1) 判例の動向

　公共の危険の認識の要否についても、基本的に判例・裁判例の立場は定まっていると言えよう。既に大判昭和6・7・2刑集10巻303頁は、刑法110条1項に関して、火を放って110条所定の物を焼損する認識があれば足り、公共の危険を生じさせる認識は不要である旨判示し、最高裁も、最判昭和60・3・28刑集39巻2号75頁において、「刑法110条1項の放火罪が成立するためには、火を放つて同条所定の物を焼燬する認識のあることが必要であるが、焼燬の結果公共の危険を発生させることまでを認識する必要はないものと解すべき」とした。但し、下級審裁判例においては、公共の危険の認識を必要とするものもある。名古屋高判昭和39・4・27高刑集17巻3号262頁は、刑法109条1項及び110条1項所定の他人の所有物を焼損する罪の故意については格別、刑法109条2項及び110条2項所定の自己の所有物を焼損する罪の故意があるとするためには、公共の危険の認識が必要である旨判示した。

(2) 検　討

　認識不要説の根拠としては、①公共の危険＝108条・109条物件への延焼の危険である以上、公共の危険の認識を要求すると、108条・109条物件への延焼の危険の認識を要求することになり、108条・109条物件への延焼の認識（108条、109条の故意）と区別しがたい[91]、②責任主義の観点からは、公共の危険の認識ではなく公共の危険の予見可能性を要求すれば足りる、との主張がなされている[92]。このうち、①に関しては、私見によれば、公共の危険とは、108条・109条物件への延焼の危険に留まらないので、このような主張は必ずしも妥当ではないし、認識ある過失と未必の故意とを区別することが可能であるのと同様に、延焼の危険の認識と延焼の認識とを区別することもなお可能である[93]。

　それに対して、②の主張はより検討に値する。認識必要説は、109条2項及び110条2項については、自己物に対する放火である以上、それ自体は違

---

[91]　藤木英雄『刑法講義各論』（1976）92頁。
[92]　西田・前掲注1) 281頁、前田・前掲注41) 382頁注18)。
[93]　これらの議論の詳細については、島田・前掲注11) 40頁以下参照。

法ではないとして、公共の危険のみが処罰根拠であるとする[94]のであるが、109条2項については、前述の通り[95]、自己所有ではあっても非現住建造物に放火することは、それ自体として行為の危険性が類型的に高いと言え、必ずしも自己物の損壊行為とは同一視できない。そして、そのような行為から危険結果が生じた場合に、結果的加重犯として処罰すると理解することに一定の説得力があることは否定できない。また、110条2項についても、前述の通り[96]、自己所有の建造物等以外の物件に放火することは、それ自体としてさほど行為の危険性が類型的に高いとは言えないものの、なお自己物の損壊行為とは同一視できない。そして、そのような行為から危険結果が生じた場合に、結果的加重犯として処罰すると解することにも一定の説得力があることは否定できない[97]。

しかし、結論としては、認識必要説を採るべきである。そもそも、公共の危険は、放火罪全体に渉って要求される要素であり、108条や109条1項においても、公共の危険を考慮した上で焼損概念が決されている。とすれば、同じように公共の危険を考慮するにもかかわらず、一方では公共の危険が条文上他の要件、すなわち「焼損」として具現化した場合にはそれに対して認識が必要となるとし、他方では公共の危険それ自体が条文上の要件とされている場合には認識が不要であるとするのでは平仄が合わないと思われる[98]。

---

94 前掲名古屋高判昭和39・4・27は、正にこのような見地から、自己所有物に放火する場合には、他人所有物に放火する場合と異なり、公共の危険の認識を必要としている。それに対して、学説においてはいずれの場合にも公共の危険の認識を必要とする見解が通説的である。
95 Ⅲ2(2)参照。
96 Ⅲ2(2)参照。
97 前田・前掲注41)382頁も参照。
98 なお、法定刑の差に鑑みて、109条2項においては認識必要説を、110条2項においては認識不要説を採る見解もある(斎藤信治『刑法各論[第2版]』(2003)228頁)。しかし、109条2項と110条2項の法定刑の差異は、同じ自己所有物件であっても、建造物等に対する放火と建造物等以外物件に対する放火とでは、①建造物内部の人に対する危険の有無、及び②公共の危険の程度において差があることを理由とするものである(Ⅲ2(2)参照)。したがって、認識の要否によって法定刑の差を説明することは妥当ではない。なお、傷害致死罪(205条)の法定刑が3年以上の懲役であることに代表されるように、結果的加重犯の法定刑が必ずしも低いものとは言えない以上、そもそも法定刑が高いということをもって認識必要説を基礎付けることができるかについても疑問が残る。

Ⅴ　おわりに

　本稿の結論は以下の通りである。
(1)　放火罪の本質は、火による公共の危険、即ち火によって不特定又は多数人の生命・身体に対して危険を及ぼすことに求めることができる。この定義においては、以下の3点が重要となる。
　①財産に対する危険は、公共の危険に含まれない。
　②公共の危険は、「不特定」又は「多数」の人間に対する危険である。少数人に対する危険であっても、それが「不特定」の人に対する危険である場合には、他の人との互換可能性を通じて、多くの人に危険が及び得ることになるので、なお公共の危険と解するべきである。
　③公共の危険は、延焼の危険と同一ではない。放火客体から他の物件に延焼することなく、直接に火炎、煙、有毒ガスなどの作用が不特定又は多数人に及び得る場合には、公共の危険を認めることができる。
(2)　公共の危険は、放火罪全体に共通する本質的要素であるが、108条、109条、110条をそれぞれ区別するためには、それとは別個の要素が必要となる。
　①109条1項に比べて108条が特に刑が加重されている根拠は、108条物件においては、人が建造物内部に存在する（現在）、あるいは類型的な存在可能性がある（現住）ことにより、「建造物内部の人」に対する高度の危険が存在するからである。このような危険は、建造物内部にいる場合には、建造物の外部にいる場合と異なり、一旦建造物に放火されたら容易には建造物の外に出ることができず、建造物内部で火にまかれたり、有毒ガスを吸ったりして死に至る危険性が類型的に高いことに由来するものである。そして、108条は、このような内部的危険と公共の危険との複合的な危険犯と理解すべきである。
　②110条1項に比べて109条1項の刑が加重されている根拠は、109条物件においては、人の出入りが可能であるのみならず、人の出入りが予定さ

れている（建造物性）ことにより、「およそ建物内部に存在する可能性がないとまでは言えない人に対する危険性」が認められることにある。そして、109条も、このような内部的危険と公共の危険との複合的な危険犯と理解すべきである。それに対して、110条では、このような内部的危険は存在せず、公共の危険のみが捕捉されている。

③110条2項に比べて109条2項の刑が加重されている根拠は、109条物件は建造物であることにより、なお建造物内部の人に対する危険が存在すること、及び建造物は可動的ではなく、一般的に規模も大きいため、公共の危険が類型的に大きい物件であること、に求められる。

(3) 現住性については、「居住者の建造物内の類型的な存在可能性」として把握すべきである。したがって、たまたま不在であった場合でもなお現住性が失われないことは当然であるが、放火行為時の客観的全事情に照らし、居住者が存在しなかった理由・事情を確定した上で、いかなる事情が存在すれば居住者が存在したか（仮定的事実の存在可能性）を検討することにより、およそ居住者が存在し得なかったと判断される場合には現住性を否定すべきである。

(4) 建造物の一体性については、「建造物内部の人に対する危険性」を基準にして考えるべきである。その観点からは、物理的一体性が存在しない場合には、およそ建造物「内部」の人として言及することができない以上、一体性を認めるべき基礎を欠く。次に、物理的一体性がある場合でも、延焼可能性が相当に低いといった事情がある場合には、一体性を欠くと考えるべきである。

(5) 焼損概念については、あくまでも公共の危険及び（108条、109条については）内部的危険との関係で考察すべきであり、財産犯的側面を強調することは妥当ではない。したがって、独立燃焼説を採用すべきである。

(6) 公共の危険の認識については、109条2項、110条1項及び2項を結果的加重犯として捉える見解には一定の理由があることは認めざるを得ないが、公共の危険は放火罪全体に渉って必要とされる本質的要素であることに鑑み、その認識が必要であると解するべきである。

(第7講) 議論のまとめ

髙山 佳奈子

1

　従来、社会的法益に対する罪としての放火罪の保護法益は、「不特定または多数人の生命、身体、財産」であるとされてきた。本論文はこれに疑問を投じ、保護法益から財産を除外することにより、放火罪を構成する諸要件についての新たな解釈を提言するものである。

　その際の、重要な論拠とされているのが、放火罪の法定刑の重さである。もし財産が独立の保護法益たりうるのであれば、焼失する可能性のある客体が財物のみである場合にも放火罪となる。しかし、手段が「焼損」以外のときは、価値の高い財産や多数人の財産を狙って滅失させたときでも、毀棄罪しか成立しない。器物損壊罪の最高刑は懲役3年、建造物損壊罪でも5年にすぎない。本論文によれば、放火罪の刑の重さは、違法性の点でも責任の点でも、これとの格差を説明しうるものではないとされるのである。

　この出発点に対して、法定刑の比較は決め手にならないのではないかとの指摘があった。確かに、従来の考え方では、1台の自動車に火をつけて他の1台に延焼する危険を発生させただけの場合でも、建造物等以外放火罪が成立しうる。だが、その場合には刑法110条の法定刑のうち下限（懲役1年）に近い刑で処断することが予定されていると理解すれば、器物損壊罪との間に不均衡はないとする指摘である。懲役10年という上限は、人の生命・身体に危険を及ぼす場合を想定したものだとすることも論理的には可能である。

　これに対して著者からは、法定刑の範囲内では裁判官に量刑の裁量が与えられている以上、物に対する被害しかありえない場合にも放火罪の刑の上限に近い刑を言い渡すことが禁止されるわけではないとの反論があった。器物

損壊罪ではどれほど被害が大きくても懲役3年（併合罪のときは4年6月）にしかならない。放火罪の法定刑は、火を用いることによる類型的な重大性を示すものだと考えられるが、結局のところ財産に対する侵害しか生じえないのであれば、初めから意図的に物に加害した器物損壊の違法性・責任を超える評価をこれに与えることはできないのではないか。

なお、本論文の II 2 は、2台の自動車を故意に焼失させた場合を器物損壊罪とし、これを、1台の自動車に火をつけ、その際他の1台に延焼させる認識を欠いていたという放火の場合と比較することにより、不均衡を論じている。これに対しては、焼失させる認識の中に延焼の危険の認識も含まれると解することで、両者とも放火罪とすべきではないかとの指摘もあった。

2

本論文は、「公共の危険」と「延焼の危険」との関係に立ち入った検討を加えている。ここでは、刑法110条にいう「公共の危険」が、火から発生すれば足りるのか、それとも、何らかの物への「延焼」を媒介として生じるものであることを要するかが論じられている。なお、後者だとした場合には、さらに、延焼の危険が108条または109条に規定された物件、すなわち建造物等に対するものであることを要するか、それともおよそ何らかの物件への延焼の危険で足りるのかも問題としうる。

古い判例は、一般論として108条および109条の物件への延焼のおそれに言及していたが、それらはいずれも、建造物等への延焼の危険があった事案についてのものであり、これにあたらない場合の犯罪の成否を論じたものではなかった。これに対し、平成15年決定は、自動車やゴミへの延焼しか問題とならなかった事案であり、最高裁は、108条または109条の物件への延焼の危険を媒介としなくても「公共の危険」が認められるとする「非限定説」の立場を採用した。

本論文は、保護法益を人の生命・身体とする立場から、バスなどの非建造物に火をつけた場合の危険性を、建造物等への延焼の危険性と区別すべきではないとし、保護法益に財産を含めなくても「非限定説」を支持しうること

を明らかにしている。従来は、保護法益に財産をも含めつつ、建造物への延焼の危険を要求することで犯罪の成立を限定する立場が有力であった。本論文はこれと反対に、非建造物へ放火でも人の生命・身体に対する「公共の危険」が生じうることに着目し、保護法益については限定的な理解を維持する点が特徴である。

　これに対し、110条のもともとの立法趣旨は、木造の建物への延焼を想定してその危険を重く評価しようとする「限定説」的なものであったとの指摘がなされた。バスなどへの放火による「人の生命・身体の危殆化」を重視するのであれば、多数の人が集まっているところに火柱を上げただけでも、同様の危険が生じうることになり、保護法益の観点からは、およそ「延焼の危険」を論じる必要がないことになる。平成15年決定に関する調査官解説は、1個の物が燃えることにより危険が発生するにすぎない場合も110条に該当するとするようである。これが、保護法益に財産をも含める通説的な理解と結びつくときは、犯罪の成立範囲が極めて広くなる。

　しかし、放火罪と同じ刑法第9章には、激発物破裂罪（117条）や、ガス漏出罪（118条）も規定されている。火薬やボイラー（現代語化以前は「汽罐」）の破裂による激発物破裂罪は、放火罪と同様に処罰することとされ、ここでは破裂による直接の危険と、そこから生じる物の損壊による危険との両方が問題となっている。これに対し、ガス漏出罪では、ガス、電気または蒸気の漏出、流出または遮断による「人の生命、身体又は財産」の危殆化が処罰対象とされているが、その法定刑の上限は懲役3年である。両者を比較すると、やはり、単に公共の危険を発生させることだけではなく、危険が2段階にわたって発生する類型のほうが重く評価されていると見ることができる。そうだとすると、放火罪においても、火力自体による「公共の危険」だけではなく、「延焼の危険」を要求する必要があるのではないか。自己所有物を燃やしただけで延焼の危険がない場合にまで可罰性を認めるべきではないとの指摘もあった。

　本論文の立場からは、110条の罪の成立範囲は、「延焼の危険」によってではなく、あくまで保護法益の理解によって限定されることになる。たとえば、多数の自動車が並ぶ自動車工場の敷地で、人の来ない状況において、1

台に火をつけた場合、非建造物への「延焼の危険」はあるものの、人の生命・身体に対する「公共の危険」が否定されるため、器物損壊罪しか成立しないこととなるのである。

このような方向性に対しては、保護法益から財産を除外しつつ「限定説」の立場をとることにも合理性があるのではないかとの疑問が提起された。バスなどへの放火の場合には、殺人未遂も成立しうることが多いと考えられるので、あえて110条の罪で処罰しなくても、実際上さほど不都合ではないとの指摘もあった。

③

「公共の危険」における危険の「公共」性について、本論文は結論として、「不特定または多数の者に対する危険」とする立場を採用する。その際、「不特定」であれば少数でも「公共」性が肯定される理由として、不特定な場合には結局「その場に居合わせる可能性」のあった複数人に対して危険性があったといいうることがあげられている。これはたとえば、集団に配られる予定の弁当の一部に毒を入れた場合に、全員に対して殺人未遂が成立しうるとされていることと類似する。潜在的な被害者が多数であれば足り、具体的に危殆化される者が少数であってもよいとする点に本論文の特徴が認められよう。

④

現住建造物（108条）と非現住建造物（109条1項）とで法定刑に差が設けられていることにつき、本論文は、脱出の困難性という観点から、建造物等の「内部にいる人に対する危険」を加重根拠とする説明を行っている。

これに対しては、ガス漏出罪（118条）の刑が軽いこと、また、放火罪と同じく現住建造物を客体とする場合を加重処罰する現住建造物等浸害罪（119条）において、刑の下限（懲役3年）が放火罪（108条では5年）よりも軽いことをどのように説明すべきかが問題とされた。前者の点について、著

者からは、出水の罪では建造物の内部の人が外に逃げられなくなることにより危険性が高まるのに対し、118条で問題とされるガス・蒸気・電気の危険性は、建物の外に出なくても回避しうる点に相違が認められるとされた。後者については、手段が火か水かの違いによるということ以上の合理的な説明はあげられなかった。

　本論文は、建造物の内部に不特定の個人がいるにすぎない場合に、「公共の危険」と「内部にいる人に対する危険」とを同時に肯定することはできないとして、「ダブルカウント」を否定している。これについては、両者ともに潜在的な危険で足りるとすれば、特定個人の存在だけで「公共の危険」と「内部への危険」の両方の要件を満たす場合も論理的に考えられるのではないかとの指摘があった。

5

　客体が建造物かどうかによる区別（109条と110条）の意義について、本論文では、「内部に人が入ることが可能である」というレベルの抽象的危険による説明が試みられている。

　また、客体が自己所有物である場合には、法定刑の差が顕著であるが、これについて本論文は、「建造物、艦船又は鉱坑」から生じる延焼等の危険がそれ以外の物から生じる危険よりも一般的に大きいことに言及している。

　ここでは、109条の罪が110条よりも重く処罰される根拠を「内部に対する抽象的な危険」で一律に説明できるかについて、議論があった。たとえば、一方で、先に論じられたバスなどの公共の乗り物は、110条の物件となるにすぎないが、内部の人に対するという意味では「建造物」と同様の危険があるともいえる（なお、現に人がいない「艦船」は、停泊中のものに限られるから、108条に該当する航行中の場合よりも延焼の危険が大きいともいえる）。また、「鉱坑」においては、現住性の有無にかかわらず、爆発などの「外部に対する危険」がある。これは、人が中に入る抽象的な危険性というよりも、その性質によって、110条の物件から区別されていると見ることもできるのではないか、とも指摘された。

⑥

　個別の犯罪成立要件のいくつかについても議論があった。
　まず、108条における「現住性」について、本論文は、構造上人が中に入れるというだけでは109条の要件しか満たさないので、人が「現在」する場合と同等の扱いを正当化するような類型的な客体の存在可能性を要するとしている。複合建造物において現住性を根拠づける「一体性」についても、住人が来る可能性があるという意味で「内部の人」に対する危険が認められるときには、機能的一体性を考慮しうるとしているが、これに対しては、「現住性」の解釈が広がりすぎるのではないかとの懸念も示された。
　「焼損」概念について、本論文は、「公共の危険」または「内部の人に対する危険」を基礎づける意味で、少なくとも独立燃焼が必要であるとし、難燃性建造物においても客体の燃焼作用によって危険が生じることが必要だとしている。これに対しては、「焼損」（現代語化以前は「火ヲ放テ」）の文言による解釈なども重要であり、すべて「危険」や「保護法益」から結論を導き出そうとすべきではないのではないかとの意見も出された。
　いずれにしても、本論文の主眼は、保護法益を人の生命・身体に限定する立場から、従来ならば物への延焼が考えられていた場面においても、最終的には人に対する危険のみを問題とすべきだとするところにある。一方で、「公共の危険」には財産への延焼によるものや、およそ延焼を媒介としないものも含まれるとする点では、犯罪の成立範囲を拡張する側面もあるが、他方で、およそ（外部・内部の）人に対する危険がないときには犯罪の成立を否定するという点では、「現住性」や「焼損」に関する限定的な解釈も導かれている。

第8講

対向的取引行為と背任罪の共同正犯

島田聡一郎

I はじめに

　背任行為は、例えば、金融機関職員の不良貸付のように、被害者（以下、本人と呼ぶ）と相手方との取引行為の形態でなされることが少なくない。そして近年、こうした場合に、貸付機関の担当者等の、背任の実行正犯（以下、「身分者」あるいは「事務処理者」と呼ぶ）のみならず、例えば不良貸付の借り手等の取引行為の相手方（以下、「相手方」と呼ぶ）をも、背任罪の共同正犯として処罰する判例、裁判例が目立つようになってきた。特に、平成15年から17年にかけて、いずれも重要な3つの最高裁判例が出されており、これに呼応して、学界の関心も高まっている。
　しかし、いずれの判例においても、一般理論が示されていないこともあって、判例理論の全貌は、未だ明らかでない。また、学説も、いまだ百家争鳴であり、通説といえるものは存在しない。この論文では、そうした判例・学説を整理し、若干の試論を述べることとしたい[1]。

---

[1] この問題を検討するに当たっては、①65条1項の共犯に共同正犯も含まれるか、②特別背任罪に身分がない者が加功した場合の適条をどうすべきかも問題となる。しかし、これらの論点は、本稿の中心的な課題からはずれるので、取り上げない。簡単に述べれば、①について、判例は、非身分者による共同正犯を認めており、私もその解釈に異論はない（島田聡一郎『正犯・共犯論の基礎理論』(2002) 267頁）。②については、65条1項により、特別背任罪の成立を認め、2項を適用して背任罪の刑で処断するのが、裁判例の大勢である（例えば、東京高判昭54・12・11東時30巻12号179頁）。業務上横領罪に非身分者が加功した場合に、同罪の成立を認め、単純横領罪の刑で処断する判例理論（最判昭32・11・29刑集11巻12号3073頁）と平仄を合わせているのであろう。もっとも、学説においては、非身分者には、65条1項により背任罪の共犯が成立し、身分者には、2項を適用して、特別背任罪が成立するという見解（西田典之『刑法各論［第3版］』(2005) 232頁）や、特別背任罪を背任罪の違法加重身分と考えて、非身分者にも特別背任罪の共同正犯を認める見解（林幹人「背任罪の共同正犯」判時1854号4頁）も有力である。
　また、関連問題である、いわゆる二重抵当の事案において、1番抵当権を取得した、第2の抵当権者の罪責についての検討も別稿に譲る。後述する私見をあてはめても、ほぼ妥当な結論が導けるとは思うが、この問題を考えるに当たっては、民法上の対抗要件の有効性との関係をどのように考えるべきか、という固有の問題をさらに検討する必要が生じるからである。なお、以下の記述は、島田聡一郎「取引の相手方による背任行為への加功」上智法学50巻3号19頁と基本的には同趣旨だが、銀行取引を中心に検討した同論文とは重点が異なるし、また記述を付け加わえ、説を改めた部分もある。

II これまでの判例・裁判例

1　大審院の判例

　背任行為の相手方を共同正犯として処罰した判例は、実は、古くから存在していた。大審院の判例としては、①呉服卸商Ａの販売係Ｘが、顧客Ｙから、商品を廉価で販売した上で、帳簿を改ざんして、差額を折半することを持ちかけられ、これに応じた事案で、非身分者であっても、身分者に共同加功すれば、身分犯を犯しうることを理由に、Ｙを背任罪の共同正犯で処罰した大判昭和4・4・30刑集8巻207頁、②証券会社の取締役Ｘが、Ｘの下で株式売買係として勤務していたＹの懇願に応じ、Ｙに金銭を無担保あるいは担保不足の状態で貸し付けた事案で、利害が相反する当事者が、相手方の任務を厳守するために、自己の利益を犠牲にすることは、「自然の人情」に反するという弁護人の主張を退け、ＹがＸの背任行為の「一部に加功」したことを理由にＹを処罰した、大判昭和8・9・29刑集12巻1683頁、③Ａ村の村長Ｘが、建築工事請負人Ｙからの請託を受け、いったん納入させた契約保証金を返還して、借入証書を差し入れさせ、内規に違反して、工事代金の前渡しなどをした事案で、Ｙが、Ｘが任務違背行為に出ることの認識がないか、または共謀する事実がなければ、背任罪となることはないが、本件はそのような事案とはいえないとしてＹを処罰した、大判昭和13・6・15新聞4282号16頁等がある。

2　戦後の判例・裁判例

　戦後になっても、例えば、④東京高判昭和30・10・11高刑集8巻7号934頁は、Ｙが、Ａ銀行支店長Ｘに対し、内規に違反して手形保証を行わせ、銀行に損害を加えた事案で、ＹがＸに、会社設立後は重役に招くし、債権回収も一挙に解決しうるなどと説いて勧誘に努めたこと、手形保証がＸの任務に反することを熟知していたことなどを指摘して、Ｙを背任の共同正犯としている。

これに対し、共同正犯の成立を否定した判決として著名なのが、⑤東京高判昭和38・11・11公刊物未登載、およびその上告審判決である最判昭和40・3・16集刑155号65頁（千葉銀行事件）である。その事案は、次のようなものである。千葉銀行の頭取であったXは、倒産の危機に瀕していた取引先A社を救済するため、同社に対し、不渡手形の買戻資金を、正規の貸付手続によることなく、貸し付けるなどしていたところ、大蔵省銀行局から警告を受けた。このため、同銀行の支店長Bが、A社の代表取締役Yに融資の打ち切りを通告したが、Xは、Yからの懇請を受けたため、Bの反対を押し切って、正規の手続によらずに、さらに計3億900万円を貸し付けた。一審判決は、Yを背任罪の共同正犯としたが、二審判決は、次のように述べてこれを破棄し、無罪を言い渡した。「身分を有しない借受人の立場は、銀行の立場とは全く異なるから、借受人が貸付人と特別背任罪を共謀する認識を有していたか否かの点の認定については、銀行の立場…を離れ…借受人の立場を中心として判断しなければならない…身分を有しない者に、身分者の任務違背行為について共同正犯としての責任を負わせるためには、身分者が抱いた任務違背の認識とほぼ同程度の認識を有することを要する」、しかし本件では、Yが銀行に損害を生じさせる認識を有していなかったと推察される、というのである。そして、最高裁も検察官の判例違反を理由とした上告を退けている。

もっとも、この判例に対する評価には慎重でなければならない。というのは、この判例の事案では、Yにとっては、担保不足が必ずしも明らかではなかったとされており、Yに財産上の損害の認識がなかったという認定が無罪の主たる理由だからである[2]。そうした認定を前提とする限り、Yに故意がないことには、異論がないように思われる。このため、前半の、一見すると主観を限定しているように見える部分も、理論的に特別な限定をしたのではなく、単に、故意の事実認定を慎重に行うべきことを説いたにとどまるとも理解できる。また、後半の「身分者が抱いた任務違背の認識とほぼ同程度の認識」を要求する部分についても「むしろ傍論に属する」[3]との評価もなされ

---

[2] 一審判決では、そのような認定の当否を疑わせるような事実も摘示されているが、この論文では、認定の当否には立ち入らない。

ているところである。この判決は、多くの体系書や論文において、かなり重視されているが、実は、(背任罪共同正犯の、ではなく) 背任罪それ自体の故意について、ある意味当然の判示をしたにすぎないと位置づける方が適切かもしれない[4]。

3 平成15年決定以前の主要な判例・裁判例

その後も、最高裁、下級審において、この問題は、何度か取り上げられている。以下では、その中で理論的に重要と思われる判例を、いくつか取り上げよう。

(1) 相手方の主観に関するもの

まず、⑤と関連の深い故意の問題に関し、相手方には、事務処理者が、具体的に、どのような手段、方法によって要求に応じるかまで認識する必要はない、と判断したものがある。⑥多額の負債を抱えた会社の役員YZが、資金調達に窮し、銀行の業務課長Xに様々な手段で働きかけ、当座預金残高の不足等を無視して、手形を決済に回し、Xがそれを不正に処理するなどして銀行に損害を与えた事案で、YZに前述のような認識がなくとも、それは「銀行内部における事務処理上の問題に過ぎ」ないとして、XがYZらに様々な手段で繰り返し働きかけていたことなども指摘して、背任罪の共同正犯を認めた東京高判平成2・3・22経済取引関係裁判例集411頁がそれである[5]。

他方、⑦東京地判平成12・5・12判タ1064号254頁は、旧住専であるA社から不正融資を受けたゴルフ場開発会社B社の代表取締役YZの罪責が問われた事案で、A社の取締役Xらに特別背任罪が成立し、YZには、融資の加害性、Xらの任務違背、加害目的について認識があったとしながらも、YZを無罪としている。そこでは、一般論として、YZらがi事務処理者たる住

---

3 朝山芳史「判解」法曹時報57巻8号289頁 (判例⑬に関するもの)。
4 島田聡一郎「広義の共犯の一般的成立要件」立教法学57号115頁参照。
5 また、⑥'東京地判平成12・3・16判時1723号47頁も、元労働大臣、衆議院議員である被告人が、信用組合から、被告人の実姉が代表取締役を務める会社への不正融資に関与した事案で、被告人には、融資の実施について、信用組合理事や実姉と「同程度に…具体的内容や方法等の詳細についてまで認識していたものとは認められない」としながらも、背任罪の共同正犯を肯定している。

専職員の任務違背「を明確に認識しながら同人との間に背任行為について意思の連絡を遂げ、あるいはiiその職員に影響力を行使し得るような関係を利用したり、社会通念上許されないような方法を用いるなどして積極的に働きかけて背任行為を強いるなど、当該職員の背任行為を殊更に利用して借り手側の犯罪としても実行させたと認められるような加功をしたことを要する」とされ、本件ではいずれにも当たらないとされているのである（i、iiは筆者による）[6]。

もっとも、この判示は、純粋な主観的要件に関するものではない。なぜなら、「明確に認識」という部分は、あくまでiの場合についてのみ要求されているにとどまり、しかもiは、客観的な働きかけの態様について述べたiiと並列的に位置づけられているからである[7]。そうだとすると、これは後述する、相手方に必要とされる関与についての要件が満たされる1つの場合を示したものと理解する方が、適切ともいえそうである。

このような理解の方が、その後の判例とも整合する。すなわち、後述する判例⑬においては、任務違背行為についての「高度の認識」があったことが、判例⑮においては、任務違背行為であることを「十分に認識していた」ことが指摘されているが、とりわけ前者においては、そのような主観的要件を一般的に要求する趣旨ではなく、あくまで関与の態様に関する一事情として扱われ、借り手側の積極性や、融資担当者との個人的な関係が希薄である当該事案において、これらの点をいわば補完する要素として捉えられているようなのである[8]。

この点をふまえ、次に、相手方がどのような関与をすることが必要かを検

---

6 なお、⑦'東京地判平成12・3・23（判例集未登載）も、判例⑦と同一の会社による、別件の融資につき、担保とされた物件についての担保価値の評価と、借り手側の認識が問題となり、借り手に、融資担当者の任務違背行為の認識がなかったとして無罪としている（朝山・前掲解説（注3）307頁）。

7 前田雅英「商法486条と共同正犯」都法44巻2号46頁参照。この点につき、今井猛嘉「判批」『平成17年度重要判例解説』176頁は、この判決では、両者の要件が択一的に要求されているが、共同正犯を認めるためには、双方の具備が必要だとする。相手方の共同正犯の成立要件を厳格に画そうという問題意識は傾聴すべきだが、後述のように考えれば、両者を択一的に要求する同判決の立場は、理解しうるように思われる。

8 朝山・前掲解説（注3）301頁。

討した判例・裁判例を見てみよう。

(2) 相手方側の関与のあり方に関するもの

この点に関する最近の裁判例には、⑦の他、次のようなものがある。

⑧大手運送会社Ａ社の援助の下に、事業資金を得て株式取引、ゴルフ場開発等を行っていた暴力団幹部Ｚが、資金繰りに窮したため、同社から、自己が支配するＢ社を通じ、さらに債務保証、融資を受けた事案で、Ｂ社の代表者として、Ａ社の代表取締役Ｘらとの交渉に当たるなどしたＹにつき、新たな保証、貸付に応じなければ、Ｂ社が倒産し、Ａ社に莫大な損害が生じることや、多額の利益供与の事実が明るみに出て、Ｘらが苦境に陥るだろうことを熟知しながら、あえて任務違背行為を要請したことをなどを理由に、特別背任罪の共同正犯を認めた東京地判平成５・６・17判タ823号265頁、⑨雑誌社のオーナーＹが、総合商社Ａの代表取締役Ｘらに対し、マスコミ対策等に協力する姿勢を示す等しながら、執拗に強く融資を要求し、Ｘらが霊園開発事業資金の名目で融資を行った事案で、Ｙが、Ｘの図利加害目的を認識しながら、自らの利益を図る目的で、積極的な働きかけをして融資を実行させたとして、特別背任罪の共同正犯を認めた大阪地判平成６・１・28判タ841号283頁、⑩Ａ銀行と取引していた金融業を営むＢ社の代表取締役Ｙが、会社の経営が悪化し、もはや手形を振り出せない状況であったにもかかわらず、Ａ銀行の支店長Ｘと共謀し、Ｂ社が振り出した手形に、Ａ銀行が債務保証し、割り引かせ、それを当座預金に入金させて、一時的に当座貸越し残高を減少させるなどしていた事案で、Ｙに背任罪の共同正犯を認めた福岡高判平成４・５・13刑集50巻２号203頁[9]、⑪百貨店Ａ社の代表取締役Ｘが、出入り業者Ｂ社の実質的経営者である愛人Ｙと共謀の上、Ｂ社の利益を図り、Ａ社が輸入する商品を、合理的理由なくＢ社を経由させるなどしてＢ社に差益を取得させていた事案で、Ｙをも特別背任罪の共同正犯とした、最決平成９・10・29判タ952号203頁（三越事件）などである。

⑧、⑩、⑪は、いずれもＸとＹの利害関係が一体化していたものといえる。まず、⑧では、Ｂ社が倒産すればＡ社、Ｘも苦境に陥るという関係が存

---

[9] 上告審（最決平成８・２・６刑集50巻２号129頁）では、反対給付と財産上の損害についての問題のみが取り上げられている。

在していた。また、⑩では、罪責の判断においては、銀行員として勤務した被告人が行為の任務違背性を十分認識していたことが指摘され、さらに量刑理由において、YがA銀行から与信限度額を超える多額の不正融資を受けながら、その発覚により、責任の追及をおそれる支店長の弱みにつけいったとも指摘されている[10]。⑪でも、XYが愛人関係にあり、個人的な利害関係も共通していたといえる。他方、⑨では、利害関係がある程度共通していたことに加え、Yの側が、執拗、積極的に働きかけた点も指摘されている。

(3) 相手方の内部での役割に関するもの

(2)においては、事務処理者の相手方が1人であるか、あるいは、相手方側の行為を全体として見たときに、可罰性が満たされているかが問題とされた判例・裁判例を見た。しかし、相手方側の関与者が複数で、その中での役割分担が問われた判例・裁判例もある。例えば、⑧においては、Yに個人的な利益が帰属していないとしながらも、YがA社との交渉という重要な役割を果たしていたことなどが指摘されて、共同正犯が認められていた。これに対し、⑫最判昭和57・4・22判時1042号147頁では、A銀行の支店副長Xが、会社経営者Yと共謀の上、Yの会社に20億円の不正融資をし、5億円をXに対するリベートとして支払っていた事案で、Yに雇われて資金繰りを担当していたZ、営業面を担当していたWも背任共同正犯で起訴され、原判決も、これを認めたが、最高裁はこれを破棄し、Z、Wを幇助としている。同判決においては、本件の筋書きが、専らY個人によって発案、推進され、もっぱらYが利得を納める目的をもってしたもので、Z、Wらが分け前にあずかっていないこと等が指摘されて、Z、WがYの手足として働いたに過ぎないとされている。

4 近時の最高裁判例

さて、以上のような判例、裁判例の状況の下、近時、最高裁において、この問題に関し、理論的に極めて興味深い判断を示した3件の判例が登場した。以下では、これらの判例の事案・判旨について見てゆこう。

---

10 刑集50巻2号225頁。

(1) 住専事件[11]

⑬旧住専B社の代表取締役Xらが、取引先の不動産会社A社に対し、実質無担保で、不正に運転資金の迂回融資を行った事案で、A社代表取締役Yが、Xや同社の元代表取締役であった実質的経営者らと共に、特別背任罪の共同正犯として起訴された事案である。一審の東京地判平成11・5・28判タ1031号253頁[12]は、Yらは「融資側のスキャンダル等の弱みにつけ込んで融資に応じさせたり、犯行計画や手口を具体的に支持するなど積極的に身分者の行為に加功したわけではない」としながらも、「融資残高が大きい融資先への継続的融資では、たとえ融資先の経営状態が危ぶまれても、融資残高が回収不能となるのを避けるため、融資の申込みには応じざるを得ない事情が融資側に生じることがあり…逆に言えば、被融資者は、融資による利益を受けるだけではなく、それまでの累積的な借入によって融資担当者を右のような状況に追い込んだともみられる…融資担当者と被融資者とは、法律的な立場としては対立していても…融資を継続すること自体の利害が融資担当者と被融資者との間で共通化し、その意味で、被融資者に対しても、身分者である融資担当者が問われる融資行為による特別背任行為への共同正犯性を肯定できる基盤がある」との一般論に基づき、本件Yらは、Xらが「本件融資に応じなければ…巨額の融資残高が回収不能となって責任問題に発展するなどの苦境に陥る状況にあることを認識しながら」これを利用した、として、同罪の成立を認めた。Yから控訴がなされたが、退けられ、上告がなされた。

同決定は、以下のように判断し、上告を棄却した。まず、事実関係について次のように要約されている。Yは、A社の代表取締役として、同社に返済能力がなく、当該住専以外の金融機関からの融資が受けられない状態であるにもかかわらず、本件融資が実質無担保の高額な継続的融資であり、迂回融資の方法が採られるなど明らかに不自然な形態の融資であることを認識して

---

11 周知のように、1990年4月から1991年末にかけて、(旧)大蔵省によって、不動産向け貸出しを抑制する、いわゆる総量規制が行われたが、住宅融資のシェア低下に悩んでいた住専は規制の対象外とされた。このため、同時期の住専は、不動産関連融資を極端に積極化させていたという特殊性がある。

12 なお、本件および⑦における、住専側の正犯者の罪責が問われた東京地判平成13・10・22判時1770号3頁においても、共犯者の罪責については、⑦は無罪、本件は有罪という結論が確認されている。

おり、証券会社の審査部長等を務めた経験等に照らしても、本件融資がXらの住専に対する任務に違背して行われたものであること、本件融資が住専に財産上の損害を与えるものであることを十分認識していた。しかしYは、抜本的な経営改善策を講じないまま、住専に対し繰り返し運転資金の借入れを申し入れて、融資担当者をして任務に違背するよう仕向けた。その際Yは、A社がB社に資金面で深く依存し、財務的に破綻状況にあったにもかかわらず、B社からの継続的な運転資金の借入れにより倒産を免れているという状態にあったため、Xら融資担当者が、A社に対する過剰融資、貸付金の回収不能から生ずる自己らの責任を回避し、保身を図る目的で本件融資に応じざるを得ないことを知っていた。また、Yは、Xら融資担当者と個人的に親密な関係にはなかったが、Zの意向を体し、Xと個人的に親密なZと共同して、本件融資の実現に寄与した。

その上で、同決定は次のように判断した。「Yは、Xら融資担当者がその任務に違背するに当たり、支配的な影響力を行使することもなく、また、社会通念上許されないような方法を用いるなどして積極的に働き掛けることもなかったものの、Xらの任務違背、B社の財産上の損害について高度の認識を有していたことに加え、Xらが自己及びA社の利益を図る目的を有していることを認識し、本件融資に応じざるを得ない状況にあることを利用しつつ、B社が迂回融資の手順を採ることに協力するなどして、本件融資の実現に加担しているのであって、Xらの特別背任行為について共同加功をしたとの評価を免れない」。

同決定は、Yが迂回融資について加功してはいたものの、Xに対し支配的影響力を行使せず、社会通念上許されないような方法を用いるなどもしていなかった事案で、Yを共同正犯とした点に特徴がある。その根拠としては、Yに、ⅰXらの任務違背、B社の財産上の損害に対する高度の認識があった点、および、ⅱYが本件融資に応じざるを得ない状況を利用した点があげられている。

また、被告人と融資担当者との個人的関係は必ずしも強くなかった、融資の実質的利益帰属主体でなかった、といった事情が指摘されている点も注目される。これらは、一見すると、共同正犯の成立を否定する方向に働く事情

であろうが、本件ではそうした事情の存在にもかかわらず、共同正犯性が肯定されたのである。このような事情もあって、本件調査官は、本件を、背任罪の共同正犯を認めるにつき「一種の限界事例に近い事案」[13]と評している。

(2) 北國銀行事件

これに対し、原審の有罪判決を破棄し、差し戻したのが、⑭最決平成16・9・10刑集58巻6号524頁である。

事案は、次のようなものである。甲県最大の地銀であるA銀行の頭取であったYは、甲県信用保証協会の専務理事Xらと共謀して、信用保証協会に損害を与えたとして、背任罪の共同正犯で起訴された。協会は、A銀行が貸し付けた直後に倒産したB社の、A銀行に対する8000万円の債務を保証していたが、担保物件（機械）166点のうち4点（ただし評価額は3億円中6000万円）が未登記であったことが、保証条件違反に当たるとして、A銀行に免責通知をした。Yは、これによって保証債務が消滅したにもかかわらず、A銀行の利益を図る目的をもって、Xらに働きかけ、免責通知を撤回させ、代位弁済を実行させて協会に損害を与えた、というのである。なおA銀行は、当時、協会に対し、毎年約4000万円の負担金を拠出していた。

1審判決は、背任罪の共同正犯を認め、原判決も、免責通知書に記載されていた登記漏以外にも免責事由があり、保証債務が消滅していた以上、Xらの代位弁済は背任となる、YはA銀行から平成8年度の協会への負担金拠出を求められたのに対し、応じないなどといって、代位弁済を強く求めたが、それは正常な交渉とはかけ離れ、A銀行頭取の影響力に基づいた不当な要求であった、YはXらが代位弁済に応じることが任務違背に当たることを明確に認識していた、等として、これを是認した。

しかし最高裁は、次のように述べて、高裁判決を破棄した。i 負担金「の拠出額は協会の保証を受けた債務の前年末の残高及過去1年間に受けた代位弁済額によって算定されることになっていた。A銀行関係は…いずれの額においても断然第1位であった。このような状況の下において、独りA銀行のみが負担金の拠出を拒絶し、協会から利益は受けるけれども、応分の負担

---

[13] 朝山・前掲解説（注3）297頁。

をすることは拒否するという態度を採ることが実際上可能であったのか、ひいては…Ｙが協会に対する負担金の拠出に応じないことを利用して代位弁済を強く求めることができたかどうか、については疑問がある」ii「Ａ銀行が協会に対する平成８年度の負担金の拠出を拒絶することが実際上も可能であり、かつ、協会側がＹから負担金の拠出に応じられない旨を告げられていたとしても、協会としては」（負担金拠出を受けることとと代位弁済の）「利害得失を慎重に総合検討して、態度を決定すべき立場にある。」（前者を重視して）「代位弁済をすることが、直ちに協会役員らの任務に背く行為に当たると速断することは、できない」iii（担保の）「登記手続が未了であったという事実以外の事実を当時のＹが認識していたことは確定していないのであるから、そのような事実を直ちにＹが行為の任務違背性を認識していた根拠とすることはできない」「機械４点の登記漏れの事実が8000万円の債務全額について協会の保証責任を免責する事由となり得るかどうかについて、議論があり得る」。

　これを受け、差戻後高裁判決では、ii に関しては、Ｘらが慎重な検討をせず、忠実義務を果たしていなかったことを理由に、その任務違背性が肯定されたものの[14]、i に関しては、要請が１回限りであり、弱みにつけ込む等の著しく不相当な手段も取られていなかったとされ、さらに iii に関し、任務違背性の故意が否定され、無罪とされた[15]。

　最高裁の判示の内、ii は、Ｘの任務違背性に関わるものなので、本稿の検討対象から除く。また、iii は、理論的には、故意犯処罰の原則から、当然のことである。本稿のテーマと関係で重要なのは i であろう。この事案は、⑬のそれとは異なり、Ｘ、Ｙの利害関係が一体化しておらず、むしろ対立する状況にあった。そのような状況の下で、ＹがＸに代位弁済を「強く求めることができたかどうか」が問われ、それが疑問視されているのである。これはおそらく、このような事案では、強い働きかけがあってはじめてＹが共同正犯となるとの趣旨であろう。

---

[14] もっとも、このような理由で任務違背性を肯定すべきか否かについては、なお検討を要する。
[15] 名古屋高判平成17・10・28判例集未登載。

(3) **イトマン事件**

　さらに、近時、⑮被告人Ｙが総合商社Ａ社[16]およびその子会社の取締役Ｘらと共謀の上、Ａ社およびその子会社Ｂに、Ｙが実質的に経営する会社から、高額の利益を上乗せした価格で、多数の絵画を買わせ、両社に多額の損害を負わせた、Ｘ、Ｙは、各自がそれぞれ個人的に支配する会社の経営が逼迫する中、互いに無担保で数十億円を融資しあい、それぞれの会社がこれに依存する関係にあった、という事案で、Ｙに特別背任罪の共同正犯を認めた最高裁決定が登場した。

　最高裁は、以下のように判断した。「Ｙは、特別背任罪の行為主体としての身分を有していないが…Ｘらにとって各取引を成立させることがその任務に違背するものであることや、本件各取引によりＡやＢに損害が生ずることを十分に認識していたと認められる。また、本件各取引においてＡや、Ｂ側の中心となったＸとＹは、共に支配する会社の経営がひっ迫した状況にある中、互いに無担保で数十億円単位の融資をし合い、両名の支配する会社がいずれもこれに依存するような関係にあったことから、Ｘにとっては、Ｙに取引上の便宜を図ることが自らの利益にもつながるという状況にあった。Ｙは、そのような関係を利用して、本件各取引を成立させたとみることができ、また、取引の途中からは偽造の鑑定評価書を差し入れるといった不正な行為を行うなどもしている。このようなことからすれば、本件において、Ｙが、Ｘらの特別背任行為について共同加功したと評価し得ることは明らか」である。

　本件も、⑬と同様、あるいはそれ以上にＸＹの利害関係が一体化していた事案である。しかも、Ｙは、取引の途中からは絵画について偽造された鑑定評価書を差し入れる等の行為もしていた。また、Ｙの主観面に関しては、⑬が、事務処理者の任務違背性および損害発生についての「高度の認識」を認定していたのに対し、本件では、損害発生の「十分な認識」があったとされている点が興味深い[17]。

16　⑨と同じ会社である。
17　さらに、近時、⑯札幌高判平成18・8・31判例集未登載は、旧北海道拓殖銀行の元頭取による融資行為に対する相手方の加功について、借手が共同正犯として処罰されるのは、「頭取の任務

5　判例理論の小括

　以上のように、判例の事案は様々であり、単純な類型化は容易ではない。しかし、判例全体の傾向として、以下の３点が指摘できるように思われる。そしてそれらは、いずれも取引の相手方に背任共同正犯が成立するか否かを考えるに当たって重要な意味を持つ、３つのポイントと結びついている。

　まず第１に、単に情を知って背任の相手方となったにすぎない者を処罰した事案は見られないという点が指摘できる。すなわち、有罪とされたほとんどの事案では、相手方が任務違背行為に共同加功していた（①、②）、相手方側からの積極的な働きかけが存在した（④、⑥、⑨）、任務違背行為をことさらに利用した（⑦、⑧）、事務処理者が応じざるを得ない状況にあること、あるいは、相手方の利益を図ることが自己の利益とつながることを利用していた（⑩、⑬、⑮）といった、客観的な関与行為が指摘されているのである。また、そうした点が指摘されていないものであっても、⑪のように、明らかに利害関係が一体化している（愛人同士）場合もある。

　このことは、裏を返せば、かつて一部の学説が念頭に置いていたような、自身が「関知しないところで…せいぜいなんらかの便宜的措置、あるいは不正手段によって融資の利便が図られたらしいという認識があるにとどまる」[18]ような者は、起訴すらされていないということでもある[19]。このように、相手方側の者によってなされた客観的行為について、判例では一定の限定がなされているように見えるのである。では、そうした限定の理論的根拠および具体的内容は、どのようなものであるべきか。以下、この問題を論点①と呼

　　違背や図利・加害目的、財産上の損害の発生を認識したことに加え、頭取の特別背任行為に加功したこと、すなわち、任務違背を明確に認識しながら特別背任行為につき意思の連絡を遂げたり、任務違背に当って支配的な影響力を行使したり、社会通念上許されないような方法を用いるなどして積極的に働きかけ、あるいは、融資に応じざるを得ない状況にあることを利用しつつ、融資の実現に協力するなどしたことを要する」が、本件借り手は、頭取２名と「共通の利害を背景に、両被告人が融資を継続せざるを得ない状況にあることを利用すると同時にそれにつけ込み、脅迫的言動まで行って融資を実現したのであるから・・・特別背任行為について加功をしたとの評価を免れない」とした。
18　藤木英雄『経済取引と犯罪』（1965）242頁。
19　伊東研祐「特別背任罪における正犯性」『板倉宏先生古稀祝賀論文集』（2004）283頁は、「非身分者側が原則的に任務違背行為の実行に何ら関与しないということを前提としている点は、少なくとも近時の背任罪事件状況に適合的でない」とする。

ぶ。

　第2に、行為者の主観的要件の内容について、いくつかの異なる認定がなされている点が指摘できる。まず、損害の認識を欠くとして無罪とされた判例があり（⑤）、それにはおそらく学説上も異論はないだろう[20]。しかし判例が、それ以上の限定をしているのか、しているとしても、それがどのような根拠に基づき、また何についてのものなのかは、必ずしも明らかでない。当該事案において、相手方に高度の認識（⑬）、十分な認識（⑮）があったとの判示もあるが、それを要件とする趣旨か、単なる事実経過を指摘したものか、それとも、当該事案では必要だが、事案が異なれば必要ないとする趣旨かは、判然としないのである[21]。

　とはいえ、判例の中には、純粋に主観的な認識としての故意が否定ないし疑問視されている場合（⑤、⑦'、⑭も参照）と、より高度の認識が、行為の属性として共同加功を基礎づける1つのファクターとして認定されている場合（⑦、⑬、⑮、⑯）とが存在しているとはいえそうである。そうだとすると、後者は、むしろ論点①との関係が深いともいえる。こうした、行為者個人の認識の対象、内容に関する問題を、論点②とする。

　第3に、以上の第1、第2の問題点とは別に、相手方側内部における、共同正犯と狭義の共犯の区別に関する問題が議論されている。従来の判例をみると、取引の経済的効果が帰属する、いわば実質的な取引の相手方は、共同正犯とされているが（⑪）、それに当たらない者については、現実に果たした役割に応じ、幇助とされた場合（⑫）と共同正犯とされた場合がある（⑦、⑬）。このような、相手方内部での役割分担に関する問題を、論点③とする。

III　学説の現状と検討の視点

　次いで、学説に目を向けるが、その前に、指摘すべき点が1つある。それ

---

[20] 佐々木正輝「判批」警察学論集51巻6号205頁（⑪に関するもの）。
[21] 中西武夫「判批」法の支配132号67頁（⑬に関するもの）。

は、従来の学説には、概して、論点①〜③のいずれかのみで、妥当な処罰範囲を画そうとしたり、①から③を混同していたために、無理をきたす傾向があった、ということである。

例えば、従来、この問題に関する有力説とされていたのは、相手方が背任罪の共同正犯となるのは、「具体的任務違背行為につき、その意味の認識をふくめて…意思を通じ、あるいはこれを慫慂したときに限る」[22]という見解であった。この見解は、論点②によって、処罰範囲を画そうとするものである。この見解に対しては、背任罪の場合にだけ、具体的な認識を要求する根拠は必ずしも明らかでないという批判がなされているが[23]、その点はおくとしても、こうした主観面による限定によるときは、相手方が、身分者に不正行為をさせることについて極めて強い影響を与えていたものの、具体的な融資のあり方については、事務処理者に一任していた場合を処罰できないことになりかねない。しかし、それは妥当な結論とは言い難いだろう。また、理論的にも、この見解は、以上の要件が満たされなければ、相手方を無罪とするのだから、この要件を共同正犯のみならず、教唆、幇助にも共通の要件、すなわち共犯の故意の要件と位置づけていると思われる。しかし、任務違背行為を「慫慂」することは、客観的な行為態様であり、なぜそれが欠けると故意が欠けるのかは、必ずしも明らかでない[24]。これは、この見解が、論点①と②を混同したがために生じた問題点だと思われる。

また、共同正犯と幇助の区別に関する一般理論に従い、背任行為について、重要な役割を果たした者を共同正犯とすべきことを説く有力説[25]も同様の問題点を抱えている。この見解は、論点③を意識したものとしては理解可能だが、論点①については、解答となっていないのである。なぜなら、そこにいう「重要な役割」を、通常の共同正犯の成立要件において用いられている概念と同義と理解する限り、取引行為は、相手方がいなければ成立し得ない以上、取引相手方における中心人物は、当然に重要な役割を果たしていた

22　藤木・前掲書（注18）242頁。
23　中森喜彦「背任罪の共同正犯」研修609号5頁、島田・前掲論文（注4）113頁。
24　中森・前掲論文（注23）5頁参照。
25　柴田牧子「判批」上智法学論集39巻1号368頁、星周一郎「判批」東京都立大学法学会雑誌38巻1号624頁（いずれも、⑧に関するもの）。

Ⅲ 学説の現状と検討の視点　327

ことになり（その点を認識していれば）常に共同正犯となりかねない。しかし、それは妥当な結論とは言えないし、またこの見解の意図するところでもなかろう。

　こうした見解の中には、おそらく論点①をも意識して、相手方による「身分者の任務違背行為そのものに対する事実的な関与の程度が、通常の融資取引から明らかに逸脱してい」た場合に、重要な役割が認められるとする見解もある[26]。しかし、これは論点①と論点③を混同するものであろう。この基準をそのまま受け止めれば、「通常の融資取引から明らかに逸脱してはいない」場合でも、（重要な役割を果たしていなくても成立しうる）教唆、幇助は成立してしまう[27]。しかし、ある行為を通常の融資取引の範囲内にあると評価しておきながら処罰するのは、一種の評価矛盾であるように思われる。むしろ、そのような「逸脱」が認められない場合には、論点①において、共犯としての可罰性を否定すべきではないだろうか。

　以上のように、この問題を考えるに当たっては、まず、議論の素材を、それぞれの論点ごとに適切に仕分けし、位置づけることが重要である。以下では、そうした問題意識に基づいて、検討を加えてゆきたい。もっとも、論点②については、故意が、客観的構成要件該当事実の認識・予見であるため、客観的構成要件に関する論点①、論点③、特に前者の解釈によって、結論が影響されることはある。そこで、論点②については、さらに、論点①とは無関係に要求される要素（論点②-1）と、論点①の解釈によって影響される要素（論点②-2）とに分類して論じることととする。

26　佐々木史郎＝内田幸隆「判批」判タ1064号64頁（⑬の1審判決に関するもの）。なお、⑬の原判決である、大阪高判平成14・10・31判時1844号123頁も参照。
27　現に、内田幸隆「背任罪の共犯」企業と法創造2巻1号41-42頁は、通常の融資取引から逸脱していない場合にも、教唆・幇助を認める余地があるとする。

Ⅳ 自己の加功とは直接かかわらない主観的事情
―論点②-1について―

1 財産上の損害が発生することの認識・予見

　まず、相手方に財産上の損害が生じることの認識・予見がなければ、故意を肯定することはできない。この点は、前掲東京高判昭和38年が説くとおりであり、学説においても、異論はなかろう。その具体的認定に当たっては、すでに指摘されているように、例えば、不良貸付の事案であれば、借受人が、金融機関の業務等についての知識が乏しい場合も少なくないことや、担保評価に専門的判断が必要な場合もあることを考慮すべきであり、その結果として、貸付側に故意があったとしても、借受人の故意が否定される場合はあり得よう[28]。

　また、事務処理者によって任務違背行為が行われることは、共犯成立の前提となる正犯の実行行為なので、共犯者にも、その点についての認識・予見が必要である。この点も、一般論としては、異論はないところと思われる。しかし、この点については、相手方の関与のあり方も関係してくるので（②-2）、論点①について論じた後に、後述したい。

2 図利加害目的の認識

　さらに、相手方が、事務処理者が図利加害目的を有していることを認識していることも必要だろうか。判例においては、例えば、⑬や⑯などのように、事務処理者の図利加害目的を相手方が認識していたことを認定しているものが多く、これを必要としているかのように読める[29]。

　しかし学説においては、異論もある。例えば、図利加害目的は、背任の故意に解消され、しかも故意は責任要素であるから、相手方がこれを認識する

---

[28] 三井誠「判批」『続判例百選』（1971）183頁、西田典之編『金融業務と刑事法』（1997）145頁（上嶌一高）。

[29] 朝山・前掲解説（注3）295頁。

IV 自己の加功とは直接かかわらない主観的事情―論点②-1について―

必要はないという見解が有力に主張されている[30]。

図利加害目的の位置づけと内容については、周知のように激しい議論があり[31]、この論文では詳論はできない。しかし、それを犯罪論体系上の違法（不法）要素と位置づけるか、責任要素と位置づけるかにかかわらず、少なくとも、共犯者は、事務処理者に図利加害目的があることを認識していなければならないと解すべきであろう。その理由は次の通りである。

まず、それを違法（不法）要素と考えた場合には[32]、共犯者が、正犯者の図利加害目的を認識しなければならないという帰結が、自然に導かれる。正犯行為の不法は、共犯構成要件の重要部分を構成する以上、共犯者は、正犯行為の不法を基礎づける事実を認識していなければならないからである。

これに対し、責任要素とした場合には、共犯者自身が自らを利する目的があれば足りるようにも思われなくもない。しかし、図利加害目的は、あくまで事務処理者としての立場と結びついたものである。すなわち、事務処理者が、本人の利益よりも自己（あるいは第三者）の利益を優先しようとしたり、本人を害そうとすることこそが、背任罪にいう図利加害目的なのである。逆に言えば、相手方が、たとえ、自己の利益追及を動機としていたとしても、彼は、本人に対して任務を負ってはいない以上、そのこと自体は当罰性を基礎付け得ず、それは背任罪の意味での図利加害目的とはいえない。それ故、たとえ責任要素と解したとしても、共犯者としても、最低限、身分者にそれが存在していることを認識しなければならないと思われる[33]。そのような認識がある場合には、ちょうど、他人の窃盗を助ける際に、自らが物から効用を得る意思（利用処分意思）はないが、正犯者の利用処分意思を認識している状況に匹敵する状況が認められるであろう（もちろん、背任罪の場合は特定の物を利用処分する意思自体が不要なのは当然であるが）[34]。

30　林・前掲論文（注1）4頁。
31　詳しくは、上嶌一高『背任罪理解の再構成』（1997）255頁、山口厚『問題探究刑法各論』（1999）201頁などを参照。
32　もっとも、島田聡一郎「取引の相手方による背任行為への加功」上智法学50巻3号45頁の理由付けは、極めて不十分であり、また、ミスリーディングであった。違法要素説には、さらなる理由付けが必要であろう。この点については、小林憲太郎『刑法的帰責』（2007）91頁も参照。
33　龍岡資晃編『現代裁判法体系（30）』（1999）336頁（朝山芳史）。

実際上も、取引の相方は、通常、自己の利益追及を動機として行動するのだから、共犯者自身に利益を図る目的があれば足りると解するときには、図利加害目的による処罰範囲限定の趣旨が、共犯者については、殆ど意味をなさなくなってしまい妥当でないように思われる[35]。また、ある程度本人の利益になる取引が、どのような場合に任務違背行為の問題として扱われ、どのような場合に図利加害目的の問題として扱われるかは、現状でも、なお明確とは言い難く、起訴のされ方に影響されることもある。そのような状況の下で、正犯の任務違背行為についての認識・予見は必要としながら、図利加害目的の認識は不要として、両者に大きな効果の差を認めるのは、適切とはいえないように思われる。

Ⅴ 相手方として必要な関与──論点①について──

1 総説

論点①に議論を移そう。近時の判例を念頭に置いて「背任罪の共同正犯の処罰範囲を限定しなければならない」という問題関心の下で主張されている学説の多くは、この論点に関するものと位置づけられる[36]。以下では、こうした近時の学説に検討を加えたい。

こうした学説は、大別して2つある。1つは、相手方がどのような加功をしようとも、背任の共同正犯は成立しない、とするものであり、もう1つ

---

[34] このように考えた上で、さらに、共犯者自身に、自らあるいは第三者の利益を図り、あるいは本人を害する目的をも要求すべきかが、問題となりうる。それは、先の窃取への幇助行為の事案で、彼が窃盗幇助とされるために、①こうした認識に加えさらに何らかの領得意思が必要か、②そしてそれが、②-1 自己が物から何らかの効用を享受する意思でなければならないか、それだけでなく②-2 正犯者に物を領得させる意思でも足りるかという問題とパラレルである。ただし、背任罪においては、自己図利目的と第三者図利目的のいずれでも足りることが明らかなため、②-1と②-2が同視されることに異論はない。責任要素説からは、少なくとも②-2を要求することが必要であろうか。もっとも、本稿が問題とする場面では、本文中で述べたように、共犯者には、通常、少なくとも（共犯者自身すなわち背任行為者以外の）第三者の利益を図る目的は有するから、この点は、いずれと解しても、実質的な結論にはほとんど差は生じないだろう。

[35] 藤木・前掲書（注18）241頁。

[36] 林・前掲論文（注1）5頁は、このことを明言している。

は、通常の共同正犯の成立要件とは別個の、例えば「通常の経済取引を逸脱したか否か」といった基準を用いて処罰範囲を画するものである。しかし、結論から先にいえば、いずれにも賛成しがたい。まず、前説は、その結論が妥当とは言えないばかりでなく、その理論構成にも、後述するような根本的疑問がある。

これに対し、後説が導いている結論は、おおむね妥当なものではあり、直感的な基準としては理解できる。しかし、後で詳しく述べるように、これは結局、結論の先取りであり、理論的説明が、なお不十分ではないか、という疑問が払拭できない。以上のような問題意識に基づき、各学説の内容に、もう少し詳しく検討を加えてゆくこととしたい。

2 否定説

(1) 必要的共犯論

⑩を機に、この問題に検討を加えた学説に、次のようなものがある。融資担当者と相手方との関係は「事実上の対向犯の類型と考えることもできる」から、わいせつ図画販売罪における買い手の場合のように、「少なくとも通常の関与形態では共犯規定の適用を受けることはない」、というものである[37]。

この見解に対しては、i 背任罪の不法類型自体が関与者を必要としているわけではないから必要的共犯論を適用する前提を欠く[38]、ii「通常の関与形態」を超える場合が、具体的にどのような場合かが明かでない、という批判が向けられた[39]。

この見解は、こうした批判をふまえ、議論をさらに展開させた。まず、i については、必要的共犯論において、対向的関与者の一方を不処罰とする根拠を、違法性、責任の欠如に求める、いわゆる実質説を採用し、その上で、相手方の存在が犯罪実現に不可欠なことは必ずしも要求されないという反論をする[40]。他方、ii に関しては、相手方は、どのような場合であっても共犯

---

[37] 関哲夫「判批」判タ927号58頁。
[38] 林・前掲論文（注1）5頁。
[39] 中森・前掲論文（注23）5頁。

とならないと明言するに至る。その理由としては、①任務違背行為は、もっぱら貸付を行う事務処理者によって行われ、借受人は実行行為に直接加功し得ないこと、②借受人と金融機関・事務処理者との利害は対立しており、対向的な取引関係にある者相互間の対向的信任関係は背任罪の基礎にはなり得ないこと、③借受人の行為は、自己の経営する会社の倒産を回避する等の動機に基づく以上、違法性が低減しており、また期待可能性も低いこと[41]が指摘されている。

しかし、この議論には賛成できない。まず、③は、極めて疑問である。自己の経営する会社が倒産するのを防ぐために、窃盗や詐欺をした者について犯罪の成立を否定する論者はいないだろう。ことは背任罪の場合でも本質的には変わらないはずである。再建の見込みがないにもかかわらず、相手方に損失を押しつけ、自らは、倒産を回避しようとする態度を法秩序が是認しているとは思われない。こうした事情は、せいぜい単なる情状にとどまり、違法性、責任を類型的に否定するまでには至らないものと思われる[42]。

また、②は、相手方が直接正犯ないし実行共同正犯とはならないことの論拠にはなり得ても、共謀共同正犯を否定する論拠にはなり得ないはずである。もちろん、この見解も、この点を意識して、一般論としては、身分犯においても非身分者が共謀共同正犯となることを認めながらも、それは「同一の利害のもとで一体となって自己の犯罪として共同加功」した場合に限られるから、背任罪の事務処理者と相手方のような「利害関係を異にし、むしろ対立・対向しあっているときには共同正犯を肯定するのは困難」[43]とする。

確かに、利害関係を異にし、対立、対向しあう場合に、共同正犯関係を認めることには慎重であるべきだろう。この視点は、後述のように、共同正犯の成立範囲を限界づける上で一定の意味を持つ。しかし、相手方と事務処理

---

40 たとえば、犯人隠避罪の成立には犯人の存在は不要だが、犯人による犯人隠避教唆は、責任の類型的現象を根拠に、不可罰とする見解が有力である。もっとも判例は、一貫して可罰性を肯定する（例えば、最決昭和40・2・26刑集19巻1号59頁）。

41 関哲夫「背任罪の共同正犯についての一考察」『佐々木史朗先生喜寿祝賀論文集』（2002）365頁。

42 林・前掲論文（注1）5頁も、「この者に有責性を欠くとする理論構成も困難」とする。

43 関・前掲論文（注41）362頁。

者との関係を、常にこのようなものとみるのは、過度の一般化に過ぎ、実態にそぐわないのではないだろうか。先に見た⑬、⑮をはじめとし、相手方に背任の共同正犯を認めた判例の事案の多くは、一般的抽象的には存在する対立、対向関係が、当該事案においては、いわば崩れてしまっており、むしろ「同一の利害のもとで一体となって」いたと評価する方が実態にかなう事案のように思われる。

　さらに、①の前提にも疑問がある。これも②と同様、共謀共同正犯の成立を否定する理由とならないことのほか、Ⅱ7で見たように背任の共同正犯が実際に認められている判例においては、相手方も、任務違背行為に対して、かなり密接な関与をしている場合が少なくないからである。

⑵　自律性

　全面否定説の中には、次のように述べるものもある。「非身分者の関与が、同様の対向的な取引・利害関係中にある一般的な事務処理者を基準として考えた場合に、可罰的な行為に該り、それによって事務処理者が自律性を失わせられている場合には、その可罰的な行為の結果として財産上の損害が非身分者に帰属する」が、それは強盗、恐喝、詐欺の場合だから背任共犯とはならず、他方、相手方の関与が、それに至らない場合には「その非身分者の関与は、タフ過ぎる・好ましくないものであるかもしれないが、（刑法的には）違法ではない／適法なものであって許される」[44]とする見解である。

　しかし、この見解にも疑問がある。まず、直接正犯者に自律性が認められるからといって、その行為に関与した者に、共同正犯が成立しないとはいえない。このことは、身分犯を含む、通常の犯罪における共同正犯の場合を考えれば明かであろう。この見解は、自律性や、期待される社会的役割を手がかりに、相手方が詐欺、恐喝といった他罪にあたる場合には、財産侵害は、相手方に帰属するが、それ以外の場合には、もっぱら事務処理者に帰属するとしているが、財産侵害が、事務処理者に帰属するか、相手方に帰属するか、という二者択一は、前述した判例の事案等をみると、いかにも実態にそぐわないように思える。むしろ、その中間に「両者のせいであり、両者に帰

---

[44] 伊東・前掲論文（注19）286頁。

属する」という領域があるのではないだろうか。この見解は、そのような領域を否定する説得的な根拠を示していないように思われる[45]。なお、この見解は、相手方不処罰の論拠として義務犯論にも言及するが[46]、義務犯論は、正犯として処罰される者を、刑法外の特別義務を負っている者に限定する理論にすぎず[47]、非義務者に共犯が成立することを否定する理論ではない。義務犯論に依拠したとしても、相手方を教唆、幇助として処罰する可能性を否定することはできないのである[48]。

3 限定肯定説

(1) 総説

近時、全面否定説を退けながらも、相手方の共同正犯の成立範囲を、主として客観的構成要件の解釈によって限定しようとする試みが有力となっている。もっとも、そうした見解も、詳しく見ると、理由付けや具体的基準において、必ずしも一枚岩ではない。以下では、そのような学説について、個別的に検討を加えたい。

(2) 自己の利益追求の範囲と見られるかどうかを基準とする説

このような立場に立つ先駆的業績は、まず、「背任行為の相手方が独自の経済的利益の主体であること」を出発点とし、相手方の「行為が自己の利益の追求の枠内にあるとみることができる限度では、それが刑事責任につながることは原則としてないというべきである」とする。その上でこの見解は、「自己の利益を維持増大するために他の主体に働きかける行為は、たとえそれが通常の程度を越えて執拗に行われても処罰をもたらすものではないとす

---

[45] なお、伊東・前掲論文（注19）287頁においては、事務処理者に課される義務は「社会的に期待されている役割・機能を前提とするもの」であって「本人との信任・委任関係から生じる義務とは範囲的にも程度的にも異なりうる」とされている。これは、こうした「ずれ」の部分について、相手方に背任の共同正犯が成立する余地を残す趣旨かもしれない。もっとも、そのような趣旨か、またずれがどのようなものか、といった点については、明らかにされていない。

[46] 伊東・前掲論文（注19）288頁。

[47] 島田聡一郎「いわゆる故意ある道具の理論について（2）」立教法学60号67頁以下、平山幹子『不作為犯と正犯原理』（2005）、およびそこに引用された文献を参照。

[48] この点で、伊東研祐ほか『はじめての刑法』（2004）134頁（照沼亮介）が、身分者が特別義務を負うことを認め、非身分者による共同正犯を否定しながらも、一定の場合に教唆、幇助を認めているのは、義務犯論からの帰結として理解できる。

V 相手方として必要な関与—論点①について—

べき」だが、（ア）実質的に観察すれば相手方も本人の財産的利益を保護すべき立場にあるといえるような事情のある場合、（イ）相手方と事務処理者との間に経済的利益を共通にするような関係がある場合、（ウ）相手方が当該背任事件、事務処理者の任務違背行為をまさに作り出したと言わざるを得ないような場合、（エ）事務処理者に対する相手方の働きかけが著しく不相当であり、相手方の経済的利益の追求という枠を明らかに超えるような場合[49]には、相手方は共同正犯となるとしている[50]。

この見解は、近時の学説の問題意識を、かなり早い時期から先取りする先駆的業績であり、しかも、基本的に妥当な結論を示している。この見解が、近時の判例・裁判例に、かなりの影響を与えているのも、十分理解できるところである[51]。

しかし、この見解にも若干の疑問がある。まず、自己の利益追求の枠内か否か、という基準から、なぜ（ア）ないし（エ）の基準が導かれるのかが、必ずしも明らかでない。言い換えれば、利益追求の枠を、どのような意味で「超え」たら、当罰性が認められるかが、必ずしも明らかにされていないように思われるのである。このため、とりわけ、一般条項的な性格のある（エ）に当たるか、それとも経済的利益追求の枠内にとどまると評価しうるかが、必ずしも容易に判断しがたいものとなってしまっているように思われる。

そこで、比較的明確な基準が示されている（ア）ないし（ウ）の場合を手

---

49 中森・前掲論文（注23）7頁（（ア）ないし（エ）は、筆者による）。
50 なお、前田雅英『刑法講義各論［第4版］』(2006) 334頁も、イ実質的に観察すれば相手方も本人の財産的利益を保護すべき立場にあるといえるような事情があるとき、ロ相手方が当該背任事件、事務処理者の任務違背行為をまさに作り出したといわざるをえないような場合、ハ事務処理者に対する相手方の働きかけが著しく不相当であって、相手方自身の経済的利益の追求という枠を明らかに超える場合に、相手方を共同正犯とする。その上で、具体的には、①借り手に通常の取引には見られない「不当な利益」が得られたか、②貸し手の任務違背性の程度が重大か、③その認識が確実・高度なものであったか、④貸し手と借り手の力関係と通常の借り手のという（ママ）立場を超えた強い影響力の行使があったか否か、⑤社会通念上許容されないような働きかけがあったのかを総合して判断すべきことを説いている。目指す結論は、後述する私見と近いと思われる。ただ、イロハの基準と①～⑤の関係が、ややわかりにくいのではないだろうか（例えば、ⅰイロハいずれも①～⑤を同じように考慮して判断すべきか、それともそれぞれに重点に差があるのか、ⅱハと⑤の関係はどのようなものか等）。
51 朝山・前掲解説（注3）294頁参照。

がかりに、この見解が、実質的にどのような事情を考慮して、「利益追求の枠」を超えると考えているのかを分析したい。まず（ア）は、相手方が内部者であるため、事情に通じている、という観点から当罰性を高めるものであろう[52]。他方（イ）、（ウ）は、いずれも、事務処理者が、相手方からの申し入れを拒否する可能性が低く、結果が生じる蓋然性が、通常の場合よりも高められている点に、高い当罰性があるといえよう。すなわち（イ）のような利害関係の共通化が認められれば、事務処理者が、経済的動機から、相手方からの申し入れに応じる可能性が高いし、また、（ウ）のような状況の存在は、相手方の働きかけが強いものであり、事務処理者が拒絶しがたかったことを推認させるのである。

以上のように、この見解が導いている、具体的帰結は、「自己の利益追求の枠内か否か」という観点のみから、理論的に導かるわけではなく、以上のような、別途の考慮に基づいていると考えられる。そうだとすれば、そうした実質的考慮をむしろ前面に出すべきではないだろうか。

さらに考えると、自己の利益追求の枠内ならば不可罰とされるという議論は、感覚的には理解できるものの、突き詰めて考えると、論理が逆転しているのではないか、という疑問がある[53]。自己の利益追求は、法の枠内でのみ許されるはずなのだから、利益追求の枠内であれば処罰しない、という議論は、実は、処罰しない場合が別個の観点から決められた場合の、いわば後付の理由としかなり得ないのではないか、という疑問が払拭できないのである。言い替えれば、「自己の利益追求だから背任共犯にならない」のではなく、「背任共犯にならない行為が、自己の利益追求として許される」のである。

では、処罰の実質的限界を決する視点は何なのだろうか。以下、そうした点に言及している限定肯定説に検討を加えたい。

---

[52] なお、ここでは、さらに、本人のために義務を負っている点が、当罰性を高めるという考慮もなされているのかもしれない。しかし、もし当該財産侵害との関係で、義務が認められるのであれば、直接正犯となるはずである。ここでの議論は、それが否定されることが前提とされているのだから、このような考慮は難しいように思われる。

[53] 上嶌一高「判批」現代刑事法65号96頁（⑬に関するもの）も、「自己の経済的利益を追求するにも、とりうる手段は自ずと限られる」とする。

(3) 自律性原理を基調とする説

　学説の中には、1(2)でみた見解と同様、事務処理者の自律性に着目する見解がある[54]。もっとも、この見解は、1(2)でみた見解とは異なり、一定の場合に、相手方を処罰すべきことを説いている。

　この見解は、「日常の生活、取引に必然的に内在する危険はおよそ犯罪の不法を基礎づけることができない」とした上で、そのような危険の有無は、各行為者の自立を基礎に分配されねばならないとする。その上で、取引行為における背任罪の特質に応じ、「①強盗、恐喝、詐欺が成立しえないような場合、あるいは、②そのような犯罪的不法を欠いても『事務処理者』の『任務遵守』を不能化しえないような場合には、被害者側の『同意に基づく自損行為』については、違法性の欠如ゆえに正犯、共犯が成立しえない」[55]とするのである（丸数字は筆者）。

　まず、この見解がいうように、一定の危険創出行為がなければ、共犯は成立しえない、という指摘は適切であろう。日常生活に必然的に内在する危険が、たまたま結果に実現しても、それは、いわば低い危険が結果に実現したものとして、相当因果関係ないし客観的帰属（危険実現）が認められないからである。

　しかし、この見解が続いて、「被害者側の『同意に基づく自損行為』」に言及する点は、妥当でない。確かに、背任罪においても、被害者側の危険引き受けによって無罪となる場合はある。例えば、本人が、事務処理者に対し、一定のルールに則った冒険的取引等を許容している場合がそれである[56]。しかし、そのような場合には、相手方のみならず事務処理者も無罪となるはずである。本稿で問題しているような、相手方の関与が問われる場合には、事務処理者も処罰されることが前提とされているのだから、こうした観点から、共同正犯の成立を否定することには、いかにも無理があると言わざるを得ない。

54　長井圓「背任罪における自己答責性原理と取引相手に対する共犯の成否」神奈川法学35巻3号135頁。
55　長井・前掲論文（注54）136頁。
56　島田聡一郎「被害者による危険引受」山口厚編『クローズアップ刑法総論』（2003）162頁。

(4) 許された危険説

　(2)、(3)で述べた見解と問題意識を共有しながらも、先に述べたような実質的考慮に、理論的説明を与えようとする注目すべき見解がある。その見解は、共犯の場合にも、許された危険を超えた行為を行っていなければ、構成要件に該当しない、という前提に基づいて、次のように述べる。「借受人の申し込みが、通常経済社会に行われている程度のものであって、融資担当者が背任罪を犯し本人に損害を与える危険性がそれほど高度でない場合、とくに、借受人の働きかけには企業再建という有用性がある程度認められる場合には、その行為は許された危険の範囲内のものとして、合法、少なくとも、共犯の構成要件該当性、実行行為性を欠くものとして、背任罪の共同正犯のみならず幇助犯の成立も否定されるべきである」[57]。

　この見解は、共犯の一般理論から、処罰範囲を限界づけている点で、理論的根拠が明快である。また、共犯の成立範囲を限界づけるに当たって、一定の危険創出行為を要求する点も、基本的に正当であろう。許された危険論に対しては、批判もあるが、少なくとも、全体財産に対する罪である背任罪の成否を考えるに当たって、行為の遂行によって得られる財産的利益をも考慮すべきことには、異論はないように思われる。

　しかし、この見解にも疑問がある。というのは、もし、本当に「企業再建という有用性」が認められる場合であれば、そもそも正犯の背任行為自体否定されるように思われるからである。例えば、⑭が、原判決を疑問視する際に指摘したように、一定の財産的不利益を生じさせる行為であっても、同時に、それに見合う財産的なメリットをも伴っていれば、正犯者の任務違背性が否定される場合がある。そのことは、貸付の場合でも同じであり、もし、借り手側の企業が、当該貸付によって「再建」するのであれば、それは従来の債権を不良債権化しない点で、貸手にとってもメリットがある。そのような場合には、任務違背性自体が否定され、相手方のみならず、事務処理者の罪責も否定されるべきと思われる[58]。

57　林・前掲論文（注1）7頁。
58　刑法学会第83回大会のワークショップにおいて西田典之教授も、この点を指摘された（刑法雑誌45巻3号548頁以下参照）。また、内田・前掲論文（注27）36頁の、こうした場合、融資の

この見解も、こうした批判を意識した上で、次のように述べて、事務処理者は有罪だが、相手方は無罪となる場合があることを論証しようとする。すなわち、「貸し付けた者に背任罪の成立が認められても、i 借入の申し込みが通常の程度のもので、ii 不良貸し付けを行う危険が高度ではなく、かつ、iii その申し入れ行為にある程度の有用性がある」[59]（数字は筆者）ときは、正犯は許された危険を超えているが、共犯は超えていない、というのである。

確かに、一般的に言えば、正犯行為が違法であっても、共犯行為が違法でない場合はあり得る。そして、事務処理者が処罰されても、相手方が無罪とされるべき場合も、確かにあり得よう。しかしそれを、この見解のいうような、3つのファクターの総合衡量に基づくべきとするのは適切でない。突き詰めて考えると、この見解が指摘する i ないし iii のうち、事務処理者と相手方との罪責の相違を基礎づける余地があるのは、ii だけではないかと思われるからである。すなわち、iii の有用性については、前述のように、企業が再建されれば、貸し手側にとってもメリットがある以上、こうした客観的価値は、両者に差はない。他方、i も、法益侵害の危険から離れた行為態様の通常性自体には、規範的意味を認めるべきでない以上[60]、結局、ii に還元されてしまうはずである。

そして、そうだとすれば、事務処理者に任務違背行為が認められる場合に、相手方に共犯が成立するか否かを考えるに当たっては、この見解のいうような総合判断に基づく利益衡量を行う必要はなく、事務処理者に対する働きかけとして、どの程度の危険な行為までが許されるか、といった危険性をベースとした判断を行う方が、より実態に即した、適切な枠組みではないかと思われるのである。

(5) 利害の一体化

⑬の調査官解説において、次のような注目すべき見解が主張されている。「この問題は…融資の担当者と相手方が本来経済的に利害が相対立する者で

申込みが許されているのは、「その融資の実行自体が許されているからではないか」との指摘は正当である。さらに、島田・前掲論文（注4）71頁参照。
[59] 林・前掲論文（注1）7頁。
[60] この点は、林・前掲論文（注1）3頁が適切に指摘するとおりである。

あることをふまえた検討が必要であると思われる。すなわち、融資の担当者と相手方との間に経済的利害が相対立する緊張関係が保たれている限り、両者の間に（特別）背任の共謀を認めるべきではない…何らかの理由によりこのような緊張関係が失われるに至った場合に、（特別）背任の共謀の成立を認めるのが相当である」[61]

　この見解は、⑬のような事案の実態を的確に表現したものとして注目に値する。もっとも、判例解説としての性質上、当該事案にやや傾斜した議論であり、他の事案をも想定すると、若干の疑問が残る。まず第1に、先に述べたように、融資担当者と相手方との緊張感が失われていれば、「共謀の成立」を認めるというのは、やや肌理の粗い議論と思われる。そのような場合に、相手方側に加功した者であっても、⑫のように、その加功の態様によっては、幇助とされるべき場合もある以上、これは、むしろ広義の共犯一般の成立要件と位置づけられるべきであろう。この点はおいたとしても、第2に、こうした限定は、⑬のような事案の説明としては優れているが、例えば、⑭を若干修正して、銀行頭取が信用組合理事に対して、強い影響力を与えることが出来た場合のように、事務処理者と相手方との利害関係が対立し、緊張関係はなお存在していたものの、相手方が、それを乗り越えるような強い働きかけを行った場合〜いわば利害共通型ではなく、強い働きかけ型とでもいうべき場合〜には、あまり適切な説明といえないように思われる。

4　若干の検討

　以上のような判例・学説の状況をふまえ、若干の私見を述べたい。まず、ここで問われているのは、あくまで、相手方の行為が、247条と60条以下の規定をあわせた構成要件に該当するか、という問題である以上、解決もその枠内でなされるべきである。これと異なり、必要的共犯、自律性、自己の利益追求といった、いわば外在的な制約を持ち出す見解は、先に見たように、いずれも理論的根拠に乏しいものであった。やはり、2(4)で見た見解が指摘

---

[61]　朝山・前掲解説（注3）295頁。もっとも、後述する利害対立を乗り越えるような強い働きかけがなされた場合も、その結果として「緊張関係が失われるに至った」とする趣旨かもしれない。

するように、共犯としての因果関係、結果帰属の枠内での解決がなされるべきであろう。

もっとも、この問題を、単なる共謀共同正犯についての一般論で解決できると割り切ることは若干適切さを欠く。その理由は2つある。まず第1に、そのように考えると、前述のように、ここで問題とされるべきが、正犯と狭義の共犯の区別ではなく、両者に共通する共犯としての処罰の可否の問題だということが、見失われるおそれがある。第2に、そのように位置づける時は、およそ一般的な共犯の構成要件などというものは存在せず、該当性が問われるのは、あくまで各則の構成要件と60条以下の規定をあわせた構成要件だということが軽視されかねない。しばしば、取引行為の相手方に、背任罪の共同正犯が成立するか、という問題は、総論の問題か、各論の問題か、といった形で議論がなされることがあるが、そのような問題設定自体が適切でなく、総論を各論にあてはめた結果が問われているに過ぎない。すなわち、ここでの結論は、共犯に関する一般理論から導かれねばらないと同時に、そこで導かれる具体的結論は、背任罪、とりわけ、このような取引行為の実態をふまえたものでなければならないのである。「取引の自由を保護するために、自己の利益追求の枠内の行為は不可罰とされるべきだ」とはいえなくとも、共犯の一般理論をこの場面に適用するに当たって、取引の自由が阻害されないような慎重な解釈、適用をすべきだとは、なお言いうるように思われる。

それでは、この場面で問題とされるべき、共犯の一般理論は何か。それは、2(4)で見たように、正犯の行為を引き起こす危険性の程度に求められるべきであろう。共犯が処罰されるためには、直接結果を惹起した正犯者の行為に働きかけ、その行為による結果発生の危険を物理的または心理的に高め、その高められた危険が結果に実現したことが必要である。単に結果と何らかの形での結びつきがある、というだけでは足りず、正犯行為に対する一定の影響を与えなければならないのである[62]。

それでは、どのような影響を与えれば、正犯である事務処理者の任務違背

---

[62] 共犯成立の一般的要件をこのような観点から限定すべきことについては、島田・前掲論文(注4) 77頁。

行為を介した結果の帰属が認められ、背任罪の共犯が成立するのか。これは、要するに、以上のような一般論が、このような場面での背任の相手方について、どのように適用されるべきか、という問題である。

この場面では、法律的には、本人が事務処理者を介し相手方との間に取引行為をしている。しかし、主に本人－事務処理者間の関係という内部的規律によって、それに背任という色彩が付与されているのである。相手方を背任に加功したと評価するためには、取引行為の単なる当事者というにとどまらず、いわば、そうした内部規律の部分にまで踏み込んだ関与と評価されること、そうした色彩の部分にまで関与したといえることを必要とすべきであろう。

ところで、先に見た多くの見解が指摘していたように、事務処理者と取引の相手方とは、一般に、利害関係が対立する。それ故、通常、相手方としては、本人側の内部規律についてまで配慮すべきとはいえない。そのような事務処理者は、相手方からの多少の働きかけに対しては、適切な審査を働かせることが、本人との関係で期待されているからである[63]。そのような状況で、適切な審査がなされず、任務違背行為がなされても、それは、危険性が低い行為が、もっぱら事務処理者のせいで結果に実現したと評価できるから、相手方の創出した危険の実現とはいえず、相手方に共犯は成立しないというべきであろう[64]。例えば、⑭における、信用保証協会側の対応のように、事務処理者側の対応が、いわば過剰反応とも言うべき場合がこれに当たる。これは、共犯の成立要件を、この場合にだけ加重しているのではなく、通常の共犯成立要件を、こうした場面にあわせて適用しているに過ぎないのである。

それ故、このような観点は、あくまで危険創出・実現の枠内でのみ考慮されるべきであり、審査機能が働くことが期待できる場合にのみ妥当する[65]。これに対し、何らかの事情で審査機能が働きにくい状況になっていた場合

---

[63] なお、小林憲太郎『刑法的帰責』(2007) 156頁以下は、こうした考慮を「信頼の原則」による客観的帰属の否定という枠組みで行っている。そのように表現することも可能であろう。ただ、同書で認められている例外事由をも見るとき、その結論は結局島田・前掲論文（注4）で示した危険創出、実現の枠組みとほぼ一致するように思われる。

[64] 島田聡一郎「判批」判例セレクト05（法学教室306号）37頁（⑭に関するもの）。

[65] それ故、全面否定説のように、この観点をあらゆる場合に妥当させることには賛成できない。

に、相手方がそのような状況を利用したり、あるいは、相手方が、事務処理者をそのような状況に陥れた場合等は、被害が生じることは、当然の事態といえ、相手方を共犯として処罰すべきであろう。

このような状況は、大まかにいえば、（あ）両者の利害関係が何らかの形で一体化し、審査機能が働かなくなっている段階で、相手方の行為がなされた場合[66]（「利害一体化型」と呼ぶ）と、（い）事務処理者と相手方との間の利害対立状況は残されているものの、相手方が、事務処理者の審査機能を乗り越えてしまうような支配的影響や、威迫、欺罔等を伴う等の積極的な働きかけをした場合（「強度の働きかけ型」と呼ぶ）の、いずれかが満たされていれば、認められるべきであろう。もちろん、両者の区別は絶対的なものではなく、その中間的な場合も考えられる。そのような場合には、利害一体化の程度と、働きかけの程度の相関関係から、可罰的な共犯行為といえるほどの危険創出・実現があったといえるかを判断すべきであろう[67]。

以上のような観点からは、従来の裁判例において指摘されてきた「社会通念上許されないような働きかけ」という概念は、（い）において、働きかけの強さを示すものと位置づけられる。それ故、（あ）の場合は、この要件は必ずしも要求されない。（あ）に属する⑬が、「社会通念上許されないような働きかけ」をしていなかったとしても、背任罪の共同正犯となる余地を認めたのは支持されて良い。

以上のような見解に対しては、いくつかの批判が考えられる。まず（い）

---

[66] 2(5)で述べた見解は、この意味で正当である。
[67] なお、討論においては、一種の限界事例として、特別な癒着関係はなかったが、正犯者が、当初から、極めて安易に不良貸付を行うつもりであった場合に、それを熟知しながら、強く働きかけることもなく、借入を申し入れたところ、正犯者が背任行為を行った場合に、相手方をどのように扱うべきか、という質問を受けた。このような場合は、実際上想定しがたいが、危険創出、実現の観点からは、（あ）との間に、質的な差異を設けることは出来ず、可罰的な危険創出、実現の関係を否定することは出来ないように思われる。もっとも、このような場合には、危険性は、ほぼ全面的に、正犯者の性向によって基礎づけられている。それは、人の心理に依存するだけに極めて不確定な部分があり、しかも、外部者にとっては、通常、認識することが困難であろう。それ故、そうした性向を明確に認識しながら、あえて意思を通じ合って取引行為を行ったといった、ごく例外的な場合でなければ、後述のように、故意を認め難い。また、そのような安易な人間とはいえ、何等の動機付けもなく、そのような行為を行うことは想定しがたいから、通常は、行為者が、何らかの経済的利益の提供を行うか、正犯者側の保身の動機を熟知している等の事情が必要であろう。

について、そのような場合には、恐喝罪、詐欺罪等で処罰すれば足りるという批判があり得る[68]。しかし、それらの罪は、事務処理者を被害者と構成するものであるが、脅迫、欺罔の程度が、これらの罪を認めるに足りず、事務処理者を被害者と位置づけるのが不自然で、「脅され（あるいはだまされ）てはいるが、なお本人に対する共同加害者である」という評価が適切な場合はあるから、そのように割り切ることは妥当でないように思われる。

また、(あ)については、行為者自身が、利害を一体とするような行為を行っていたことが必要ではないか、という批判があるかもしれない[69]。しかし、そのように考えると、例えば、長期間にわたる不良貸付によって利害が一体化したが、途中で担当者が交代したような場合、状況をすべて知りながら、事務処理者が応じざるを得ない癒着状況にあるのを利用して不良貸付を行わせた新しい担当者が不可罰となり、結論的に妥当でないように思われる[70]。理論的にも、このような場合の処罰根拠は、事務処理者を追い込んだことそれ自体ではなく、そうした財産的損害が生じる高度の危険がある状況を利用して、結果を生じさせたことにあるのだから、このような新たな関与者を不可罰とすべきではないように思われる[71]。

さて、以上のような観点から見ると、Ⅱで取り上げた判例・裁判例の内、まず、①、⑥、⑧、⑨、⑩、⑫は、強度の働きかけ型に当たる。例えば、①であれば、帳簿の改竄により、商品の不当な廉価販売の事実を一切隠蔽できる、と告げていることは、その主張に説得力があれば、背任行為の強力な動機付けとなりうる。他の事案でも、積極的な働きかけがなされていたことが認定されており、これらの事案で、相手方を処罰した結論は、支持されてよい。なお⑫は、後述するように、被告人自身の関与は、さほど重要なものではなかったが、被告人を含めた相手方側の行為は、担保の徴求などを全く欠き、通常の取引形態から著しく逸脱し、回収困難ないし回収不能に陥ること

---

[68] 伊東・前掲論文（注19）286頁参照。
[69] 内田幸隆「判批」刑事法ジャーナル5号156頁参照（⑮に関するもの）。
[70] どの程度の影響までが、被告人となっている当該相手方が与えたもので、どの程度までが前任者によるものかが、判然としない場合も少なくないだろう。
[71] むろん、こうした場合には、相手方の新たな担当者が、そうした状況を認識していたか否かについて、慎重な検討を要する。

が必定の融資を、そのことを熟知しながら、5億円のリベートを提供して行わせたのだから、これに該る。

　他方、②、④、⑪、⑬、⑮は利害一体化型に当たり、処罰を肯定した結論は、やはり正当であろう。これらの裁判例からもわかるように、利害一体化型は、さらに、いわば人的関係が大きな比重を占めている場合（例えば、②、⑪）と、金銭的な癒着関係が大きな比重を占めている場合（例えば、⑬、⑮）に分類できる。しかし、これらの動機は、必ずしも截然と区別できるものではなく、また、理論的にも、心理的因果性を基礎づけうる点でも変わりはないから、あえて区別する必要はないだろう[72][73]。

　これに対し、⑦は、利害関係が一体化しているような事案ではなく、しかも（い）に当たるような強力な加功も認められない事案であった。それ故、無罪とされた結論は妥当であろう。また、⑭も、利害関係が対立している事案で、単に一回限りの申し入れがあっただけであり、しかも「負担金の拠出に応じないことを利用して代位弁済を強く求めることができたかには疑問がある」とされているのだから、いずれの類型にも当たらない。差戻後控訴審において、無罪とされた結論は妥当であろう[74]。さらに⑤も、若干事案を修正し、仮に未必の故意が肯定できる場合であっても、判決で認定された程度の加功であれば、共犯と評価するには、なお疑問が残る。

　なお、③は事実関係が必ずしも明らかでないが、利害の一体性、強い働きかけを基礎づける事実の指摘がやや不十分なようにも思われる。

---

[72] もっとも、中森・前掲論文（注23）7頁は、経済的利害関係に限定する趣旨とも読める。

[73] さらに、橋本正博「判批」『平成15年度重要判例解説』174頁（⑬に関するもの）は、貸し手は自らの責任回避、保身、借り手は会社の維持といったように、動機が相互に異なる、いわば同床異夢の場合に共謀を認めることに慎重な態度である。しかし、同所では明言されていないが、仮に、これだけの理由でに共謀を否定するのだとすれば、通常の共謀の成否の議論に比して、やや厳格に過ぎるように思われる。もっとも、これは、共謀共同正犯の成立要件を、判例・多数説の現状よりも厳格に画そうとする橋本説の一貫した問題意識からは、むしろ自然なのかもしれない（橋本正博「共謀共同正犯概念再考」『神山敏雄先生古稀祝賀論文集（上）』（2006）389頁以下参照）。

[74] もっとも、故意の点にも言及されている。ただし、ここにいう故意も、任務違背行為への加功についてのそれだから、それを否定するためには、加功の内容自体を以上のように限定することが前提となろう。

Ⅵ 任務違背性の認識―論点②-2について―

 相手方に共犯が成立するための客観的要件は、以上のように考えるべきである。そして、背任罪が故意犯である以上、故意の要件としても、相手方は、以上のことを認識していなければならない。

 すなわち、利害一体化型の場合には、自分と事務処理者との利害関係が一体化しており、事務処理者が違法行為に出やすい兆候が存在していることの認識が必要であり[75]、強い働きかけ型の場合には、自己の行為が、利害関係の対立を乗り越えるほど強い働きかけであることを認識していることが必要である。

 このような両者の差異のため、故意の認定にも、差が生じうるように思われる。すなわち、後者の場合には、危険性を基礎づける主たる要因は、自らが行う行為であるから、その点についての認識は、比較的認められやすいのに対し、前者の場合には、危険性を基礎づけているのが、事務処理者側の事

---

[75] かつて私は、次のように述べたことがある。「当初は違法とはいえない程度の貸付であったが、途中から借受人側の財産状況が悪化したために、途中から不良貸付となる場合があるが、そのような場合には、その後借受人が積極的な行為を行っていない場合には、故意を認めることは原則としてできない」(島田・前掲論文(注4)116頁)。これに対しては、「一般論としては傾聴に値するが、当初は違法といえない融資が途中から不正融資に転化した場合、借り手が特段の積極的行為をしていなくても、借り手が融資担当者の弱みにつけ込むなど、借り手と融資担当者の関係いかんによっては、(特別)背任罪の共謀を認めてよい場合もある」(朝山・前掲解説(注3)297頁)との批判が向けられている。しかし、これは、私の説明が不十分だったためか、かみ合っていない議論のように思われる。まず第1に、私は、それに先立つ箇所で次のように述べている。「不良貸付が長期にわたる場合には、金融機関の貸付担当者等は、保身等の動機から自己の不手際の発覚を隠蔽しようとしてさらなる融資を続ける場合が多いと思われるから、積極的な働きかけがなくとも、そうした正犯者側の事情を認識した時点からは、正犯者の決意の認識を認めることができる」、と。すなわち、不良貸付が長期にわたった場合には(ややわかりにくい表現であったかもしれないが、結果的に不良債権化した場合も含む)、借り手が、そうした事情を認識していれば、故意を認めることが出来る、という趣旨である。第2に、朝山解説にいう「弱みにつけ込む」ような場合には、「積極的な行為」という概念に含める趣旨であった(「積極的行為」という概念の説明が、やや不十分だったかもしれない)。私がいいたかったのは、財務状況が悪化して、はじめて不良貸付と評価されるにいたったような段階で、つけ込む行為等が認められず、貸付を漫然と受けた場合には、通常、故意が認められないということであった。私見と、朝山解説とは、実は径庭がないように思われる。

情なので、故意の認定にあたって、より慎重であるべきと思われる[76]。利害一体化型の⑬において、事務処理者の任務違背と、損害発生につき「高度の認識」があったことが指摘されているのは、このような観点から理解できる。この事案では、相手方が、迂回融資の手順を採ることに協力するなどしていたことが認定されているが、このように、癒着状況と違法な貸し付けが行われていることを、外部者にとっても推測させるに足る事実の認識があれば、故意を認定することは容易であろう。

しかし、これは、当該事案において、存在していた事情を指摘し、かつ「漠然とした」認識では、故意というに足りないということをリマインドさせる意義はあるが、理論的には、「高度」の認識までは必要ないはずである[77]。⑮においていわれたような、任務違背、損害についての、「十分な」認識があれば足りるというべきであろう。

Ⅶ 共同正犯と幇助の区別―論点③について―

さて、以上のようなⅤ、Ⅵで述べた観点から、相手方側の処罰が基礎づけられる場合には、さらに相手方側の人物のうち、誰が共同正犯で、誰が狭義の共犯か、という問題が登場する。この問題は、通常の共同正犯と狭義の共犯の区別に関する議論によって解決されるべきであろう。そして、犯罪実現にとって重要な役割あるいは実行者と対等以上の役割を果たしたことを、共同正犯の成立要件とする多数説を前提とするときには、次のように考えられる。

まず、背任罪に当たる取引行為それ自体は、犯罪実現にとって不可欠な行為だから、相手方が1人である場合には、その者は、まさにそうした不可欠な行為の相手方となっていることを根拠に、共同正犯とされるべきであろう。これに対し、相手方側に、複数の人物がいる場合には、まず誰が取引の

---

[76] 注67で述べたような場合には、さらに慎重な認定を要する。
[77] 上嶌・前掲評釈(注52) 96頁。なお、同97頁は、本件で高度の認識があったといえるかについても、疑問を呈している。

主体と評価できるかを考え、その者は、共同正犯とされるべきである。そして、こうした、誰が「取引の主体」といえるかの判断においては、当該取引の経済的な効果が帰属したか否かが重要な判断要素となろう。

このような判断方法に対しては、共同正犯と狭義の共犯の区別において、利益の帰属を問題とすることは、主観説、とりわけ利益説に帰着し妥当でない、という批判や[78]、この場面で利益の帰属を重視すると、相手方は常に共同正犯とされかねず妥当でない、という批判もあるかもしれない。しかし、いずれの批判も当たらないように思われる。まず前者については、ここで問題としているのは、そのような総論的議論ではなく、あくまで取引行為が問題となっているこの場面で、取引行為の主体といえるか否かを判断するに当たっては、利益の帰属に重要な意味があるとしているにとどまる。そのように解したとしても、それは決して利益説を採用しているのではなく、背任罪の特質をふまえた客観的判断をしているに過ぎないのである。

後者については、確かに、論点①において、利益の帰属を考慮すれば、そのような結論になりかねないが、Ⅴで述べたような事情が認められ、共犯としての可罰性が認められた場合に、いずれの関与類型に当たるかを考えるにあたって、利益の帰属を考慮しても、この批判が危惧するような事態には陥らないように思われる。

もっとも、そのような取引行為の効果が帰属する主体であることが、共同正犯を認めるための必要条件とまではいえない。すなわち、取引行為の主体ではなくとも、取引行為が実行されるにあたって積極的に関与し、その実現に多大な寄与をしていた者は、やはり重要な役割を果たしたといえるから、共同正犯とされるべきであろう。これに対し、取引行為に何らかの形で関与こそしたものの、計画の立案等に関与せず、単に中心的人物を補佐し、あるいはその意向に従っていたに過ぎない者は、幇助とされるべきである。これは、通常の共同正犯論から見て、当然の帰結であろう。

以上のような観点から、⑧、⑬が共同正犯を肯定し、⑫が幇助としたのは、いずれも支持できる。

---

[78] 柴田・前掲評釈（注25）369頁。

＊校正段階で、上田正和「対向的取引と特別背任罪の共犯」大宮ローレビュー3号5頁に接したが、その検討は別稿に譲らざるを得ない。

(第8講) 議論のまとめ

和田俊憲

1

　本論文は、取引行為の形態で行われる背任の相手方に背任罪の共同正犯が成立する条件を、明らかにしようとするものである。本論文では、まず、判例が整理され、検討すべき問題が3点に集約される。第1に、相手方の客観的な関与行為のあり方、第2に、相手方の主観的要件の内容、第3に、相手方内部における役割分担である。そして、従来の学説においてはこれらの点の間での混同が見られると指摘し、相手方の背任共同正犯の成否を考えるにあたっては、(1) 自己の加功とは関わらない事情についての認識・予見、(2) 相手方として必要な客観的関与、(3) 自己の加功に関する認識、(4) 共同正犯と幇助の区別、を分けて検討すべきであるとする。それぞれについて本論文の主張内容をまとめると、以下の通りである。

　(1) まず、自己の加功とは関わらない事情についての認識・予見に関しては、財産上の損害が発生することの予見と、事務処理者が図利加害目的を有することの認識とが、必要であるとする。

　(2) 次いで、相手方として必要な客観的関与に関しては、学説が2つに分けられる。1つのグループは、原則不可罰説である。そのうち、事実上の対向犯であるから通常の関与形態では共犯規定は適用されないとする見解に対しては、背任の共同正犯が認められた判例の事案の多くにおいては、金融機関と借り手との間に一般的抽象的には認められる対立・対向関係が崩れ、むしろ両者は利害を共有し一体化していたと評価するのが実態に適うなどと批判する。また、事務処理者に自律性が認められる場合は相手方の行為は許され、相手方が事務処理者の自律性を失わせていた場合は他の財産犯が成立

するから、いずれにせよ背任共犯は成立しないとする見解に対しては、両者がともに自律的である場合がありうるなどと批判する。

　もう1つのグループは、背任共犯を限定的に肯定する説である。そのうち、自己の利益の追求の枠を超えた場合にのみ相手方は背任の共同正犯になるとする見解に対しては、どのような場合に自己の利益追求の枠を超えると判断するのか、実質的な考慮要素を前面に出すべきであるなどと批判する。その要素を提供するといえる見解は、背任の共犯として許された危険を超えた行為を行ったか否かを問題とし、その判断にあたって総合衡量すべき諸ファクターを挙げるが、事務処理者が任務違背行為を行う危険がどの程度認められる働きかけまでが許されるかという判断のみが、実態に即した適切なものであると指摘する。さらに、事務処理者と相手方の間における、経済的利害が対立するという緊張関係が失われた場合にのみ、背任の共同正犯を認めるべきとする見解に対しては、両者の利害が共通する事案の実態を的確に表現したものではあるが、緊張関係は残っているが相手方がそれを乗り越えるような強い働きかけを行った事案には適合的でないなどとの指摘がなされる。

　それらをふまえ、島田論文は、次のような見解を提示する。ここで問われているのは、相手方の行為が、247条と60条以下の規定とを合わせた背任共犯構成要件に該当するかという問題であるから、共犯の一般理論と、背任罪の特質の、両者を検討しなければならない。そして、この場面で検討すべき共犯の一般理論は、共犯行為は正犯行為を引き起こす危険性を有しなければならないというものであり、また、この場面で考慮すべき背任罪の特質は、本人側の内部規律として、通常は適切な審査により任務違背が行われないようにする機能が認められるという点である。そうすると、通常は、相手方の行為に、事務処理者の任務違背行為を引き起こす危険性として処罰に値する程度のものは認められないから、背任共犯は成立しない。これに対して、本人側の内部での審査機能が期待できない状況が認められる場合に相手方がそれを利用したり、あるいは相手方がそのような状況を作出したような場合には、相手方の行為には事務処理者の任務違背行為を引き起こす可罰的な危険性が認められ、それが結果に実現したものと見ることができるから、背任共

犯の成立を認めてよい。そして、それは、①事務処理者と相手方との利害が一体化することで審査機能が不全となっている段階で、相手方の行為がなされる場合（利害一体化型）と、②利害対立状況は残っているが、相手方が、審査機能を乗り越えるような支配的影響を有したり、威迫・欺罔等を伴う積極的働きかけを行う場合（強度の働きかけ型）に、認められるとするのである。判例も、そのような観点から説明することができるとされている。

　(3)　また、自己の加功に関する認識の内容は、客観面の違いに応じて、利害一体化型と強度の働きかけ型とで、違ったものになる。即ち、強度の働きかけ型においては、自らの行為が利害関係の対立を乗り越えるほど強い働きかけであることの認識が必要であるが、それは主に自らの行為についての認識であるので比較的容易に認められるのに対して、利害一体化型においては、利害関係が一体化していて事務処理者が任務違背行為に出る兆候があり、それを利用することの認識が必要であり、認識対象が事務処理者側の事情であるため、認識の有無は慎重に認定されなければならない。そして、その意味で「十分な認識」が要求されると解することができるとする。

　(4)　最後に、相手方内部における共同正犯と幇助の区別は、通常の両者の区別に関する議論を適用すべきであるとし、犯罪実現にとって重要な役割あるいは実行者と対等以上の役割を果たした場合のみを共同正犯とする立場から、相手方が1人の場合はその者が必ず、相手方が複数の場合は取引主体といえる者が、共同正犯になるとの結論が示されている。

2

　島田論文を受け、背任共犯の範囲を定めた上で、さらにその中で共同正犯が成立する範囲を画定するという枠組みは、正当なものであること、また、前者において共犯の危険性が必要であるという点も、その通りであることが確認された上で、なされた議論は上述の1(2)の点に集中した。大きく分けるとその柱は2つである。

　1つは、島田論文で示された背任共犯の危険性の判断は、純粋に背任共犯構成要件の解釈としてのみ行われているのか、という疑問である。

例えば、殺人の場合は、正犯が、軽く唆すだけで簡単に人を殺す者である場合は、そのような個別事情を前提に共犯行為の危険性を判断し、共犯の成立を認める。正犯は被害者との関係で殺害行為に出ないよう自ら監視することが期待されるから、通常の働きかけでは共犯の危険性は認められないが、正犯に対して強度の働きかけがなされた場合のほか、正犯と利害が一体化していた場合も、正犯の監視機能が不全となるので、共犯の成立が認められる、などとは考えられていない。それと比較すると、背任においては、より高度の危険性を要求していることになるが、その根拠は何かが問題である。

これに対しては、背任の要件として、財産上の損害を発生させることだけではなく、事務処理者に任務違背が要求されているので、正犯がクリアすべき規範的基準が他の犯罪類型よりも高いといえ、従って、共犯行為に求められる危険の程度もより高いものとなる、との理解が示された。

しかし、反対に、例えば、十分な担保なき貸付けが野放図に行われていた時代や個別にそのような事情が認められる金融機関においては、それを知って融資を受けても、背任共犯は成立しないと考えられる。そこでは、任務違背に対する審査が機能不全に陥ってはいるのであるが、なお審査することが期待され、従って、共犯行為の危険性が否定されるものと解される。背任罪の中で、事実として審査機能が不全の場合について、それでもなお審査が期待されるために共犯行為の危険性が否定される場合と、もはや審査は期待されず共犯行為の危険性が肯定される場合とが、区別されていると指摘されることになる。つまり、背任共犯の危険判断においては、事実的可能性以外の規範的要素も考慮されているというのである。

その説明としてありうるのは、事務処理者は、事実上審査機能が弱まっていても、原則としてなお審査することが期待されるが、審査機能が弱まることに相手方が関与していた場合には、審査の期待を維持して当該相手方による共犯行為の危険性を否定することを、もはや認めないとすることである。そうすれば、審査機能を乗り越える強度の働きかけがあった場合と合わせて、理論的に一貫した説明が可能となる。

しかし、そのように解すると、長期間の継続的な融資において、審査機能が不全となってから相手方企業の担当者が交代するような場合に、新しい担

当者を背任共犯で捕捉できなくなるという問題が生じ、その結論は妥当でないという。ここでは、妥当な結論を導くために、事実的な危険を基礎に、部分的に規範的観点から危険の否定を行い、事実的な危険判断と規範的な危険判断とがうまく使い分けられているのである。そうだとすると、背任共犯構成要件の、一般論から演繹される解釈問題というよりは、対象としての社会現象へのより個別性の高い対応が行われているのではないか、との指摘がなされた。

島田論文は、タイトルにも表れているように、取引行為のみを対象としたものであり、そこでの議論は、事務処理者が保管物を損壊するような場合にはそもそも妥当しない。さらに、取引行為の中でも、事実レベルでの類型化を行い、特に利害一体型と強度の働きかけ型という典型的な場合を切り出し、残された通常の場合も含めて、類型毎に妥当すべきルールを明確にしようとするものであるということができる。一般的な原理の適用という枠組みの中に、巧みに個別的に考慮すべき要素を組み込み、妥当な結論を導くという、典型的な島田手法が表れた論文であるという点で、意見の一致を見、また、相当因果関係説ではなくほとんど客観的帰属論をとるものであるとの自認が示された。

③

議論されたもう1つの柱は、自由競争秩序と刑事的規制との関係である。自己の利益の追求の枠を超えた場合にのみ相手方は背任の共同正犯になるとする見解に対して、島田論文は、犯罪が成立しない範囲でのみ自己の利益追求が認められるのであるから、論理が逆転している、との批判を加えている。しかし、上述の見解は、借りたい者が借りるのは権利行為であり、刑事的規制を及ぼすべきでない領域が刑法以前にすでに存在しているとの基本的理解をとっているのではないか、と指摘された。財産犯の規制は自由競争秩序を害しない限りで課すべきであると考えられるのであれば、島田論文による批判はあたらないことになる。

確かに、背任における相手方は、単に「貸してよ」というだけであり、詐

欺や恐喝とは違う。その違いは、社会的許容範囲を超えた働きかけの有無として理解されているのかもしれない。しかし、そうだとすると、行為無価値の有無のみによって犯罪の成否を決めていることにならないか、あるいは、背任共犯においても、正犯行為は間違いなく犯罪であり、それへの加功を認識している点を看過していないか、との指摘がなされた。背任においてだけなぜ自由が尊重されなければならないのか、十分な根拠が示されていないというのである。

もっとも、詐欺や恐喝は正犯の処罰自体が取引行為を対象としており、自由競争秩序に対する制約であると理解できるが、背任における正犯不法は、本人と事務処理者との間の内部的なものであり、その処罰は自由競争秩序に対して制約を課す趣旨とは解されないから、共犯との関係でも同様であって、共犯における取引の自由は、背任共犯の処罰によって原則として害されるべきではない、と理解すれば、それは不合理でないようにも思われる。

そうすると、いずれの理解をとるかは、以上の限りでは理論的に決着のつく問題ではないのかもしれないが、いずれにせよ、島田論文における上述の見解への批判がこの点に限られるものでないことは、前述の通りであり、また本文に明らかである。

なお、関連して、相手方が暴行・脅迫を用いた場合でも、事務処理者の自律性は直ちには否定されず、従って、必ず背任正犯が不成立となるわけではなく、それ故、相手方の背任共犯と恐喝とは同時に成立しうることが、確認された。

◆編者・執筆者紹介

山口　厚（やまぐち あつし）
1953年生まれ．1976年東京大学法学部卒業．
現在，東京大学大学院法学政治学研究科教授．
〔主要著作〕『危険犯の研究』（1982年，東京大学出版会），『問題探究刑法総論』（1998年，有斐閣），『問題探究刑法各論』（1999年，有斐閣），『刑法総論〔第2版〕』（2007年，有斐閣），『刑法各論〔補訂版〕』（2005年，有斐閣），『クローズアップ刑法総論』［編著］（2003年，成文堂）．

髙山佳奈子（たかやま かなこ）
1968年生まれ．1991年東京大学法学部卒業．
現在，京都大学大学院法学研究科教授．
〔主要著作〕『故意と違法性の意識』（1999年，有斐閣），『たのしい刑法』［共著］（1998年，弘文堂），『クローズアップ刑法総論』［共著］（2003年，成文堂），『ケース&プロブレム刑法総論』［共著］（2004年，弘文堂），『ケース&プロブレム刑法各論』［共著］（2006年，弘文堂）．

島田聡一郎（しまだ そういちろう）
1974年生まれ．1996年東京大学法学部卒業．
現在，上智大学法学部准教授．
〔主要著作〕『正犯・共犯論の基礎理論』（2002年，東京大学出版会），『クローズアップ刑法総論』［共著］（2003年，成文堂），『ロースクール刑法総論』［共著］（2004年，信山社），『ロースクール刑法各論』［共著］（2004年，信山社），『ケース&プロブレム刑法総論』［共著］（2004年，弘文堂），『ケース&プロブレム刑法各論』［共著］（2006年，弘文堂），『アクチュアル刑法総論』［共著］（2007年，弘文堂）．

和田俊憲（わだ としのり）
1975年生まれ．1998年東京大学法学部卒業．
現在，慶應義塾大学大学院法務研究科准教授．
〔主要著作〕『クローズアップ刑法総論』［共著］（2003年，成文堂），『ケース&プロブレム刑法総論』［共著］（2004年，弘文堂），『ケース&プロブレム刑法各論』［共著］（2006年，弘文堂）．

深町晋也（ふかまち しんや）
1974年生まれ．1998年東京大学法学部卒業．
現在，北海道大学大学院法学研究科准教授．
〔主要著作〕『ケース&プロブレム刑法各論』［共著］（2006年，弘文堂）．

クローズアップ**刑法各論**

2007年12月20日　初版第1刷発行

編著者　山　口　　　厚
発行者　阿　部　耕　一

〒162-0041　東京都新宿区早稲田鶴巻町514番地
発行所　株式会社　成　文　堂
電話　03(3203)9201代　FAX 03(3203)9206
http://www.seibundoh.co.jp

製版・印刷　㈱シナノ　　製本　佐抜製本　　検印省略
☆落丁・乱丁本はおとりかえいたします☆
©2007 A. Yamaguchi　　Printed in Japan

ISBN978-4-7923-1784-3　C3032

定価（本体3500円+税）